동물과의 전쟁

The War against Animals by D. Wadiwel

동물과의 전쟁

지은이   디네시 J. 와디웰
옮긴이   조꽃씨

1판 1쇄 발행   2025년 5월 28일

펴낸곳   두번째테제
펴낸이   장원
등록   2017년 3월 2일 제2017-000034호
주소   (13290) 경기도 성남시 수정구 수정북로 92, 태평동락커뮤니티 301호
전화   031-754-8804
팩스   0303-3441-7392
전자우편   secondthesis@gmail.com
홈페이지   secondthesis.com
블로그   blog.naver.com/secondthesis

ISBN   979-11-90186-46-9 93160

책값은 뒤표지에 있습니다. 잘못된 책은 바꾸어 드립니다.

동물과의 전쟁

The War against Animals

디네시 J. 와디웰 지음
조꽃씨 옮김

난장

차례

『동물과의 전쟁』 한국어판 서문을 쓰게 되어 영광입니다.

이 책이 처음 출간된 지 어느덧 10년이 되어 갑니다. 그 사이 비인간 동물과 관련하여 학계에도 많은 변화가 있었습니다. 제가 이 책의 초안을 작성할 때만 해도 동물 연구 및 비판적 동물 연구는 매우 새로운 분야였고, 정치 이론의 관점에서 인간과 동물의 관계를 분석하는 유효한 연구는 거의 찾아볼 수 없었습니다. 하지만 상황은 확실히 바뀌었습니다. 이 분야의 새로운 논문이 쏟아져 나오고 있을 뿐 아니라, 동물에 대한 집단 폭력과 인종, 젠더, 장애, 섹슈얼리티 간의 상호작용을 강조하는 미묘하고 정교한 논의가 등장하고 있습니다. 그 시간 동안 포스트휴머니즘, 신유물론, 환경 인문학 등 인접한 다른 연구 분야 역시 빠르게 발전했습니다. 이러한 연구는 동물에 대한 폭력의 문제를 항상 규범적으로 다루는 것은 아니지만, 이론적으로 인간중심주의를 비판적 문제로 풀어내는 데 기여했습니다. 반흑인 인종주의를 탐구하는 많은 연구뿐 아니라 원주민의 지식 체계와 정의 투쟁에 주목하여 인간과 동물 및 식민지 기획의 관계, '인간'이라는 더 광범위한 문제와의 상호 연관성을 강조하는 연구도 등장했습니다. 또한 장애 연구와 동물 연구의 교차성에 관해서도 학술적인 면에서 상당한 확장이 있었습니다. 비판적 장애 연구의 많은 작업이 인간중심주의, '인간'의 정상화, 비장애중심주의 사이의 관계에 주목했습니다.

구조적 지형의 측면도 변화했습니다. 10여 년 전만 해도 국제 거버넌스 기구와 환경운동은 축산과 환경 파괴의 관계, 특히 인류에 의한 환경 변화에서 '가축'의 작용에 대해 대체로 침묵했습니다. 이러한 상황은 서서히 변화하여 축산이 지구 온난화에 기여한다는 인식이 확산하고 있습니다. 물론 동시에 이러한 정치적 의식이 제도적 변화로 이어지는 것은 상상하기 어려운 일인 듯 보이지만 말입니다. 축산은 지난 3년 동안 또 다른 국제적 위기인 코로나19 팬데믹으로 주목받았습니다. 야생동물 거래와 도시의 확장을 포함한 집약적인 축산 관행과 인간과 야생동물의 상호작용이 인간에게 인수공통전염병의 전파 위험을 초래한다는 현실이 부각되었습니다. 정책 입안자들이 이러한 경고에 귀를 기울이든 그렇지 않든, 다음 팬데믹이 지구상의 인간 생명에게 실존적 위협을 가하리라는 것은 분명한 사실 같습니다. 이러한 환경의 변화에 주목하면서도, 저는 동물에 대한 폭력을 종식할 수 있다는 전망이 곧 실현 가능한 목표라고 낙관하지 않습니다. 실제로 기후 변화와 전 지구적 팬데믹이라는 두 가지 위기 및 이에 대항하는 행동의 좌절스러운 실패는 이 책에서 제기한 의혹을 확인시켜 주는 듯 보입니다. 동물과의 전쟁을 멈추는 것이 (동물을 위해서가 아니라 적어도 우리 자신을 위해서) 현명하다는 합리적인 증거에도 불구하고, 인류가 동물과의 전쟁을 계속하는 데 깊이 구조적으로 전념한다는 사실을요.

『동물과의 전쟁』이 출간된 이후 제게 제기된 질문 중 하나는 이 책에서 묘사하는 전쟁이 문자 그대로의 전쟁인지 은유로서의 전쟁인지 하는 것이었습니다. 어떤 측면에서 제가 이 책에서 묘사한 관계는 은유적으로 이해될 수 있으며, '전쟁'이라는 단어를 사용한 것은 수사학적 효과만을 위한 것이라는 답변이 위안을 줄지 모릅니다. 그러나 이러한 답변은 이 책에서 설명하고자 했던 대규모 폭력을 정당하게 보지 못하게 합니다. 은유에 대한 유혹은 그것이 현실의 가능성을 회피한다는 데 있습니다. 그러나 사실 현실은 오늘날 우리 주변에서 이미 행해지고 있습니다. 그것은 모두 끔찍한 모습을 띠고 있습니다. 이 책은 '전쟁'이라는 단어를 정확하고 신중하게 사용하여, 동물에 대한 인간의 조직화한 폭력과 지배의 실제적 관계를 묘사합니다. '전쟁'이라는 단어를 사용한 것은 카를 폰 클라우제비츠가 전쟁을 "적에게 우리의 의지에 따르도록 강요하는 폭력 행동"으로 요약적으로 설명한 바를 따른 것입니다. 여기에 덧붙이자면, 전쟁은 대개 조직적 내지 대규모 폭력의 형태로 이해되며, 클라우제비츠의 직관을 따라 전쟁의 목적은 전멸시키는 것이 아니라 이러한 폭력을 사용하여 생명에 대한 지배 상태를 확립하는 데 있습니다. 제가 『동물과의 전쟁』에서 지적한 것처럼, 전쟁을 수행하기 위해 활용되는 수단과 전쟁의 목적이 분리되어야 한다는 점에서 '전쟁'은 유연한 용어입니다. 전쟁의 수단은 다를 수 있지만, 전쟁의 목적은 동일하게 유지됩니다. 게릴라전, 원격 전쟁, 냉전, 사이버 전쟁 등 다양한 형태의 분쟁은 서로 다른 폭력의 수단을 활용하지만, 이 다양한 적대 양상을 통합하는 것은 지배의 목표입니다. 이 책에서 설명한 것처럼, 인간과 동물은 대부분 인간의 목적에 부합하는 지배관계를 확보할 것을 목표로 동물에게 폭력을 활용하는 관계를 맺고 있습니다. 어떤 경우에는 폭력의 수단이 인간 공동체 간의 갈등을 수반하는 전쟁의 수단과 다르기도 합니다. 다양한 폭력의 장치와 도구가 배치되지만, 목표는 동일합니다. 그것은 적의 의지를 침략자의 의지에 따라 굴복시키는 것입니다. 그리고 그 영향은 중대하고 측정 가능합니다. 희생자의 사체는 인간 생활을 위한 소비재로 전환됨으로써 측정됩니다. 유엔 식량농업기구FAO에 따르면 2020년 한 해 동안 전 세계적으로 식용으로 도살된 육상동물의 수는 약 790억 마리에 달합니다. 식용으로 죽임당하는 물고기에 대한 정확한 통계는 없지만, fishcount.uk.org에 따르면 매년 바다에서 죽임당하는 물고기의 수는 2조 3천억 마리, 양식장에서 죽임당하는 물고기의 수는 1670만 마리에 달합니다.

한국어판 서문을 쓰는 지금 막 저의 새로운 책『동물과 자본Animals and Capital』(에든버러대학출판부)이 출간되었습니다. 이 신간은『동물과의 전쟁』에 직접적으로 기반하고 있습니다. 실제로『동물과의 전쟁』제6장에서는 동물, 노동, 자본주의의 관계에 대해 제기된 몇 가지 질문에 답하는 것을 목표로 했습니다. 제가 신간에서 지적한 것처럼, 오늘날 우리의 주요 관계를 형성하고 수조 마리의 동물에게 가해지는 유례없는 끔찍한 형태의 폭력을 구체화하는 위계적 인간중심주의를 이해하지 않고서는 동물에 대한 우리의 적대를 파악할 수 없습니다. 이러한 이유에서, 인간중심주의 및 그것이 승인하는 폭력의 문제를 탐구하고자 하는 이들에게 이 책이 유용한 자료가 되기를 바랍니다. 또한 대규모의 구조적 변화와 정의 실현이라는 공동의 목표에 기여할 수 있기를 바랍니다.

2023년 11월 시드니 대학에서
디네시 조셉 와디웰

이 책은 2002년 당시 새로운 정치 이론지 『보더랜드 전자 저널 Borderlands e-Journal』에 게재했던 논문 「소와 주권Cows and Sovereignty」으로 처음 시작한 오랜 연구의 완성물이다. 이 책이 현재 모습이 되기까지 원고를 읽어 준 이름 모를 여러 독자들을 포함하여 기여해 준 분들이 매우 많기에, 여기에 남김 없는 목록을 만들어 모든 협력자들에게 감사를 전할 자신은 없다. 그러나 작업의 여러 단계에서 귀중한 대화와 협력을 이뤘던 다음 연구자들에게는 특별한 순서 없이 감사의 말씀을 드리고 싶다. 플뢰르 램지Fleur Ramsay, 메타 에세테라Meta Etcetera, 디어드레 테드먼슨Deirdre Tedmanson, 리처드 트윈Richard Twine, 재클린 댈지엘Jacqueline Dalziell, 매슈 칼라르코Matthew Calarco, 톰 타일러Tom Tyler, 클로이 테일러Chloë Taylor, 토머스 비올라 리스케Thomas Viola Rieske, 조이 소풀리스Zoë Sofoulis, 페니 로시터Penny Rossiter, 폴 알버츠Paul Alberts, 브렛 닐슨Brett Neilson, 피오나 니콜Fiona Nicoll, 가이아 줄리아니Gaia Giuliani, 조셉 푸글리세Joseph Pugliese, 골디 오수리Goldie Osuri, 마리아 지아나코풀로스Maria Giannacopoulos, 수벤드리니 페레라Suvendrini Perera, 피오나 프로빈랩시Fiona Probyn-Rapsey, 제시카 아이슨Jessica Ison, 앤절라 미트로풀로스Angela Mitropoulos, 아낫 픽Anat Pick, 로버트 맥케이Robert McKay, 크리티카 스리니바산Krithika Srinivasan, 멜라니 록Melanie Rock, 크리스티안 베일리Christiane Bailey, 자키야 이만 잭슨Zakiyyah Iman Jackson, 매슈 크룰로Matthew Chrulew, 키란 그레왈Kiran Grewal, 대니엘 셀

러메이어Danielle Celermajer, 자스비르 K. 푸아Jasbir K. Puar, 다리우스 레잘리 Darius Rejali, 클레어 진 킴Claire Jean Kim, 파힘 아미르Fahim Amir, 얀 두트키에 비츠Jan Dutkiewicz, 앨러스테어 헌트Alastair Hunt, 힐랄 세즈긴Hilal Sezgin, 라 라 파롬보Lara Palombo, 수 도널드슨Sue Donaldson, 윌 킴리카Will Kymlicka. 이 책의 기획 제안부터 최종 원고까지 남다른 노력으로 지원해 준 바실 스 타네스쿠Vasile Stanescu와 헬레나 페데르센Helena Pedersen은 물론이고, 이 책 의 저술에 기여한 익명의 비평가들에게 감사드린다. 최종 원고를 날카 롭게 편집해 준 존 마호니John Mahony에게도 감사하고 싶다. 이 많은 연 구자들로부터 오랜 세월 동안 개인적인 응원, 우정, 사랑을 받은 것은 대단한 행운이었다. 진심으로 고맙게 생각한다. 모든 연구자들은 음으 로 양으로 사적 연결망에 의지하여 일한다. 그런 점에서 메리 와디웰 Mary Wadiwel, 줄리앤 엘리엇Julianne Elliott, 그레이엄 마인체스Graham Meintjes, 제시카 로빈 카드왈더Jessica Robyn Cadwallader, 리아넌 갈라Rhiannon Galla에 게 특별한 감사를 표하고 싶다.

책에는 다른 곳에서 출판된 내용을 바탕으로 하는 부분이 많은 데, 게재에 대해 관대한 허가를 받았다. Dinesh Joseph Wadiwel, "Cows and Sovereignty: Biopower and Animal Life," *Borderlands e-Journal*, 1.2, 2002; Dinesh Joseph Wadiwel, "Animal By Any Other Name: Patterson and Agamben Discuss Animal (and Human) Life," *Borderlands e-Journal*, 3.1, 2004; Dinesh Joseph Wadiwel, "Three Fragments from a Biopolitical History of Animals: Questions of Body, Soul, and the Body Politic in Homer, Plato, and Aristotle," *Journal for Critical Animal Studies*, 6.1, 2008, 17-31; Dinesh Joseph Wadiwel, "The War Against Animals: Domination, Law and Sovereignty," *Griffith Law Review*, 18.2, 2009, 283-297; Dinesh Joseph Wadiwel, "A Human Right To Stupidity," *Borderlands e-Journal*, 9.3, 2010; Dinesh Joseph Wadiwel, "Zoopolis," *Dialogue*, 52.2, 2013; Dinesh Joseph Wadiwel, "Il capro di Guida. Una rilettura governamentalità di Foucault," *Animal Studies: Revista Italiana di Antispecismo*, 2.4, 2013; and Dinesh Joseph Wadiwel, "The Will for Self Preservation: Locke and Derrida on Dominion, Property and Animals," *Substance*, 43.2, 2014.

진심을 다해 이 책을 진더 로마나 엘리엇와디웰Jinder Romana Elliott-Wadiwel에게 바친다.

디네시 J. 와디웰의 중요한 저서를 아우르는 테제는 인간과 동물의 관계 및 상호작용이 오랫동안 반복되어 온 양자의 전쟁이라는 맥락에서 이루어진다는 점을 이해하는 것입니다. 이러한 논지는 많은 독자들의 직관을 거스를 것임에 틀림없는데, (가장 먼저 이것을 지적하는 사람도 있을 테지만) 인간과 동물의 상호작용 대부분이 분명 평화롭거나 적어도 중립적이거나 본성상 도구적이지 않기 때문입니다. 그러나 와디웰이 보여주듯이 인간과 동물의 상호작용의 이러한 평화로운 외양은 (특정 사례에서는 진실일지라도) 근본적으로 이데올로기적입니다. 그가 이 책에서 묘사하는 동물과의 전쟁은 실질적으로 눈에 띠지 않고 주목받지 못한 채 진행되는 것입니다. 이는 이 전쟁이 인간과 동물의 상호작용이 일어나는 깊은 배경을 형성하기 때문입니다. 그것은 극도로 폭력적이고 무자비한 전쟁이지만, 지배적인 문화의 구성원 대부분은 이로부터 보호받고 있습니다. (광고나 미디어 이미지부터 산업용 동물 생산의 건축 설계와 지리 조건, 동물에 대한 우리의 이해를 형성하는 법률과 담론에 이르기까지) 이 전쟁을 시야에서 감추기 위해 사용되는 다양한 수단들은 동물에게 휘둘러지는 폭력이 예외적인 것이라 믿도록 부추기지만, 사실상 그 예외야말로 보편적인 규칙이 되었습니다.

동물을 둘러싼 이 폭력적인 현상을 설명하기 위해 와디웰이 의거하는 것은 **주권**의 정치학입니다. 여기서 주권이란 인간이 동물을 지배하기 위해 유지하는 일련의 관행, 제도, 담론을 가리키는 개념입니다. 와디웰은 명시적인 정치학 용어를 사용하여 동물에 대한 폭력에 접근하는 가운데, 폭력이 주로 개인의 윤리적 오류나 불합리한 편견의 결과라고 지나치게 강조하는 경향으로부터 동물 옹호론을 효과적으로 떼어내고자 합니다. 그는 인간과 동물의 상호작용의 관점에서 개인의 윤리적 변화의 중요성을 인정합니다. 하지만 와디웰의 접근법은 동물을 위한 정의를 추구하는 가장 중요한 방법이 개인의 순수성의 윤리에 의해서 성립되지 않는다는 것을 시사합니다. 대신 그는 동물을 대상으로 폭력을 자행하고 유지하는 구조적, 제도적 수단을 이해하고 항의할 것을 촉구합니다.

이 책의 주요한 진전 중 하나는 동물에 미치는 인간의 정치적 주권의 정확한 본성과 기능을 주의 깊게 규명한 것입니다. 그가 이 노선을 따라 성취한 바가 큰 의의를 갖는 까닭은 폭력과 전쟁을 이해하는 데 활용되는 대부분의 틀이 동물을 완전히 간과하고 있고 인간 상호적inter(또는 내부적intra) 관점에 머물러 있기 때문입니다. 이러한 사정은 권력이 단지 죽음과 억압을 통해 부정적으로만 기능할 뿐 아니라 생명을 양육하고 인간 생활의 품행을 형성함으로써 생산적으로도 기능하는 방식을 조명하는 (근대 주권의 책략을 해독하는 가장 유용한 틀인) 푸코의 생명정치를 포함한 오늘날 정교한 담론에서도 다르지 않습니다. 와디웰은 이 생명정치 담론에 개입하고 이를 완성하기 위해서는 주권이 인간**뿐 아니라** 비인간/동물 생명의 제어, 통제, 형성을 기반으로 삼는 방식을 고려해야 한다고 주장합니다. 더 나아가 그는 인간 품행의 형성에 사용되는 통치성의 장치 및 기술 상당수가 동물 생명에 대한 통제에서 기원한다는 점을 설득력 있게 보여줍니다.

와디웰에 따르면, 동물에 대한 생명정치적 전쟁이 성문화되고 안전화되는 주요 수단은 동물을 재산이라는 법적, 경제적 범주에 두는 것입니다. 재산의 지위로 몰락한 동물은 사실상 (조르조 아감벤의 용어로 말하자면) **신성한** 존재, 즉 처벌받지 않고 죽일 수 있는 대상이 되는 공간에 거주하게 됩니다. 동물이 실제로 죽임당하든 반려동물로 집에서 환영받든, 주권의 논리는 흔들리지 않습니다. 오히려 두 취급 양식은 동일한 주권의 다른 얼굴일 뿐입니다. 달리 말하면 인간 주권과 재산의 관계는 가장 적대적인 모습에서 가장 평화로운 모습에 이르기까지 인간과 동물의 거의 모든 관계를 규정하고 구조화합니다. 와디웰이 이 책에서 펼친 분석이 옳다면(저는 그렇다고 생각합니다만), 동물을 옹호하는 우리들은 비판적 동물 연구에서 지금껏 행했던 작업 다수를 재고해야 할 것입니다. "반려종"과 같은 개념에 바탕을 둔 관계적 존재론이 의도치 않게 인간 주권과 재산 관계에 가담하고 강화하는 방식에 주의를 기울일 필요가 있습니다. 또한 특정 동물을 도덕적, 정치적 공동체에 포함시키려는 시도가 인간의 지배를 증진하고 다른 (주변화된) 인간 및 다양한 인간 너머의 존재를 배제하는 데 도움이 되어 온 방식도 비판적으로 되돌아봐야 할 것입니다. 요컨대, 와디웰은 우리가 의심 없이 진행해 왔을지 모를 동물과의 전쟁이라는 관점에서 동물 옹호 담론을 처음부터 재검토하기를 요구합니다.

와디웰은 인간 주권을 넘어서는 길을 보여주기 위해 **대항품행**과

휴전의 통념을 통찰력 있게 다시 짜냅니다. 주권과 통치성이 품행 형성의 양식이라면, 대항품행과 주체성의 재구성은 필수적인 저항의 양식이 됩니다. 와디웰은 동물 문제의 측면에서 비거니즘이 그러한 대항품행의 한 양식일 수 있지만, 그러기 위해서는 그것이 금욕주의를 넘어 동물에 대한 폭력 체제의 철저한 파괴를 향해야 한다고 주장합니다. 마찬가지로 와디웰은 동물과의 전쟁에서 휴전 통념이 지향하는 일시적 무장해제는 이 전쟁의 조직적 폭력에 주의를 환기시키고 그 폭력을 대체할 다양한 방식을 찾게 하는 데서 의의가 있다고 봅니다. 이렇듯 주권 너머의 관점에서 정치학을 다시 이해하면, 주권에 대항하는 다른 투쟁들과의 다양한 동맹 가능성이 열립니다. 와디웰의 접근법의 가장 유망한 측면 중 하나는 동물 옹호론이 개인적 순수성의 금욕주의를 넘어 다른 급진적이고 변혁적인 운동들과 연대하는 가운데 정의를 위한 성숙한 투쟁이 되는 길을 보여준다는 점입니다.

서두에서 말했듯이 이 책 대부분은 정치 문제라고 할 만한 것에 할애되어 있지만, 주권 및 동물과의 전쟁에 대한 비판적 분석은 틀림없이 새로운 동물 윤리의 가능성 또한 보여줍니다. 인간 주권을 넘어서는 윤리를 발전시키려면, "동물은 우리와 같다"는 것을 증명하고자 하는 가정에서 출발해서는 안 될 것입니다. 그 대신 와디웰이 제안한 대로, 우리가 생각해야 할 윤리는 **바로 동물 자신**의 응답성에서 출발하여 동물이 자신을 대상으로 삼았던 주권의 책략을 넘어서고 그에 맞서는 방식을 향해야 합니다. 와디웰은 여기서 동물의 행위성에 관한 새로운 담론의 다른 목소리들과 합류하는데, 이 목소리들은 동물이 도덕적 고려의 가장자리에서 수혜를 받는 단순한 도덕 수동자가 아니라는 것을 보여줍니다. 오히려 동물을 독자적인 저항 및 행위성이 가능한 능동적 행위자로 간주합니다. 다만 이 책이 유의하기를 촉구하듯이 동물의 행위성 및 타자성이 영웅적인 저항 행위에서만 발견되는 것은 아닙니다. 오히려 동물의 행위성을 보여주는 흔적과 증거는 동물과의 전쟁이 수행되는 모든 곳에서 발견될 것입니다. 전쟁 장치들 그 자체가 동물이 주권에 **예속적으로 주체화되고** 따라서 주권의 책략을 넘어선다는 것을 입증하고 있기 때문입니다. 와디웰은 이러한 초과를 주의 깊고 응답하는 자세로 포착함으로써 새로운 동물 윤리와 인간 주권 너머의 다채로운 동물 주권의 지평을 엽니다.

내걸린 생명

여기 걸어가는 길에 포탄과 총알이 휙휙 날아다니지는 않았지만 그는 사
방에서 전장의 광경을 보았다. 도처에 괴롭고 지치고 때로는 기이할 정도
로 무심한 표정의 얼굴, 똑같은 피, 똑같은 군복이 있었고 똑같은 포성이
멀리서 울려 퍼지며 똑같은 공포를 불러일으키고 있었다.

_ 레프 톨스토이, 『전쟁과 평화』[1]

오늘날 산업화된 닭 도살의 본질적 특성은 "내걸린 생명"의 이용이
다. 닭들은 나무 상자에 꽉 들어찬 채 가공 처리 공장에 도착한다. 노동
자들은 상자를 열어 살아 있는 닭의 다리를 잡아 한 마리씩 꺼낸 후 빠
르게 움직이는 컨베이어 걸쇠에 거꾸로 매단다. 이제 새들은 살아 있는
존재에서 죽은 고기로 바뀌는 기계화된 공정의 다음 단계로 신속하게
넘어간다. 새들은 기절 처리를 위한 전기 수조를 통과하고 목이 잘리고
피가 빨리고 난 뒤 깃털 제거 용도의 탱크에서 데쳐진다.[2]

컨베이어 장치의 순조롭고 매끄러운 작동은 대량의 살아 있는 새들
을 빠르게 "처리"하도록 해 준다. 장치에 따라서는 시간당 천 마리 이상
의 새들을 죽이고 식품으로 바꿀 수 있다. 신속하고 정확하게 이루어지

---

1 Leo Tolstoy. *War and Peace*. New York: The Modern Library, 1994. 959[레프 톨스토이, 연진희
옮김, 『전쟁과 평화』, 3권, 민음사, 2018, 562-563쪽].

2 Annie Potts. *Chicken*. London: Reaktion Books, 2012. 166-169 참조.

는 죽음, 그리고 도살 기계에 선행하는 뒤얽힌 번식 및 격납 설비는 무제한적일 것만 같은 공급을 보장하고 게걸스러운 인간의 닭고기 수요를 충족시킨다. 산업화된 도살의 속도를 생각하면 "동물 산업 복합체 animal industrial complex"[3]에 편입된 닭들이 지구상에서 가장 많이 도살되는 육상동물이 된 까닭을 이해하기 어렵지 않다.[4] 여기서 사용되는 기술이 조장하는 도살의 규모는 상상을 초월한다. 유엔 식량농업기구FAO에 따르면 2010년에만 닭 약 550억 마리가 식용으로 죽임당했다.[5]

닭들의 "내걸린 생명"은 고통스러운 공정을 거친다. 작동 속도는 고통의 가능성을 더 극단적으로 만든다. 새들은 다치고 고통당하며, 공정의 속도 때문에 많은 경우 (예컨대 양쪽이 아니라 한쪽 다리만 걸리는 등) 잘못된 형태로 매달리게 된다. 전기 수조에서 기절하지 않는 새들도 있다. 그 결과 새들은 의식이 있는 채 목이 잘리는 것을 경험하거나 더 나쁘게는 (곧바로 목이 잘리지 않아 죽지 않았을 때는) 탕박 탱크에서 산 채로 삶아진다. 애니 포츠는 영국에서 "시간당 50마리 이상의 새들이 의식이 있는 채 목이 잘리며, 천 마리 중 9마리 이상이 칼날을 피해 탕박 탱크에서 비명횡사한다"[6]는 사실을 상기시킨다. 새들이 어떤 종류의 죽음

---

3 Barbara Noske. *Beyond Boundaries: Humans and Animals*. Montreal: Black Rose Books, 1997 참조. 해당 인용구에 대한 논의로는 Richard Twine. "Revealing the 'Animal-Industrial Complex'—A Concept & Method for Critical Animal Studies?" *Journal for Critical Animal Studies*. 10.1 (2012). 12–39를 보라. 또한 Richard Twine. *Animals as Biotechnology: Ethics, Sustainability and Critical Animal Studies*. London: Routledge/Earthscan. 2010도 참조할 것.

4 더 방대한 규모로 죽임당하는 어류 종이 있다는 것은 거의 의심의 여지가 없지만, 정보의 부족으로 확인하기는 어렵다.

5 Food and Agriculture Organization of the United Nations, faostat. 2010 data. fao.org/statistics/en

6 Potts. *Chicken*. 168.

을 맞든, 기계는 순조롭게 잘 돌아간다.[7]

기계화된 죽음 공정이 이 모든 것을 통해 목표로 하는 바는 새들을 고문하여 종국적 절멸에 맞선 저항을 진압하는 것이다. 새들은 몸부림치고 날갯짓하고 물어뜯는다. 도살의 작동 속도는 그에 뒤처지지 않는 빠른 작업을 인간 노동자에게 요구하는데, 이와 관련된 작업은 부상 위험을 잠재하고 있다. 도살 행렬의 닭은 인간 노동자들을 향해 "할퀴고 쪼아대고 배변하며" 상처를 입히기도 한다.[8] 부득이하게 일부 새들은 나무 상자에서 이미 심각한 부상을 당한 채로 도착한다. 이들은 어쨌든 죽게 될 것이다. 대부분은 다른 "고기"로 가공되기 위해 매달려지지만 일부는 나중에 처분되기 위해 내팽개쳐진다. 때로 잔인하거나 무신경한 노동자들은 매달기 전의 새들을 때리거나 짓밟는다.

죽음의 기술은 단순하지만 사악하다. 내걸린 생명의 이용은 "바르게" 매달린 새들의 그 어떤 탈출 가능성도 수포로 돌린다. 걸쇠(또는 "족쇄")는 닭들이 포획에서 벗어나고자 얼마나 격렬하게 움직이든 새들의 뒷다리 관절을 죄어 움직일 여지를 주지 않음으로써 탈출을 막도록 설계되었다. 이때 새의 다리의 물리적 특성은 불리하게 작동하는데, 걸쇠가 닭들의 신체 일부를 구속 수단으로 이용하게끔 고안되었기 때문이다.[9] 일레인 스캐리가 고문에 관한 유명한 연구에서 말한 것처럼, 가장

---

7 "요즘 기계는 더 이상 펠트로 질식시킬 수 있는 것보다 더 큰 사형수의 신음이 뚫고 나가게 하지 않는다." Franz Kafka. "In the Penal Colony." *Metamorphosis, A Hunger Artist, In the Penal Colony and Other Stories*. Arlington: Richer Resources Publications, 2007. 87[이주동 옮김, 「유형지에서」, 『변신: 단편전집(카프카 전집 1)』(개정 2판), 솔, 2017, 188쪽] 참조.

8 Public Justice Centre. *The Disposable Workforce: A Worker's Perspective*. Washington d.c. 1992.

9 소규모 닭 도살에 사용되는 또 다른 사악한 장비는 "도축 원뿔"이다. 닭은 뒤집힌 강철 원뿔 위에 거꾸로 매달린다. 여기서 중력이 작용하면 원뿔 바닥의 절단기는 도살 작업을 수행하고, 그 구멍 아래로 닭의 머리와 목이 튀어나온다.

효과적이면서도 단순한 고문 기술은 죄수의 신체를 그 자신에게 불리하도록 이용하는 것이다.[10] 확실히 유사한 일이 닭 걸쇠의 설계에서도 이루어진다. 그 이전에는 닭들의 몸을 날아오르게 하고 안정과 이동에 도움을 주던 다리가 걸쇠에 끼면 닭들에게 적대적인 무기가 되며, 닭의 다리의 특성은 다가오는 죽음으로부터의 탈출에 방해가 된다.[11] 그러나 죽음에 처한 모든 생명체가 그러하듯이 옭아매진 새들은 다가올 죽음에 맞서 저항한다. 자기보존의 욕망은 최후까지 사라지지 않는다. 닭들은 날개를 퍼덕이고 머리를 들어 올린다. 일부는 전력을 다해 몸을 띄워 기절 처리용 수조를 피하지만, 그 바람에 이후 멀쩡한 의식으로 칼날에 당면하거나 더 나쁘게는 탕박 탱크를 온전한 의식으로 경험하게 된다. 갈등과 저항, 투쟁과 통제의 내밀한 이야기가 이 공포스러운 (그러나 섬뜩할 정도로 일상적인) 가동의 모든 지점에서 들려온다. 닭들과 그들의 격납 형태, 산 채로 매다는 노동자들, 끝내 피할 수 없는 죽음의 구렁텅이로 끌려 들어가게 되는 닭들의 신체의 한계라는 그 지점들에서.

10　따라서 우리가 "서 있는 자세"를 강요받는다면(예컨대 양팔을 뻗은 상태로 몇 시간을 계속 서 있게 된다면), 우리의 몸은 우리를 배신하여 시간이 지날수록 단순한 자세도 견디기 힘들 것이다. 스캐리는 말한다. "고통을 낳는 이 보이지 않는 자기 배신의 감각은 강요된 자백에서 대상화되고, 죄수의 신체를 능동적 행위자이자 고통의 실제적 원인으로 만드는 강요된 동작들에서 또한 대상화된다." Elaine Scarry. *The Body in Pain: The Making and Unmaking of the World*. New York: Oxford University Press, 1985. 47[메이 옮김, 『고통받는 몸: 세계를 창조하기와 파괴하기』, 오월의 봄, 2018, 76쪽] 참조. 이와 관련하여 다리우스 레잘리의 자세에 의한 고문, 특히 샤베shabeh 기술[작은 의자에 부자연스러운 형태로 죄수를 묶어 잠을 빼앗는 고문]의 이용과 발달에 관한 논의를 참조하라. Darius Rejali. *Torture and Democracy*. Princeton: Princeton University Press, 2007. 354–357을 보라.

11　바버라 노스케는 말한다. "동물의 신체는 종종 자신의 불행의 원인이 된다. 아마도 '동물에 대항하는 소외되고 적대적인 힘'으로 신체를 말할 수 있지 않을까? 동물 '자신'의 중요한 요소인 신체는 주로 동물 스스로에 의해 조정되었지만, 이제는 관리자의 손아귀에서 일종의 기계가 되어 사실상 동물 자신의 이익에 반하여 작동된다." Noske. *Beyond Boundaries*. 18.

동물과의 전쟁

이 책은 동물에 대한 인간의 폭력 체제가 정확히 전쟁을 구성하고 있다고 본다. 물론 동물에 대한 인간의 폭력을 전쟁으로 파악한 사람이 내가 처음은 아니다. 예컨대, 동물옹호론자들은 캠페인의 일환으로 비인간 생명에 대한 인간의 폭력을 "동물에 대한 전쟁"으로 형용해 왔다.[12] 철학자 자크 데리다는 후기 저작에서 서구철학 전통이 동물에 대한 적대와 결부되어 있다고 보고 이렇게 말했다. "데카르트주의는 기계론적 무관심 아래, 창세기만큼 오래된 제물 전쟁, 즉 동물과의 전쟁이라는 유대-기독교-이슬람 전통에 속해 있습니다."[13] 조너선 사프란 포어 역시 산

---

12 가령 People for the Ethical Treatment of Animals. "Oliver Stone Says, 'End the War on Animals.'" peta.org/features/oliver-stone-says-end-the-war-on-animals.aspx[2024년 11월 25일 접속 확인]을 참조하라. 스티브 베스트도 최근 이 표현을 사용했다. Steve Best. "The War Against Animals." *International Animal Rights Conference*. Luxembourg 2012를 보라.

13 Derrida. *The Animal That Therefore I Am*. New York: Fordham University Press, 2008. 101. 데리다는 이어서 말한다. "또한 이 전쟁은 달리 가능하거나 예견 가능한 방법이 부재한 상태에서 동물에게 기술과학을 응용하는 하나의 수단이 아닙니다. 아니, 이 폭력 내지 전쟁은 지금껏 인간화 또는 인간에 의한 인간의 전유 과정 속에서 기술과학 지식의 기획 또는 가능성 자체의 구성 요소였습니다. 초고도로 발달한 윤리적, 종교적 형태의 인간화 내지 전유 과정도 예외는 아닙니다. 어떤 윤리적이거나 감상적인 고결함도 이 폭력을 우리 눈앞에서 숨기도록 해서는 안 되며, 기존의 생태주의나 채식주의의 형태가 그 비판의 대상보다 더 가치가 있을지라도 이 전쟁을 종식시키기에는 역부족입니다(101)." 데리다는 이 책의 앞부분에서 "한편에는 동물의 삶뿐 아니라 심지어 이 동정의 감정까지 짓밟는 자들과, 다른 한편에는 이 연민에 대한 반박할 수 없는 증언을 호소하는 자들" 사이의 "불평등한 싸움인 전쟁"에 "현재를 자리매김" 할 필요가 있다고 말한다. "전쟁은 연민의 문제를 둘러싸고 벌어집니다. 아마도 영원할 것인 이 전쟁은 중요한 국면에 접어든 것으로 보입니다. … 우리 자신이 벌이고 있는 전쟁을 사유하는 것은 단지 사명, 책임, 의무일 뿐 아니라, 좋든 싫든 직접적으로든 간접적으로든 누구도 피해 갈 수 없는 필연이고 구속입니다(29)."[옮긴이: "이 책의 앞부분", 즉 책의 제1장은 우리말로 옮겨진 바 있다. 최성희·문성원 옮김, 「동물, 그러니까 나인 동물(계속)」, 『문화과학』, 76호, 2013, 299-378쪽. 여기 인용된 부분은 344쪽.]

업화된 육류 생산을 전쟁에 비유했다. "인간은 전쟁을 벌여 왔다. 아니, 차라리 인간이 먹는 모든 동물에 맞서 전쟁이 벌어지도록 내버려두었다고 해야 할 것이다. 이 전쟁은 새로운 것으로, 이름이 있다. 바로 공장식 축산이다."[14] 이 책의 목적은 이러한 직관을 발전시키고 인간과 동물의 주된 관계를 전쟁 상태로 개념화하기 위한 이론적 고찰을 제시하는 것이다.

그러나 나는 인간과 동물의 관계가 '전쟁'을 구성한다는 이해에 반론이 있음을 인정한다. 관습적으로 전쟁은 상대에게 더 큰 해를 가하기 위해 적대하는 두 세력 간의 무력 충돌과 관련된 것으로 간주된다.[15] 이러한 전쟁관은 (대립 진영의 적어도 하나가 전쟁을 개시하지 않더라도) 상대를 공격하고자 하는 상호 의도를 전제로 서로를 지배하고자 대립하는 전투원의 능동적 과정을 강조한다. 우리는 증오에 사로잡혀 무기를 든 군대가 정황에 의해서건 정복욕에 의해서건 대규모 폭력을 일으켜 결국 승자가 독식하는 것을 상상할 수 있다. 그러나 전쟁에 대한 이러한 묘사는 명료하지 않으며, 모든 전투를 정의할 수도 없다. 오히려 20세기 역사는 대립하는 전투원을 상상해서는 전쟁을 명료하게 정의하기 어렵다는 것을 증명해 준다. 적어도 한 가지 관점에서 보면, 20세기 이

---

14 Jonathan Safran Foer. *Eating Animals*. New York: Little, Brown and Company, 2009. 33[송은주 옮김, 『동물을 먹는다는 것에 대하여』, 민음사, 2011, 49쪽]. 포어는 더 나아가 이렇게 말한다. "우리에게 폭력 없이 살 선택지는 없지만, 수확과 도살, 농업과 전쟁 중 우리의 식사를 무엇을 중심으로 할지는 선택할 수 있다. 우리는 도살을 선택했다. 우리는 전쟁을 선택했다. 이것이 동물을 먹는 것에 관한 우리의 이야기의 가장 진실한 판본이다."[『동물을 먹는다는 것에 대하여』, 309-310쪽].

15 이는 일레인 스캐리가 『고통받는 몸』에서 제시한 정의에 부합할 것임에 틀림없다. "전쟁은 두 진영이 서로에게 더 많은 상해를 입히려는 상황을 말한다."

후의 전쟁은 **비**전투원, 즉 민간인을 겨냥하는 것으로 변모해 갔다. 국제 분쟁이든 내전이든, 민간인이 군의 표적이 되는 경향이 강해진 데다가 게릴라, 반군, 테러리스트가 민간인과 구별 불가능하게 됨에 따라 점점 민간인과 전투원 간의 경계도 모호해졌다. 더욱이 20세기 이후 전쟁은 수많은 형태로 진화했기 때문에 더 이상 전장에서 대치하는 두 군대로 이루어진 전쟁의 이미지를 그리기 어렵게 되었다. 오히려 전장이 어디서부터 어디까지인지, 전쟁은 언제 선포되고 적대행위를 종식시킬 평화 선언은 언제 내려지는지 명확하지 않게 되었다. 게릴라전과 국가 테러리즘은 교전 지역과 시민 정치 공간의 경계선을 허물어뜨렸다. 미사일과 무인기의 교전이 최전방 무력 전투를 대체하면서 "원격" 전쟁이 점점 일반화되고 있다. 전쟁에는 "열전"도 있고 "냉전"도 있으며 (그 사이에 다양한 변수들도 있으며) 국가는 식별된 적과의 공식적 분쟁이 일어나지 않고 일어날 것 같지 않을 때에도 항상 전쟁에 임할 태세를 갖추고 있다. 그 결과 세계 곳곳에서 전쟁과 비상사태는 마치 민정 및 정무 속에서 계속되는 주요 이벤트처럼 보인다.[16] 이처럼 전쟁 형태가 무수히 다양하다는 사실은 전쟁 개념이 다양한 맥락에서, 특히 인간의 무대를 넘어서서 어떻게 재배치될 수 있는지 다시 생각할 기회를 제공한다. 이 책은 바로 전쟁이 인간과 동물과의 관계를 얼마나 예증적이고 생산적으로 기술할 수 있는지에 주안점을 두었다.

---

16 한나 아렌트는 제1차 세계대전이 끝난 후의 유럽을 보며 다음과 같이 말한다. "모든 사람과 모든 것에 대한 이 막연히 널리 퍼진 증오보다 정치적 삶의 일반적 분열을 더 잘 보여주는 것은 없을 것이다. 그 정념적 시선은 초점이 없고, 사태의 책임은 아무도 지지 않는다. 정부도 부르주아도 외부 권력도." Hannah Arendt. *The Origins of Totalitarianism*. Orlando: Harvest, 1976. 268[이진우·박미애 옮김, 『전체주의의 기원』, 제1권, 한길사, 2006, 490쪽].

인간과 동물과의 관계가 주로 적대적이라고 이해해 보려 할 때, 활용할 수 있는 물질적 증거가 있다. 인간이 동물을 해치고 죽이는 규모는 인간과 동물의 주된 관계가 전투적이라는 것, 적어도 위해와 죽음의 생산에 집중된다는 것을 확인해 주는 듯하다. 예컨대, 공장식 축산과 산업화된 도살 기술은 가공할 만한 폭력 및 말살의 배치를 가능하게 한다. 죽음의 규모는 상상을 초월한다. 낮춰 잡아도, 전 세계적으로 매년 600억 마리 이상의 육상동물이 식품으로 만들어지기 위해 죽임당한다.[17] 이러한 수치는 인간의 이용을 위해 죽임당하는 해양동물을 포함하지 않기 때문에 죽음의 전체 규모를 보여주지 못한다.[18] 식량 생산과 동물실험 외에도 사냥, 스포츠 낚시, 서커스, 경주, 투우, 로데오와 같은 인간의 오락적 활동을 충족시키기 위해 동물은 고통을 겪고 죽임당한다. 미국에 거점을 둔 한 비정부기구의 추산에 따르면 미국에서만 연간 동물 약 2억 마리가 인간의 사냥으로 죽임당한다.[19] 다른 동물은 의학 연구,

---

17 유엔 식량농업기구의 2010년 자료. Food and Agriculture Organisation of the United Nations, FAOSTAT 참조. 이는 2010년에 닭 553억 3405만 7천 마리, 염소 4억 2594만 7124마리, 돼지 13억 7521만 6728마리, 양 5억 3779만 1052마리 등 총 630억 마리 이상(633억 364만 9624마리)의 육상동물이 죽임당했음을 보여준다. 이 수치는 해당 기간 동안 식용으로 죽임당한 해양동물이나 (달걀이나 유제품과 같은) 식품이나 오락을 위한 인간 이용의 결과로 죽은 동물은 포함하지 않았다. 유엔의 수치는 필연적으로 보수적이다.

18 인간의 소비를 위해 죽임당한 해양동물의 수를 정확하게 추산할 수 있는 자료는 여전히 부족하다. 미국의 비정부기구 ADAPTT는 미국의 소비 비율 추정치를 근거로 연간 900억 마리의 해양동물이 죽임당하고 있다고 추정한다. ADAPTT. "More than 150 Billion Animals Slaughtered Every Year." ADAPTT 웹사이트 adaptt.org/killcounter.html 참조. 그러나 희생 규모는 잠재적으로 훨씬 더 크다. 한 보고서는 연간 1조(에서 2조 7천억) 마리의 어류가 잡힌다고 추정한다. Alison Mood. *Worse Things Happen at Sea: The Welfare of Wild-Caught Fish.* fishcount.org.uk. 2010. 다음을 보라. fishcount.org.uk/published/standard/fishcountfullrptSR.pdf[2024년 11월 25일 접속 확인].

19 In Defence of Animals. "Hunting: Facts." *In Defense of Animals.* dausa.org/campaigns/wild-

제품 검사, 심리학 연구, 군사 시험을 위한 실험에 부쳐지고, 실험실 안에서 극도의 감금, 화학물질 노출, 물리적 외상과 죽음을 겪는다.[20] 더욱이 산업화와 세계 경제의 확대는 비인간 서식지를 침범하고 다수 동물의 고통과 죽음을 초래했으며, 현재도 이런 일이 계속되고 있다는 사실을 잊지 말아야 한다. 오염 및 식량원의 상실은 비인간 생명의 헤아릴 수 없는 피해와 죽음, 종의 멸종을 야기했다. 인간의 활동은 모든 생명체에 영향을 미치며 비인간 동물 생명에게 그 영향은 괴멸적이다. 확실히 이 끔찍한 광경을 보고 그 거대한 규모의 위해와 죽음이 조직적이고 의도적이라고 생각한다면, 아마도 그것이 "전쟁" 개념에 부합한다고 보는 것이 합리적일 것이다.

여기서 반론이 예상된다. 아마도 가장 먼저 거론되는 것은 인간과 동물 관계의 근본을 전쟁으로 보는 것이 새로운 동물 연구 이론에 어긋난다는 지적일 것이다. 신흥 이론은 인간과 동물의 관계를 분석할 때 "갈등적"이기보다 "관계적"인 접근을 강조한다. 예컨대 제6장에서 논하는 도나 해러웨이는 "동물권의 급진적 어법"과 도살에 대한 일률적인

---

free2/habitats-campaign/anti-hunting/[2024년 11월 25일 접속 확인]. 사냥은 아마도 동물을 죽이는 즐거움에 대한 가장 공공연한 "쾌락적" 표현일 것이다. 게리 마빈은 말한다. "사냥꾼은 사냥의 본능적이고 감정적인 쾌락에 강렬하고 완전하게 몸을 맡긴다. 이는 공리적인 일이 아니라 정념의 추구로, 동물들은 그러한 정념의 쾌락을 위해 희생된다." Garry Marvin. "Wild Killing: Contesting the Animal in Hunting." The Animal Studies Group. *Killing Animals*. Urbana and Chicago: University of Illinois Press, 2006. 25 참조.

20 일부 동물에 대한 학대 행위 중 어떤 것은 법으로 금지되어 있지만, 다른 형태의 폭력은 용인될 뿐 아니라 실제로 공공연하게 허용되고 있다. 예컨대, 호주의 뉴사우스웨일스 1900년 형법New South Wales Crimes Act 1900은 동물을 "고문"하거나 "구타"하거나 "죽이는" 사람에게는 죄를 부과하지만(제530(1)절), 연구나 "통상적 농업과 축산 활동, 공인된 종교적 관행, 유해동물 박멸이나 수의학적 관행"에 이용되는 동물은 예외로 한다(제530(2)(b)절). 즉, 학대는 인간과 정기적으로 접촉하는 대부분 동물에게 허용되는 취급처럼 보인다.

문제시에 이의를 제기하며, 인간과 동물이 "상호 응답하는 복잡성의 층들에서 서로를 공동 형성하는" 관계에 있음을 인정하는 접근법을 취한다.[21] 나는 아마도 전통적인 동물권 이론이 그러하듯이 범주들을 총체화하는 것은 복잡하게 얽힌 다방향의 권력관계를 설명하거나 지나치게 단순하게 구축된 행위성을 비판하는 데 어떤 도움도 되지 않는다는 점을 인정한다. 그러나 관계적 관점이 인간의 동물 이용 및 도살에 규범적 견해를 적용하는 맥락적 논증과 양립 불가능하다고 생각하지 않는다. 관계적 접근법을 채택하면서도 폭력의 체계를 고려하고 윤리가 맥락과 상황에 좌우되는 방식을 살필 수 있다. 예컨대 클레어 파머는 관계적 접근법을 활용하여 도덕적 의무는 근접성, 상호작용, 인간의 접촉 및 개입 영역을 통해 발생한다고 주장하며 우리가 야생동물, 사육 동물, 과거 그리고/또는 현재 인간과 상호작용하는 동물에게 서로 다른 도덕적 의무를 갖는 이유를 설명한다.[22] 중요한 것은 파머의 미묘하고 신중한 설명이 산업화된 형태의 도살과 폭력을 문제시하면서도 식량을 위한 사냥 등 일부 행위들은 동일한 수준의 위험에 해당하지 않을 수도 있다고 주장한다는 점이다.[23]

---

21 Donna J. Haraway. *When Species Meet*. Minneapolis: University of Minnesota Press, 2008. 42 [최유미 옮김, 『종과 종이 만날 때: 복수종들의 정치』, 갈무리, 2022, 59쪽].

22 Clare Palmer. *Animal Ethics in Context*. Columbia: Columbia University Press, 2010. 7. 파머는 자신의 접근법이 "이동하는 영양 무리가 마라Mara 강에 빠지는 것을 막는 것은 설령 그것이 세계에 더 나은 상황을 가져온다고 해도 도덕적 의무가 아니지만, 아머샴Amersham 의 말들이 고통받고 굶어 죽도록 방치한 사람은 도덕적으로 비난받을 만한 행동을 한 것"이라는 이유를 설명할 수 있다고 말한다. 푸코적/관계적 분석으로 Clare A. Palmer. "'Taming the Wild Profusion of Existing Things?': A Study of Foucault" *Environmental Ethics*. 23.494, 2001. 339–358도 참조할 것.

23 Palmer. *Animal Ethics in Context*. 117–119 참조.

근본적 갈등과 관계 형성에서 폭력의 역할을 이해하는 것은 권력이 서열화된 차이 및 진실 체계와 상호작용하는 방식을 파악하는 데서도 중요하다. 아마도 켈리 올리버가 『동물의 가르침』에서 논한 인간과 동물의 차이가 이와 관련될 것이다.[24] 올리버는 인간과 동물을 분절하는 동물 연구와 성차에 관한 페미니즘 논의를 연결하는 한편, 차이를 다양성이 아닌 이항 대립으로 보는 태도에 대한 데리다의 문제 제기를 언급하며 다음과 같이 묻는다.

왜 성차는 표시되고 나면 둘 사이의 이항 대립적이거나 본래적인 차이로 환원되어 버리는가? 둘 사이의 구별이 대립 또는 심지어 전쟁으로 여겨지는 이유는 무엇인가? 마지막으로, 형언하기 어려운 다양한 차이들의 영역을 열고 서로 싸우는 대립자의 얽힘을 풀기 위해 무엇을 해야 하는가?[25]

얼핏 보면 올리버의 소견은 이 책의 제5장에서 주장한 바, 즉 가부장제 맥락에서 성폭력은 "여성과의 전쟁"으로 기능한다는 급진적 페미니즘의 논의가 인간과 동물의 전쟁을 개념화하는 데 (적어도 내가 보기에) 유용하다는 점에 반하는 것처럼 보인다. 그러나 나는 이 책에서 전

---

24 Kelly Oliver. *Animal Lessons: How They Teach Us to Be Human*. New York: Columbia University Press, 2009, 특히 131–151 참조. Kelly Oliver. "Sexual Difference, Animal Difference: Derrida and Difference 'Worthy of its Name.'" *Hypatia*. 24.2, 2009도 보라.

25 Oliver. *Animal Lessons*. 134. 올리버는 독일어 단어 Geschlecht(종/성)를 둘러싼 데리다의 고찰을 논하며 이 단어가 동물과 인간의 차이 및 성차를 설명하는 방식을 지적한다. "이 말은 두 편으로 분리하고 그것을 대립 또는 서로의 부정으로 간주하는 두 분열을 명명함으로써 이원성을 본질적인 불화, 전쟁, 폭력으로 만든다(134)."

개하는 접근법이 올리버가 제시한 관계적 접근법과 배치된다고 보지 않는다. 결론에서 말하겠지만, 우리가 구축해야만 하는 "휴전"의 공간은 필연적으로 관계적인 것이다. 동물과의 전쟁을 극복한다는 것은 확실히 이전에는 상상할 수 없었던 새로운 형태의 연관, 우정, 지형, 사랑, 함께 살아가기를 전개한다는 것을 의미하며, 그것은 결과적으로 인간과 동물의 이항 대립을 서열화되지 않는 다양한 차이로 재구성하도록 이끈다.[26] 다만 어려운 과제가 남아 있다. 우리는 오늘날 벌어지고 있는 폭력으로 눈을 돌려 이 폭력이 우리의 관계의 조건을 구축하는 방식과 이항적으로 조직된 "대립자"의 위상과 이해를 구성하는 방식을 파악해야 한다. 제5장에서 논하듯이 (당연하게 받아들여지는 일상적 적대 형태로서) 성폭력은 가부장적 관계를 유지하는 동시에 젠더 역할을 구성한다. 이러한 의미에서 여성에 대한 성폭력을 전쟁으로, 즉 남성에 의한 여성 지배를 유지하는 동시에 "남성"과 "여성" 간의 이항 대립을 규범적 젠더 구성으로 조직하는 전쟁으로 보는 것은 타당해 보인다. 성폭력이 젠더 역할 구성이나 젠더 권력관계에 관한 모든 것(예를 들면, 개인 간, 법적, 사회적 폭력과 결합된 규범적 젠더 구성이 트랜스젠더에게 미치는 영향)을 설명해 주지는 않는다. 그러나 종속 및 지배의 체계를 재생산하는 국가권력이 지지하고 협력하는 지속적 폭력(전쟁)은 젠더가 주체성 및 사회적 지

---

26 칼 스틸은 말한다. "인간은 반성적 언어, 이성, 문화, 무엇보다도 불멸의 영혼과 부활할 수 있는 신체에 대한 유일한 소유권을 주장함으로써 다른 동물과 자신을 구별하고자 한다. 인간은 이러한 속성이 자신에게 오직 자신에게만 해당된다는 사실을 다른 이들에 대한 폭력 행사를 통해 주장하고, 다른 이들을 '동물'로 칭하며 이러한 폭력을 일상화한다. 따라서 인간이라는 범주는 지배 행위의 반응적이고 상대적인 효과이며, 동물에 대한 지배를 포기하는 것은 그러한 인간 자체의 소멸을 의미하지 않을 수 없다." Karl Steel. *How to Make a Human: Animals and Violence in the Middle Ages*. Columbus: Ohio State University Press, 2011. 21 참조.

위와 상호작용하는 방식을 기술할 때 항상 설명되어야 한다. 이는 마찬가지로 동물에 대한 대규모 조직적 폭력이 인간의 지배 체계를 유지하는 한편, 인식론적으로 "인간"에 대립되고 그 하위에 놓이는 담론적 범주로서 "동물"을 구성하는 방식에 대한 이해에도 적용된다. 제6장에서 해러웨이의 『종과 종이 만날 때』와 관련하여 서술했듯이 이런 점에서 인간과 동물이 "상당한 정도로 자유가 없는" 관계에 있을 때조차 서로를 "공동 형성"한다는 점을 인정한다고 해도, 그것이 손쉽게 폭력의 문제를 회피할 수 있다거나 대규모 폭력 형태가 지배 체계를 형성하고 재생산하며 진실 구성을 가능케 하는 방식을 외면할 수 있다는 것을 의미하지는 않는다. 아래에서 논하는 바와 같이 인간 우월성의 구축에서 초래되는 **인식론적 폭력**을 다루는 것이 우리가 맞닥뜨린 과제이며, 이는 인간/동물, 이성/자연, 지식/본능, 우월/열등 등의 이원론적 구성 및 여타 위계적 차별 형태를 다루는 작업을 필요로 한다. 이 작업은 인간과 동물의 관계의 많은 부분을 특징짓는 항상 존재하는 일상의 폭력의 전쟁터 안에 위치해야 한다. 그 전쟁은 수십억 생명의 고통과 죽음에 막대한 영향을 미치고 있다.

　한편 동물에 대한 폭력이 통상적인 의미의 전쟁에 부합하지 않는다는 또 다른 반론이 존재한다. 특히 산업화된 도살이나 동물실험의 경우 동물이 지배에 "저항"한다고 보기 어렵다는 지적이다. 이러한 지배 형태들은 압도적으로 일방적이며 탈출이 불가능하도록 기획되었기 때문에 상호작용이나 응답 또는 "정치"의 가능성은 존재하지 않는다고 주장된다. 이러한 견해를 제시한 클레어 파머는 몸이 묶이고 포박되어 움직임이 봉쇄된 고양이를 예로 든다. 파머는 푸코식 접근법을 따라 고양이에게는 (발길질과 같은 폭력 행위를 포함한) 인간과의 상호작용에 반응하거나 응답할 방도가 없다고 주장한다. "여기에 관계성은 없다. 고양이가 반응하는 존재가 될 가능성은 없다. 인간과의 잔인한 만남에서 모든 자발성과 거의 모든 의사소통은 지워진다. 따라서 이는 권력**관계**가 될 수 없다."[27] 그러나 여기서 나는 저항의 문제가 복잡하며 재고할 가치가 있다고 말하고 싶다. 앞에서 서술한 닭 도살 사례에서 ("헛된 것"일지라도) 동물의 저항이 도살 공정에서 역할을 하는 방식을 간과하기는 어려워 보인다. 이 공정 전체는 일종의 격투, 생물 형태들 간의 격투이다. 닭의 삶(과 죽음)을 인간의 효용에 굴복시키는 것에 관한 싸움이다. (구속된 신체가 가공 라인에 매달려 고기로 제조되는 것과 같은) 이 공정에서 동물을 수동적인 존재로 보는 것이 손쉬울지는 모르겠지만, 현실은 보다 긴박하고 농밀한 싸움과 연루되어 있으며 그 폭력적 관계 속에서 인간과 기계는 죽기를 원하지 않는 닭들과 "격투"를 벌인다. 이는 쌍방향의 과정으로, 여기서 동물은 도구화되지만 수동적이지는 않다. 팀 잉골드가 지적했듯이 폭력은 항상 저항의 진압을 목표로 한다. 애초에 폭력의 대상이 지각이나 자율성을 갖지 못하고 포획과 이용을 회피하지 않았다면, 폭력의 기술도 사용되지 않았을 것이다.

  손에 채찍을 들고 잔혹하게 노예에게 극심한 고통을 가하며 노동을
  강요하는 노예주를 생각해 보라. 자신의 자유의지에 따라 행동하려

---

27 Palmer. "Taming the Wild Profusion of Existing Things?" 354. 동물의 저항에 대해서는 Jonathan L. Clark. "Labourers or Lab Tools? Rethinking the Role of Lab Animals in Clinical Trials." Nik Taylor and Richard Twine Eds. *The Rise of Critical Animal Studies: From Margins to Centre.* London and New York: Routledge, 2014. 139–164도 참조할 것.

는 노예의 자율성이 이 상황에서 매우 심각하게 위축되어 있다는 것은 분명하다. 그렇다면 이것이 노예가 채찍의 타격에 순전히 기계적으로 반응한다는 것을 의미하는가? 그렇지 않다. 이 상황에서 강압을 사용하고자 하는 것은 상대가 저항의 힘을 가진다고 생각하기 때문이다. 즉, 고통을 가한다는 것은 그 힘을 부수기 위함이다. 말하자면, 강압의 이용은 노예가 행동하고 고통을 받는 역량을 갖는다는 것, 그런 의미에서 하나의 인격이라는 것을 전제로 한다. 또한 주인이 노예에게 노동을 시키는 **원인**이라고 말할 때, 그 원인은 인격적인 것이지 기계적인 것이 아니다. 그것은 주인과 노예의 사회관계 속에 놓여 있으며 그 관계는 분명히 지배 구도를 이룬다. 사실 '강압'이라는 말의 본래 의미는 지각 능력이 있는 다른 존재의 저항에 대항하여 의도적으로 행해지는 행동이다.[28]

저항을 이렇게 해석하면 폭력 기술 및 행위자의 상호작용은 상대 (인간이든 아니든)의 저항에 대응하고 진압하기 위해 형성된 것으로 간주된다. 이를 통해 친절해 보이는 행위자의 상호작용과 장치 역시도 다름 아닌 저항에 대응하기 위해 설계된 것으로 읽어 낼 수 있다. 닭 도살을 예로 들면, 어두운 조명은 여러 기능을 하는데 저항을 좌절시키는 것도 그중 하나이다. "닭들이 자신의 동료들이 기절했다는 것을 쉽게 볼수 없다면, 날뛰다가 부상을 당해 사체의 가치를 격하시킬 가능성이 줄

---

28 Tim Ingold. *The Perception of the Environment: Essays on Livelihood, Dwelling and Skill.* London and New York: Routledge, 2006. 73. 도덕적 공동체의 성원 자격에 대한 게리 프란시온 Gary Francione의 기준(즉, 지각)과 지각에 더해 폭력에 대한 저항이 일종의 행위성을 증명한다는 잉골드의 주장 사이의 미묘한 차이에 주목하라.

어들 것이다."[29] 소를 도살장으로 유인하는 울타리에서도 유사한 원리가 발견된다. 템플 그랜딘은 곡선 경로로 된 동물 울타리를 설계한 것으로 잘 알려진 사람이다.[30] 그녀는 소를 죽음으로 이끄는 경사로에 곡선을 도입함으로써 동물들이 경사로에서 머뭇거리거나 뒷걸음치는 반응을 할 가능성을 최소화했다.[31] 이러한 곡선 울타리는 바로 저항에 제한을 가하고 대처하기 위한 수단으로 이해되어야 한다. 곡선은 동물들에

---

29 Potts. *Chicken*. 166.

30 가령 Temple Grandin. "Race System for Cattle Slaughter Plants with 1.5 m Radius Curves." *Applied Animal Behaviour Science*. 13, 1984/85. 295–299 참조.

31 Grandin. "Race System for Cattle Slaughter Plants with 1.5 m Radius Curves." 295. 이러한 이유에서 나는 파머가 제시한 관점에 다소 동의하기 어렵다. 여기서 파머는 저항할 기회가 없는 상황이라면 권력은 존재하지 않는다고 한다. 물론 푸코의 (적어도 초기 푸코의 의미에서) 힘/저항 도식을 따른다면, 권력은 저항이 없는 곳에 존재하지 않는다. 파머는 말한다. "… 그러한 극도의 폭력/지배의 관행에서 동물들은 전혀 저항할 기회를 갖지 못하고 푸코가 언급한 족쇄가 채워진 노예와 다름없는 상황에 놓인다. 이는 탈주나 저항이 가능하지 않은 동물 신체에 대한 직접적 폭력을 포함한다. 분명 이러한 상황은 동물에게 아주 흔한 일이다. 게다가 인간의 언어를 공유하지 않기 때문에 동물은 대부분 자신이 위협받고 있는지 혹은 정확히 어떤 방식으로 위협받고 있는지 인식하지 못할 것이며, 이는 원리상 가능할지도 모를 저항의 표출을 가로막는다." Palmer. "Taming the Wild Profusion of Existing Things?" 353 참조. 그러나 나는 지각이 있는 존재가 끌려가면서도 끝까지 발길질을 하고 비명을 지르는 것처럼, 극도의 폭력이 행사될 때 저항의 형태가 존재한다는 것을 지적하고 싶다. 아래에서 논할 것처럼 문제는 부분적으로 인식론적이다. 지식/권력 관계는 이 폭력을 비정치적이고 저항이 없는 행위로 암호화한다. 따라서 저항은 항상 인식론적 차원에서 폭력이 아닌 것으로 여겨진다. 직접적이지는 않지만 관련된 논의로 남성 지배에 대한 여성의 저항의 "진실"을 표현할 가능성에 대한 캐서린 매키넌의 고찰에 주목하라. "여성의 저항을 설명할 때, 성차별주의자와 페미니스트 모두가 어려움을 겪지만 그 이유는 다르다. 전자는 불복종이 자연스럽지 못하기 때문이라고, 후자는 저항이 큰 대가를 수반하기 때문이라고 본다. 둘 다 이 어려움을 해결하기 위해 여성을 피해자로 상정한다. 그러나 성차별주의자가 여성과 피해자를 동의어로 보는 반면, 페미니스트는 여성이 피해자인지는 남성에 대한 강요된 사회적 종속 여부에 달려 있다고 본다. 종속의 총체성의 분쇄에 대한 페미니즘 분석이 그것을 설명하기 어렵다 하더라도, 페미니즘은 궁극적인 저항의 가능성을 믿는다. 성차별주의는 궁극적인 저항의 불가능성에 기댄다. Catharine A. MacKinnon. "Toward Feminist Jurisprudence." *Stanford Law Review*. 34.3, 1982. 703–737. 720을 보라.

게 임박한 죽음을 시야에서 가려 버리는 복지의 수단이자 저항을 원활한 것으로 만드는 수단으로 기능한다.[32] 첫 번째 의미에서, 곡선은 앞으로 다가올 일을 동물의 시야에서 감춤으로써 확실히 고통을 경감시켜 준다. 그러나 서로 연관된 두 번째 의미에서, 곡선은 저항을 진압하고 도살 공정을 효율적이고 순조롭게 만듦으로써 인간의 효용(과 이익) 가치를 극대화한다. 이러한 관점에서 이 책의 접근법은 동물의 저항을 식별하고 이해하는 것을 목표로 하는 최근 동물 연구를 발판으로 삼고 또 강화한다. 그러한 연구 중 하나인 제이슨 라이벌의 저작은 저항을 억제하는 수단으로 격납 전략, 통증을 가하는 채찍 등의 도구, 신체 개조, 훈련 등을 검토한다.[33] 동물 도축을 보다 효과적이고 순조롭게 하면서 "마찰"을 적게 할 목적으로 끊임없는 기술혁신이 필요하다는 사실은 인간의 이용을 위한 동물의 도구화 공정이 그 이용을 거스르는 동물의 저항에 철저히 대처해야 함을, 그리고 이를 위해 (산업화된 닭 도축에 이용되는 "족쇄"처럼) 동물들 자신의 신체가 그들에 반하여 사용된다는 점을 나타낸다.[34] 이 공정의 마지막 요소는 **인식론적**이다. 만일 폭력이 폭력으로

32 원활화·저항·권력에 대해서는 나의 초기 논문 Dinesh Joseph Wadiwel. "Lubricative Power." *Theory and Event*. 12.4, 2009를 참조하라.

33 Jason Hribal. "Animals Are Part of the Working Class": A Challenge to Labor History." *Labor History*. 44.4, 2003. 435–453. 448–450 참조. 또한 Jason Hribal. *Fear of the Animal Planet: The Hidden History of Animal Resistance*. Oakland: ak Press/Counter Punch Books, 2010도 보라.

34 업튼 싱클레어는 말한다. "이 경사로에서 동물들의 흐름은 끊이지 않는다. 이들이 죽음의 강을 전혀 의아해하지 않고 비운으로 향하는 모습은 매우 기이하게 보였다. 우리의 친구들은 전혀 시적詩的이지 않으며 이 광경의 그 어떤 바도 인간의 운명에 비유될 수 없다. 그들은 단지 엄청난 효율성으로만 간주되었다. 돼지들이 향한 경사로는 멀리 떨어진 건물의 꼭대기까지 이른다. 조쿠바스Jokubas가 설명하기를, 돼지들은 자신의 다리의 힘으로 이곳을 오르고 그 다음에는 필요한 공정을 자신의 무게로 인해 통과하여 돼지고기로 가공되어 나온다." Upton Sinclair. *The Jungle*. Pennsylvania: The Pennsylvania State University, 2008. 37[채광석 옮김,『정글』, 페이퍼로드, 2009, 53-54쪽].

보이지 않는 식으로 순조로울 수 있다면 지각 능력을 가진 살아 있는 존재를 "사물"[35]로 바꾸는 공정은 완성되고, 저항과 전쟁은 평화의 외양 아래 은폐될 것이다. 캐럴 J. 애덤스가 주목한 것처럼 그 공정 속에서 고기는 그 본래의 지시 대상이었던 살아 있는 동물과 분리된다.[36] (산업화된 도살이 보여주는 불투명성, 신속성, 외관상의 평온의 경향은 아무런 저항의 흔적도 남기지 않고 살해하고자 하는 욕망을 나타내고 있는 것 아닐까?[37])

　　저항이 생산체제를 창출하면서도 은밀하게 그것을 거스른다는 이러한 관점은 "자율적" 저항을 생산체제의 핵심으로 간주하는 노동에 관한 개념화에 가까이 다가가려는 시도이다.[38] 이러한 개념화에 따르면

35　Palmer. "Taming the Wild Profusion of Existing Things?" 358에 있는 "사물화"에 관한 논의를 참조하라.

36　Carol J. Adams. *The Sexual Politics of Meat: A Feminist-Vegetarian Critical Theory*. New York: Continuum, 1990. 40[New York: Bloomsbury, 2015(Twenty-Fifth Anniversary Edition). 66; [류현 옮김,『육식의 성정치』(출간 25주년 기념판), 이매진, 2018, 104쪽].

37　이러한 비유혈적 폭력의 욕망에 대해서는 Jacques Derrida. "Force of Law. 'The Mystical Foundation of Authority.'" *Cardozo Law Review*. 11 (1990). 919–1045. 1044–1045[진태원 옮김,『법의 힘』, 문학과지성사, 2004, 134-136쪽] 참조.

38　자율주의에 대한 나의 이해는 "노동자주의operaist" 마르크스주의로부터 온 것이다. 노동자주의 경향에 대한 요약으로 Sandro Mezzadra. "Italy, Operaism and Post-Operaism." Immanuel Ness Ed. *International Encyclopedia of Revolution and Protest*. Oxford: Blackwell Publishing, 2009. 1841-1845 참조. 여기서 큰 시사점을 얻은 것은 파힘 아미르의 저작으로, 아미르는 생산체제 속 동물의 종속을 설명하기 위한 방식으로 노동자주의를 고찰한다. 가령 Fahim Amir. "Zooperaismus: 'Über den Tod hinaus leisteten die Schweine Widerstand…'" *Presentation at Critique of Political Zoology Conference*. Hamburg, June 14–15, 2013을 보라. 비둘기와 도시의 관계를 둘러싼 논의로 Fahim Amir. "1000 Tauben: Vom Folgen und Fliehen, Aneignen, Stören und Besetzen." *Eurozine*. May 2013. First published in dérive 51 (2013)도 참조하라. 마지막 문장은 다음과 같다. "Wo es Stadt gibt, da gibt es auch Stadttauben. Und wo es Stadttauben gibt, da gibt es auch Widerstand(도시가 있는 곳에 비둘기가 있다. 그리고 비둘기가 있는 곳에는 저항이 있다)." 도시가 있는 곳은 비둘기가 있는 곳이며, 이 상호작용이 일어나는 곳은 비둘기의 존재를 진압하려는 도시의 움직임에 대한 저항이 일어나는 곳이다. Agnieszka Kowalczyk. "Mapping Non-Human Resistance in the Age of Biocapital." Nik Taylor and Rich-

---

자본주의와 같은 생산 및 교환 체제는 체제 내에서 노동하는 신체의 생산적 역량과 창조성을 기생적으로[39] 빨아먹고 산다. 따라서 자본주의는 항상 규율 및 종속화의 양식을 통해 그러한 신체의 생산성을 포획하고자 작동한다. 이러한 관점에서 볼 때, 저항이 결여돼 보이는 극단의 지배 형태들은 사실 종속된 자들에 의한 능동적 형태의 창조적 저항의 산물로, 이후 자본주의는 그 저항을 새로운 생산양식으로 끌어들인다. 따라서 예컨대 마이클 하트와 안토니오 네그리가 말했듯이 포스트 포드주의 생산을 특징짓는 작업장 배치에서의 새로운 유연화(탄력근무제, 재택근무, 원격업무 등)는 포드주의 규율 생산 양식에 대한 노동자들의 저항에 자본주의가 적응한 결과이다. 노동자들이 업무 부과에 맞선 문화적 실험, 결근 전술, 일상적 저항, 사보타주를 통해 능동적으로 노동에서 빠져나가는 까닭에 자본주의는 생산성을 유지하기 위해 업무 자체를 적응시키고 개조할 필요가 있었다.[40]

이러한 견해를 동물의 격납, 번식, 도살 기술을 이해하는 데도 응용할 수 있다. 다시 곡선 울타리를 생각해 보자. 이러한 건축 설계에 의한 해결책은 동물들 자신의 자율성에 대응하는 것이며, 좁아지는 수평 공간(도축장으로 통하는 경사로)에서 동물들이 내리는 결정을 저해하기보다는 이용하는 것이다. 신체들은 생산에 의해, 생산은 신체들에 의해 거

ard Twine Eds. *The Rise of Critical Animal Studies: From Margins to Centre*. London and New York: Routledge, 2014. 183–200도 보라.

39 인간의 가축화를 사회적 기생의 예로 보는 노스케의 논의 *Beyond Boundaries*. 4–5를 참조하라. Michel Serres. *The Parasite*. Baltimore: John Hopkins University Press, 1982[미셸 세르, 김웅권 옮김, 『기식자』, 동문선, 2002]도 보라.

40 Michael Hardt and Antoni Negri. *Empire*, Cambridge: Harvard University Press, 2000. 272–276[윤수종 옮김, 『제국』, 이학사, 2001, 361-365쪽] 참조.

의 공생적으로 교환의 틀 속에서 형성된다.[41] 이처럼 마찰이 살육의 공정을 늦추려고 할 때, 동물 행위성의 형태가 도살 공정에 저항을 드러낼 때, 산업화된 생산체제는 형태를 바꿈으로써 생산성을 향상시키는 동시에 동물이 스스로 죽음을 돕고 있다는 가상을 만들어 낸다. 산업화된 도살이 기생하고 있는 것은 점점 더 빈틈없어진 격납 체계에 당면한 동물의 움직임만이 아니다. 동물의 창조성은 생명체의 신진대사 및 생식 역량에까지 이용되고 있다. 한편으로 제1장에서 논하듯이 동물의 생식 역량은 동물 산업 복합체 전체에 걸친 생명정치의 핵심인데, 대규모 도살이 동일한 규모의 번식을 요구하기 때문이다. 다른 한편으로 생산공정은 수익 극대화를 위해 생명체의 활력을 이용하여 생산된 창조성과 에너지를 남김없이 포획할 것이다. 이러한 포획은 신체에 반하여 작동하여 신체의 자기 파괴를 유인하기도 한다. 예컨대 로리 그루엔은 이렇게 말한다. "집약적으로 사육되는 젖소들은 너무 혹사당하다보니 우유를 계속 생산하기 위해 스스로의 근육을 대사하기 시작한다."[42]

생산체제는 항상 모든 생산성과 창조성을 포획하고 이용하고자 한다. 신체는 포획을 회피하고자 잉여 생산의 생산성을 만들어 낸다.

---

41 하트와 네그리는 말한다. "따라서 거대한 산업적, 재정적 권력은 상품뿐만 아니라 주체성도 생산한다. 이 권력은 생명정치적 맥락에서 행위주체성을 생산한다. 즉, 필요, 사회관계, 신체, 정신을 생산한다. 말하자면, 생산자들을 생산하는 것이다. 생명정치적 영역에서 생명은 생산을 위해 일하고 생산은 생명을 위해 일하도록 만들어진다. 그것은 여왕벌이 끊임없이 생산과 재생산을 감독하는 거대한 벌집과 같다. 분석이 깊어질수록 그만큼 명확하게, 상호관계의 상호 연결하는 배치들의 강도 수준이 높아진다는 것을 알 수 있다." Hardt and Negri. *Empire.* 32[『제국』, 65-66쪽].

42 Lori Gruen. "The Faces of Animal Oppression." Ann Ferguson and Mechthild Nagel Eds. *Dancing with Iris: Between Phenomenology and the Body Politic in the Political Philosophy of Iris Marion Young.* Oxford: Oxford University Press, 2009. 161-172. 162.

이러한 의미에서, 제4장에서 논할 바와 같이 여기서 나의 관점은 바버라 노스케의 견해를 약간 수정한 것이다. 노스케는 말한다.

> 동물이 움직이고, 놀이하고, 털을 다듬고, 동료들과 어울리며 자연환경과 접촉하는 본성적 역량은 거의 반체제적인 것으로 간주된다. …
> 그 역량은 인간 노동자의 창조성과 마찬가지로 통제하에 계속 두거나 더 좋기로는 없애 버려야 한다.[43]

산업화된 도살, 격납, 번식 체계가 끊임없이 동물의 저항에 대응해야 한다는 것은 사실이다. 그러나 동물의 창조성은 수익의 원천이다. 생산체제의 추진력은 명백한 저항 행위를 포함한 창조적 활동을 포획하여 생산성의 끊임없는 향상을 낳는다.[44] 동물을 도살장으로 인도하는 곡선 울타리를 다시 말하자면, 이는 동물의 상호주관성 및 공동 생산성과 행위성에 의존하여 개발된 것이다. 애나 윌리엄스가 말했듯이 "이 제조 장치들은 모두 동물을 지각 능력을 갖추고 세계와 관계 맺고 환경을 조작하여 생산에 도움을 줄 수 있는 주체로 이해하는 데서 비롯되었다."[45] 동물과의 전쟁의 계보학은 지배 체계의 부단한 적응과 개량에 의해 동물의 탈출과 행위성 및 생명력을 가장 효과적으로 포획하고 인간

---

43 Noske. *Beyond Boundaries*. 15.

44 실제로 노스케가 지적했듯이 양, 염소, 소와 같은 동물의 가축화는 바로 사회적 유대를 형성하는 동물들의 창의성에 근거한 것이다. "인간이 애당초 이들을 가축화할 수 있었던 이유는 이들의 고도의 사회성과 많은 관련이 있다." Noske. *Beyond Boundaries*. 17-18.

45 Anna Williams. "Disciplining Animals: Sentience, Production, and Critique." *International Journal of Sociology and Social Policy*. 24.9, 2004. 45-57. 52.

의 이용 가치를 극대화한 역사이다. 이 과정이 투영하는 외관은 균일함 그 자체이다. 적대도 없고 마찰도 없다.

　　이 책에서 나는 군사학자 카를 폰 클라우제비츠가 제시한 전쟁관에 주목했다. 클라우제비츠는 『전쟁론』 서두에서 전쟁이란 **"적에게 우리의 의지에 따르도록 강요하는 폭력 행동"**[46]이라는 간단한 정의를 제시한다. 이 설명에 따르면 전쟁은 완전한 지배를 목표로 한 집단이나 단체의 조직된 폭력 현상으로 이해할 수 있다.[47] 이러한 관점은 전쟁의 개념을 무장한 두 적대적 (인간) 상대 간의 의도적 싸움으로 국한하는 것을 **피한다.**[48] 또한 이 규정은 **목적**과 **수단**의 혼동을 피할 수 있다는 이점도

46　Carl Von Clausewitz. *On War*. In public domain. Project Gutenberg. 15[김만수 옮김, 『전쟁론』, 갈무리, 2016, 84쪽].

47　이와 같은 정의에 대해서 의견 차이가 없는 것은 아니다. 어떤 이들은 전쟁이 어떤 형태로든 갈등에 연루된 적어도 두 집단, 대개는 두 국민국가를 필요로 한다는 견해에 반대한다. 『스탠퍼드 철학백과』에 나오는 브라이언 오렌드의 설명은 이 견해를 따르고 있는 것 같다. "전쟁은 정치적 공동체 간의 실제적이고 의도적인 광범위한 무력 충돌로 이해되어야 한다. 따라서 개인들 간의 주먹다짐이나 갱단의 싸움이나, 햇필드 가문 대 맥코이 가문의 불화는 전쟁으로 간주되지 않는다. 전쟁은 국가 혹은 (내전을 포함시키기 위해) 국가가 되고자 하는 존재자들로 정의되는 정치 공동체 사이에서만 발생하는 현상이다." Brian Orend. "War." *Stanford Encyclopedia of Philosophy*. plato.stanford.edu/archives/spr2016/entries/war/ [2024년 11월 25일 접속 확인] 참조. 로저 스크루턴은 보다 유연해 보이는 견해를 발전시킨다. "전쟁은 주로 정치적으로 조직된 둘 이상의 조직체가 집단적으로 싸울 의지를 가지고, 적어도 한편이 사적인 내분이나 불화에서가 아니라 통치 절차를 거쳐 전쟁 실시 결정을 내림으로써 이루어지는 사태이다." Roger Scruton. "Notes on the Sociology of War." *The British Journal of Sociology*. 38.3, 1987. 295–309. 301을 보라. 스크루턴의 정의는 정치적, 사회적 맥락이 없고 불필요하게 전쟁의 결정에서 사적/공적 구분을 포함하지만, 전쟁을 하는 전투원의 조건이나 전쟁 수행 방식에 대한 필연적 제한을 두지 않는다. 스크루턴은 "통치"라는 말로 정치적 결정을 내리는 집단적 과정을 반영하는데, 이를 푸코적 의미에서 행동을 조직하는 합리성으로도 볼 수 있을 것이다. 스크루턴의 논의는 마틴 쇼의 응수와 함께 읽을 필요가 있다. Martin Shaw "The Real Sociology of War: A Reply to Roger Scruton." *The British Journal of Sociology*. 39.4, 1988. 615–618; Roger Scruton. "Reply to Martin Shaw." *The British Journal of Sociology*. 39.4, 1988. 619–623 참조.

48　무엇보다 전쟁에 대한 보다 넓은 정의의 필요성(단순히 전쟁을 두 군대의 싸움으로 정의

있다. 전쟁의 목적(적에게 우리의 의지에 따르도록 강요하는 폭력)에 주목할 경우 수단(군대, 무기, 선언 등)은 부차적인 것이 된다. 전쟁의 목적을 지배(적의 의지를 우리의 의지에 따라 굴복시키는 것)로 이해하면, 인간과 동물의 도구적 관계를 보다 넓고 체계적인 폭력적 관계성이라는 맥락에서 파악할 길이 열린다.[49]

하는 것을 뛰어넘는 것) 자체가 언어의 빈곤을 말해 주는 것 같다. 적어도 영어에는 전쟁과 같은 격렬함은 있지만 명확하게 구분된 전투원은 없는 대규모의 조직된 폭력을 나타내는 어휘는 없다.

49 당연히 이는 전쟁의 수단은 무관하다는 의미가 아니다. 오히려 수단과 목적이 어떻게 상호 관련되는지 항상 파악해야 한다는 것이다. 클라우제비츠의 정의에서 중요한 요소는 바로 이러한 전쟁의 목적(즉, 우리의 의지에 굴복하도록 적에게 강요하는 것)과 그 달성을 위해 이용되는 수단(즉, 폭력)의 상호작용에 있다. 실제로 이 상호작용의 본성은 수단과 목적이 진동하며 서로 교류한다는 점이다. 즉, 수단은 목적을 대체하고 원래의 목적(즉, 적을 우리의 의지에 항복시키는 것)은 상실된다. 따라서 클라우제비츠는 말한다. "폭력은 기술과 과학의 발명으로 무장하여 폭력에 대항한다. 국제법상의 관례라고 칭해지는 자기 부과된 규제는 거의 언급할 가치도 없을 정도로 미미하여 폭력의 기세를 근본적으로 약화시키지 못한다. 따라서 폭력, 즉 (국가나 법률 개념 없이는 도덕적 힘이라는 것은 없으므로) 물리적 힘은 수단이고, 적이 우리의 의지에 복종하도록 강제하는 것이 궁극적 목적이다. 이 목적을 확실하게 완수하려면 적의 무장해제가 필요하며, 엄밀하게 말해서 이것이 이론상 전투 행위의 진정한 목표이다. 이 목표가 최종 목적을 대체하고, 최종 목적은 전쟁 자체에 속하지 않는 것인 마냥 옆으로 제쳐진다." Clausewitz. *On War.* 15[『전쟁론』, 60쪽].
   수단과 목적 간의 이러한 교환 역학은 주목할 만하다. 전쟁이 전투원의 의지에 의해 상대방을 복종시키는 것을 목적으로 하는 반면, 전쟁 행위는 적을 무장 해제하는 폭력적 수단과 관련된다. 목적을 달성하기 위한 수단들 자체가 상존하는 혼란 요소이다. 폭력의 기술 및 그 실행과 관련한 법률은 이 상호작용의 중심에서 폭력의 실제 행사와 결부되어 그 특성에 영향을 미치고 폭력의 목적을 모호하게 만들 것이다. 그 결과 전쟁에 대한 논의는 수단과 관련된 질문에 집중될 것이다. 어느 정도의 폭력이 적절하고 적당한가? 어떤 폭력의 기술이 합의될 것인가? 비전투원은 어떻게 다뤄질 것인가? 비폭력적 수단으로 같은 목적을 달성하는 것이 가능한가? 이 모든 특징들을 오늘날 인간 대 인간의 분쟁에서 볼 수 있으며 여기서 기술, 필요한 자원, 법률, 국제적 도의는 상호작용하여 폭력이나 개입의 종류 및 그 시기와 강도를 결정한다. 그러나 클라우제비츠가 말한 것처럼 전쟁의 주된 목표(상대를 우리의 의지에 복종시키는 것)는 숨겨진 차원으로 보일지라도 그대로 남아 있다.
   목적의 "순수성"과 수단의 "현실성" 사이 유동하는 상호작용으로서의 전쟁에 대한 미셸 푸코는 『감시와 처벌』과 섹슈얼리티 및 통치에 관한 후기 저작들 사이에서 사상의 변천을 거쳤는데, 이 이행기 때 화두가 된 것이 바로 전쟁이었다. 이에 관한 생각은 1975년부터 이듬해에 이르는 『"사회를 보호해야 한다"』 강의에서 발견할 수 있다.[50] 그 출발은 "전쟁이란

이해는 동물에 대한 폭력에 그대로 적용될 수 있다. 우리가 사는 세계에서는 동물에 대한 폭력이 폭력이 아닌 것으로 구성되고 폭력의 형태는 유익한 것으로 주어진다. 특히 주목할 만한 것은 동물복지 논의가 종종 이러한 종류의 혼란을 만들어 낸다는 점이다. 필요한 고통과 불필요한 고통의 경계를 결정하는 경제하에서 조직된 폭력 수단은 그 주된 목적, 즉 인간의 이익을 명목으로 비인간 동물을 지배하는 목적을 시야에서 가린다. 따라서 양계장 암탉의 닭장 크기, 실험실 쥐를 위한 "환경 개선", 심지어 도살에 선행하는 기절 처리 기술에 대한 논의가 동물복지 논의에서 우선적으로 거론되며, 우리가 애초에 왜 동물과 전쟁을 벌이고 있는지, 이것은 정당한지에 대한 긴급한 문제는 옆으로 치우게 되어 버린다. 전쟁과 정치는 서로 밀접한 관계를 갖는다. 한쪽은 다른 한쪽을 대체하며 각각은 다른 쪽의 목적을 숨긴다. 분석해야 할 과제는 우리의 이러한 관계의 주된 목적을 밝혀내는 것이다. 이는 산업화된 닭 도살 등을 고려할 때 가공 공장을 더 넓은 전쟁에서의 하나의 전장으로 파악해야만 한다는 것을 의미한다. 각각의 닭들은 작은 전투를 벌이고 있다. 즉, 우리는 전쟁이 담론적으로 "평화"로 암호화되는 바로 그 자리에서 전쟁을 보아야 한다.

50 Michel Foucault. *Society Must Be Defended: Lectures at the College de France, 1975–76*. London: Penguin Books, 2004[김상운 옮김, 『"사회를 보호해야 한다": 콜레주드프랑스 강의 1975-76』, 난장, 2015]. 또한 Michel Foucault. "Two Lectures." Colin Gordon Ed. *Power/Knowledge: Selected Interviews & Other Writings 1972–1977*. New York: Pantheon Books, 1980[홍성민 옮김, 「권력, 왕의 머리 베기와 훈육」, 『권력과 지식』, 나남, 1991(『"사회를 보호해야 한다"』의 「1강」, 「2강」에 해당)]과 Michel Foucault. *The Will to Knowledge: The History of Sexuality: 1*. London: Penguin Books, 1998[이규현 옮김, 『성의 역사 1: 지식의 의지』(4판), 나남, 2020] 참조. 내 책은 푸코의 저작을 읽고, 동물을 둘러싼 고찰에의 응용 가능성을 찾는 새로운 푸코 연구에 속한다. 이 영역의 주목할 만한 (그러나 철저하지는 않은) 성과로 Richard Twine. *Animals as Biotechnology*; Matthew Cole. "From 'Animal Machines' to 'Happy Meat'? Foucault's Ideas of Disciplinary and Pastoral Power Applied to 'AnimalCentred' Welfare Discourse." *Animals*. 1.1, 2011. 83–101; Lewis Holloway and Carol Morris. "Exploring biopower in the regulation of farm animal bodies: genetic policy interventions in uk livestock." *Genomics, Society and Policy*. 3.2, 2007. 82–98; Clare Palmer. "Taming the wild profusion of existing things?"; Chloë Taylor. "Foucault and the Ethics of Eating." *Foucault Studies*. 9, 2010. 71–88; Matthew Chrulew. "Managing Love and Death at the Zoo: The Biopolitics of Endangered Species Preservation," *Australian Humanities Review*. 50, May 2011. australianhumanitiesreview.org/2011/05/01/managing-love-and-death-at-the-zoo-the-biopolitics-of-endangered-

다른 수단에 의해 계속되는 정치이다"라는 클라우제비츠의 명제이다. 푸코는 이를 다음과 같이 뒤집는다. "정치란 다른 수단에 의해 계속되는 전쟁이다." 이는 정치를 다양하게 위장한 전쟁으로 이해하게 하는 동시에 시민 정치 공간을 교전 당사자들 간의 공공연한 적대의 참화를 모면할 수 있는 구원의 장으로 보는 (사회계약론의 관점과 같은) 전통적 정치 이론에 도전하는 것이다.

> 전쟁이야말로 제도와 질서의 원동력인 것입니다. 평화는 그 가장 작은 톱니바퀴 차원에서조차 암암리에 전쟁을 수행하고 있습니다. 즉, 평화의 물밑에서 진행되는 전쟁을 이해해야 합니다. 이것은 평화 자체가 암호화된 전쟁이라는 것입니다. 따라서 우리는 서로 전쟁 상태에 있습니다. 전선은 사회 전체를 연속적이고 영구적으로 가로지르고 있습니다. 바로 이 전선이 우리들 각자를 한 진영이나 다른 진영에 위치시킵니다. 중립적 주체 같은 것은 존재하지 않습니다. 우리는 필연적으로 누군가의 적인 것입니다.[51]

---

species-preservation/[2024년 11월 25일 접속 확인] 등을 꼽을 수 있다. 이 새로운 비판적 연구 영역에 관한 개론으로는 Chloë Taylor. "Foucault and Critical Animal Studies: Genealogies of Agricultural Power." *Philosophy Compass*. 8.6, 2013. 539–551이 있다.

51 Foucault. *Society Must Be Defended*. 50–51[『 "사회를 보호해야 한다"』, 71쪽]. 한 인터뷰에서 푸코는 문제를 명확히 하고 있다. "이것이 지금 내가 직면하고 있는 문제입니다. 그 기술 및 절차와 일체가 된 권력을 이론적 경계인 법의 형태로부터 떼어 내고자 하자마자, 다음과 같은 기본적인 질문을 던지게 됩니다. 즉, 권력이란 단순히 전쟁과 같은 지배 형태에 불과한 것 아닌가? 그렇다면 권력의 모든 문제를 전쟁 관계의 측면에서 이해해야 하는 것 아닌가? 권력은 특정한 순간에 평화와 국가의 형태를 가정하는 일종의 일반화된 전쟁이 아닌가? 그렇다면 평화는 전쟁의 한 형태가 될 것이며 국가는 전쟁을 수행하는 한 수단이 될 것입니다." Michel Foucault. "Truth and Power." Colin Gordon Ed. *Power/Knowledge: Selected Interviews & Other Writings 1972–1977*. New York: Pantheon Books, 1980. 109–133.

만일 시민적 평화 관계가 전쟁을 새로운 일련의 관계들 속에 포함시키는 수단이라면, 주권적 법은 지배의 지속을 암호화하는 수단이 된다. 주권적 법은 그렇지 않았다면 노골적으로 전쟁의 형태로 표현되었을 지배 형태를 존속시키는 방법론인 것이다. 푸코에 따르면 주권은 지속적인 전쟁 승리와 그 승리로 초래되는 죽음을 가할 권리 위에 구축된다. 주권국가가 다른 주권국가에 패배했을 때에 관해 푸코는 말한다.

> 패자는 승자의 처분에 맡겨 있습니다. 즉, 승자는 패자를 죽여 버릴 수도 있습니다. 패자를 죽여 버리면 당연히 문제는 해결됩니다. 국가의 주권이 아주 단순히 소멸할 수 있습니다. 왜냐하면 이 국가를 구성하는 개인들이 사라졌기 때문입니다. 하지만 승자가 패자를 살려 둔다면 어떻게 될까요? 패자를 살려 두면 … 패자가 일시적으로 목숨을 부지하게 되면 [패자는] … 승자를 위해 일하고 복종할 것을, 승자에게 영토를 양도하고 전쟁 보상비를 지불할 것을 받아들이게 됩니다. 따라서 이는 지배, 노예 상태, 예속 상태의 사회를 난폭한 방식으로 정초하는 패배가 아닙니다. … 그것은 두려움, 그리고 두려움을 떨쳐 내려는 것, 생명을 위태롭게 하는 것을 떨쳐내려는 것입니다. 죽음보다 삶을 바라는 의지, 바로 이것이 주권을 정초하는 것입니다.[52]

123[「진실과 권력」, 『권력과 지식』, 156-157쪽]. 푸코가 여기서 클라우제비츠의 전쟁에서의 목적과 수단의 분할을 다른 형태로 반복하고 있다는 점에 유의하기 바란다. 이렇게 전쟁에서 목적과 수단을 분리하면 일정한 목적, 즉 지배의 측면에서 수단을 해석해야 하는 또 다른 문제가 발생한다.

52 Foucault. *Society Must Be Defended.* 95[『"사회를 보호해야 한다"』, 120-121쪽].

이러한 관점에서 보면, 주권은 주권자가 쥐고 있는 죽음의 권한과 법의 폭력에 항복한 자들의 죽음의 회피에서 나오는 지배 형태의 집행 수단이 된다. "죽음보다 삶을 바라는 의지, 바로 이것이 주권을 정초하는 것입니다."

보통 **주권**이라는 용어는 정치적, 사회적 관계들의 조직화를 위한 결절점이 되는 권위, 규칙, 통제의 위임 체제를 함의한다. 오늘날 주권에 대한 이해는 서구의 (특히 홉스적인) 개념에 짙게 영향을 받고 있다. 즉, 군주 또는 위임받은 권위가 특정 영역 내에서 영토와 생명에 대한 유일하고 통일적인 권리를 주장하는 한편, 합법적 폭력을 조직하고 행사하는 그 인지상의 권한이 주권이라는 것이다. 주권적 권력에 대한 이러한 틀은 다른 가능한 형태의 지정학적 조직에 그림자를 드리우며, 실제로 이러한 주권 모델의 다양한 변종이 지구상의 모든 영토적, 생물학적 영역으로 그 범위를 확장하고 있다.[53] (주권적 법을 통해 정당성을 부여받는) 오늘날의 국민국가는 서구의 오랜 주권적 지배로 정의되는 여러 일반 원칙들, 즉 중앙집권적 의사결정, 국경 내 자원에 소유권을 주장하는 특권, 권력이 미치는 영토 내의 인구의 정착(또는 그 반대로 제거), 폭력 기구를 통해 행사되는 독점권, 스스로의 폭력 행위를 합법화할 수 있는 권력을 체현한다. 그러나 주권이 이 전통적 개념을 넘어 진화하고 있다는 논의가 학계에서 활발하게 벌어지고 있다는 점은 틀림없다. 예를 들어 "세계화"(자본, 시장, 정부, 권위, 특정 인민이 발흥하는 국제적 지평 안에서 재위치되는 과정[54])는 주권 권력을 파악하는 방식에 있어 의문을 제기

---

53 Hardt and Negri. *Empire* [『제국』] 참조.

54 혹은 자크 데리다의 말을 빌리자면 "세계적으로-되기라는 지정학적 과정." Jacques Derrida. *Politics of Friendship*. London: Verso, 2000. 302 참조.

한다는 지적을 받아 왔다. 마이클 하트와 안토니오 네그리가 강조하듯이 이러한 세계화의 진행에 따른 국민국가의 재편은 주권의 종말을 고하기는커녕 오히려 그 권력의 조건에 관한 재교섭을 강제한다.[55] 다른 맥락에서, 원주민의 주권을 주장하는 학자들은 정착민 식민지 사회 내에서 주권적 요구를 인정할 뿐만 아니라, 이러한 주권이 어떤 모습일지에 대한 문제를 열어 두고 실제로 공존의 형태와 주권의 다원성을 상상할 수 있는 충분한 능력을 포함하여 주권을 재구상할 상당한 역량이 있음을 주장한다.[56]

이 책은 주권을 재개념화하여 주권을 인간에 의한 동물 지배양식으로 이해할 수 있다고 주장한다. 유대-기독교적 종교 전통에는 신이 "인간"에게 다른 동물에 대한 지배권을 부여했다는 창세기 서사가 있다. 제4장에서 논하듯이 이것이 존 로크가 재산 이론을 전개하는(내가 주장하듯이 적어도 로크가 이 지배권의 모습을 혁신적으로 개작하는) 데서 중심적이고 결정적 측면이라는 것은 틀림없다. 또한 동물복지에 관심이 있는 사상가들이 동물의 보호자로서든 생물학적 우월성을 통해 지배권

---

55 Hardt and Negri. *Empire*[『제국』] 참조.

56 예를 들어 호주의 이렌 왓슨은 말한다. "원주민의 주권이 '헛된 꿈'에 지나지 않는다는 견해에 맞서, 원주민 법은 이 땅에 살아 있으며 소멸될 수 없다. 원주민 법은 사실이고 신념이며 여전히 살아 있는 세상을 아는 방식으로, 인정과 시행의 '불가능한' 순간을 기다린다." Irene Watson. "Aboriginal Sovereignties: Past, Present and Future (Im)Possibilities." Suvendrini Perera Ed. *Our Patch: Enacting Australian Sovereignty Post-2001*. Perth: Network Books, 2007, 23–43. 28 참조. 또한 Irene Watson, "Aboriginal Laws and the Sovereignty of Terra Nullius" *Borderlands e-Journal*. 1:2, 2002. borderlands.net.au/vol1no2_2002/watson_laws.html[2024년 11월 25일 접속 불가]도 보라. 마찬가지로 Paul Keal. "Indigenous Sovereignty." Trudy Jacobsen, Charles Sampford and Ramesh Thakur Eds. *Re-Envisioning Sovereignty: The End of Westphalia?* Aldershot: Ashgate, 2008. 315–330도 참조하라.

을 얻은 진화상의 "높은 서열"로서든[57] 자칭 영토 관리자로서든 단순히 예외상태에서 결정을 내리는 자로서든, 인간이 "피조물"에 대한 모종의 지배권을 갖는다는 가정을 중요하게 여긴다는 점은 우연이 아니다. 존 웹스터는 저서 『동물복지』에서 이러한 태도를 간결한 문장으로 완벽하게 요약한다. "인간은 좋든 싫든 동물에 대한 지배권을 갖는다."[58] ("좋든 싫든") 이렇게 추정된 동물에 대한 상속 주권이 자명한지 또는 정당한지(실제로 발 플럼우드와 같은 에코페미니즘 학자들은 인간의 가정된 지배력에 이의를 제기해야 한다고 말한다[59])는 차치하더라도, 이러한 관점이 인간과 동물 관계의 윤리를 결정하는 데 강력한 영향을 미친다는 것은 확실하다. 인간의 지배권을 가정하면 윤리는 그 지배권을 어떻게 행사할 것인지에 대한 질문에 주의를 기울이도록 강요받는 듯 보인다. 즉, 인간이 동물을 어떻게 이용해야 하는지가 주안점이 되고 애초에 인간이 동물을 이용해야만 하는지 아닌지의 물음은 간과된다. 다시 말해 윤리는 인간 스스로 선언한 지배권의 영향을 어떻게 관리 또는 규제할 것인지의 물음으로 귀착된다. 따라서 웹스터가 동물복지의 사례를 구성하는 수단으로 지배권의 "문제"에서 시작한 것은 우연이 아니다. 즉, 지배권

---

57 루이스 페트리노비치는 인간의 동물 이용에 대한 진화론적 논증을 제시한다. "궁지에 몰릴 때에는, 인간 종 성원의 이익이 다른 종 성원의 동등한 이해관계에 대해 승리해야 한다." Lewis Petrinovich. *Darwinian Dominion: Animal Welfare and Human Interests*. Cambridge: The mit Press, 1999. 3 참조.

58 John Webster. *Animal Welfare: A Cool Eye Towards Eden*. Oxford: Blackwell, 1994. 3.

59 Val Plumwood. *Feminism and the Mastery of Nature*. London and New York: Routledge, 1993 참조. 특히 "Conclusion: Changing the Master Story," 190–196을 보라. 또한 Val Plumwood. *Environmental Culture: The Ecological Crisis of Reason*. London and New York: Routledge, 2002, particularly 97–122를 참조할 것.

은 피할 수 없는 사실로 상정되며 우리의 유일한 행동 지침은 "좋든 싫든" 그 지위의 영향을 완화하는 것뿐이다. 후술하는 바와 같이, 결국 이는 인간과 동물의 관계를 고려할 때 주권이 윤리에 **선행하는** 것처럼 보이는 문제를 야기한다. 이것은 문제인데, 왜냐하면 주권 뒤에 구성되는 윤리는 그 주권의 폭력적 결과를 규제 혹은 완화할 뿐 지배권의 기본 구조는 온전하게 남겨두기 때문이다. 다시 말해, 그 결과란 **복지**이다. 그렇다면 복지를 이용을 지속하는 주권적 특권에 의해 제한 또는 통치되는 "윤리적" 행위나 다름없는 것이라고 이해할 수 있다. 우리는 우리가 지배하는 대상에 복지를 제공하고, 우리의 편익을 위해 지배를 지속하기를 바라며("불필요한 고통"이라는 악의적 문구에서 이를 완벽히 포착할 수 있다[60]), 우리의 지배권을 방해하지 않는 한에서 제한된 형태의 배려를 베풀 자유를 누린다.

　게리 프란시온은 재산으로서 동물의 이용 가치에서 복지적 배려가 생겨나는 경위에 대한 유용한 분석을 제시했다.[61] 그러나 나는 프란시온의 논의를 확장하여, **주권**이 인간의 지위와 결부되는 데 단지 재산권뿐만 아니라 재산으로서의 동물을 포함하고 초과하는 포괄적인 지배 체계가 작용함을 검토해야 한다고 주장할 것이다. 이는 재산 개념이 중요하지 않다는 뜻이 아니다. 제3장과 제4장에서 논하겠지만, 동물을 재산으로 삼는 것은 주권적 권리를 확립하는 전유에서 인간이 승리했음을 보여주는 표현이다. 이러한 의미에서 인간에 의한 동물 지배의 주권적

60　이에 대해서는 Stephen R. L. Clark. *The Moral Status of Animals.* Oxford: Clarendon Press, 1977, 42–45에 나오는 "필요한 고통-necessary suffering" 관련 논의를 참조하라.

61　Gary Francione, *Animals, Property and the Law.* Philadelphia: Temple University Press, 2007.

권리 선언은 일련의 관계성을 설정하는 것으로 이해되어야 한다. 이 관계성이 반복해서 표명하는 것은 인간의 자유가 동물들의 지속적인 **부자유**에 의존한다는 점이다. 이 자유는 합법화된 폭력을 포함한 제도적·인식론적 힘을 통해 **안전화된다**. 따라서 동물에 대해 성립된 재산권은 동물의 부자유를 담보로 요구하는 인간의 자유라는 주장을 단순히 "보증"하거나 승낙하는 것이다. 이런 의미에서 자유는 평등과 관계가 없을 뿐만 아니라 오히려 정반대의 의미를 갖는다. 푸코의 말을 빌리면 "자유란 타인에게서 자유를 박탈할 수 있는 능력이다."[62] 이것은 결국 일련의 합법화를 통해 승자의 지속적인 쾌락, 즉 끝없는 만족을 탐할 자유, 타인의 고통을 통해 얻는 쾌락을 보증한다.

> 만끽할 자유란 … 본질적으로는 이기주의의 자유, 탐욕의 자유, 전투와 정복과 약탈을 좋아할 자유입니다. 이 전사들의 자유는 모두를 위한 관용과 평등의 자유가 아닙니다. 그것은 지배에 의해서만 행사될 수 있는 자유입니다.[63]

즉, 적어도 내가 여기서 밝힌 형태의 주권은 완전한 정복을 통한 생사의 지배에 의해서만 확보될 수 있는 부조리에 가까운 탐욕의 경제를 구축하며 끝없는 쾌락의 흐름을 보증한다. 제8장에서 논하듯, 데리다 역시 주권의 이러한 과장과 과잉, 즉 "그것이 인간에 대해 증언하는 데

---

62   Foucault. *Society Must Be Defended*. 157[『"사회를 보호해야 한다"』, 197쪽].

63   Foucault. *Society Must Be Defended*. 148[『"사회를 보호해야 한다"』, 186-187쪽].

서 오는 부조리의 장엄"[64]의 경향에 주목한 것은 우연이 아니다. 동물에 대한 인간의 주권은 비례의 원칙을 넘어서는 과잉을 특징으로 한다.

전쟁과 주권에 관한 푸코의 개념화는 조직적 집단 폭력이 시민 정치 공간 안에서 알아차릴 수 없는 방식으로 매끄럽게 통합되는 방식 및 변화에 대한 폭력적 제도의 내생적 저항을 이해하는 데 열쇠가 된다. 변화는 잠재적으로 인간이 주장하는 권리와 쾌락(전리품)의 지속적 과잉에 파열을 가할 수 있기 때문이다. 동물에게 가해지는 이 집단 폭력은 대개 외관상 평화로운 관계를 어지럽히지 않는 방식으로 감춰진다. 대규모 도살, 실험, 크고 작은 아파르트헤이트는 일상적인 일처럼 이루어지면서 일상생활의 배경 소음과 구별되지 않는 듯 보인다. 티머시 패키릿이 명저『육식 제국』에서 지적했듯이 이는 지형학적 조직과 관련된 문제로 동물에 대한 폭력은 예외 지대로 격납되고 작업을 감추는 형태로 분할됨으로써 도살 과정에 몸소 관여한 노동자들의 시야에서도 가려진다.[65] 제5장에서 논하는 것처럼 이 "수용소 군도gulag archipelago"의 조직은 일련의 상호 연결된 폭력의 격납고를 구성하는 것으로 개념화할 수 있다. 거의 모든 인간 존재양식의 미시적 영역을 규제하는 위임된 주권의 계층화된 방식은 도살장 하역장의 동물, 실험실 케이지에 갇힌 생쥐, 교외 뒷마당에 목줄에 매인 개에 이르기까지 갖가지 지배의 장면을 포괄한다. 여기서 전쟁은 격납된 폭력의 조직화되고 합법화된 연계망으로 작동한다. 이는 죽음과 번식의 거대한 조직화와 연결되어 저항을

---

64 Jacques Derrida. *The Beast and the Sovereign Vol. 1.* Chicago: University of Chicago Press, 2009. 230, [D307].

65 Timothy Pachirat. *Every Twelve Seconds: Industrialized Slaughter and the Politics of Sight.* New Haven: Yale University Press, 2011[이지훈 옮김,『육식 제국』(개정판), 애플북스, 2016].

진압하기 위한 지속적이고 정확하며 무자비한 노력을 가능하게 한다. 따라서 전쟁은 동물의 의지를 인간의 의지에 따라 굴복시키는 주권의 양식으로 거의 완벽하게 내재화된다.

생명정치

이 책은 동물과의 전쟁이 명백히 **생명정치적** 성격을 띤다고 주장한다. 미셸 푸코는 생명정치를 영토와 자원 획득에 무게를 두는 직접적으로 강압적인 권력 모델에서 인구와 생명에 주목하는 합리성으로의 전환이라고 표현했다. 푸코는 『성의 역사』의 이제는 유명해진 구절에서 이러한 전환을 요약한다. "**죽게 하거나** 살게 **내버려두는** 오래된 권리가 살게 **하거나** 죽음 속으로 **몰아가는** 권력으로 대체되었다."[66] 여기서 푸코는 정치적 담론이 점점 **생명**의 본성과 변천, 필요조건, 본질에 관심을 기울인다고 주장한다. "수천 년 동안 인간은 아리스토텔레스가 이해한 대로 정치적 존재로서의 역량이 덧붙여진 살아 있는 동물이었다. 그러나 근대인은 생명체로서의 존재가 정치에서 문제가 되는 동물이다."[67] 아마도 생명정치를 생각하는 가장 쉬운 방법은 주권 권력(이 경우 인간에 의한 다른 인간의 주권적 지배)이 근대 시기 동안 진화해 온 방식을 이해하는 것일 테다. 전통적으로 주권은 자원 축적과 영토 수복이 주된

---

66 Michel Foucault. *The Will to Knowledge: The History of Sexuality: 1*. 138 [『성의 역사 1: 지식의 의지』, 179쪽].

67 Foucault. *The Will to Knowledge: The History of Sexuality: 1*. 143[『성의 역사 1: 지식의 의지』, 185쪽].

목적인 칼에 의한 잔혹한 지배권 행사로 이해되어 왔지만, 푸코에 의하면 근대 주권은 과거에는 부차적인 관심사에 불과했던 (인간) 인구의 생물학적 삶을 관리하는 데 관심을 기울이는 생명정치적 합리성에 의해 형성된다. 통치 체제는 교육 및 훈련, 공중보건, 관계 및 조직의 조성, 출산 및 "가족" 계획, 경제 관리와 일반화된 재정 복지를 위한 자원 배치를 통해 인구의 삶을 육성한다. 이처럼 정치 자체가 개인적·집단적 차원에서 생명체로서 인간의 기능에 주의를 기울이는 것이다. 푸코는 말한다.

> 서구인은 생물계 속에서 살아 있는 종이라는 것, 신체, 실존의 조건, 생존 가능성, 개인과 집단의 복지, 변경할 수 있는 힘, 그리고 그것들을 최적의 방식으로 배치할 수 있는 공간을 갖는 것이 무엇을 의미하는지 서서히 배워 갔다.[68]

대부분 이러한 계획과 구상은 특정 인구의 실존을 실제로 이롭게 하고 향상시킬 수 있지만, 주권적 생명정치가 소위 "살게 한다"라고 일컬어지는 것에만 관련된다고는 볼 수 없다. 왜냐하면 푸코가 말한 대로, 살게 하는 권력은 주권 권력의 보다 교활한 목적, 즉 "[삶을] 죽음 속으로 몰아가는"[69] 권력과 연관되기 때문이다. 즉, 생명정치적 주권은 삶과 죽음 **모두**에 관련된다는 것을 잊어서는 안 된다. 이는 주권을 논하는 최근의 사상가들 다수, 예컨대 조르조 아감벤, 로베르토 에스포지토, 아

---

68 Foucault. *The Will to Knowledge: The History of Sexuality: 1*. 142[『성의 역사 1: 지식의 의지』, 184쪽].

69 Foucault. *The Will to Knowledge: The History of Sexuality: 1*. 138[『성의 역사 1: 지식의 의지』, 179쪽].

실 음벰베(세 사람 모두 이 책에서 다룬다) 등도 강조하는 점이다. 아감벤은 각광받은 저서 『호모 사케르』에서 푸코의 생명정치 개념과 정치적 주권의 **근본적** 관계 및 그것이 폭력이나 배제와 맺는 암묵적 연관에 주목한다. 아감벤과 푸코의 생명정치는 두 가지 점에서 뚜렷하게 구분된다. 첫째, 아감벤은 생명정치를 (최근에 와서 발전된 것이 아니라) 서구 정치 전통에 근본적인 개념으로 다룬다. 아감벤의 말을 빌리자면 "서구 정치는 그 탄생부터 생명정치이다."[70] 둘째, 제1장에서 자세히 살펴보겠지만, 아감벤은 명백히 생명정치를 인간과 동물의 지속적인 차별의 형태로 이해한다. 인간과 동물의 모호한 구분을 계속하여 표명하는 이 형태가 생명정치를 정의한다. 즉, 생명정치는 단순히 삶과 인구의 문제에 관련된 정치만이 아니라 적어도 아감벤의 견해로는 본질적으로 정치 그 자체가 인간과 동물의 경계를 나타내는 폭력적인 표명과 관련되는 것이다. 아감벤의 말로 하면 "다른 모든 갈등을 통치하는 결정적인 정치적 갈등은 인간의 동물성과 인간성 사이의 갈등이다. 즉, 서구 정치는 그 탄생부터 또한 생명정치이다."[71] 아감벤과 푸코에 따르면 생명정치가 바로 인간과 동물 사이의 지점 또는 문턱에 위치한다고 여기서 확실하게 요약할 수 있다. 다른 말로 하면, 생명정치는 인간과 동물 사이에 존재하는 긴장의 "생산적" 효과인 것이다. 인간과 동물의 구분을 제도적으로 재표명하는 명시적이고 유례없는 폭력 형태를 진지하게 받아들인다면, 서구 정치는 다름 아닌 인간과 동물 생명의 전쟁의 현실을 표현하는

---

70 Giorgio Agamben. *Homo Sacer: Sovereign Power and Bare Life*. Stanford: Stanford University Press. 1998. 181[박진우 옮김, 『호모 사케르: 주권 권력과 벌거벗은 생명』, 새물결, 2018, 342쪽].

71 Giorgio Agamben. *The Open: Man and Animal*. Stanford: Stanford University Press, 2004. 80.

것이 된다.

생명정치에 대한 이러한 이해에서 주권은 중요한 위치를 차지한
다. 앞에서 말한 바와 같이 주권은 생명정치적 **단절**caesura(중지 또는 절단)
과 결부되어 종, 인종, 젠더, 능력 또는 다른 배경에 근거하여 인구들 사
이를 분할한다. 푸코에 따르면 주권은 사회관계에 전쟁을 내재화하는
수단이며, 생명정치는 인구들 사이에 분할선을 그리기 위한 처방이다.
법, 제도, 지식은 생명을 육성하는 동시에 다른 생명을 약화시키고 돌봄
과 폭력의 기술을 배치함으로써 이러한 분할선을 재생산한다. 이러한
점에서 나는 생명정치가 주권에서 벗어나 생물학적 신체의 정치로 향
하는 움직임이라는 캐리 울프의 견해에 완전히 동의하지는 않는다.[72] 울
프의 견해는 주권을 단순히 경계로 구분된 영토 통제나 성문화된 법질
서를 갖춘 (인간) 국가를 의미하는 것으로 본다면, 타당하다고 할 수 있
다. 그러나 제8장에서 데리다의 『짐승과 주권자』 강의를 언급하며 논
하듯, 주권은 국가나 성문화된 법질서에 국한될 필요가 없다. 주권은 그
자체의 무력과 나아가 그 자체의 합리성을 자기 정당화하는 지배양식
으로 특징지을 수 있다. 이러한 이해에 따르면 주권은 인간만의 영역이
아니며, 국가나 영토에 특정한 애착을 갖는 것이 필연적이거나 본질적

---

72 캐리 울프는 아감벤의 생명정치와 푸코의 생명정치를 구별하며 후자는 "법 체제나 제재의
영역"으로부터 신체를 다루는 권력으로의 전환에 주목한다고 논한다. 이 전환에서 "운
영 분야의 복잡화와 차별화가 진행되는 가운데 다양한 관리, 감시 및 기타 기술에 대한
필요성이 증가한다." Cary Wolfe. *Before the Law: Human and Other Animals in a Biopolitical
Frame.* Chicago: Chicago University Press, 2012. 31 참조. 따라서 울프는 생명정치가 본질적
으로 주권과 연결돼 주권에 의해 결정된다는 아감벤의 해석에 반대한다(24 참조). 울프
는 말한다. "구성적 주권으로서의 생명정치와 신체, 힘, 기술, 장치와 관계된 생명정치가
확연히 구별된다. 이는 **정의상** 아감벤(과 알랭 바디우나 슬라보예 지젝)에게서 발견할
수 있는 종류의 벌거벗은 생명과 주권 간의 형식적 대칭성을 수반하지 않는다(33)."

인 것도 아니다. 바로 이러한 이유에서 인간에 의한 동물 지배를 주권 개념을 응용함으로써 적절히 이해할 수 있는 것이다. 이러한 주권 질서 하에서 합리성은 우월성을 주장하는 형태의 폭력을 따르기 때문이다. 인간은 스스로 예외적으로 지성적인 존재로 선언하지만, 그러기 위해서는 먼저 폭력을 행사하여 다른 동물보다 우세해져야 한다. 이처럼 생명정치는 주권 및 지식과 연결된다. 생명정치가 인간과 동물의 싸움을 표현하는 것이라면, 이 전쟁이 일어날 수 있는 것은 이 싸움을 재생산하고자 하는 주권 질서, 그리고 동물에 대한 폭력은 정당하다고 말하는 합리성과 진실의 승인 체계, 또는 가장 사악한 형태로는 폭력이 일어난다는 사실을 부인하는 지식 체계 내에서만 가능하다. 이러한 의미에서 주권이 생명정치와 관련하여 "종속적"[73] 위치를 차지한다고는 볼 수 없다. 반대로 주권은 생명정치적 갈등의 생산과 연결되어 있으며, 후술하겠지만 지식의 생산과 인식론적 폭력도 이러한 권력의 연계에서 동등하게 역할을 한다.

이러한 생명정치, 전쟁 주권, 진실에 대한 개념적 틀을 넘어서 동물에 대한 지극히 명백한 인간 폭력의 표출이 생명정치적 폭력의 궁극임을 지적할 수 있다. 인간과 동물의 관계는 완전하고 효율적인 폭력의 행사로 생사의 엄밀한 경계선을 둔다는 점에서 생명정치의 원형이라고 할 수 있는 형태를 취한다. 예를 들어 산업화된 도살(죽음의 창출)이 산업화된 재생산(삶의 창출)과 상호의존적이라는 것은 분명해 보인다. 식용을 위해 더 많은 동물을 죽일수록 더 많은 동물을 번식시켜야 한다.

73 Wolfe. *Before the Law*. 24 참조.

더 빠르게 동물을 죽일수록 더 빠르게 동물을 번식시켜야 한다. 호주에서 인간의 소비용으로 죽임당하는 연간 500만 마리 돼지들은 항상 임신 상태에 놓이는 암퇘지 대략 32만 마리의 산물이며, 그 암퇘지들은 자신보다 크지 않은 작은 우리에서 평생을 보내며 오직 조리대에 오를 운명을 가진 새끼 돼지들을 낳는다.[74] 즉, 산업화된 도살(죽게 하는 권력)은 그에 수반하는 삶을 길러 내는 능력(살게 하는 권력)에 의존한다.[75] 이러한 규모의 삶과 죽음은 거대한 도살 기계를 가동할 수 있는 생물학적 통제 기술의 진보를 필요로 한다. 동물 산업은 효율적인 육류 생산을 위해 영양, 이동, 사회성, 섹슈얼리티, 위치, 생식 능력을 용의주도하게 감독하고 제어해야 한다. 즉, 생명 자체, 생명체의 삶의 변천, 생명의 창조성과 생산성이 기생적 통제기구의 핵심이 된다. 제1장에서 논하듯이 산업화된 축산과 도살에서 일상이 된 동물 통제 및 이용 기술은 우리가 폭력적 생명정치를 개념화하는 방식과 완벽하게 일치한다. 실제로 (제2장에서) "통치성"에 관해 논하고 캐리 울프가 『법 앞에서』에서 강조한 것처럼 동물에 대한 인간의 생명정치적 폭력은 다른 인간에 대한 인간의 폭력에 대해서도 말해 주는 바가 있다. 즉, 동물에 대한 생명정치적 통제 및 폭력의 기술은 다른 인간에 대한 폭력적 관행에 실마리를 주고 그것과 계속 결부되는 것처럼 보인다.

　　푸코와 아감벤이 제시한 실마리들을 엮어 보면 동물과의 전쟁을

74　Malcolm Caulfield. "The Law and Pig Farming." *Reform*. 91, 2007–08. 25. 또한 Noske. *Beyond Boundaries*. 17도 참조하라.

75　Dinesh Joseph Wadiwel. "Cows and Sovereignty: Biopower and Animal Life." *Borderlands e-Journal*, 1.2 (2002). borderlands.net.au/vol1no2_2002/wadiwel_cows.html[2024년 11월 25일 접속 불가] 참조.

이해하는 틀을 구성하기 시작할 수 있다. 첫째, 시민 정치 공간이 동물 배제에 기초한 것이라면, 이 공간은 인간과 동물 간의 아마도 원초적인 싸움에서의 계속되는 승리에 대한 역사적 기념물이라고 할 수 있다. 이 전쟁은 문명과 자연, 문화와 생명작용의 구별과 관련된 싸움으로, 여기서 정치 영역에 대한 개념화가 유래됐다고 할 수 있다. 또한 이 전쟁은 서구 주권의 신화에 근본적으로 뿌리를 두고 있으며, 발 플럼우드의 말을 빌리자면 "서구 문화의 정복 이야기이다."[76] 시민 정치 영역은 비인간 생명의 원초적 배제에 기초하며, 이 배제는 결국 정치 영역 안팎을 막론하고 인간과 동물 간의 폭력적 구분을 지속적으로 생성한다.

둘째, 시민 정치 공간은 적대와 공격을 외관상의 시민적 평화의 형태로 승화시킬 필요가 있으므로, 전쟁은 다른 수단들에 의해 수행된다. 따라서 시민 정치 공간은 적어도 외면적으로는 전쟁의 모습을 띠지 않는 장치들을 통해서 동물 생명에 대한 강력한 지배 형태를 은폐한다. 제6장에서 논하듯, 이 증거를 예컨대 서구의 개 소유에 내재된 합법화된 통제에서 발견할 수 있다. 국가와 반려동물 소유자는 사육 동물의 취급에 관한 광범한 재량권을 가지며 여기에는 감시 기술의 강제적 이식부터 이동에 대한 통제, 특정하게 유형화된 개들의 분류와 격리, 또 다른 개들의 생식 통제 및 처분에 이르기까지 여러 가지 법적 조치가 수반된다. 이러한 형태로, 법은 "반려 관계"의 위장 아래 폭력적 형태의 종속과 통제를 가능하게 하여, 폭력과 죽음은 문자 그대로 우정이라는 이름으로 행사된다.

76　Plumwood. *Feminism and the Mastery of Nature*. 196.

셋째, 법이 확립하는 협정은 전쟁의 승자를 위한 지속적인 자유와 강탈, 즉 끝없는 쾌락의 유입, 탐욕의 경제를 목표로 한다고 볼 수 있다. 우리가 동물을 먹고, 사냥하고, 고문하고, 감금하고, 죽이는 것은 그것이 완전한 승리로부터 얻은 우리의 주권적 권리이자 쾌락이기 때문이다. 주권이 지배, 정치, 자유와 맺는 관계에 대한 이러한 관점은 동물과의 전쟁의 뻔뻔스럽고 끔찍한 과잉을 설명하는 방법일 수 있다. 아마도 이것이 가장 노골적으로 드러나는 것은 공장식 축산과 산업화된 도살 공정일 것이다. 이것이 초래한 죽음의 규모는 일찍이 상상조차 할 수 없었던 차원이기 때문에 끝없이 이어지는 도살과 부상의 둔탁한 기계음은 일상이 되어 비판적 관심에도 거의 영향받지 않는 듯 보일 정도다. 이는 또한 윤리나 "인도적" 사상, 권리 체계가 이러한 참극 앞에서 완전히 무력하다는 것을 설명하는 방법일 수 있다. 전쟁의 승리는 전쟁의 사실을 전혀 지각할 수 없을 정도로 전면적이고 영원한 승리를 보장하는 권력에 대한 도취로 이어진다. 그 승리는 매우 절대적이라서 단지 시시하게 보이며, 저항도 없고 정치도 부재한 것처럼 여겨진다.

상호주관적, 제도적, 인식론적 폭력

동물에 대한 인간의 폭력을 규탄해 온 것은 주로 도덕철학자들로, 이들은 다양한 틀을 활용하여 인간과 동물의 관계가 오늘날의 윤리적 취급 및 정의에 관한 규범에 비추어 논리적 모순에 빠져 있다고 지적해 왔다. 그러나 수 도널드슨과 윌 킴리카가 지적했듯이 도덕철학자들의 노력에도 불구하고 동물 이용 및 살해에 반대하는 이들은 "정치적 교착상태"에 빠져 인간의 동물 착취와 폭력의 양식을 근본적으로 바꿀 수 있는 구조적 개혁을 보여주지 못하고 있다. 즉, "전망이 가능한 한, 인간의 욕망을 충족시키기 위해 사육, 감금, 고문, 착취, 살육되는 동물의 수는 앞으로도 해마다 상승할 것으로 예상된다."[77] 이는 적어도 부분적으로는 동물에 대한 폭력을 개인의 윤리적 선택의 문제로 다루어 온 것의 한계에서 기인한다. 인간이 동물을 취급하는 방식은 대개 도덕적 또는 철학적 문제로 이해되었지만, 울프가 말한 "종차별주의의 제도"에 대항하는 전략이 요구되는 정치적 문제로는 파악되지 않았다.[78] 당연히 이는 동물에 대한 광대한 인간 폭력에 대응하려 할 때 전술적 오류로 이어진다. 좌절을 일으키는 한 예는 개인의 행동을 과도하게 강조하는 전략이다.[79] 이는 동물에 대한 광범한 조직적 집단 폭력이 해당 폭력에서 개

77　Sue Donaldson and Will Kymlicka. *Zoopolis: A Political Theory of Animal Rights*. Oxford: Oxford University Press, 2011. 2.[박창희 옮김, 최명애 감수, 『주폴리스: 동물 권리를 위한 정치 이론』, 프레스탁, 2024, 19쪽] 그 밖에 동물을 다루는 자유주의 정치 이론 내에서의 최근 세 가지 작업에 주목해야 한다. Alasdair Cochrane. *An Introduction to Animals and Political Theory*. Houndsmills: Palgrave Macmillan, 2010; Siobhan O'Sullivan. *Animals, Equality and Democracy*. Houndsmills: Palgrave Macmillan, 2011; Robert Garner. *A Theory of Justice for Animals*. Oxford: Oxford up, 2013.

78　Cary Wolfe. *Animal Rites: American Culture, the Discourse of Species, and Posthumanist Theory*. Chicago and London: The University of Chicago Press, 2003. 6–7 참조.

79　도널드슨과 킴리카는 단적으로 말한다. "사람들에게 도덕적 성인이 되라고 요구하는 이론은 모두 정치적으로 비효율적일 수밖에 없다. 그렇지 않을 것이라 기대하는 것은 순진한 생각이다." Donaldson and Kymlicka. *Zoopolis: A Political Theory of Animal Rights*. 253[『주폴리스』, 462쪽] 참조. 발 플럼우드는 말한다. "신데카르트주의와 권리론에서 비롯된 개인적 전환과 채식주의 행동에 대한 지나친 강조는 예컨대 동맹 정치와 같은 다른 형태의 대중적 정치 행동의 발전 및 이론화가 상대적으로 지체된 상태에 머물러 있다는 것을 의미한다." Plumwood. *Environmental Culture*. 154 참조.

별적으로 손을 떼고 도덕적으로 일관되게 행동한다면 해결될 수 있다는 인식을 만들어 냈다. 마치 개인의 결정(예컨대 비건이 되거나 비거니즘 생활 방식을 추구하는 것)**만으로** 대규모 지배 체계에 유의미한 영향력을 행사할 수 있다는 듯이 말이다. 그러나 예컨대 가부장제와 같은 일상을 둘러싼 다른 명시적 폭력을 생각해 보면, 개인의 행동은 보다 뿌리 깊은 권력의 틀, 신체들 및 그것들의 이동, 자원에 대한 접근권을 끊임없이 배치하는 틀 안의 단지 하나의 요소에 지나지 않는다는 것이 분명하다. 가부장제의 해체를 위해 성차별적 행동을 중단하도록 남성들에게 요구하는 것은 중요한 요소임에 틀림없다. 그러나 그것만으로는 가부장제가 여성들에게 행사하는 모든 형태의 폭력, 즉 직장, 가정, 활동, 공간, 섹슈얼리티, 언어 등 다양한 영역에 걸쳐 작동하는 형태의 폭력을 다루기에 충분하지 않다. 성차별적 행동을 그만두라고 남성들에게 요구하는 것만으로 가족과 가정의 재구성을 성취하지는 못할 것이다. 즉, 이것만으로는 이동, 복장, 공간 이용을 통치하는 견고한 젠더 규범에 맞설 수 없고, 동등하거나 유사한 일에 대한 평등한 임금도 얻어 낼 수 없으며, 폭력적, 규범적, 남근 중심적 구성에서 섹슈얼리티를 재배치할 수도 없을 것이다. 마찬가지로 (전쟁, 테러, 집단학살과 같은) 대규모 폭력 행위가 단지 개인의 윤리적 차원에서 해결될 수 없음은 분명하다. 물론 대규모 잔혹 행위가 벌어지는 상황에서 개인이 내리는 선택(예컨대, 가담 여부의 결정)이 중요한 것은 사실이다. 그러나 이러한 폭력 형태들을 막아내는 일이 단순히 생활방식이나 태도의 변화에 달려 있다고 주장하는 것은 문제일 것이다. 오히려 대규모 폭력이나 만행을 이해하려고 할 때 그러하듯이 개인적 행동의 역할을 보다 넓은 사회적·정치적 요인들(인종주의, 경제적 격차, 역사 등)의 맥락에서 명확하게 인식할 필요가 있다.

동물과의 전쟁에서 폭력은 상호주관적·제도적·인식론적 차원에서 작동한다. 이를 이해하기 위해 요한 갈퉁이 「폭력, 평화, 평화 연구」[80]에서 제시한 폭력의 유형론에 주목하고자 한다. 갈퉁은 개인적(나는 "상호주관적"이라고 부를 것이다) 폭력과 구조적("제도적"이라고 부를 것이다) 폭력을 구분한다. 갈퉁은 행위자 및 행위성에 기초하여 두 폭력을 구분한다.

> 폭력의 행위자가 존재하는 유형은 개인적 또는 직접적 폭력으로, 행위
> 자가 부재한 유형은 구조적 또는 간접적 폭력으로 지칭할 것이다. 어느
> 경우든 개인은 살해되거나 신체 손상을 입으며, 맞거나 다치고, 회유
> 책과 강경책이라는 수단으로 조종된다. 그러나 전자에서 이 결과는
> 행위자인 구체적 개인에서 기인한다고 할 수 있지만, 후자에서 이는
> 의미를 지니지 않는다. 구조 속에서는 다른 사람에게 직접 상처를 주
> 는 인물이 존재하지 않을 수 있다. 폭력은 구조에 편입되어 불평등한
> 권력으로, 결과적으로 불평등한 삶의 기회로 나타난다.[81]

이 책의 목적에 비추어 볼 때 폭력의 분류가 중요한 까닭은 인간의 동물 취급을 전체 사회의 맥락에서 이해하게 해 주기 때문이다. 이러한 맥락에서는 행위성 및 행위가 복잡한 네트워크에서 발생하기 때문에 폭력의 책임이 확산, 은폐, 위임될 수 있다. 여기서 폭력의 책임은 개인

80   Johan Galtung. "Violence, Peace and Peace Research." *Journal of Peace Research* 6: 1969. 167–191. 이 논문에 관심을 갖게 해 준 살바토레 발보네스Salvatore Balbones에게 감사드린다.

81   Galtung. "Violence, Peace and Peace Research." 170–171.

적이기보다는 다면적이다. 인간은 개인의 윤리적 측면에서 책임을 다하며 이 폭력에서 손을 뗄 수 있다. 예컨대, 변화된 식단을 택하거나 동물 기반 섬유의 소비를 바꿀 수 있다. 그러나 우리의 동물 취급의 제도적 또는 구조적 특성을 감안하면, 개인적으로 동물 제품을 사용하기를 그만두는 것만으로 이 개인이 더 이상 폭력의 수혜자가 아니라고 생각하는 것은 자기기만일 것이다. 여기서 나 자신을 예로 들면, 나는 비거니즘을 실천하고 있다. 하지만 나는 상대적으로 높은 1인당 생활수준과 부를 무력으로 획득한 나라(호주)에서 살고 있다. 그 무력은 식민주의 역사 및 지금도 진행 중인 경제 제국주의(와 이에 수반되는 인종화된 지정학)뿐 아니라 소고기, 양고기, 수산물, 유제품, 양모를 생산하는 도살 "산업"에서 지속적인 흑자를 창출하는 거대하고 강력한 형태의 동물 착취와 폭력을 통해 얻은 것이다. 동물과의 전쟁의 공헌자로서 나의 역할은 단순히 동물 제품의 사용에서 직접 손을 떼기로 한 것만으로 끝나지 않는다. 내가 무엇을 먹든 어떤 신발을 고르든 관계없이, 나는 이 계속되는 약탈의 전리품을 여전히 누릴 것이다.[82]

갈퉁은 또한 "개인적" 폭력과 "구조적" 폭력의 구분이 "가시성"의 정치와 부합하는 방식을 지적한다. 개인적 폭력은 눈에 보이는 반면 구조적 폭력은 은폐된다는 점에서 둘은 구분된다.

구조적 폭력보다 개인적 폭력에 이목이 집중되는 것은 이상한 일이

---

82 매슈 칼라르코는 현대 산업화된 사회에서 윤리적 실천으로서의 채식주의 및 그 한계에 대한 (비록 너무 짧지만) 통찰력 있는 논의를 제시했다. Matthew Calarco. *Zoographies: The Question of the Animal from Heidegger to Derrida*. New York: Columbia University Press, 2008. 133–136을 참조할 것.

아니다. 개인적 폭력은 **눈에 보인다.** 개인적 폭력의 피해자는 보통 폭력을 인지하고 항의할 수 있다. 하지만 구조적 폭력의 피해자는 폭력을 전혀 인지하지 못하도록 강제당할 수 있다. 개인적 폭력은 변화와 역동성을 상징한다. 파도의 물결일 뿐 아니라 평온한 수면에도 파도를 일으킨다. 하지만 구조적 폭력은 조용하고 드러나지 않는다. 본질적으로 정적이며 평온한 수면과 같다. **정적인** 사회에서 개인적 폭력은 드러나겠지만 구조적 폭력은 주위를 둘러싼 공기처럼 자연스러운 것으로 보일 것이다.[83]

적어도 내가 이해할 때 개인적 또는 상호주관적 폭력의 가시성이 "물질적" 의미에서 "보이는" 폭력으로 규범적으로 정의될 필요는 없다. 나는 "물질적" 의미에서 폭력을 "보여주는" 전략(즉 구조적 폭력을 개인적 폭력으로 드러내는 것)은 제도적 폭력의 본성을 잘못 파악한 것이라고 생각한다. 제도적 폭력이 감춰지는 것은 그것이 보이지 않기 때문이 아니라 우리의 지식 체계가 그것을 폭력으로 인정하기를 거부하기 때문이다. 도살장의 내부 작업을 대중에게 공개하자는 일부 동물옹호론자의 제안(여기서 작동하는 가정은 개인들이 죽음의 광경에 반발하여 하룻밤 사이에 식생활을 바꾸리라는 것이다)이 이러한 폭력의 본성을 놓칠 수 있는 것은 바로 이러한 까닭에서이다. 여기서 간과되는 것은 정작 사람들이 폭

---

83 Galtung. "Violence, Peace and Peace Research." 173. 갈퉁은 공식적 충돌이 중단됨에 따른 안정성이 "동적" 조건을 만들어 내어 개인적 폭력에서 구조적 폭력으로 초점이 전환된다고 본다. "이러한 이유로 전후 기간에는 그것이 두 전쟁에 끼인 기간이라고 할 수 없도록 개인적 폭력으로 초점이 모일 것이라고 생각할 수 있다. 그러나 만일 그 기간이 충분히 길어지고 주요한 개인적 폭력의 발생이 일부 망각되면, 사회는 동적이 되고, 안정이 다소 부자연스러운 것이 되며, 구조적 폭력이 주목을 끌 것으로 예상할 수 있다(174)."

력을 보고도 그것을 폭력으로 여기지 않을 수 있다는 지극히 현실적인 가능성으로, 많은 사람들이 경마와 같은 동물 착취나 폭력의 다른 형태들을 보고도 도덕적 역겨움을 느끼지 않는 것과 같은 식이다. 실제로 티머시 패키릿은 바로 이 문제를 『육식 제국』의 결론에서 다룬다.[84] 여기서 문제는 **인식론적인** 것인데, 폭력 행위 및 그 가해자, 피해자, 목격자의 인식은 유효한 지식 체계의 맥락에서 의미 부여를 통해 가시화되기 때문이다. 간단히 말해, 우리가 동물에 대한 폭력을 볼 수 있는 것은 이것이 가능하다고 (폭력이라고, 동물이 폭력의 진정한 희생자라고) 상상하거나 사고할 때뿐이다.

가야트리 스피박은 자신의 논문 「서발턴은 말할 수 있는가?」에서 이러한 인식론적 폭력을 개념화하는 방법을 보여준다. 스피박은 푸코와 에드워드 사이드에 의거해 인식론적 폭력 개념을 제시하며, 지식인들이 담론적으로 타자를 구성하는 동시에 타자가 말할 수 있거나 말할 수 없는 조건을 만든다고 논한다.

> 유럽의 저 타자를 구성하는 과정에서, 그러한 주체가 자신의 여정에
> 집중하고 점유할(투여할?) 수 있게 할 텍스트적 요소를 말소하고자
> 엄청난 주의를 기울였다. 이데올로기적, 과학적 생산에 의해서뿐만

---

84 Pachirat. *Every Twelve Seconds.* 233–256[『육식 제국』, 249-271쪽] 참조. 이러한 점에서 나는 시오반 오설리반 등이 논하는 동물복지 준수와 가시성 사이의 확고한 관련성에 대한 주장에 의문을 제기한다. 가시성은 고려해야 할 중요한 요소이기는 하지만, 그것은 폭력을 폭력으로 볼 수 있는 인식론적 구축에 대한 이해에 비추어서 생각되어야 한다. O'Sullivan. *Animals Equality and Democracy* 참조.

아니라 법 제도에 의해서도 말이다.[85]

(적어도 갈퉁이 제시한 용어법에서) **상호주관적** 폭력은 존재를 직접적으로 공격한다. **제도적** 폭력은 그 존재의 기회와 결과를 결정한다. **인식론적** 폭력은 주체(또는 그의 타자)가 자신을 "알고" 자신의 입장에 대해 말하고 지식 체계의 지배 및 재구성을 통해 자신의 가능성을 결정할 수 있는 조건을 규정한다.[86] 스피박은 "그러한 인식론적 폭력의 가장 명확한 예는 식민 주체를 타자로 구성하기 위해 저 멀리서 조직되고 널리 퍼진 이질적인 기획"[87]이라고 말하지만, "동물"을 타자로 구성하는 모든 기획이 인식론적 폭력을 명확하게 보여주는 사례인 것은 분명하다. "동물"을 열등한 존재로 구성함으로써 인간의 효용을 위한 모든 외양(생식, 절멸, 포획, 사냥, 반려 관계, 고문, 실험)을 허용하는 인식론적 폭력은 지

---

85 Gayatri Chakravorty Spivak. "Can the Subaltern Speak?" C. Nelson and L. Grossberg Eds. *Marxism and the Interpretation of Culture*. Basingstoke: Macmillan Education, 1988. 271–313. 280[태혜숙 옮김, 「서발턴은 말할 수 있는가?」(초판본), 『서발턴은 말할 수 있는가?: 서발턴 개념의 역사에 관한 성찰들』, 그린비, 2013, 421쪽].

86 에드워드 사이드가 『오리엔탈리즘』에서 논의한 것을 참조하라. "동양인은 비이성적이고 부패(타락)하고 유치하고 '비정상'이다.' 따라서 유럽인은 이성적이고 성숙하고 '정상이다.' 그러나 관계에 활기를 불어넣어 동양인이 비정상적이긴 하나 철저하게 조직화된 독자적 세계, 즉 독자적인 민족적, 문화적, 인식론적 경계 및 내적 일관성의 원칙을 갖춘 세계에 살고 있다는 사실을 강조하는 길은 얼마든지 있었다. 그러나 동양인의 세계에 그 지성과 정체성을 부여한 것은 동양인 자신의 노력이 아니라 동양을 식별할 때 서양이 사용한 복잡한 일련의 지적 조작이었다. … 동양에 관한 지식은 힘으로 발생한 것이기 때문에 어떤 의미에서 동양, 동양인, 그리고 동양의 세계는 날조된 것이라 할 수 있다." Edward Said. *Orientalism*. London: Penguin, 2003. 40[박홍규 옮김, 『오리엔탈리즘』(개정증보판), 교보문고, 2004, 81쪽].

87 Spivak. "Can the Subaltern Speak?" 280-281[「서발턴은 말할 수 있는가?」(초판본)」, 『서발턴은 말할 수 있는가?』, 422쪽].

배 과정에 대한 동물의 응답이나 저항 가능성을 제한하려는 가공할 만한 노력을 이미 보여주고 있다. 아마도 정보와 지식 요소가 핵심을 이루는 동물과의 전쟁의 인식론적 폭력을 명확하게 보여주는 사례는 동물을 음식으로 바꾸는 다수의 영어 단어들("비프beef", "포크pork", "빌veal", "씨푸드seafood" 등등[88])일 것이다. 이 단어들은 물질적·상징적 생산에 수반되는 개인적·구조적 폭력을 완전히 시야에서 감춘다.[89] 또한 동물과의 전쟁은 식민지 폭력에 수반된 "동물화"의 형태에서 매우 분명하게 볼 수 있듯이 식민 주체의 생산과 연관되어 있으며, 여전히 신식민주의를 우리 세계의 지정학적 측면으로서 담론적으로 가능하게 한다. 아실 음벰베가 "아프리카에 대한 담론은 거의 항상 **동물**에 대한 메타 텍스트의 틀(또는 가장자리)에서 전개된다"[90]라고 말한 것은 이러한 이유에서이다.

---

88 이에 대해서는 캐럴 J. 애덤스가 『육식의 성정치』에서 제시한 "부재 지시 대상absent refer-ent"을 참조하라. 애덤스는 이렇게 말한다. "도살을 통해 동물은 부재 지시 대상이 된다. 이름과 신체를 가진 동물은 고기로 존재하기 위해 부재하게 된다. 동물의 생명은 고기의 존재보다 앞서고 고기를 가능하게 한다. 살아 있는 동물은 고기가 될 수 없다. 따라서 죽은 신체가 살아 있는 동물을 대체한다. 동물이 없으면 고기를 먹는 일도 가능하지 않지만, 동물은 음식으로 변형되었기 때문에 고기를 먹는 행위에서 부재하게 된다." Adams. *The Sexual Politics of Meat*. 40[『육식의 성정치』, 104쪽] 참조.

89 그리고 지구상의 수많은 비인간 동물의 절대적 지평과 운명을 담은 커다란 포괄적 범주이자 응답의 모든 담론적 공간을 침묵시키는 한 단어, "고기"가 있다(이에 대해서는 Plum-wood. *Environmental Culture*. 159–166 참조). 이를 단순한 호칭에 관한 것으로 가정할 수는 없는데, 호칭은 그 의미와 의미 지정에서 이미 재해석의 가능성을 억제하는 격납고로 작용하기 때문이다. 이는 "치킨"이라는 말만 생각해도 알 수 있는 것으로, 산 자와 죽은 자[고기]를 모두 표현하는 이 동일한 단어는 극도의 폭력적인 생명정치의 이용, 생식, 죽음의 대상을 단적이고 직접적으로 묘사하지만 폭력의 표적을 지칭하는 의미는 전혀 갖지 않는 것 같다.

90 Achille Mbembe. *On the Postcolony*. Berkeley and Los Angeles: University of California Press, 2001. 1. 식민지화와 동물성의 관계에 대해서는 Noske. *Beyond Boundaries*, and Plumwood. *Feminism and the Mastery of Nature*도 참조할 것. 또한 미국의 테러와의 전쟁에서 폭력 및 폭력 기술을 규정한 종차별주의의 역할에 관한 조셉 푸글리세의 다음 고찰 *State Violence*

그러나 탐구되어야만 하는 것은 바로 이 "메타 텍스트"로, 그 총체성을 풀어내지 않으면 안 된다. 톰 타일러는 이러한 텍스트를 "인식론적 인간 중심주의"라고 명명하는데, 이는 인간을 첫째로 삼고 오직 인간의 경험을 통해 세계를 창조하는 지식의 전제라는 의미이다.

> 모든 지식은 필연적으로 아는 자의 인간적 본성에 의해 결정될 것이며 세계, 존재, 타자에 대한 경험, 이해, 지식을 설명하려는 모든 시도는 필연적으로 인간의 관점에서 시작되어야 한다는 인식론적 주장이다.[91]

> 동물과의 전쟁의 인식론적 폭력에 도전하는 것은 필연적으로 인간적 관점의 탈중심화를 의미한다.[92]

이러한 **상호주관적·제도적·인식론적** 폭력의 분류는 동물과의 전쟁을 총체적으로 설명하는 데 유용하다. 동물에 대한 개인적 행위에서 우리가 공공연히 "폭력"이라고 형용할 수 있는 것들이 있다. 격납, 도살, 실험,

---

and the Execution of Law: Biopolitical Caesurae of Torture, Black Sites, Drones. Abingdon: Routledge, 2013도 보라. 아울러 스피박이 지그문트 프로이트의 '어린아이가 매를 맞고 있다'라는 문장에 착안해 이를 '백인종 남성이 황인종 남성에게서 황인종 여성을 구해 주고 있다'로 구성하는 대목도 참조하기 바란다. 스피박은 프로이트의 문장이 그 안에 억압의 역사를 숨기고 있다고 지적하고 이를 분석한다. "나는 오히려 프로이트가 자신의 마지막 문장을 생산한 억압의 역사를 서술하는 방식에 매료된다. 이 역사는 이중의 기원을 가지는데, 한쪽은 유아의 기억 상실 속에 숨겨져 있고 다른 한쪽은 우리의 태곳적 과거 속에 박혀 있다. 이는 아직 인간과 동물이 분화되지 않은 전기원적인 공간을 가정하는 것이다." Spivak. "Can the Subaltern Speak?" 297[「서발턴은 말할 수 있는가?」(초판본), 『서발턴은 말할 수 있는가?』, 462쪽].

91 Tom Tyler. *CIFERAE: A Bestiary in Five Fingers*. Minneapolis, London: University of Minnesota Press, 2012. 21.

92 Plumwood. *Environmental Culture*. For example, 121–122 참조.

"오락"에서 인간의 관여가 이에 해당한다. 이러한 폭력에는 제도적 요소도 존재한다. 여기서는 모든 사람이 그 가담자인데, 인간의 삶은 동물에 대한 폭력을 통해 직간접적으로 쾌락의 흐름을 유지하도록 구조화된다. 마지막으로 인식론적 층위가 존재한다. 여기서는 인간과 동물, 우월과 열등의 범주가 끊임없이 재표명되고, 인간의 맹습에 대한 "동물"의 모든 응답 가능성이 침묵당하여, 폭력 사태는 자연스럽고 친근하며 인도적인 것 혹은 아무 일도 아닌 것으로 조작된다. 인식론적 폭력은 폭력을 폭력이 아닌 것으로 승화시키는 데 관여함으로써 "구조적 폭력"의 가능성을 만든다. 또한 차이의 위계화를 통해 동물과의 전쟁을 합법적 주권의 한 형태로 자연화함으로써 개인적·구조적 폭력도 형성한다. 우리는 "좋든 싫든" 동물을 죽일지 말지, 동물에게 고통을 줄지 말지를 결정하는 것이 인간의 권리라고 믿는다. 그리고 이러한 지식 체계를 통해 동물은 이 폭력의 자발적인 참가자로 프레임화된다. 스피박의 표현을 빌리자면, 마치 "동물이 실제로 죽기를 원한"[93] 것처럼 이해되는 것이다.

---

93 스피박은 사티에 대한 영국 식민지의 대응을 탐구하며 이것이 서발턴 여성들의 목소리를 인식론적 덫에 빠뜨려 효과적으로 침묵시킨다고 말한다. "힌두 과부는 죽은 남편을 불태우는 장작더미 위에 올라가서 자신을 불태운다. 이것이 과부의 희생이다(과부를 가리키는 산스크리트어의 전통적 표기는 사티sati이다. 초기 영국 정착민들은 이를 수티suttee로 표기했다). 이 제의는 보편적으로 행해진 것도, 카스트나 계급에 한정된 것도 아니었다. 영국인이 이 제의를 폐지한 것은 일반적으로 '황인종 남성에게서 황인종 여성을 구해준 백인종 남성'의 한 사례로 이해되어 왔다. 백인 여성은 (19세기 영국 선교 기록부터 메리 데일리Mary Daly까지) 이와는 다른 대안적 이해를 제시하지 못했다. 이에 맞서서 '여성들이 실제로 죽기를 원했다'라는 잃어버린 기원을 향한 향수를 패러디한 인도 토착주의의 논의가 있다." Spivak. "Can the Subaltern Speak?" 297 [「서발턴은 말할 수 있는가?」(초판본), 『서발턴은 말할 수 있는가?』, 463쪽].

주권은 윤리에 선행한다

인간과 비인간 존재자의 관계에서 전쟁이 그 토대를 형성한다면, 이러한 이해가 지배의 문제에 대한 **동물복지** 및 **동물권**의 접근법을 평가할 때 어떻게 활용될 수 있을까? 지난 30년 동안 동물의 고통과 죽음의 문제에 대한 인식이 확산되고, 이에 부합하여 법률과 규제를 통한 복지 개선과 고통 경감의 시도가 진행되었을 뿐 아니라 동물의 법적 보호나 권리 승인을 향한 관심이 더 정교해졌다는 것은 이론의 여지가 없다. 그러나 이러한 노력과는 달리 특히 공장식 축산의 성장이나 동물실험의 증가에서 보듯이 동물의 고통이 증대 일로를 걷고 있는 것도 확실하다. 이러한 증대는 동물이 실제로 고통을 느낀다는 인식이 확산되었음에도 불구하고 발생하고 있다. 이를 반드시 역설적이라고 할 수는 없다. 앞서 주장한 것처럼 동물과의 전쟁의 특성이 폭력적 관계성의 형태를 평화로 위장하여 암호화하는 것이라면, 복지를 추진함으로써 동물에 대한 폭력을 외견상 완화하는 것은 전쟁과 유사한 지배를 지속시키는 기능을 할 것이기 때문이다.

이러한 우려가 동물복지 비판에서 제기되어 왔는데, 피해와 고통의 경감이 인간의 비인간 동물 생명에 대한 지배에 근본적인 도전이 되지 않으며 오히려 지배의 지속을 가능하게 한다는 것이다.[94] 디어드레 버크가 말한 것처럼 "대부분 동물복지법은 단순히 동물을 보호하는 것이 아니라, 동물의 지속적인 이용을 규제하고 실제로는 용이하게 하기 위

---

94 가령 Francione. *Animals, Property and the Law* 참조.

해서 사용된다."[95] 동물복지법의 주안점은 고통의 경감에 있지만, 그 법률에서 근본적인 지배 관행에 대한 도전의 증거를 거의 찾아볼 수 없다는 점은 의미심장하다. 여기에는 (물론) 죽일 권리도 존재한다. "동물을 죽이는 것 **그 자체**가 잔혹 행위는 아니다."[96] 아마도 이를 가장 잘 예증하는 것이 영국농장동물복지위원회United Kingdom Farm Animal Welfare Council에서 채택한 존 웹스터의 "다섯 가지 자유"[97], 즉 "갈증과 배고픔, 영양불량으로부터의 자유", "불편함으로부터의 자유", "통증, 상해, 질병으로부터의 자유", "정상적 행동을 표현할 자유", "두려움과 걱정으로부터의 자유"일 것이다.[98] 죽음으로부터의 자유(와 그에 대응하는 살 권리), 인간의 간섭으로부터의 자유(신체적 온전성 그리고/또는 개인의 자기결정권이라는 아마도 전형적인 "인간의 권리"로 간주되는 것)는 기묘하게도 이러한 보호에서 빠져 있다. 즉, 통증과 불편함으로부터 동물을 보호한다는 사악한 약속은 인간의 폭력적 지배권(격납, 도살, 실험, 규제)을 지켜 준다는 점만 강조할 뿐인데, 인간의 소비를 위한 동물 생명의 사용가치의 지속을 주장하는 것은 인간의 특권이기 때문이다. 게리 프란시온은 이를 "법적 복지주의legal welfareism"라고 명명한다. 이는 "동물 소유자가 동물 재

---

95   Deirdre Bourke. "The Use and Misuse of 'Rights Talk' by the Animal Rights Movement." Peter Sankoff and Steven White Eds. *Animal Law in Australasia: A New Dialogue.* The Federation Press, 2009. 133.

96   Malcolm Caulfield. *Handbook of Australian Animal Cruelty Law.* Animals Australia, 2008. 139.

97   John Webster. "Farm Animal Welfare: The Five Freedoms and the Free Market." *Veterinary Journal.* 161.3, 2004. 229–237.

98   이렇게 포괄적이지는 않지만 유사한 합의를 호주 법률에서도 볼 수 있다. 예를 들어 1982년의 수출 관리(법령) 규제Export Control (Orders) Regulations 1982 (Cth)는 "상해, 통증, 고통의 위험 및 실무에서 동물의 불안을 최소화"하도록 규정한다.

산의 가치를 극대화하도록 동물의 이용을 결정할 수 있는 강력한 전제가 된다. 이 전제에서는 그 이용이 낭비로 입증되지 않는 한, 이익이 존재한다고 여긴다."[99]

적어도 이 해석에 따르면 복지는 폭력의 총량을 완화하는 (통증과 고통을 표면적으로 제거하고 지속적인 영양 섭취나 일정한 신체 운동을 허용하는) 방식으로 작동하지만, 동물의 죽음까지 지배할 인간의 권리는 특권으로 계속 유지시킨다. 피터 샌코프는 다음과 같이 요약한다.

> 중립적인 균형이 이뤄지는 것이 아니다. 인간의 필요는 동물의 고통보다 더 무겁기 때문에 애초에 위해를 정당화하는 쪽으로 현저하게 기울어진 균형이 제시된다. 결과적으로 인간의 필요는 동물의 고통보다 더 무게가 실리며 그러한 점에서 훨씬 더 중요한 방식으로 평가된다. 인간은 특권적 지위에 있다. 따라서 출발점은 위해를 가하는 것이 일반적으로 잘못이므로 정당화되어야 한다는 것이 아니라 위해를 가하는 것이 인간의 특권이라는 가정이다.[100]

복지는 명백한 폭력적 지배의 위해를 완화시키고 낭비에 해당하는 것은 없는지 확인한다. 다시 말해, 복지는 제2장에서 다루는 주권 폭력의 "통치성"이나 마찬가지다.

앞에서 푸코를 참조하며 논한 것처럼 권리는 전쟁에서 항복한 자에

---

99   Francione. *Animals, Property and the Law*. 6.

100   Peter Sankoff. "The Welfare Paradigm: Making the World a Better Place for Animals?" Peter Sankoff and Steven White Eds. *Animal Law in Australasia: A New Dialogue*. Annandale: The Federation Press, 2009. 21.

게 보상의 형태로 제공되는 보호책으로 정복의 산물로 볼 수 있다. 이런 의미에서 권리는 형식적으로는 보호를 제공하지만, 다른 수단에 의한 전쟁의 전술로도 간주될 수 있다. 즉, 권리란 지속적인 지배 형태를 시민 정치 공간으로 넓혀 승자의 전리품을 유지하는 폭력적 관계성을 제정하는 방식일 수 있다.[101] 예컨대 웬디 브라운이 여성의 권리는 실질적 변화를 달성하는 데 잠재적으로 한계가 있는 가치와 같다고 지적하며 "권리는 거의 항상 복종시키는 권력을 완화할 뿐이다(해소하지 않는다)"[102] 라고 한 것은 우연이 아니다. 이러한 시각에서 몇몇 동물권 접근법에 대해서도 복지 접근법의 경우와 동일한 물음을 제기할 수 있다. 특히 경계해야 할 것은 인간과 비인간 사이의 권리, 지위, 가치가 서열화되는 사태, 그리고 차별적 권리가 기회와 권력의 불평등을 낳고 나아가 동물 생명을 지배하는 인간의 본질적 권리를 재정립하는 방식이다. 이 경우 인간의 존엄은 오직 다른 생명의 존엄을 부정함으로써만 경험된다.

101 에일린 모튼 로빈슨 역시 비판적 백인 연구의 맥락에서 푸코의 『"사회를 보호해야 한다"』를 독해하며 묻는다. "권리는 인종 전쟁의 전술 및 전략으로 기능하는 것 아닌가?" Aileen Moreton Robinson. "Towards a New Research Agenda: Foucault, Whiteness and Indigenous Sovereignty." *Journal of Sociology*. 42.4, 2006. 398. 모튼 로빈슨은 더 나아간다. "갖가지 형태의 '권리'의 분출이 원주민 정복의 새로운 과정을 만들어 내지 않았는가? 그러한 과정이 오늘날에도 신보수주의 정치나 역사 논쟁, 마보Mabo와 원주민 자격을 둘러싼 고등법원 판결 등에서 볼 수 있는 호주 국민 정체성의 재형성으로 계속되고 있지 않은가?(391)"

102 웬디 브라운은 말한다. "권리는 가부장적 사회, 정치, 경제 체제에서 취약한 여성에 대한 종속과 침해를 약화시키기는 해도 체제 및 그 재생산 역학을 소멸시키지는 못한다. 권리는 남성 지배의 효과를 다소 완화하기는 해도 지배 자체를 제거하지는 못한다. 그러한 완화 자체는 문제가 아니다. 폭력이 가해질 때는 폭력을 감소시키는 거의 모든 수단이 가치를 지닌다. 문제는 여성의 권리가 그 침해의 현장으로부터 종속된 이들의 탈출을 가능하게 하는 방식으로 공식화되는 것은 언제인지, 여성의 권리가 그 현장 주변에 울타리를 세우고 처한 조건에 도전하기보다는 규제하게 되는 것은 언제인지의 질문으로 드러난다." Wendy Brown. "Suffering Rights as Paradoxes." *Constellations*. 7.2, 2000. 230–241. 231. 이 문헌에 주목하게 해 준 제시카 로빈 카드왈더에게 감사드린다.

주권의 문제를 고려하지 않고 윤리에 주목할 것을 강조한 톰 레건의 『동물권 옹호』에서 권리의 차별화 및 서열화를 발견할 수 있다. 여기서 레건은 "특정 개인은 인간의 유용성과는 무관한 가치(본래적 가치inherent value)를 지니고 있기 때문에 존중받을 기본적 권리를 갖는다"[103]라고 주장하며, 본래적 가치 이론을 제시한다. 본래적 가치를 지닌 자는 자신의 삶에 일종의 이해관계를 갖거나 투자investment할 수 있는 자로 여겨진다. 레건은 "삶의 주체subject-of-a-life"의 기준을 설정한다.

> … 믿음, 욕망, 지각, 기억, 자신의 장래를 포함한 미래에 대한 감각, 쾌락과 고통을 느낄 수 있는 정서적 삶, 선호와 복지에 대한 이해관계, 욕망과 목표를 위해 행동할 수 있는 능력, 시간의 흐름 속에서 유지되는 심신 정체성, 타인에게 있어서의 유용성 여부나 타인의 이해관계 대상이 되는지 여부와 논리적으로 무관하게, 자신의 경험적 삶이 자신에게 좋거나 나쁠 수 있다는 의미에서 개별적 행복을 갖는 자는 삶의 주체이다.[104]

그렇다면 레건의 권리론은 본래적 가치를 지닌 이들, 즉 "삶의 주체 기준을 충족하는"[105] 이들에게 존중받을 권리를 제공하는 것에 달려 있다. "삶의 주체"라는 기준이 동물에게도 해당될 수 있는 한, 레건의 접근

---

103 Tom Regan. *The Case for Animal Rights*. Berkley: University of California Press, 1983[김성한·최훈 옮김, 『동물권 옹호』, 아카넷, 2023].

104 Regan. *The Case for Animal Rights*. 243[『동물권 옹호』, 524쪽].

105 Regan. *The Case for Animal Rights*. 276[『동물권 옹호』, 583쪽].

법은 인간 너머 존재자에게 도덕적 가치를 확장하는 기반이 될 수 있다.

그러나 레건의 틀이 약속하는 바와 달리, 여기에는 다른 비인간 동물에 비한 인간의 우월성을 강화하는 차별화의 형태가 끈질기게 남아 있다. 예컨대, 레건의 틀의 근본적 요소를 이루는 "도덕 수동자moral patients"와 "도덕 행위자moral agents"를 나누는 구분("의식과 지각 능력이 있는 자"와 "의식과 지각 능력 및 … 다른 인지적·의지적 능력을 가진 자"[106]의 구분)은 도덕 행위자로 분류되지 않는 자도 존중받을 권리를 가질 수 있음을 보여준다. 그러나 장애와 관련하여 후술하는 바와 같이, 도덕 행위자와 도덕 수동자("이성적"이고 "장애가 없는" "자율적" 인간과 타자 취급을 받는 자(어린이, 장애인, 동물)) 간의 구분이 객관적 진실에 근거한 사실적 주장인지 아니면 사회적·담론적으로 구성된 "이성적이고 장애가 없는 신체"의 인간을 "인지적" 무리의 상층부로 삼아 온 차이의 서열을 반영한 정치적 주장인지 분명하지가 않다.

존재자들 간에는 차이가 존재한다. 이 차이가 정치적으로 서열화되는 방식 및 그 서열화의 물질적 효과를 문제 삼아야 한다. 권리 차별화가 어떤 효과를 일으키는지는 레건의 "구명보트 사례"에 관한 논의에서 찾아볼 수 있다. 인간이냐 비인간이냐를 선택해야 하는 생존이 걸린 예외적 상황이라면, 레건은 인간을 선택하는 것이 불가피하다고 주장한다. "개를 구하고 인간 한 명을 바다에 빠뜨리는 것은 개에게 마땅히 받아야 할 것보다 더 많은 것을 주는 것이다."[107] 레건은 계속한다.

---

106 Regan. *The Case for Animal Rights*. 153[『동물권 옹호』, 358쪽].

107 Regan. *The Case for Animal Rights*. 324[『동물권 옹호』, 660쪽].

구명보트 사례는 개 한 마리와 인간 네 명이 아니라 인간 네 명과 여러 마리 개들 사이에서 선택해야 한다고 가정하더라도 도덕적으로 전혀 다르지 않을 것이다. 개의 수는 원하는 만큼 부풀려도 좋다. 개가 백만 마리이고 구명보트에 오직 생존자 네 명만 구할 수 있다고 해 보자. 권리론의 사고방식으로는 특별한 사정이 없는 한, 개 백만 마리를 바다에 던지고 인간 네 명을 구해야 한다는 결론에 이른다.[108]

레건은 현실에서 "구명보트" 사례는 드물다고 단언한다. 그러나 이는 전혀 위안이 되지 않는데, 도덕적 지위 및 가치의 차별화는 암담한 물질적 효과를 일으키기 때문이다. 제3장에서 논하겠지만, 소해면상뇌증/광우병BSE 발생으로 국제적으로 실시된 가축의 대량 처분(인간의 질병 방지와 미래 식량 공급 확보를 목적으로 동물들은 **집단적으로** 조기에 죽임당한다)은 예외와 규범을 나누는 모호한 경계선을 보여준다. 좀 더 중요하게는 예외를 선언하는 주권적 권리가 영구적인 권력을 안고 상존하는 인간의 특권 아래 비인간에 대한 고려를 무너뜨린다는 것이다.[109] 인간은 자신의 생존 보호를 지속적인 목적으로 삼는다. 하지만 이러한 인

---

108 Regan. *The Case for Animal Rights*. 324–325[『동물권 옹호』, 660-661쪽]. 또한 Gary L. Francione. *Introduction to Animal Rights: Your Child or the Dog?* Philadelphia: Temple University Press. xxxiii도 참조할 것.

109 존 산본마쓰가 지적하듯이 (감염 폭증을 방지하기 위해 동물들이 집단으로 죽임당하는) 이 잠시간의 예외 공간은 눈에 띄지 않고 진행되는 지속적 살육을 배경으로 발생한다. "이 폭력은 너무나 정상화되고 자연화되어 있기 때문에 우리는 그 장치들에 차질이 생겨 공중보건이나 산업 수익이 위협받을 때에야 비로소 그 존재를 의식하게 된다." John Sanbonmatsu. "Introduction." John Sanbonmatsu Ed. *Critical Theory and Animal Liberation*. Lanham: Rowman and Little field Publishers, 2011. 3 참조.

간의 자기보존 욕구는 다른 생명과 다르지 않다.[110] 다른 점이 있다면, 제8장에서 데리다의 논의가 보여주듯이 인간이 (한 마리 또는 백만 마리 개를 구명보트 밖으로 던져 버리는 행위와 같은) 폭력을 통해 다른 동물에 비해 우위를 점할 때, 우리가 이 폭력을 인간의 우월성에 뿌리를 둔 행위로 정당화한다는 점이다. 앞서 기술한 바와 같이 주권은 결정을 내리는 인간의 권리를 인식론적으로 확립하는 권한 구조를 수반하는데, 이는 우리의 존재(와 우리의 폭력)가 우월하고 필연적이며 다른 존재자에게는 "마땅한" 대가를 주는 것이므로 정당하다고 믿는 데서 유래한다. 그러나 "우리"가 갖춘 역량을 결여하고 있다고 판단한 다른 존재자에게 정당한 폭력을 휘두르는 이 원환 속에서, 실제 역량 차이가 우리의 우월성의 주장을 뒷받침하는 것인지 아니면 단순히 폭력의 과정이 다른 존재자를 역량이 결여된 자로 따라서 지배해도 되는 자로 만드는지 다소 불분명하다.

이렇다고 해서 권리론의 기획이 폐기되어야 한다는 것은 전혀 아니다. 강조하건대, 권리 자체가 인간의 비인간 생명에 대한 지배를 끝장내는 데 도움이 되지 않는다고 생각할 이유는 없다. 예컨대, 게리 프란시온의 접근법은 단순히 "인간"의 권리를 비인간 동물에게 확장할 뿐 아니라 동시에 인간의 권리를 부정하는 일에도 중점을 두는 권리 체계를 제안한다. 즉, 프란시온의 틀에서는 동물을 재산으로 소유하는 인간의 권리를 폐지하는 것이 평등한 고려의 시작이 된다.[111] 따라서 프란시

---

110 확실히 이는 경쟁하는 자기보존 욕구의 다툼을 재산권의 기초로 보는 존 로크의 견해를 떠올리게 한다. 이 점은 제3장과 제4장에서 더 자세히 논할 것이다.

111 *Animals Property and the Law*. 253–261. 프란시온은 말한다. "우리는 동물을 도덕적으로 유의미한 이해관계나 권리를 갖지 않는 무생물과 도덕상 동일하게 취급한다. 우리는 매

온의 인식에서 동물의 권리 개념은 인간 권리의 후퇴를 수반해야 하며, 이는 폭력적인 동물 지배와 그 광범위한 영향의 근원을 이루는 인간의 주권적 특권에 도전하는 것에서 비롯된다. 권리 자체는 잠재적으로 중요할 수 있다. 하지만 그것은 권리가 주권적 질서, 즉 인간의 절대적 권리에 대항하는 전술로 활용될 수 있는 한에서의 일이다. 다른 말로 하면, 결론에서 논하겠지만 동물의 "권리"는 인간의 주권을 교란하고 무장 해제하는 행동을 통해 구축되어야 하며, 바로 그 공간에서만 "평등의 실천"이 시작될 수 있다. 복지 접근법과 권리 접근법은 인간의 지배를 출발점으로 고착화할 위험을 안고 있으며, 그렇게 되면 동물에 대한 인간의 주권 자체를 윤리적 의문에 부칠 수도, 동물 주권의 가능성을 허용할 수도 없게 된다.

인간의 주권에 도전하지 않고 개별 윤리를 세울 수 있는 기반에는 한계가 있다. 윤리적 딜레마의 출발점이자 원인으로 항상 인간 자신의 주권이 ("좋든 싫든") 가정되기 때문이다. 이러한 윤리적 딜레마가 발견되는 영역에 동물의 고통을 둘러싼 논의도 포함된다. 제러미 벤담의 물음 ("동물은 고통을 느낄 수 있는가?")은 인간과 동물의 관계를 다루는 수많은 윤리 연구를 지배했고, 피터 싱어의 『동물 해방』도 그중 하나이다.[112] 어

넌 동물 수십억 마리를 오직 죽이기 위한 목적으로 존재하게 한다. 동물에게는 시장가격이 매겨진다. 개와 고양이는 애완동물 가게에서 콤팩트디스크처럼 판매된다. 금융시장은 삼겹살과 축우를 선물거래한다. 동물이 가진 이해관계는 재산 소유자의 경제적 이해관계에 부합함에 따라 사고팔 수 있는 경제적 상품에 지나지 않는다. 재산의 지위에 있다는 것은 그런 것이다. Francione, *Introduction to Animal Rights*. 79 참조.

112   Jeremy Bentham. *An Introduction to the Principles of Morals and Legislation.* Chapter xix, Note §[강준호 옮김, 『도덕과 입법의 원칙에 대한 서론』, 아카넷, 2013, 557-558쪽, 주2] 참조. 이 주석은 벤담이 동물의 지속적인 식용 이용을 당연시하고 오히려 그 덕분에 동물에게 덜 고통스러운 죽음을 제공할 수 있다고 천명하는 대목이라는 점에서 전문을 인용할 만하

떤 의미에서 고통의 물음은 이미 다른 존재의 고통의 실재를 탐구할 특권을 가진 인간 주체와 고통을 느끼는 능력이 의문에 부쳐지는 비인간 주체를 구조화하고 있다. 오늘날 동물의 고통을 둘러싼 철학적 물음은 과학과 상호작용한다. 예컨대, 물고기가 통증을 느끼는지 그 통증이 인간과 동일한지 탐구하는 현대 과학 연구의 정치적 비중이 늘어나고 있

다. "힌두교와 이슬람교에서는 다른 동물 피조물의 이해관계가 어느 정도 주목을 받아온 듯하다. 왜 동물은 인간 피조물의 이익과 마찬가지로 감수성 차이에 따른 고려를 보편적으로 받지 못하는가? 그것은 현행법이 상호 간의 두려움의 산물로, 덜 이성적인 동물은 인간과 달리 이 감정을 이용할 수단을 갖지 못했기 때문이다. 왜 그래야 하는가? 아무런 이유도 없다. 만약 먹을 수 있다는 것이 전부라면, 우리가 먹고 싶은 동물을 먹어도 된다고 생각할 만한 충분한 이유가 있다. 우리가 그리하여 더 좋아지고 동물은 더 나빠지지 않기 때문이다. 동물은 우리가 가진 것처럼 미래의 비극에 대한 오래 지속되는 예감을 가지지 않는다. 인간의 손에 의하여 겪게 되는 죽음은 자연의 불가피한 과정이 가져다주는 죽음에 비해 대체로, 아마도 항상 더 신속하며 그 덕분에 덜 고통스러울 것이다. 만약 죽임당하는 것이 전부라면, 우리가 거슬리는 동물을 죽여도 좋다고 생각할 만한 충분한 이유가 있다. 그들이 살아 있음으로써 우리는 더 나빠지는 반면 그들은 죽음으로써 더 나빠지지 않을 것이기 때문이다. 그러나 우리가 그들을 괴롭혀야 할 이유가 있는가? 나는 아무 이유도 찾을 수 없다. 그렇다면 우리가 동물을 괴롭히지 말아야 할 이유가 있는가? 그렇다. 여러 가지가 있다. 예컨대 영국에서는 인간 종의 대부분이 노예라는 이름으로 여전히 그런 상태에 있는 하등 동물의 종과 똑같은 법적 취급을 받아 왔고, 많은 땅에서 아직도 과거의 일이 아니라는 것은 유감이다. 언젠가 다른 동물 피조물도 폭군의 손이 아니라면 절대 유보될 수 없었던 그 권리를 획득할 수 있는 날이 올지 모른다. 프랑스인들은 이미 검은 피부가 인간을 아무런 보상도 없이 고문자의 변덕에 맡겨도 좋은 이유가 될 수 없다는 것을 깨달았다. 언젠가 다리의 수나 피부를 뒤덮은 털 또는 엉치뼈 끝부분이 감수성을 가진 존재를 동일한 운명에 맡길 이유로 충분하지 않다는 것을 인정하게 될 날이 올지 모른다. 넘을 수 없는 선을 그어야 할 다른 무엇이 있는가? 그것은 이성의 능력인가, 혹은 대화의 능력인가? 그러나 다 자란 말이나 개는 생후 하루, 일주일, 한 달이 지난 유아와 비교해도 훨씬 더 이성적이고 대화를 나누기 쉬운 동물이다. 그러나 그렇지 않다고 하더라도 무슨 소용이겠는가? 문제는 그들이 이성적으로 생각할 수 있느냐 말을 할 수 있느냐가 아니라 고통을 느낄 수 있느냐이다." 벤담의 설명에 따르면 고통에 대한 윤리적 고려는 주권 뒤에 놓인다. 인간의 지배권은 절대적으로 온전히 남아서 뒤따르는 윤리적 질문의 본성을 알려 준다. 이러한 맥락에서 파올라 카발리에리가 『동물의 질문』에서 동일한 대목을 길게 인용하면서도 결정적 요소, 특히 벤담이 인간의 이용이 고통을 덜 수반할 수 있다고 공언하는 부분을 제외한 것은 흥미를 끈다. Paola Cavalieri. *The Animal Question: Why Non Human Animals Deserve Human Rights*. Oxford: Oxford University Press, 2001. 60 참조.

다.[113] 이러한 연구는 이미 그 고통을 의문에 부칠 수 있으며, 고통의 존재를 결정하고 상태를 조사하는 인간의 특권에 의해서만 그에 대한 답변이 가능하다는 전제에 의해 구조화되어 있다. 고통을 둘러싼 물음에 대한 답은 인간이 이용하는 수십억 동물의 복지와 나아가 이용 윤리에 막대한 영향을 미칠 것이다. 그러나 애초에 왜 이 고통을 의문시할 권리가 인간에게 있는지 그리고 인간의 이용으로 생긴 생명체의 고통의 유무를 물을 권리 그 자체가 인간 이용의 효과는 아닌지 묻는 것은 정당해 보인다. 그렇다면 윤리는 지배로 **나아가거나** 지배를 **뒤따른다**. 골짜기에 울려 퍼지는 메아리처럼 윤리는 지배의 반향이 된다. 주권을 전제로 하는 윤리는 앞서 설명한 인식론적 폭력으로 이어질 가능성이 농후하다.

이 문제를 더욱 명확히 하기 위해 여기서 잠깐 멈춰서 장애의 쟁점을 다루고자 한다. 특히 싱어와 레건은 "인지 능력"의 구별을 비인간의 정의를 옹호하는 수단으로 무비판적으로 이용하고 재생산해 왔다. 이는 자유주의적 휴머니즘 윤리의 개념화가 단지 자의적인 인간예외주의를 재정립할 뿐, 휴머니즘의 폭력으로부터 존재자를 구하려는 노력이 폭력을 행사하는 결과가 되어 버린 예를 보여준다(캐리 울프의 지적대로 "자유주의적 휴머니즘의 이름으로 자행된 종차별주의의 담론과 실천이 다른 **인간들**에게로 향했던 역사가 있다[114]). 이하에서 개괄하듯, 주권 이후에 도래하는 윤리의 구축은 단지 주권의 효과만을 규제할 뿐, 지배관계의 폭

---

113 J. D. Rose, R. Arlinghaus, S. J. Cooke, B. K. Diggles, W. Sawynok, E. D. Stevens and C. D. L. Wynne. "Can fish really feel pain?" *Fish and Fisheries*, 15.1, 2014. 97–133.

114 Wolfe. *Animal Rites*. 37. 이 점에 대해서는 동물 연구와 장애 연구 간의 교차성에 관한 캐리 울프의 논의도 참조하기 바란다. Cary Wolfe. *What is Posthumanism?* Minneapolis: University of Minnesota Press, 2010. 127–142.

력적 조건 자체에는 도전하지 않는다.

아마도 피터 싱어는 동물성과 관련하여 장애를 구성한다는 점에서 가장 악명 높을 것이다. 그것은 『동물 해방』에서 제시한 논의 외에도 "종의 성원권은 도덕적 지위의 핵심으로 모든 인간 생명은 동등한 가치를 지닌다"[115]라는 견해에 도전하는 그의 후기 윤리적 논의에도 해당한다. 싱어의 주장의 핵심은 종의 성원 자격을 근거로 하는 생명권 보호가 바로 종차별주의라는 것이다. "모든 관련된 측면에서 유사한 존재들에게는 유사한 생명권을 인정해야 한다. 단지 생물학적으로 우리와 같은 종의 성원이라는 사실은 이 권리에 대한 합당한 도덕적 규준이 될 수 없다."[116]

적어도 장애의 개념이 "정상적" 인간 생명과 다른 생명의 문턱으로 구성되는 한, "모든 관련된 측면에서 유사"함이 이 맥락에서 어떻게 정의될 수 있는지는 문제가 될 수 있다. 싱어는 가상의 예를 들어 "회복 불능의 중증 뇌 손상을 가진 채 태어나 말하거나 다른 사람들을 알아보는 능력이 없고, 타인의 도움 없이는 행동할 수 없으며, 자기 인식의 감각을 발달시키지 못하는" 아이가 있다면, 아이의 부모는 자신들과 국가에 불필요한 부담을 주지 않고자 "의사에게 아이를 고통 없이 죽여 달라고

---

115 Peter Singer. "Speciesism and Moral Status." *Metaphilosophy*. 40.3–4, 2009. 567–581. 피터 싱어에 대한 비판으로는 Per Sundström, "Peter Singer and 'Lives Not Worth Living': Comments on a Flawed Argument from Analogy." *Journal of Medical Ethics*, 21.1, 1995. 35–38; Nora Ellen Groce and Jonathan Marks. "The Great Ape Project and Disability Rights: Ominous Undercurrents of Eugenics in Action." *American Anthropologist*. 102.4, 2000. 818–822; Harriet McBryde Johnson. "Unspeakable Conversations." *The New York Times*. February 16, 2003 등을 참조할 것.

116 Peter Singer. *Animal Liberation*. London: Jonathan Cape, 1975. 21[김성한 옮김, 『동물 해방』, 연암서가, 2012, 55쪽].

82   동물과의 전쟁

부탁"할지 모른다고 가정한다. 의사는 어떻게 대응해야 하는가? 여기서 싱어는 (비인간 생명과 대조되는) 인간 생명의 신성함에 대한 믿음이 자의적이고 비일관적인 대우를 낳는다고 지적한다.

> 의사는 부모의 부탁을 들어줘야 할까? 법적으로 말하면 의사는 그렇게 해서는 안 되며, 이러한 점에서 법은 생명 존엄성의 견해를 반영한다. 모든 인간 존재의 생명은 신성하다. 그러나 아이에 대해 이렇게 말하는 사람들은 비인간 동물을 죽이는 것에는 반대하지 않는다. 그들은 자신들의 서로 다른 판단을 어떻게 정당화할 수 있을까? 성인 침팬지, 개, 돼지, 기타 다수의 종은 다른 성원들과의 관계, 독립적인 행동, 자기의식의 능력, 그리고 삶에 가치를 부여한다고 합당하게 말할 수 있는 여타 역량에서 뇌 손상을 가진 아이를 훨씬 능가한다. 가장 집중적인 치료를 받는다고 해도, 결코 개의 지적 수준에 이를 수 없는 지적장애 아들이 있다.[117]

생명의 내재적 가치 및 서열화가 생명을 빼앗을 결정에 영향을 미치는 방식에 대한 견해는 이후 피터 싱어가 "지적장애아"의 생명을 빼앗을 부모의 권리를 논할 때 더 정교해진다.[118] 싱어는 인간의 가치 지위에서

---

117 Singer. *Animal Liberation*. 20[『동물 해방』, 54쪽]. 주목해야 할 점은 이 대목과 카프카의 『소송』의 마지막 대사가 확실히 공명한다는 점이다. "'개 같군!' 그가 말했다. 그 치욕은 그가 죽은 후에도 오래 지속될 것 같았다." Franz Kafka. *The Trial*. Geneva: Herron Books, 1968. 251[권혁준 옮김, 『소송』, 문학동네, 2010, 287쪽].

118 Peter Singer. "Speciesism and Moral Status." 579. 싱어는 "지적장애를 안고 있는 이들의 삶을 억압하고 노골적으로 무시해 온 오랜 역사가 있었다"라며 "우리가 그러한 억압과 노골적 무시를 막기 위해 최선을 다해야 한다는 것에 동의한다"라고 말한다.

의 차별화가 (집단학살을 가능하게 하는 우생학 논의의 일종으로 향하는) "미끄러운 경사면"이 된다는 주장에 대응하여 모든 인간 생명의 존엄성이라는 허구를 고집하면 두 가지 비용을 치르게 된다고 지적한다. **첫째**, 비인간 동물에게 발생하는 비용이다. 만일 종 경계를 넘어서는 일관된 가치 부여를 통해 일부 비인간 동물 생명들의 존엄성이 인정되면, 이들은 상응하는 보호를 받을 수 있다.

> 예컨대 이 나라에서 판매되는 거의 모든 돼지고기, 베이컨, 햄을 생산하는 가축용 암돼지는 금속 우리에 꽉 갇혀 있어서 한 발짝도 걷거나 돌아서지 못할 정도이다. 그러나 돼지는 인지 능력 면에서 중증 지적장애를 가진 인간과 충분히 비견될 수 있다. 임의의 인간보다 훨씬 열등한 도덕적 범주로 돼지를 분류하지 않았다면, 사람들이 돼지를 이런 식으로 취급하는 것이 가능할 수 있었을지 모르겠다.[119]

둘째, "중증 지적장애아가 살지 않는 것이 당사자에게도 그 가족에게도 최선의 이익"이라고 결정한 부모가 부담하는 비용이다. 싱어에 따르면, 인간 생명에 부여된 동등한 가치라는 허구는 이 부모에게 돌봄 책임이라는 형태로 과도하게 부담을 준다.

> 이른바 미끄러운 경사면이 홀로코스트를 반복하지 않기 위해, 부모 자신에게도 아이에게도 이롭지 않음에도 아이의 양육을 부모에게 강요하는 것은 아이러니하게도 바로 칸트주의자들이 통상적으로 반대

---

119 Peter Singer. "Speciesism and Moral Status." 579.

하는 것, 즉 아이(와 부모)를 단지 목적을 위한 수단으로 대하는 것이다. 중증 지적장애아를 키우는 데 드는 재정적, 물리적, 감정적 비용은 부모가 아이의 양육을 적극적으로 원하는 경우에도 엄청나다. 하물며 부모가 아이의 양육을 원하지 않음에도 그러한 결정을 내릴 수밖에 없다면 견디기 더 힘들 것임이 분명하다.[120]

여기서 싱어는 장애의 생산을 뒷받침하는 가정을 정상화한다. **첫째**, 장애는 명백한 이익이나 "투자 수익"을 얻을 가능성이 전혀 없는 방식으로 (장애인, 부모, 국가, 사회 전체에) 떠맡겨진 "비용"으로 간주된다. 여기서 장애는 항상 관계자 모두에게 부담으로 해석되며, 장애를 안고 사는 것보다 살지 않는 것이 더 낫다고 가정된다. **둘째**, 장애의 사회 정치적 맥락은 규범화되며 변동 가능한 경제적, 사회적, 정치적, 문화적 요인으로 생각될 수 있는 것(예컨대, 부모가 담당하는 돌봄 역할, 정상과 비정상 신체를 둘러싼 견해, 낙인과 폭력의 체제, 경제와 작업 배치 등)은 "자연적"인 것으로 가정된다. 많은 사회에서 장애인이 지원을 받지 못하고 인지되지도 않고, 부모나 간병인은 고립되어 (재정적 또는 기타) 지원을 거의 받지 못할 수도 있다는 점은 싱어의 비용 계산에는 포함되지 않은 것으로 보인다. 사회에 따라 가족 구성과 돌봄 역할의 다양한 문화적 차이가 존재한다는 사실은 이러한 비용이 특정한 지정학적 상황에 따라 상대적이라는 것을 의미할 것이다. 또한 싱어는 사회 정치적 구조가 특정 사람들의 사회참여만을 가능하게 한다는 점, 자원과 가치가 오로지 규범적

---

120   Peter Singer. "Speciesism and Moral Status." 580.

의미로 정의된 "비장애인"에게만 적극적으로 제공된다는 점을 고려하지 않는다(예컨대, 부모나 지역사회가 자녀 양육을 위해 투입하는 "통상적" 돌봄과 지원은 비용으로 간주되지 않는다). 아마도 가장 중대하고 불온한 점은 이러한 윤리가 누가 결정권을 갖는지를 정당화한다는 점일 것이다. 싱어는 부모가 특정한 환경에서 자녀의 생명을 빼앗는 결정을 내릴 수 있어야 한다고 가정한다는 점에서(부모가 "비용을 부담"할 것이기 때문이겠지만), 통상적인 법 운용에서 살인에 해당하는 경우의 예외로서 특정 장애가 있는 아이의 부모가 항상 자녀에 대한 생사의 권력을 행사할 권리를 쥐고 있다는 가정을 정상으로 본다. 아실 음벰베가 잘 정리한 것처럼 "주권은 누가 중요하고 누가 그렇지 않은지, 누가 **처분 가능**하고 누가 그렇지 않은지 정의하는 역량을 의미한다."[121]

톰 레건은 앞서 설명했듯이 권리와 의무를 기반으로 한 본래적 가치를 주장한다는 점에서 싱어와 다르다. 이는 레건의 틀이 장애를 구성하고 이해하는 측면에서 더 전도유망할 수 있음을 암시한다. 그러나 불행하게도 이러한 전도유망함은 실현되지 않는다. 레건의 주장이 싱어와는 다소 다른 노선을 취하는 것은 사실이지만, 레건은 잠재적으로 서열적 장애 규범을 재생산하는 도덕적, 지적 역량의 개념화에 의존하고 있다. 앞서 언급한 것처럼 레건은 "도덕 행위자"와 "도덕 수동자"를 구별한다. 도덕 행위자는 다음과 같이 정의된다.

> 다양한 정교한 능력을 갖추고 있으며, 특히 공평한 도덕 원칙에 따라 모든 것을 고려했을 때 도덕적으로 무엇을 해야 하는지 결정할 수 있으

---

121 Achille Mbembe. "Necropolitics." *Public Culture*. 15.1, 2003. 11–40. 27.

며, 이 결정하에 도덕적으로 행동할 것을 자유롭게 선택하거나 선택하지 않을 수 있는 자.[122]

반면, 도덕 수동자는 다음과 같이 정의된다.

도덕 행위자와는 대조적으로 도덕 수동자는 자신이 하는 행동을 통제하기 위한 필요조건을 결여하고 있으므로 도덕적으로 책임을 지지 않는다. 도덕 수동자는 도덕 원칙을 행사하거나 공식화할 능력을 결여하고 있으므로 수많은 가능한 행위 중 무엇이 옳거나 적절한 행동인지 숙고할 수 없다.[123]

레건의 "행위자"와 "수동자"라는 범주는 인간을 구분하는 데 사용되며 이후에는 비인간 동물의 내재적 권리를 확립하는 데 활용된다. 레건은 이것을 "정상적인 성인 인간을 도덕 행위자로 간주하는 전형"[124]이라고 말한다. 그는 이것이 "대략적인 가정"이라는 점을 인정하지만, 이러한 정상화를 그대로 둔다.[125] 도덕 수동자의 정의는 처음부터 도덕

---

122 Regan. *The Case for Animal Rights*. 151[『동물권 옹호』, 356쪽].

123 Regan. *The Case for Animal Rights*. 152[『동물권 옹호』, 357쪽].

124 Regan. *The Case for Animal Rights*. 152[『동물권 옹호』, 356쪽].

125 레건은 말한다. "이 믿음을 옹호하려면 당면한 탐구를 훨씬 벗어나 예컨대 자유의지는 존재하는지, 이성을 사용한 의사결정은 우리의 행동 방식에 얼마나 영향을 미칠 수 있는지 등을 논해야 한다. 대략적인 가정이긴 하지만 정상적인 성인 인간은 도덕 행위자로 여겨질 것이다. 여기서 이렇게 가정한들 이론적으로 편파적인 것은 아닌데, 이후에 검토되는 모든 이론이 이 가정을 공유하기 때문이다." Regan. *The Case for Animal Rights*. 152[『동물권 옹호』, 356-357쪽] 참조.

행위자의 타자로서 제시된다. "인간 유아, 어린아이, 나이를 불문하고 정신적으로 지체되거나 쇠약한 자는 전형적인 도덕 수동자이다."[126] 구분은 여기서 끝나지 않는다. 도덕 수동자는 단지 의식과 지각만을 갖춘 자와 그 이상의 "인지적·의지적 능력"을 갖춘 자, 예컨대, "욕망이나 믿음을 가진 자, 지각을 갖고 의도적으로 행동할 수 있는 자, 자신의 장래를 포함한 미래에 대한 감각(즉 자기인지 또는 자기의식)을 가진 자, 정서적 삶을 사는 자, 시간의 흐름 속에서 유지되는 심신 정체성을 지닌 자, 일종의 자율성(즉 선호의 자율성)을 갖춘 자, 경험적 행복을 느끼는 자"로 구분된다.[127] 다시 말해 도덕 수동자 자체가 도덕 행위자에게 부여되는 일종의 "정상적" 주체성과 약한 유사성을 가진 자와 완전한 도덕 행위자와는 전혀 유사성이 없는 자로 계층화된다. 레건에 따르면 인간이든 동물이든 추가적인 "인지적·의지적 능력" 기준을 충족할 수 있다. "여러 가지 정신장애에 시달리는" 사람도 여기에 일부 포함될 수 있지만,[128] 일부 인간과 동물은 그 기준을 충족하지 못한다. 이러한 모든 범주화와 계층화 방식, 예외 상황을 둘러싼 결정에서 인간과 동물은 동렬에 놓이고 장애는 양자의 문턱을 바탕으로 구축된다. 레건은 말한다.

임의의 인간에 대해 우리가 알고 싶은 바는 인간의 행동이 동물을

126　Regan. *The Case for Animal Rights*. 153[『동물권 옹호』, 358쪽]. 레건은 계속한다. "더 논란이 되는 것은 태아 또는 미래 세대의 인간을 도덕 수동자로 볼 수 있는지 여부다. 그러나 우리의 목적에서는 일부 인간이 도덕 수동자로 간주되는 것만으로 충분하다."

127　Regan. *The Case for Animal Rights*. 153[『동물권 옹호』, 358-359쪽].

128　레건은 말한다. "도덕 수동자인 인간 중 일부는 이러한 기준을 충족한다. 예를 들어 어린아이이거나 여러 가지 정신장애에 시달려서 도덕 행위자의 자격을 얻지 못하지만 지금 열거한 능력을 소유한 사람들이다"[『동물권 옹호』, 359쪽].

특징짓는 여러 능력(욕망, 믿음, 선호 등)을 기준으로 정확하게 기술되고 간소하게 설명될 수 있는지 여부이다. 이러한 용법으로 인간의 행동을 기술하고 설명할 수 있다고 한다면, 그리고 그 인물이 도덕 행위자에 필요한 능력을 가지고 있음을 부정할 만한 추가적 이유가 있는 경우, 우리는 그 인물을 네 발 달린 도덕 수동자로, 말하자면 동물로 간주할 수 있다.[129]

이러한 접근법이 가진 이점이 없는 것은 아니다. 앞서 논의한 바와 같이 레건이 본래적 가치를 부여하는 것은 "삶의 주체"인 모든 자, 즉 "본래적 가치"의 증명에 필수적이라고 그가 열거한 추가적인 "인지적·의지적" 능력 중 일부를 구비한 자이다. 이러한 의미에서 레건의 틀은 (적어도 싱어에 비하면) 좀 더 광범한 존재자에게 본래적 가치를 인정할 여지가 더 많은데, 단순히 도덕 행위성의 인정을 최소한의 문턱으로 삼았던 경계선을 도덕 행위성과 "약한 형태"로나마 얼마간 유사한 특징을 지닌 일부 인간과 동물을 포함하는 데까지 넓히기 때문이다. 레건은 자신의 접근법이 도덕 행위자가 아닌 이들, 예컨대 어린이나 "지적장애"를 안고 있는 이들에 대한 의무도 고려할 수 있는 형태의 발전이기 때문에 동물에게도 인간에게도 이점을 갖는다고 주장한다.[130]

그러나 레건의 접근법은 하나의 자의적 서열을 다른 서열로 대체함으로써 인식론적 폭력을 발생시킨다. 여기서 장애는 사회적·정치적·제도적 맥락에서 형성되는 규범이 아니라 일부 인간에 관한 만성적이며

---

129 Regan. *The Case for Animal Rights*. 153–154[『동물권 옹호』, 359쪽].
130 Regan. *The Case for Animal Rights*. 156[『동물권 옹호』, 363쪽] 참조.

자연화된 "사실"로 취급된다. 왜 본래적 가치가 "정상적 성인 인간"에게 귀속되는 것으로 간주되어야 하는가? 왜 이 정상성을 닮지 않은 이들의 본래적 가치가 위협받아야 하는가? 이것이 분명하지 않은 것은 틀림없다. 실제로 레건이 도덕 행위성을 "정상적 성인 인간"에게 부여하는 것은 하나의 가정임을 인정하고[131] 삶의 주체와 그렇지 않은 자를 나누는 데 "도덕적 주의"를 촉구하는 것[132]에서 알 수 있듯이 레건 자신이 구분의 명확성을 주저한다는 것은 우리가 이미 정의와 관련하여 불안정한 기반에 서 있다는 것을 나타낸다. "정상"은 개인·가족·제도적 구조에 내재하는 일련의 우발적인 사회적·문화적·정치적 요소를 반영하는 것이지 비장애성과 장애성에 관한 "자연적" 소요 체계가 아니다. 오히려 정상성은 법적·정치적·사회적 관계를 아우르는 권력관계를 통해 생산된다. 푸코가 말한 것처럼 "괴물은 일반적인 용법으로 정치 사법적 권력의 틀이라고 할 수 있는 것에 속한다."[133]

---

131 Regan. *The Case for Animal Rights.* 152[『동물권 옹호』, 356쪽].

132 가령 Regan. *The Case for Animal Rights.* 245–246, 366–369, 391[『동물권 옹호』, 527-529쪽, 736-742쪽, 783-784쪽] 참조. 특히 사람이 키가 큰지 나이가 많은지 결정하는 "선을 긋는 자리"에 관한 레건의 논의(366)를 참조하라. 여기서 레건은 이 두 범주("키가 큰지", "나이가 많은지")가 사회적·정치적·문화적으로 구성되며, 특정한 지정학적·일시적 장소에 속한다는 사실을 간과하고 있다.

133 Michel Foucault. *Abnormal: Lectures at the Collège de France 1974–1975.* London and New York: Verso, 2004. 61[박정자 옮김, 『비정상인들』, 동문선, 2001, 81쪽]. 도널드슨과 킴리카의 최근 연구는 동물권 및 시민권 이론을 기초로 해 온 규범을 비판적으로 다루며 "전형적인 신경 기능을 가진 성인 인간"과는 다른 기반에 근거한 시민권의 확립을 주장한다. "우리의 주장은 '주변부 사람들'이 똑같이 취급되어야 한다는 것이 아니라 주변부 사람들이란 없다는 것이다. 왜냐하면 전형적인 신경 기능을 가진 성인 인간은 결코 다른 사람의 측정 규범으로 정의되어서는 안 되기 때문이다." Sue Donaldson and Will Kymlicka. "Rethinking Membership and Participation in an Inclusive Democracy: Cognitive Disability, Children, Animals." Barbara Arneil and Nancy Hirschmann Eds. *Disability and Political Theory.* University of Pennsylvania Press. Forthcoming. 근간 예정 논문을 접하게 해 준 윌 킴리카에게 감사드린다.

장애의 사회적 모델 이론가라면 확실히 지적하겠지만, 장애는 구조적 억압의 형태이지 복지나 보건의 개입 외에는 대응할 길이 없는 단순한 개인적 손상의 특성이 아니다.[134] 보다 최근의 비판적 장애 이론가들은 이 문제를 더욱 발전시켜 장애는 정상화의 체제와 관련하여 담론적으로 형성되는 범주이며, 그 구성은 인종, 젠더, 섹슈얼리티와 같은 다른 사회적 계층화의 형태와 교차한다고 지적한다.[135] 사회적 모델과 비판적 장애 접근법 모두 장애 및 비장애는 사회와 문화의 산물이며, 이것이 신체에 정상/비정상, 건강/병적, 생산성/비생산성을 표시한다고 본다. 실제로 최근의 이론가들이 지적하는 것처럼, 이러한 범주화는 정치적 논쟁의 산물이나 다름없다. 따라서 셸리 트레마인은 말한다. "사회적 모델의 주체가 지닌 정체성('손상이 있는 사람들')은 사실 그 모델이 문제삼고 있는 정치적 배치에 의해 형성된 부분이 큰 것 같다."[136] 여기서 가치의 구분을 낳는 것은 본질적 또는 자연적 차이가 아니라 정치적 논쟁

134 Paul Abberley. "The Concept of Oppression and the Development of a Social Theory of Disability." *Disability, Handicap and Society*. 2.1, 1987. 5–19; Mike Oliver. *The Politics of Disablement*. Houndsmills: The Macmillan Press, 1990; Jane Campbell and Mike Oliver. *Disability Politics: Understanding Our Past, Changing Our Future*. London and New York: Routledge, 1996; Tom Shakespeare. "Disabled People's Self-Organisation: A New Social Movement?" *Disability and Society*. 8.3, 2003. 249–264 등을 참조하라.

135 가령 Robert McRuer. *Crip Theory: Cultural Signs of Queerness and Disability*. New York and London: New York University Press, 2006; Helen Meekosha and Russell Shuttleworth. "What's So 'Critical' About Critical Disability Studies?" *Australian Journal of Human Rights*. 15.1, 2009. 47–75; Margrit Shildrick. *Dangerous Discourses of Disability, Subjectivity and Sexuality*. Houndsmills: Palgrave Macmillan, 2009; Fiona Kumari Campbell. *Contours of Ableism: The Production of Disability and Ableness*. New York: Palgrave Macmillan, 2009 등을 참조할 것.

136 Shelley Tremain. "Foucault, Governmentality and Critical Disability Theory: An Introduction." *Foucault and the Government of Disability*. University of Michigan: University of Michigan Press, 2008. 1–24. 10[박정수·임솜이 옮김, 「푸코, 통치성, 그리고 비판적 장애 이론」, 『푸코와 장애의 통치』, 그린비, 2020, 34쪽].

이다. 즉, 구분은 신체와 자기를 계층화하는 정치적·사회적 구조에 의해 형성되며, 차별화되지 않을 수 있었던 존재자들의 운명을 결정한다.

싱어와 레건 모두 장애를 사회적·정치적 과정의 산물로 보지 않고 마치 장애를 안고 있는 이들이 실제로 "열등한" 것처럼 취급한다. 이렇듯 두 사람은 장애와 비장애성을 명백히 주어진 안정적 범주로 구성하는 데 협력하고 "동물"을 구성하는 자의적 합리성의 해체를 목표로 하면서도 인식론적 폭력을 행사하고 있다. 장애와 비인간 동물 사이에 연관성이 **있는** 것은 사실이다. 하지만 이 연관성은 장애를 가진 사람과 동물의 "유사성"을 가리키는 것도 아니고 장애를 "동물화된" 인간이나 "더 동물적"인 인간의 특징으로 형상화하는 것도 아니다. 오히려 그 연관성은 종의 차이를 사회적·정치적·인식론적으로 생산하여 정상화된 인간을 만들어 내고, 그 주체를 사회적·정치적 구조 내에서 특권화하며, 자의적인 지위 차별, 분리, 폭력을 통해 동물성과 장애라는 상징적·물질적 범주를 조작하는 데 있다. 수나우라 테일러가 말한 것처럼 장애와 동물성 사이의 공유된 관계는 물질성과 가치를 조작하는 정상화의 체제에 부합한다.

> … 이 연관성은 많은 사람들이 말하는 것처럼 나의 존재가 우리에 갇힌 동물처럼 장애가 있는 신체에 갇혀 있다는 점에 있지 않다. 이와는 전혀 달리, 내가 발견한 연관성은 어떤 신체는 정상으로, 어떤 신체는 고장난 것으로, 어떤 신체는 음식으로 선언하는 억압적 가치 체계에

서 비롯되었다.[137]

푸코가 『"사회를 보호해야 한다"』에서 국가 인종주의의 발달에 대해 설명한 바는 여기서 장애와 동물성을 정치 사법적 산물로 간주하는 것과 직접 관련된다.[138] 앞서 논했듯이 전쟁은 생명정치적 의미에서 종을 기준으로 인구를 분할하는 기능을 한다. 푸코는 인종주의가 "그것[권력]이 통제하는 종을 세분화하는"[139] 목적에 봉사한다고 말한다. 그러한 세분화는 "정상성"의 서열을 만들어 주권적 권력을 강화하고 순응을 강제하는 동시에 주권적 규율 통제를 다시 기입한다. 이처럼 인종 구분된 차이 및 그로부터 유래한 인종주의는 "전쟁"이라고 기술할 수 있다. 이러한 전쟁은 (그 자체로 "군사 충돌"이라기보다) 종의 생명 일반을 형성하고 배제하는 영속적인 생물학적 서열화이다. 이러한 서열화는 살게 하거나 죽음으로 내모는 것을 목적으로 한다. 푸코에 따르면 이 인종화된 논리는 이른바 "더 열등한" 변종들(즉 정상성의 체제에서 벗어나는 자, "비정상적인 자", "퇴화된 자")이 서서히 사라지거나 제거될 것임을 암시한다.

> "나, 즉 개인으로서가 아니라 종으로서의 나는 더 살 수 있고, 더 강해지고, 더 활기차게 될 것입니다. 나는 증식할 수 있습니다." … 타인의 죽음, 나쁜 인종의 죽음, 열등한 인종(또는 퇴화된 자나 비정상적인 자)의

---

137 Sunaura Taylor. "Beasts of Burden: Disability Studies and Animal Rights." *Qui Parle: Critical Humanities and Social Sciences.* 19-2, 2011. 191–222. 191.

138 Deirdre Tedmanson and Dinesh Wadiwel. "Neoptolemus: the Governmentality of New Race Wars?" *Culture and Organization.* 16.1, 2010. 7–22 참조.

139 Foucault. *Society Must be Defended.* 255[『"사회를 보호해야 한다"』, 305쪽].

죽음은 일반적으로 삶을 더 건강하고 더 순수하게 만들 것입니다.[140]

이러한 정상화에서 인종은 하나의 벡터에 불과하다. "정상성"이 인지상의 건강이나 생산성과 연관된다는 점에서 이미 알 수 있듯이, 종의 완성은 제거되어야 할 인종화된 범주뿐 아니라 "정상적 인간"이라는 부유하는 범주에 유사한 위협이 되는 장애 및 비장애 신체의 개념도 발명한다. 따라서 종의 구성은 인종 및 동물성과 밀접하게 연관되어 있다고 생각되는 한편, 이 구분의 계층화는 "장애화된" 신체를 만들어 내는 것으로 이해할 수 있다.[141] 이러한 점에서 피오나 쿠마리 캠벨이 **비장애중심주의**ableism를 "완전한 종의 전형이며 따라서 본질적이고 충만한 인간으로 투영되는 특정 종류의 자기와 신체(신체적 표준)를 만들어 내는 믿음의 과정과 실천의 네트워크"[142]로 정의한 것은 우연이 아니다. 캠벨은 다음과 같이 말한다.

비장애중심주의의 과정은 '완전한' 물질성의 특정한 형태를 바람직한 것으로 간주하는 강제적 비장애성의 측면에서 신체를 상상한다.

---

140   Foucault. *Society Must be Defended.* 255[『"사회를 보호해야 한다"』, 305-306쪽].

141   라델 맥워터는 말한다. "예를 들어 '손상', '정신질환', '결함'으로부터 '비장애 신체', '제정신', '온전함'을 나누는 관행과 제도는 우리 모두가 살아가는 조건을 창조한다. 그것들은 우리 각자가 자신과 맺는 관계를 구조화하고 우리의 생활방식을 창조한다. 정상성은 역사와 일련의 투자, 그것을 발생시키고 지속시키며 상황이 요구될 때 변화시키기도 하는 지원과 투자의 전체 배치array를 갖는다." Ladelle McWhorter. "Forward." Shelley Tremain Ed. *Foucault and the Government of Disability.* Ann Arbor: University of Michigan Press, 2005. xiii-xvii[「서문」, 『푸코와 장애의 통치』, 11-18쪽] 참조.

142   Fiona Kumari Campbell. "Inciting Legal Fictions: Disability's Date with Ontology and the Ableist Body of the Law." *Griffith Law Review.* 10, 2001. 42–62, n44.

이러한 관점은 ('유형'을 막론하고) 손상을 본질적으로 부정적인 요소로 보고 기회가 있으면 완화, 치료하거나 실제로 제거해야 한다는 믿음을 주요 특징으로 한다.[143]

이 과정은 "생산성"에 대한 인식 방식과 직결되어 있다. 이는 실제로 생산성과 사회적·경제적 삶에 기여할 수 있는 선택된 신체가 있으며, 이러한 개인은 번영시켜야 하는 한편 "생산"하지 못하고 생산성을 약화시키고 "비용"이 되며 중요하거나 유의미한 "인지 능력"이 결여된 집단이 있고, 이러한 개인은 감소시켜야 한다는 믿음을 작동시키고 갱신한다.[144] 인구 내에 생물학적 또는 종적 구분을 두는 이러한 과정을 (문자 그대로 아군과 적군을 가르는 경계선을 구성한다는 점에서) 전쟁이라고 칭할 수 있다면, 장애와 비장애를 가르는 것 또한 이 전쟁의 또 다른 경계선으로 해석할 수 있지 않을까? 푸코가 묘사한 생물학적 문턱은 인구의 건강, 생산성, 안전, 생존에 따라 자의적으로 비장애와 장애를 구분하도

---

143 Fiona Kumari Campbell. "Exploring Internalized Ableism Using Critical Race Theory." *Disability & Society*. 23.2, 2008. 151–162. 푸코의 설명과 인종 이론 간의 교차성에 대해서는 가령 Ladelle McWhorter. "Where Do White People Come From? A Foucaultian Critique of Whiteness Studies." *Philosophy and Social Criticism*. 31.5–6, 2005. 533–556; Moreton Robinson. "Towards a New Research Agenda?" 144 등을 참조하라.

144 따라서 푸코가 지적하는 대로, 근대 생명 권력과 관련된 인구 건강의 측면은 돌발적 전염병의 관리보다는 국가의 광범위한 경제 기능에 영향을 미칠 수 있는 장기간에 걸친 건강 상태의 지속적 관리다. "18세기 말, 문제가 된 것은 전염병이 아니라 다른 것이었습니다. 광의의 풍토병 또는 한 인구 내의 만연한 질병의 형태, 성질, 범위, 지속, 심각성이라고 할 수 있습니다. 이것은 근절하기가 어려운 질병으로 더 빈번히 죽음을 초래하는 전염병이 아니라 인구의 힘을 죽이고 노동 일수를 줄여 에너지와 재력을 빼앗는 항구적 요인으로 간주된 것이었는데, 이것은 생산 감소를 초래했을 뿐 아니라 치료 비용도 비쌌기 때문입니다." Foucault. *Society Must be Defended*. 243-244[『"사회를 보호해야 한다"』, 292쪽].

록 작용한다. 그 결과 장애의 신체는 감소시켜야 할 것으로, 즉 외견상 "진정한" 열등 유형의 인간으로, 사회적·정치적 격리, 낙인, 강제 치료, 통제, 구금, 강제 불임과 같은 극도의 폭력 체제의 표적으로, 싱어의 논의가 보여주듯이 잠재적인 말살의 대상으로 생산된다. (인종, 장애, 동물성, 섹슈얼리티 및 여타의 "생물학적" 차이를 생산하는) 종의 계층화는 사회체에 부합하지 않거나 유해한 효과를 초래한다고 여기도록 구성된 인구를 배제하고자 한다. 이는 진실·권리·폭력의 순환관계로, 실질적으로 지배 체계를 승인하고 자연화한다. 셸리 트레마인이 말했듯이 "손상이라는 범주는 애초에 그것을 낳은 통치 관행을 정당화하기 위해 등장했고 여러 측면에서 여전히 지속되고 있다."[145]

싱어와 레건이 장애를 이용하고 범주화하는 방식은 **주권 뒤에 오는 윤리**의 문제를 부각한다. 주권이 폭력 체제 및 진실 체제를 구동시키는 것이라면, 주권 이후에 시작되는 윤리는 기성 질서의 폭력과 공모할 뿐일 것이다.[146] 주권의 상호주관적·제도적·인식론적 폭력은 윤리의 가능성을 해석하고 한정한다. 그것은 윤리적 틀에서 고려해야 할 "어리석은 동물"과 "열등한 인간"이 실제로 존재한다고 믿게 하여, 동일한 존재자들 사이의 자의적인 계층 구분을 만들어 내는 명시적 권력과 폭력 및

---

145 Tremain. "Foucault, Governmentality and Critical Disability Theory." 11[「푸코, 통치성, 그리고 비판적 장애 이론」, 『푸코와 장애의 통치』, 35쪽].

146 클로이 테일러는 말한다. "나는 동물이 죽어 가는 광경 및 소리를 검열할 것을 제안한다. 우리가 계획을 계속하려면, 동물의 삶과 죽음을 비현실적인 것으로 만들 필요가 있기 때문이다. 레비나스식으로 말하면, 우리는 동물의 얼굴을 마주하는 관계를 피하고 윤리적 책임을 면하고 싶어 한다. 동물의 생사에 관한 진실을 검열하는 것은 우리가 생각하는 '현실의 삶', 도덕적 고려를 받을 만한 삶, 비통해할 만한 삶의 틀 바깥에 동물을 위치시키고 싶어 하기 때문이다." Chloë Taylor. "The Precarious Lives of Animals: Butler, Coetzee, and Animal Ethics," *Philosophy Today*. 1.52, 2008. 60–72. 64 참조.

이에 수반되는 진실 체계를 마주하고 도전해야 할 시급한 필요성을 뒤로 미루게 한다. 그것은 우리가 ("완전한 형태의") 인간만이 결정을 내릴 권리를 가진다고 믿게 만든다. 우리에게 윤리적 과제 못지않게 중요한 과제는 주권이 위계적 구분을 조직한 후에야 윤리를 구축하는 것이 아니라, 처음부터 주권을 간파하고 해제하는 것이다.

전쟁과 진실

인간과 동물이 전쟁 상태에 있다는 관점을 제시한다는 것은 정치 영역에 참여하는 이들뿐만 아니라 그 영역 내 제도의 구성 및 기능까지 정치 영역을 개념화하는 방식을 문제 삼아야 한다는 것을 의미한다. 정치 영역에 대한 사상가들의 방향성과 접근 방식에는 적어도 두 가지 경로가 있는 것으로 보인다. 첫 번째는 내가 넓은 의미에서 자유주의와 연관 짓는 흐름이다. 이것은 정치제도의 배후에 정의 및 합리성이 있다고 가정하고 따라서 폭력, 잔혹 행위, 전쟁을 정치 영역의 내재적인 것이 아니라 예외적인 것으로 외부화하는 관점이다. 두 번째는 내가 "비판적 전통"과 연관 짓는 흐름이다. 이 흐름은 동일한 상황을 보다 회의적으로 보고 정치제도의 기능에 폭력이 내재한다고 논하며, 권력의 비대칭은 항상 규범으로 취급되어야 하기에 따라서 제도적 합의의 현실이라는 관점을 취한다. 이 책은 인간과 동물의 관계를 이해하는 출발점으로 전쟁을 이용한다는 점에서 두 번째 흐름을 따른다. 나는 동물에 대한 폭력을 예외로 보기보다는 그것을 규범으로 상정하고 시작한다. 나의 전제는 인간은 거의 항상 자신의 목적을 위해 동물의 도구적 이용을 지속하고자 한다는 것이다. 인간은 비인간 생명에 대한 지속적 지배에 주력하고 그 지배는 인간에게 "이익"을 지속적으로 제공한다.

이러한 입장이 지닌 난점 중 하나는 많은 이들이 경험하는 동물과의 관계가 평화적이고 우호적으로 보인다는 점이다. 이는 양자의 주된 관계를 지배와 도구에서 찾는 가정과는 배치된다. 반려동물 소유를 예로 들면, 동물 소유자가 겪는 것은 반려 관계, 의사소통, 사랑의 경험이다. 소유자는 대개 평생을 함께하는 동물에게 아낌없는 애정을 쏟고, 여기서 돌봄과 애정이 동물과 인간의 교류를 형성하는 것은 분명하다. 제6장에서 논한 도나 해러웨이의 주장처럼, 이 관계는 어느 정도 "공동형성"되기 때문에 일방적 지배를 상정하거나 도구화가 반드시 "문제적"이라고 말하기는 어려워 보인다.[147] 그러나 이러한 일상 경험은 항상 맥락 속에 놓여야 하며, 인간과 반려동물의 관계도 예외는 아니다. 인간과 동물의 평화적 공존이 우정의 가능성을 열 때조차 이러한 유대는 "반려동물의 소유"와 "가축화"의 관행에 내재한 규율, 감시, 격납, 통제의 양식에 의해 의문에 부쳐진다.[148] 매년 수백만 마리의 반려동물이 동물 보호소에서 "안락사"된다는 사실[149]은 겉보기에 행복한 인간과 동물의 공동생활조차 "입양하고, 키우고, 안락사시키는"[150] 총괄적이고 치명적인

---

147 Haraway. *When Species Meet*[『종과 종이 만날 때』] 참조.

148 제6장의 1998년 반려동물법에 관한 논의를 참조하라.

149 가령 Elizabeth A. Clancy and Andrew N. Rowan. "Companion Animal Demographics in the United States: A Historical Perspective." D. J. Salem, and A. N. Rowan Eds. *The State of the Animals II: 2003*. Washington d.c.: Humane Society Press, 2003 참조.

150 Bernard E. Rollin and Michael D. H. Rollin. "Dogmatism and Catechisms: Ethics and Com-

폭력의 맥락 속에서 형성된다는 점을 강조해 준다. 이러한 틀을 고려해 보면 제5장과 제6장에서 사유화된 통치와 반려 관계를 논하며 주장한 것처럼, 이 맥락에서 우정이 어떤 모습일지 상상하기 어려워진다. 오히려 나는 오늘날 동물과의 우정이 가능하다 하더라도, 그 관계를 구성하는 폭력적 관행(감시, 격납, 생식 통제 등)과 관련하여 우정을 고려해야 한다고 주장한다. 폭력과 지배는 여전히 인간과 다른 동물의 관계에서 일상적인 주요 관행으로 남아 있다.[151]

panion Animals." Susan J. Armstrong and Richard G. Botzler Eds. *The Animal Ethics Reader 2nd Edition Ed*. London: Routledge, 2008. 547.

151 이러한 입장을 취하는 것은 특정한 효과를 낳는다. 우리는 동물에 대한 우리의 대우가 널리 퍼진 오해(동물의 역량이나 동물이 경험하는 고통에 관한 오해)에서 비롯된다는 생각을 유보해야 한다. 동물이 동등한 역량을 갖추고 있고 동물이 고통을 겪는다는 것을 많은 이들이 이해하게 되면, 우리의 현재 상황이 개선될 것이라는 생각 또한 마찬가지다. 예컨대 피터 싱어는 공리주의적 접근법으로 동물에 대한 우리의 대우가 도덕적으로 일관성이 없다는 것을 보여준 것으로 유명하다. 그러한 주장의 경로는 적어도 어떤 면에서는 훌륭하며 논리적이다. 그러나 (우리가 인간을 대하는 방식과 동물을 대하는 방식 사이의) 이러한 비일관성에 대한 단순한 사실 인정이 우리의 행위 개선의 계기가 될지는 확실하지 않다. 마찬가지로 톰 레건은 지각이 권리를 수반함을 보여주고 우리의 권리 존중 소홀을 인정하는 것이 동물에 대한 폭력을 끝내는 정의로운 행동을 낳는다고 논한다. 만일 우리가 살고 있는 세계에서 합리적인 논의가 행위자의 세계관을 바꾸고 변화를 촉구할 수 있다면, 싱어와 레건의 관점은 세계를 유의미하게 바꿀 수 있을 것이다. 우리가 사는 세계에서 동물 살해와 상해가 계속되는 이유는 그렇게 하지 않는 것이 윤리적 행동 방침임을 사람들에게 잘 설득하지 못한 탓으로 보인다. 그러나 앞서 설명했듯이 문제는 윤리가 아니라 주권과 관련된다. 동물이 무엇을 "할 수 있는지" 보여주는 논의는 더 이상 필요하지 않다. 동물에 대한 우리의 대우가 도덕적 내지 이성적으로 잘못되었음을 보여주는 논의도 더 이상 필요하지 않다. 오히려 긴급한 물음은 그렇게 해서는 안 된다고 제안하는 증거를 앞에 두고도 왜 우리가 거의 "어리석게" 행동하는가 하는 것이다. 왜 우리는 동물들이 고통받는다는 것을 알면서도 그들을 괴롭힐까? 왜 우리는 동물이 우리와 유사한 정치적, 사회적 존재일 수 있다는 것을 알면서도 동물의 행위성과 정치를 부정하고 죽이기를 지속하는가? 이것이 아리스토텔레스가 아크라시아akrasia 개념("옳지" 않다고 알고 있는 행동 지침을 의지의 약함 때문에 선택하는 것)으로 제시한 윤리적 문제와는 다른 문제라는 것에 주목해야 한다. 오히려 이 문제는 충만한 의지에 의한 것이다. 사실을 알고서 하는 행동 선택으로, 이 책 후반부에서 논하겠지만, "어리석음"이라고 할 만한 것이다. 우리는 동물이 고통당하는 것을 알면서도 동물에게 고통을 준다. 내가 보기에 이는 윤리적이기보

앞서 말했듯, 이러한 적대적 지형에서 발생하는 문제 중 하나는 우리가 동물과 전쟁 상태에 있다고 생각하지 않는다는 것이다. 실제로 전쟁이 진행되고 있음을 부인하기 위한 상징적·물질적 자원들이 다양하게 배치된다. 정육점 간판이나 냉동 트럭 옆면에 그려진 소나 돼지가 자신의 몸을 칼로 자르며 웃고 있는 캐리커처는 일상의 폭력을 담론적으로 시야에서 가리는 무심한 방식을 증명한다. 실제로 이러한 예에서 보이듯이 동물이 인간의 팔레트 위에서 스스로 고통받고 죽임당하는 것을 즐기고 자신의 처형에 기꺼이 가담한다는 담론의 효과로 인해 폭력의 실재는 호도된다. 캐시 글렌은 판촉에서 사용되는 동물 캐리커처에 "고통스러운 역설"이 존재한다고 말한다. "비인간 동물들이 마침내 우리에게 호소하는 것이 허용되었지만, 이는 소비 대중인 우리에게 자신들을 판매하는 산업의 관점에서만 가능할 뿐이다. 동물들은 재갈 물린 것이나 다름없다. 그들은 자신의 실제 고통을 말할 수 없고 항의할 수 없다."[152]

여기에는 "진실"과 권력의 관계를 둘러싼 문제가 있다. 내재화된 전쟁으로서 주권은 권력과 관련하여 주체성과 지식을 구성하는 "진실 효과"를 낳는다. 푸코는 진실과 권력을 순환관계로 연결하는데 여기서 지식, 정치 관계, 발언 권한, 주체성은 상호 연관된다. 푸코는 말한다.

다는 정치적 문제다. 여기서 정치적 과제는 어떻게 인간의 제도적 합의가 조직되어 알려진 사실을 거스르고 우리가 전념해 온 폭력의 지속을 정당화할 수 있는지, 더 나쁘게는 어떻게 우리 주변에 사체가 쌓여 가는 가운데도 전쟁이 진행되고 있음을 부정할 수 있는지 이해하려고 노력하는 것이다.

152 Cathy B. Glenn. "Constructing Consumables and Consent: A Critical Analysis of Factory Farm Industry Discourse." *Journal of Communication Inquiry.* 28:1, 2004. 63–81. 76.

제가 생각할 때 여기서 중요한 것은 진실이 권력 밖에 있다거나 권력을 결여하고 있다는 것이 아니라는 점입니다. 그 역사와 기능이 더 많은 연구에 보답할 것이라는 신화와는 달리, 진실은 자유로운 정신의 보상도 아니고 오랜 고독의 산물도 아니며 자기 해방에 성공한 자들의 특권도 아닙니다. 진실은 이 세상의 일입니다. 진실은 오직 여러 형태의 제약에 의해서만 생겨납니다. 그리고 진실은 일정한 권력 효과를 가져옵니다. 각각의 사회는 진실 체제, 진실의 "일반 정체"를 가집니다. 즉, 그 사회가 진실로서 수용하고 기능하게 하는 담론 유형, 발언의 진실과 거짓을 구분하게 하는 구조와 사례, 승인에 이용하는 수단, 진실 획득에 가치를 부여하는 기술과 절차, 진실로 간주된 것을 말하는 책임을 지는 자의 지위를 말입니다.[153]

이러한 관점에서 진실로 여겨지는 것은 체계 외부적이기보다는 체계 내재적이다.[154] 나는 푸코가 제시한 진실과 권력의 관계에 대한 이러한 그림이 그의 후기 저작과 미묘한 차이가 있다고 보는데, 후기 저작

---

153 Michel Foucault. "Truth and Power." 131[「진실과 권력」, 『권력과 지식』, 165쪽].

154 푸코는 계속해서 말한다. "우리가 사는 사회에서 진실의 '정치경제'는 다섯 가지 중요한 특성을 갖습니다. 첫째, 진실은 그것을 생산하는 과학적 담론 형태 및 제도의 핵심을 차지합니다. 둘째, 진실은 끊임없는 경제적, 정치적 선동의 대상이 됩니다(정치권력 못지않게 경제적 생산을 위해서도 진실은 요구됩니다). 셋째, 진실은 다양한 형태로 거대한 확산과 소비의 대상이 됩니다(특정한 엄격한 제약이 있음에도 사회체에 상대적으로 광범위한 교육과 정보의 장치를 통해 순환합니다). 넷째, 진실은 배타적이지는 않더라도 지배적인 소수의 정치적, 경제적 장치(대학, 군대, 저술, 미디어)의 통제하에서 생산되고 유포됩니다. 마지막으로 진실은 정치 논쟁과 사회 충돌의 전체('이데올로기' 투쟁)와 관련된 문제입니다." Foucault, "Truth and Power." 131–132[「진실과 권력」, 『권력과 지식』, 165-166쪽].

에는 주체성, 지식, 통치성의 "순환적" 관계[155](이 책의 결론에서 논할 관계)에 대한 보다 명료한 이해가 제시된다. 이 세 용어는 내가 동물과의 전쟁을 구성한다고 주장한 폭력의 세 가지 형태(즉 상호주관적·제도적·인식론적 폭력)와 결부된다. 이러한 전쟁과 우리의 관계를 이해하면 그 상호작용에서 서로 다른 요소들이 어떻게 연결되는지, 요소들 간의 전환은 권력에 대한 우리 자신의 관계를 어떻게 변경할 수 있는지 파악할 수 있다. 다만 우리가 지배에 대항하여 목소리를 낼 수 있는 능력이 특정한 진실 전달 방식(또는 진리검증) 안에서 가능하다는 점과 (동물이 인간의 이용을 위해 고통을 즐긴다는 믿음과 같은) 전시의 진실에 대한 "저항"이 다른 동물에 대한 인간의 주권에 도전하기 위해서는 전체 지식 체계를 변화시켜야 한다는 점을 이해하는 것이 중요하다. 결론에서 주장하듯이 푸코가 말한 "대항품행"의 가능성을 탐색하고 통치 기획이 생산한 진실에 저항하는 것이 필요하다. "우리는 이러한 진실을 원하지 않는다. 우리는 이 진실 체계에 사로잡혀 있는 것을 원하지 않는다."[156]

　이 책은 4부로 되어 있다. 제1부("생명정치")는 푸코의 생명정치 개념화와 동물성, 주권적 예외, 통치성의 관계에 대한 논의로 구성된다. 제1장("벌거벗은 생명")은 아리스토텔레스를 경유하고 아감벤을 통하여 생명정치를 검토한다. 여기서 특히 주목하는 것은 아감벤이 푸코의 생명정치를 바탕으로 구성한 "벌거벗은 생명"이라는 통념이다. 이 용어는 특

155　Michel Foucault. *The Courage of Truth: Lectures at the Collège de France 1983–1984*. New York: Palgrave MacMillan, 2011. 8–9 참조.

156　Michel Foucault, *Security, Territory, Population: Lectures at the Collège de France, 1977–78*. London: Palgrave Macmillan, 2007. 201[오르트망(심세광·전혜리·조성은) 옮김, 『안전, 영토, 인구: 콜레주드프랑스 강의 1977~78년』, 난장, 2011, 285쪽].

히 산업화된 축산처럼 삶과 죽음이 구분되지 않는 영역에 서식하는 동물의 입지를 포착할 수 있다는 점에서 매우 유용하다. 캐리 울프가 말한 것처럼, 인간 정치의 세계와 인간의 비인간 동물 지배 사이에는 대칭성과 상호연관성이 존재한다. 인간을 강제수용소나 고문 시설로 보내는 결정은 동물을 산업화된 도살의 공포에 빠뜨리는 결정과 유사한 생명정치 논리를 따른다. 즉, "그들은 어차피 동물이므로, 영혼을 잃도록 내버려두면 된다."[157] 실제로 이 장에서 논한 것처럼 생명, 죽음, 생식을 포괄하며 동물을 고기로 바꾸는 공정에서 매 순간 포획하고 자본화하려는 산업화된 축산의 이윤 추구는 바로 죽음의 문턱에서 생명을 생산하려는 경향이 있다. 모든 잉여물(너무 큰 케이지, 엄격한 요구 사항을 초과하는 영양 섭취, 판매되지 않는 살, 피, 뼈, 힘줄)은 필연적으로 "폐기물"이기 때문이다. 이러한 의미에서 "가축"이라는 말을 엄밀히 말해 생명을 가지고 있을 뿐 그 이상은 아닌 동물로 이해해야 한다. 이 장에서는 더 나아가 아실 음벰베의 "죽음정치necropolitics"에 대한 탐구를 바탕으로 생명정치가 어떻게 죽음을 수행하는 체제를 확립할 수 있는지 그리고 이러한 적대를 지속하기 위해 어떻게 전쟁이 구성되고 "구획화"될 수 있는지 고찰한다.

제2장("통치성")은 푸코가 "통치성의 서곡"으로 제시한 **사목** 권력의 계보학을 검토한다. 나는 통치성의 탄생에 대한 푸코의 모델의 역사를 다시 독해할 것을 제안한다. 사목 권력은 주권에 대한 반작용이 아니라

---

157 프랜시스 포드 코폴라 감독의 영화 『대부』에 잘루치 가문의 우두머리로 등장하는 가상 인물 "돈Don" 잘루치는 "유색인들" 사이의 마약 사용을 언급하며 이렇게 말한다. Francis Ford Coppola. *The Godfather*. Screenplay by Mario Puzo and Francis Ford Coppola. Paramount Pictures, 1972 참조.

정교한 통제 기술로서 생명과 죽음의 힘을 재조직하는 정확히 주권의 한 양태로 다루어야 한다. 따라서 통치성을 인간이 수 세기 동안 비인간 동물을 관리함으로써 학습한 폭력과 죽음의 기술을 포함한 사목 권력의 기술을 인간 주체에게 점진적으로 확장한 것으로 이해할 수 있다.

제2부("정복")는 인간이 비인간 동물을 전유하는 역학을 생명정치, 재산, 격납, 그리고 "우정"의 관점에서 검토한다. 제3장("면역")에서는 생명정치와 주권이 **면역**을 보증한다고 본 로베르토 에스포지토의 논의를 탐구한다. 에스포지토의 설명이 흥미로운 것은 동물에 대한 인간의 폭력 역학을 면역 형태로 이해할 가능성을 열어 주기 때문이다. 인간에 대한 개념화를 말 그대로 면역화(또는 안전화)하기 위해 인간은 동물을 죽이고 고통스럽게 만든다. 제4장("재산과 상품")은 이를 더 확장하여 존 로크의 인간 재산권 구성(에스포지토가 주권의 생명정치적 면역화 과정의 핵심이라고 주장한 개념화)을 살펴본다. 여기서 내가 주목하는 것은 로크의 설명에서 동물에 대한 전유가 재산 획득의 방식을 정의하는 예로 등장한다는 점이다. 중요한 점은 이러한 획득 양식이 발생하는 것은 인간이 동물보다 "우월"해서가 아니라 인간의 자기보존을 위한 충동과 다른 동물의 충동의 경쟁에서 전자가 우위를 점하게 되었기 때문이라는 점이다. 나는 카를 마르크스를 독해함으로써 이러한 전유를 상품화에 선행하는 과정으로, 인간 노동의 교환에는 존재하지 않는 상품화의 형태를 따르는 방식으로 이해한다. 내가 주장하듯, 마르크스가『자본』에서 "가죽 없이는 장화를 만들 수 없다"라고 말할 때, 그는 교환 과정 내에서 가죽을 "단순한" 소비를 위한 상품으로 만드는 전쟁의 형태를 은폐하고 있는 것이다.

동물과의 전쟁은 거시정치학적 전투부터 한없이 세분화되는 미시 정치학적 통제 양식에 이르기까지 다양한 수준에서 작동한다. 여기서 과제는 이러한 영역에서 개별 인간의 행동이 작동하는 방식과 이 과정에 수반되는 주권의 권한과 위임을 이해하는 것이다. 제3부("사적 지배")는 보다 광범한 분쟁 내에 개별 인간을 행위자로 활용하여 전쟁이 수행되는 과정을 살펴본다. 제5장("사유화와 격납")은 강간에 대한 급진적 페미니즘의 논의, 특히 수전 브라운밀러와 캐서린 매키넌의 논의를 통해 개인의 행동을 보다 광범위한 조직적 폭력 형태 속에서 개념화하는 방식을 이해하고자 한다. 강간에 대한 급진적 페미니즘의 논의는 성폭력을 "여성과의 전쟁"으로 이해하고 이러한 전쟁이 사유화된 폭력 형태를 개별 남성의 손에 맡기고 가부장제 형태의 조직적 남성 지배를 뒷받침하는 폭력 체제를 생산한다고 본다. 이 장은 더 나아가 아실 음벰베의 "사유화된" 통치 형태를 고찰하고 주권이 여러 행위자와 다양한 폭력의 승인을 통해 작동하고 변형되는 방식을 살펴본다. 마지막으로 전쟁의 전략으로서의 격납을 검토한다. 사유화되고 개별화된 격납의 권한이 공장식 축산에서 실험실, 교외 뒷마당에 이르기까지 조직적 통제의 도식을 생산하여 일종의 "수용소 군도"를 가능하게 하는 방식을 확인할 것이다.

앞서 제기한 문제(많은 이들이 반려동물과 겉보기에 우정의 관계를 누리고 있는데 어떻게 동물과의 전쟁을 개념화할 수 있는가)는 제6장("반려 관계")에서 검토한다. 이 장에서는 동물권의 관점을 거부하고 인간과 동물의 관계를 "공동 형성"의 과정으로 파악하는 도나 해러웨이를 조명한다. 인간과 동물이 서로의 행동을 형성한다는 점은 사실이다. 하지만 나는 해러웨이의 접근법이 폭력의 문제, 특히 인간과 동물의 관계의 주축을 이루고 반려동물 관계의 맥락을 형성하는 다양한 형태의 폭력적 지배의 문제를 회피한다는 점에서 위험을 내포한다고 본다. 동물과의 "우정"은 분명 가능하지만, 이러한 우정은 보다 더 넓은 전쟁의 맥락에서 이해되어야 하며, 이러한 우정에 수반되고 형성하는 폭력의 형태를 인정해야 한다.

제4부("주권")에서는 동물 주권에 대한 최근의 몇 가지 학설을 검증한다. 인간과 동물의 관계를 주권적 지배의 한 형태로 이해할 수 있다면, 동물 스스로 자신의 주권을 행사하는 것 그리고/또는 인간이 동물의 주권적 주장을 인정하는 것을 상상할 수 있다. 제7장("역량")에서는 자유주의 정치 이론에서 제기된 두 가지 제안을 살펴본다. 로버트 E. 구딘, 캐럴 페이트먼, 로이 페이트먼이 논한 "영장류 주권"과 수 도널드슨과 윌 킴리카가 제안한 "야생동물 주권"이 그것이다. 나는 이러한 자유주의적 주권론이 여러 면에서 한계를 안고 있음을 지적한다. 첫째, 구딘, 페이트먼, 페이트먼의 제안에서 주권이 승인되는 것은 주권의 "역량"을 증명할 수 있는 동물(이 경우에는 유인원)이다. 따라서 주권적 권리에 접근할 수 있는 자에 대한 구별이 도입되고 "역량"의 확립 조건에 인간과의 유사성이 포함되고 만다. 둘째, 구딘, 페이트먼, 페이트먼과 동일한 것을 도널드슨, 킴리카가 영토에 대해 유지하는 애착에서 보게 된다. 여기서 주권은 (베스트팔렌 체제하에서와 마찬가지로) 영토와의 관계에 대한 "국민"의 요구에 의해 표명된다. 이 장에서 주장하듯, 이러한 논의는 불필요하게 주권과 영토의 결정론적인 연관성을 형성하고, 주권은 한 집단이 영토권을 주장할 수 있는 곳에서만 존재할 수 있다고 가정

한다. 이는 본질상 자의적인 "역량"의 상정으로, 결정을 내릴 수 있는 인간의 특권에 의존하는 것이다. 애초에 이러한 설명의 치명적 문제는 인간의 결정권이 전혀 훼손되지 않는다는 점에서 비롯된다. 도널드슨과 킴리카의 논의에서 이러한 인간의 주권적 특권이 불안하게 작용하는 것을 볼 수 있는데, 사육 동물의 "이익을 위해" 인간이 그 섹슈얼리티와 생식을 통제하는 것이 권장되기도 한다.

나는 주권이 역량에서 유래하는 것도, 영토에 부속되는 것도, 주권적 권리를 부여하는 통치권자(즉 인간)에 의거하는 것도 아니라고 보며 오히려 주권을 근거 없는 주장으로 취급해야 한다고 주장한다. 젠스 바르텔슨의 말로 하면 "주권의 본질은 없다."[158] 제8장("어리석음의 폭력")은 주권이 근거 없는 주장이라는 견해를 탐구하기 위해 데리다의 『짐승과 주권자』의 주권론을 참조한다. 나는 데리다의 주권 해석에서 두 가지 측면에 주목한다. 첫째, 주권이 사실에 근거하지 않는 권리의 주장이라면, 그것은 합리적이고 "정당한" 의도를 반영하는 것이 아니라 일종의 "어리석음"을 재현한다. 둘째, 주권은 다른 존재자들을 정복하고 전유하는 폭력을 수반하며, 이 과정에서 동일한 존재자들에 대한 우월성을 선언한다. 즉, 데리다의 말대로 주권자에게는 아무런 우월성도 없다. 오직 폭력을 통한 주장이 이러한 우월성을 승인할 뿐이다. 여기서 데리다가 로크와 기묘하게도 일치하는 것을 발견할 수 있는데, 적어도 인간의 동물 지배가 인간의 내재적 우월성을 통해서가 아니라 인간의 자기보존을 위한 폭력적 욕구가 다른 동물보다 우세하게 된 데서 기인한다는 점

---

158 Jens Bartelson. *A Genealogy of Sovereignty.* Cambridge and New York: Cambridge University Press, 1995. 51.

에서 그러하다. 이 경우 힘은 인식론적 우월성 주장에 선행하는 것이지 그 반대가 아니다. 인간의 "우월성"은 다른 동물을 폭력적으로 지배하는 인간 자신의 관행이 만들어 낸 인공물일 뿐이다.

결론에서는 우리가 앞으로 나아가야 할 길을 모색한다. 나는 "대항품행"의 형태를 통해 인간의 주권을 무장 해제할 가능성을 탐색한다. 특히 여기서 과제는 단순히 인간 지배 형태를 원상태로 돌리는 것이 아니라 상호주관적·제도적·인식론적 차원의 폭력에 어떻게 대처할 것인지를 고민하는 것이다. 마지막에는 "휴전" 개념을 검토한다. 여기서 나의 관심은 무력 적대행위의 중단이 인간과 동물의 관계를 재협상할 수 있는 공간을 마련하고, 안드레아 드워킨이 휴전의 맥락에서 말한 "진정한 평등의 실천"[159]의 시작을 실현할 수 있는 가능성을 살피는 것이다.

---

159 Andrea Dworkin. "Take Back the Day: I Want a Twenty Four Hour Truce During Which There is No Rape." Andrea Dworkin Online Library. nostatusquo.com/ACLU/dworkin/War-ZoneChaptIIIE.html[2024년 11월 25일 접속 확인].

1부

생명정치

벌거벗은 생명

스미스필드의 돼지들 수백 수천 마리는 창고 같은 축사의 연달아 줄지어 있는 우리에서 산다. 암퇘지들은 몸을 돌릴 수 없을 만큼 작은 우리에서 인공적으로 수정되어 새끼들을 낳고 젖을 먹인다. 250파운드로 충분히 자란 수퇘지들은 보통 40마리 단위로 좁은 한 방 정도의 우리에 놓인다. 동료에게 밟힌 돼지는 죽고 만다. 이곳에는 햇빛도 맑은 공기도 짚도 흙도 없다. 바닥은 슬레이트로 되어 있어서 배설물이 우리 아래 집수 구덩이에 떨어지게 되지만, 배설물 외에도 많은 것들이 구덩이에 빠질 수 있다. 어미 돼지들에 의해 실수로 짓눌려진 새끼 돼지들, 태반, 오래된 배터리, 깨진 살충제 병, 항생제 주사기, 사산된 돼지들 등 한 발 너비의 배수관을 통과할 수 있을 정도로 작은 모든 것이 떨어져 있다. 배수관은 평소에는 닫힌 상태이지만 오물이 구덩이에 쌓여 적당한 압력이 가해지면 구멍이 열리면서 모든 내용물을 거대한 축양지로 토해낸다.

_ 제프 티에츠, 「두목 돼지: 산업화된 양돈업의 급격한 부상」[1]

생명의 문제 자체와 (비인간) 동물 생명은 어떻게 관련되는가? 또한 동물을 정치 영역에 포함시키는 것은 생명정치를 이해하는 방식을 어

---

1 Jeff Tietz. "Boss Hog: The Rapid Rise of Industrialized Swine." Daniel Imhoff Ed. *The CAFO Reader: The Tragedy of Industrial Animal Factories.* Berkeley and Los Angeles: University of California Press. 109–124. 110.

떻게 재형성할 수 있는가? 이 장에서는 생명정치를 비인간 동물에 대한 인간 폭력의 설명어로 삼아 검토한다. 아리스토텔레스를 다루면서 논의를 시작할 것인데, 그가 인간과 동물 간의 경쟁을 정치 그 자체의 특성으로 보는 토양을 마련했기 때문이다. 다음으로는 큰 영향력을 행사하고 있는 아감벤의 생명정치 및 주권과의 관계를 살펴볼 것이다. 산업화된 도살 과정에서 인간과 동물의 관계를 살필 때 아감벤의 논의는 동물들을 말 그대로 생사의 문턱에 두는 것으로 기술하는 데 적합할 수 있다. 이 점을 아실 음벰베의 "죽음권력necropower" 개념을 활용하여 심화할 것이다. 이 개념에 근거하면 동물과의 전쟁은 일상의 평화로운 인간관계 속에서는 거의 알아차리지 못할 정도로 진행되는 극심한 폭력 및 죽음의 상호 연결된 현장 또는 전장을 구성한다.

아리스토텔레스의 생명정치

생명정치 논의에서 비인간 동물이 명확하게 고찰 대상이 되지 못하는 것이 푸코의 용어가 본래부터 좁은 사정거리밖에 갖지 못한 탓은 아니다. 오히려 서론에서 논의한 것처럼, 푸코가 정의하는 생명정치의 **종** 맥락은 생명정치를 정확히 인간과 동물의 관계를 다루는 개념으로 이해하기 위한 여러 실마리를 제시한다. 푸코가 인간이 동물을 취급하는 방식을 생명정치의 핵심 요소로 파악하지 못한 까닭은 아마도 정치학 전통 자체가 내포하고 있는 결함 때문일 것이다. 적어도 서구 정치학은 대체로 비인간 동물을 정치적 존재로서 행위자에 포함시키지 않았다. 이러한 관점에 따르면 자신의 생각을 말로 표현하는 비인간 동물이 있다 해도, 그 동물을 여전히 정의를 해석하는 능력을 갖지 못한 것으로 여길 수 있기 때문이다. 아리스토텔레스에게 "인간"이란 **본성적으로** par excellence 정치적 동물이니까.[2] 본질적인 무언가가 인간과 그 외의 동물을 구분한다는 주장은 아리스토텔레스에 국한되지 않고 서구철학 속에서 다양한 형태로 나타난다. "인간"은 동물들이 갖지 못한 불멸의 영혼을 소유한다거나 "인간"은 다른 생물이 접근할 수 없는 일종의 모범적 의식을 갖는다는 믿음도 있다. 그러나 "인간"이 "정치적 동물"로서 지위를 완성함을 통해서 다른 동물들로부터 구별된다는 아리스토텔레스의 언명은 우리가 다루는 문제, 즉 동물의 일종에 불과한 인간이 어떻게 다른 동물들을 지배하고 나아가 그 주권 행위의 토대가 되는 지적 우월성을 표방하기에 이르렀는지 개념화하는 단서가 된다. 아리스토텔레스에게 "인간"은 동물 생명과 분리된 초월적 존재가 아니다. 오히려 "인간"은 다른 동물 생명 이상의 잉여적 능력을 가진 동물로 정의된다. 그 견해에 따르면 비인간과 인간 동물의 **격차**는 편익(또는 합리성)과 정의에 관계된 원칙을 말로 표현할 수 있는 능력의 유무에 있으며 이 격차는 적어도 "인간"에 의해 완성되는 한 정치 그 자체의 의미를 정의한다.

아리스토텔레스가 동물 및 동물과 인간의 관계에 집착에 가까운 관심을 가지고 있었다 해도 과언이 아닐 것이다. 결국 아리스토텔레스는 동물 생명에 관한 다섯 편의 생물학 논문(「동물지」, 「동물의 부분에 관하여」, 「동물의 운동에 관하여」, 「동물의 보행에 관하여」, 「동물의 발생에 관하

2 Aristotle. *Politics*. Robert M. Hutchins Ed. *The Works of Aristotle*. Vol. 2. Chicago: Encyclopaedia Britannica. 445–548. 446[김재홍 옮김, 『정치학』, 길, 2017, 33쪽].

여」)을 발표하며 동물 생명의 해부학, 운동, 생식을 다면적으로 상술했다. 중요한 것은 이 저작에서 인간의 생명이 별도로 취급되지 않고 아리스토텔레스의 확대경 아래 다수 종들 중 하나로 간주되어 인간과 동물 생명 간의 상호연관성의 이해가 암시되고 있다는 점이다. 여기서 아리스토텔레스의 목적은 인간 생명이 다른 동물들과 무엇을 공유하고 무엇을 공유하지 않는지 밝히면서 인간을 동물 생명의 영역 속에 위치시키는 것이다.

인간과 동물 사이의 연관성은 생물학 연구뿐 아니라 아리스토텔레스 저작 전체 중 요소요소 중요한 문턱에서 발견된다. 아리스토텔레스의 저작 『논리학』을 보자. 이 저작의 곳곳에서, 실제로 제1권 서두부터 동물과 인간 생명의 구별 및 비구별의 예가 논리적 주장의 본성을 설명하기 위해 활용되고 있다. 예컨대 「분석론 전서」 제1권 제2장은 이렇게 되어 있다.

> … 만약 어떤 B가 A라면, 어떤 A는 B여야 한다. 만약 그렇지 않다면 B는 A가 아닐 것이다. 그러나 만약 어떤 B가 A가 아닌 경우 어떤 A가 B가 아니라고 할 수는 없다. 가령 B는 동물, A는 인간이라고 해 보자. 모든 동물이 인간은 아니다. 그러나 모든 인간은 동물이다.[3]

인간은 동물에 속하지만 모든 동물이 인간은 아니라는 이 구별은 물론 아리스토텔레스의 인간에 대한 정의 및 다른 동물들에게는 일반

---

3 Aristotle. *Logic*. Robert M. Hutchins Ed. *The Works of Aristotle*. Vol. 1. Chicago: Encyclopaedia Britannica. 3–253.

화될 수 없는 인간 고유의 특별한 성질의 핵심을 이룬다. 실제로 위 인용문에서 이 특수한 관계가 단순한 "이론"이 아니라 논리의 문제로 격상된다는 점은 눈길을 끈다. "모든 동물이 인간은 아니다. 그러나 모든 인간은 동물이다." 이와 동일한 "논리"가 아리스토텔레스의 『정치학』에서 인간, 동물, 정치의 관계를 둘러싼 선언의 기반을 이룬다.

… 국가는 자연의 산물이며, 인간은 본성적으로 정치적 동물이다. 그리고 단지 우연에 의해서가 아니라 본성적으로 국가를 갖지 못한 사람은 좀 모자라는 사람이거나 인간 이상의 사람이다. 그는 호메로스가 비난하는 사람같이 "부족도 없고 법도 없고 집도 없는" 자이다. 본성적인 부랑자는 곧 전쟁을 사랑하는 자로 장기 게임에서 고립되어 있는 장기말에 비유될 수 있다. 인간이 벌이나 다른 군집 동물보다 더 완전한 의미에서 정치적 동물임은 분명하다. 자연은 결코 아무런 헛된 일도 하지 않는데, 인간은 자연이 말의 능력을 부여한 유일한 동물이다. 단순한 목소리는 고통과 즐거움을 나타내는 것일 뿐이므로 다른 동물들에게도 발견되는 것이지만(그들의 본성은 쾌락과 고통을 인식하고 서로를 암시하는 것 이상은 아니기 때문이다), 말의 힘은 적당한 것과 부적당한 것, 따라서 정의로운 것과 불의한 것을 표현하기 위한 것이다. 인간의 특성은 선과 악, 정의와 불의 등에 대한 감각을 가진 유일한 존재라는 점에 있으며, 이 감각을 가진 생명체들의 연합이 가정과 국가를 이룬다.[4]

---

4   Aristotle. *Politics*. 446 [1253a][『정치학』, 33-35쪽].

『정치학』의 이 절에서 아리스토텔레스는 생명정치의 논리 및 서구 정치와의 필연적 연관성, 그 지배권의 범위와 한계를 포착하는 결정적 선언을 하고 있다. 실제로 내가 보기에 『정치학』의 이 대목은 인간의 주권 선언을 장식하는 인간과 동물 사이의 자의적 구분 양식을 이해하는 원형을 제공한다. 이 부분은 여러 가지 이유에서 흥미롭다. **첫째**, 위에서 제시된 논리적 구별("모든 동물이 인간은 아니다. 그러나 모든 인간은 동물이다")은 인간이 정치 공동체를 지향하는 성향에서 다른 비교 가능한 종들보다 우월하다는 (확실히 "벌이나 다른 군집 동물"보다 더 명확하게) 차별화로 성립된다. 주목해야 할 것은 여기서 "인간"은 다른 동물과 공유되지 않는 성질을 구비하면서도 동일한 논리 구조가 "인간"이 동물에 기초한다는 사실을 지시한다는 점이다. 인간은 동물을 넘어서면서도 결코 동물성을 벗어날 수 없다. 인간은 자기 자신을 넘어서면서도 여전히 자기 자신에 머무르는 존재자이다.

둘째, 아리스토텔레스는 단계적인 도식을 그리고 동물에서 시작하여 이상화된 인간 주체에 이르게 되는 긴 선상의 다양한 위치에 인간 동물들을 배치한다. "좀 모자라는 사람"이거나 "인간 이상"과 같은 존재자는 "그의" 본성을 완전하게 할 수 없다. "인간은 완전해지면 최고의 동물이 되지만 법과 정의를 떠나면 최악의 동물이 되기 때문이다. … 인간은 가장 불의하고 가장 야만적이며 또한 가장 색욕과 식욕을 밝히는 동물이다."[5] 정의와의 연결고리를 상실한 인간과 비인간 동물 생명의 이 특이한 결합은 노예에 관한 아리스토텔레스의 논의에서 명백히 드러난

---

5 Aristotle, *Politics*. 446 [1253a][『정치학』, 36-37쪽].

다. 여기서 노예는 동물에 더 가까운 인간으로, 보다 완전한 동물로 자신을 특징짓는 자질을 개발하지 않는 인간 동물로 이해된다.

> 영혼과 신체, 또는 인간과 동물 간의 구별이 있는 곳에서 … 가장 하위의 자는 본성적인 노예로 주인의 지배 아래 있는 것이 그 자신에게 더 나을 것이다. … 실제로 노예와 길들인 동물의 이용에는 그다지 차이가 없는데 양자의 신체가 모두 삶의 필요에 봉사하기 때문이다.[6]

여기서 강조하고 싶은 것은 아리스토텔레스의 정치에 대한 이해에서 **영혼**이 가지는 중요성으로, 이는 고전적 전통에서 정치 영역의 해석 및 동물 생명과의 특이한 관계를 보여준다. 이 전통 안에서 영혼의 본성에 관한 논의는 정치 영역이 구성되는 방식에 대한 이해와 필연적으로 결부된다. 플라톤의 『국가』의 여러 논의도 이 전통을 따르고 있다. 예컨대 플라톤이 제시하는 정치체제의 이른바 아름다움은 시민들의 영혼[7]에 맞추어 정치 영역을 갖추는 정치체제가 제시하는 정의와 밀접하게 연결된다(이러한 의미에서 정의는 구성원들의 영혼과 사회적 관계가 맺는 조화에 의해 만들어진다). 그러나 아리스토텔레스는 인간의 영혼과 동물의 영혼의 연결을 확신한다는 점에서 플라톤과 결정적으로 의견을 달리한

---

6 Aristotle. *Politics*. 448 [1254b][『정치학』, 45-46쪽]. 여기서도 역시 인간의 본질을 정의할 때 불가피하게 동물의 본질이 발견된다. 노예는 자신이 인간임을 보여주지 못하는 인간 동물이며 따라서 근본적으로 단순한 동물이다.

7 『국가』에 이렇게 나온다. "신이 여러분을 만들었을 때 통치자 자격을 부여받는 자에게는 황금을 섞었고 … 전사에게는 은을, 농부들이나 다른 장인들에게는 철과 구리를 섞었습니다." Plato. *The Republic*. London: Penguin, 2003: 116–117, [415a-b][박종현 옮김, 『국가·정체』(개정증보판), 서광사, 2005, 249쪽].

다. 실제로 아리스토텔레스는 『영혼에 관하여』라는 저작에서 선행 사상가들과 자신이 한 작업의 차이를 분명하게 밝히면서 선행 철학자들이 먼저 동물의 영혼을 살피지 않고 "인간의 영혼"에 관해 탐구했다는 점이 잘못이라고 탓한다.[8] 아리스토텔레스에 따르면 영혼은 생물학적 신체와 구별되어 그 소멸 후에도 살아남을 수 있는 어떤 본질이나 정신이 아니다. 오히려 영혼은 생물학적 유기체의 살아 있는 현존을 보여준다. 아리스토텔레스의 말을 빌리자면 "영혼은 살아 있는 신체의 원인이자 원리이다."[9] 아리스토텔레스는 완전한 형태의 영혼에는 세 가지 성질, 사고 능력, 감각 능력, 생산/영양 능력[10]이 속해 있다고 말한다. 마지막 성질이야말로 생물체가 기능하는 최저 조건을 이루고 가장 소박한 의미에서 삶의 기본 원리로 작용한다.

여기서 인간 생명과 동물 생명의 연관성 및 인간 영혼의 기반을 이루는 동물 영혼의 중요성을 엿볼 수 있다. 인간은 무엇보다 먼저 영혼을 가진 신체로 생각되어야 한다. 아리스토텔레스의 말로 표현하면 "영혼과 신체가 동물을 구성한다."[11] 따라서 인간은 영혼을 소유한 유일한 유기체가 아니다. 오히려 인간은 단지 살아 있는 동물 이상으로 연장될 수 있는 특성을 가진 영혼이 있는 동물이다. 인간은 다른 동물들을 뛰어넘는 사고 능력을 타고났지만 근본적으로 여전히 동물이며, 아리

---

8 Aristotle. *On The Soul (de Anima)*. Robert M. Hutchins Ed. The Works of Aristotle. Vol.1. Chicago: Encyclopaedia Britannica, 1952. 631–668. 631 [402b][오지은 옮김, 『영혼에 관하여』, 아카넷, 2018, 19쪽].

9 Aristotle. *On the Soul*. 645 [415b][『영혼에 관하여』, 77쪽].

10 Aristotle. *On the Soul*. 645 [415b][『영혼에 관하여』, 72쪽].

11 Aristotle. *On the Soul*. 645 [415b][『영혼에 관하여』, 64쪽].

스토텔레스의 노예에 대한 논의가 보여주듯이 일부 인간은 "완전한 형태의 영혼"에 부합하지 않은 채 항상 동물에 더 가까운 존재로 지목될 수 있다.[12] 즉, 아리스토텔레스는 생물학적으로 규정된 지위에 따라 유기체에 정치적 역량과 권위를 부여하는 도식을 제시한다. 정치 공동체의 포함, 배제, 부분적 포함의 원리는 생물학적 분류 도식 체계에 의해 결정된다. 다음으로 논하겠지만 이것은 생명정치를 위한 잠재적 예비 모형이 된다.

아감벤의 벌거벗은 생명

아감벤의 "벌거벗은 생명" 개념은 동물 생명을 명료한 형태로 포함시키지는 않지만, 아래에서 논의할 것처럼 이 개념은 인간 생명을 (비인간) 동물 생명과의 경계가 모호해지는 지점으로 몰고갈 위험을 내포한

---

12 『감시와 처벌』에서 푸코는 근대의 처벌이 "신체에서 영혼으로"의 초점 전환에 영향을 미쳤다는 중요한 견해를 밝힌다(Michel Foucault. *Discipline and Punish: The Birth of the Prison*. London: Penguin Books, 1991[오생근 옮김, 『감시와 처벌』(번역 개정 2판), 나남, 2020] 참조). 이 점에서 흥미로운 것은 주디스 버틀러의 『의미를 체현하는 육체』에 있는 뤼스 이리가레에 대한 응답과 영혼의 정치적 기술이 배제의 형태와 관련되는 방식이다. 버틀러는 말한다. "플라톤의 인지 가능성의 원근법은 여성, 노예, 어린이, 동물의 배제에 의존하며 여기서 노예는 자신의 언어를 구사하지 못하는 자, 이성의 역량이 위축되어 있는 자로 특징지어진다. 이 외부인 혐오적 배제는 인종화된 타자의 생산, 즉 사적인 삶의 조건을 재생산하는 과정에서 부여된 임무로 인해 "본성"이 덜 이성적이라고 간주되는 자들의 생산을 통해 작동한다. 이 덜 이성적인 인간 영역은 인간 이성의 형상을 제한하여 '인간'을 유년기가 없는 존재, 영장류가 아니기 때문에 먹고 배변하고 살고 죽는 필연성으로부터 해방된 존재, 노예가 아니며 항상 재산을 소유한 존재, 독자적이고 번역 불가능한 언어를 가진 존재로서 생산한다." Judith Butler. *Bodies That Matter*. London and New York: Routledge, 2011. 21[김윤상 옮김, 『의미를 체현하는 육체』, 인간사랑, 2003, 104쪽]을 보라.

다. 아감벤이 벌거벗은 생명을 고안한 것은 발터 벤야민의 논문 「폭력의 비판을 위하여」에 기원을 둔다. 여기서 벤야민이 사용한 용어(벌거벗은 생명bloße Leben[13])는 "벌거벗은 생명", "적나라한 생명", "알몸의 생명" 또는 에드먼드 제프콧Edmund Jephcott의 영어 번역본에서처럼 "한낱 생명"을 의미한다. 벤야민에게 "한낱 생명"은 "신화적" 폭력의 대상이 되는 생명이다. 벤야민에 따르면, 이 폭력은 그리스 신화에서 나오는 신들의 폭력을 반영하며 법을 정초한다. 단순히 처벌(혹은 법을 유지)하는 것이 아니라 그것을 행사하는 순간 법 자체를 생산하는 폭력인 것이다.[14] 벤야민은 수단으로서의 모든 폭력은 법정립적이거나 법보존적이라고 말한다.[15] **법정립적** 폭력은 엄격한 전례 없이 휘둘러지는 비정상적 폭력을 뜻하는데, 그 후에 새로운 법률을 예고한다. 약탈, 살인, 공공연한 집단학살 등과 같은 식민지화의 폭력은 지속적인 지배를 시작한다는 점에서 이러한 종류의 폭력의 실례라고 할 수 있다. 반면에 **법보존적** 폭력은 주권자가 이미 존재하는 법의 테두리 안에서 휘두르는 힘(예컨대, 규정을 위반한 죄인에 대한 통상적인 기소)이다. 벤야민이 볼 때 법은 수단으로서 두 폭력의 행사 사이를 오간다.[16]

아감벤이 재작업한 벌거벗은 생명은 법정립적 폭력과 법보존적 폭

---

13 Walter Benjamin. "Critique of Violence." Walter Benjamin. *Selected Writings Volume 1, 1913–1926*. M. Bullock and M. W. Jennings Eds. Cambridge: The Belknap Press of Harvard University Press, 1996. 236–252[진태원 옮김, 「폭력의 비판을 위하여」, 자크 데리다, 『법의 힘』, 문학과지성사, 2004, 139-169쪽].

14 Benjamin. "Critique of Violence." 248[「폭력의 비판을 위하여」, 『법의 힘』, 161-162쪽].

15 Benjamin. "Critique of Violence." 243[「폭력의 비판을 위하여」, 『법의 힘』, 152쪽].

16 Benjamin. "Critique of Violence." 251[「폭력의 비판을 위하여」, 『법의 힘』, 168쪽].

력 사이를 오가는 공간에 위치한다. 아감벤은 벌거벗은 생명 또는 "신성한" 생명은 "살해할 수 있지만 희생물로 바칠 수 없는 생명"으로 분류될 수 있다고 한다.

> 가장 오래된 기록에 있는 사형 방식(그 무서운 포이나 클레이poena cullei, 즉 죄수의 머리를 늑대 가죽으로 덮고 그 몸을 뱀과 개와 수탉이 있는 큰 포대 속에 넣어 물속으로 던져 버리는 형벌, 아니면 타르페이아Tarpeia 절벽에서 죄인을 밀어내는 형벌)은 사실 정화 의식이지 오늘날의 의미의 사형은 아니었다. "그를 희생물로 바치는 것은 허용되지 않는다neque fas est eum immolari"란 바로 호모 사케르의 살해를 제의적 정화로부터 구별하는 역할을 하며 또한 신성화sacratio를 엄밀한 의미에서의 종교적 영역에서 결정적으로 제외시킨다.[17]

생명을 빼앗을 권리를 법이 담보하는 것은 전통적으로 주권자의 특권과 연관되어 왔지만, 오늘날 맥락에서 이 권리는 푸코의 근대적 주권관과 관련하여 위에서 언급했듯이 고대의 왕에 의해 휘둘러지기보다는 다른 전술(예컨대, 대규모 전쟁)과 다른 목적(즉, 생명)으로 행사된다(제5장에서 논하듯, 인간이 동물에게 행사하는 생사의 권력에서 이 살해할 권리는 사유화되고 확산될 수 있다). 그러나 아감벤이 보는 주권자 권력의 특성은 생명을 법의 지배("살인죄가 성립되지 않는 살해")와 신적인 것("희생물로 바칠 수 없는 살해") 모두에서 떼어내려는 시도에 있다. 주권은 단죄

---

17 Giorgio Agamben. *Homo Sacer: Sovereign Power and Bare Life.* Stanford: Stanford University Press. 1998. 81[『호모 사케르』, 174쪽].

라는 행위 속에서 **그 자체가 금지하는 행위를 모두 수행**할 수 있다(따라서 국가는 "외견상 법을 위반하지 않고 살인을 수행하고, 사형을 선고받은 자에게 그 처벌에서 신의 흔적을 남기지 않을" 권리를 갖는다). 벤야민이 말한 것처럼 신적이거나 "순수한" 폭력의 위협(즉 수단이 아니라 속죄의 힘으로 행사되는 폭력)이 주권자의 권력을 물러나게 하는 것이라면("새로운 역사적 시대는 국가권력을 비정립하는 것에 근거한다"[18]), 지상에서의 국가 수립은 그 폭력의 영역 내에서 신의 위협을 쫓아내는 것과 결부된다. 사형수의 신체는 신에게 제물로 바쳐지는 것이 아니라 법의 폭력을 세우는 경계적 표식으로 제시된다.

아감벤은 생명이 법의 대상도 신의 희생물도 되지 않는 공간을 마련하는 주권자의 권력을 카를 슈미트의 논의, 즉 주권의 궁극적 권력은 예외상태를 결정하는 능력에 있다는 통찰과 연결한다.[19] 주권자가 예외를 결정하는 순간은 법이 명백히 중단되는 순간이다. "위기"의 순간에 선포되는 "비상 상태"는 평시라면 집행되었을 법이나 권리를 주권자가 일시적으로 기능 정지시키는 권력을 행사하기 위해 이용된다. 예컨대 1989년 베이징에서 선포된 계엄령은 4천여 명에 이르는 죽음을 초래했는데, 명확하게 법을 제정하지도 유지하지도 않고 이 양자의 폭력 형태 사이에서 불확정적으로 움직이는 폭력의 기회를 만들었다(군은 "질서를 유지"하면서도 "비상조치"를 취했다). 다만 슈미트에게 예외적 권력의 본질은 비상 상태에서 주권자가 내리는 결정("무로부터 내려지는 절대적 결

---

18 Benjamin. "Critique of Violence." 252[「폭력의 비판을 위하여」, 『법의 힘』, 168쪽].

19 Carl Schmitt. *Political Theology: Four Chapters on the Concept of Sovereignty*. Cambridge: The mit Press, 1988[김항 옮김, 『정치신학: 주권론에 관한 네 개의 장』, 그린비, 2010].

정"[20])으로 요약되는 반면, 아감벤에게 예외는 예외적 결정이 내려지는 "영역"으로 취급되며 이 영역에 포획된 생명이 예외의 초점이 된다. 다시 베이징 대학살의 예로 돌아오면 6월 4일 새벽 1시 30분, 천안문 광장 주변에 있던 정부 확성기에서는 군이 "더 이상 자제할 생각이 없"으며 "이 경고를 무시하는 자의 신변 안전은 '더 이상 보장할 수 없다'"라는 경고 방송이 흘러나왔다.[21]

아감벤의 벌거벗은 생명이라는 통념은 주권에 관한 적어도 세 가지 이론적 고찰을 결합한 것이다. 첫째, 아감벤에게 벤야민의 "벌거벗은 생명"은 "폭력과 법 사이의 연결고리의 담지자"[22]이다. 둘째, 슈미트의 예외 개념. 셋째, 푸코의 주권과 생명권력의 관계에 대한 고찰이다.[23] 아감벤의 벌거벗은 생명은 법의 폭력의 대상일 뿐만 아니라 주권자에 의한 예외적 폭력에 취약한 공간에 놓인 생명이기도 하다. 주권자의 권력은 생명에 관해 예외를 선언할 수 있는 권리에 기초하며, 이 금지의 대상이 되는 생명을 확정적이지 않은 방식으로 통치한다. 주권자의 생명을 향한 이러한 집중이야말로 예외 영역 안에서 유지되고 그 예외 영역을 생명정치의 공간으로 바꾸는 것이다. 따라서 아감벤은 말한다. "서구 정치

20 Schmitt. *Political Theology*. 66[『정치신학』, 89쪽].

21 Timothy Brook, *Quelling the People: The Military Suppression of the Beijing Democracy Movement*. New York: Oxford University Press, 1992. 135.

22 Agamben. *Homo Sacer*. 65[『호모 사케르』, 149쪽].

23 더불어 한나 아렌트가 『전체주의의 기원』에서 제시한 무국적자에 대한 해석은 아감벤이 예외를 생명의 포획이 가능한 장으로 개념화하는 데 영향을 미쳤다고 할 수 있다. 특히 Arendt. *The Origins of Totalitarianism*. 267–302[『전체주의의 기원』, 제1권, 489–542쪽] 참조.

는 그 탄생부터 생명정치였다."[24] 예외를 지정하는 것이 주권자의 권력의 특성이며 이 권력이 생명 자체에 기초하는 것이라면, 정치가 국가를 통해 구현되는 한 정치의 문제는 생명의 구축에서 한번도 벗어난 적이 없다.

아감벤이 오늘날 "서구의 근본적인 생명정치 패러다임은 국가 공동체가 아니라 수용소"[25]라고 말한 것은 이러한 의미에서다. 시민 정치의 상징이자 시민들이 함께 모여 그들의 권한을 주권자에게 부여하기로 한 "계약"의 표시[26]인 국가 공동체는 아감벤에게 근대 국가의 건립 충동을 의미하지 않는다. 오히려 이 충동은 예외에서 성립되는 것이다. 서구에서 주권의 특징이 예외라면 그 근본적인 토대는 포함이 아니라 오히려 **포함인 배제**, 법과 권리의 테두리를 벗어나 주권 권력이 미치는 공간의 창출에 있다. "주권적 폭력은 사실 계약이 아니라 국가의 벌거벗은 생명에 대한 배제인 포함에 근거한다."[27] 수용소는 생명이 주권적 예외 지대에 놓이는 물리적 공간으로, 아감벤은 수용소를 역사적 "변칙"으로 간주하기보다는 "우리가 여전히 살아가고 있는 정치적 공간의 숨겨진 모형이자 노모스"[28]라고 본다. 수용소와 주권의 관계란 주권자가 매일 행사하는 권력이 수용소 공간에서 순수하고 강화된 형태로 존재하는 것이다. 예컨대 수용소의 법을 생각할 때 그 통치상의 규칙을 찾

---

24   Agamben. *Homo Sacer*. 181[『호모 사케르』, 342쪽].

25   Agamben. *Homo Sacer*. 181[『호모 사케르』, 341쪽].

26   Thomas Hobbes. *Leviathan*. London: Everyman, 1994. 100[진석용 옮김, 『리바이어던』, 제1권, 나남, 2008, 218쪽].

27   Agamben. *Homo Sacer*. 107[『호모 사케르』, 218쪽].

28   Agamben. *Homo Sacer*. 166[『호모 사케르』, 316쪽].

기는 어려운데, 20세기 강제수용소의 악명 높은 역사가 말해 주듯이 이 공간에서는 애처롭게도 모든 것이 가능하기 때문이다. 수용소는 순수한 예외의 물리적 공간으로 수용자들의 생명에 관한 결정이 통상적인 법적 관례(재판, 변호, 증거 등)에 의거하지 않고 신속하게 이루어진다는 점에서 법이 중단된 것처럼 보인다. 그러나 이와 같은 공간은 주권자에 의해 "법의 테두리 안에서" 합법화된다. 수용소는 집중된 생명정치를 행사하는 공간이기도 하다. 이곳은 영양, 수면, 운동, 섹슈얼리티, 노동이 철저히 감시될 뿐만 아니라 모든 결정의 특성이 그저 살아 있다는 사실과 불가피하게 연관되는 공간이다(나치 강제수용소의 수감자들은 가스실 행렬에 줄을 서거나 충분히 건강할 경우 강제로 학살을 돕는 대열에 합류하게 된다). 이러한 의미에서 수용소의 정치는 순전히 "삶과 죽음"에 관한 것이라고 할 수 있다.

여기서 푸코와 아감벤을 "동물 산업 복합체"의 이해에 적용할 가능성을 발견하기란 어렵지 않다. 아래에서 논하겠지만 특히 아감벤의 도식은 공장식 축산을 법적 예외 지대로 이론화할 수 있는 길을 열어 준다. 다만 푸코와 아감벤이 생명정치를 구성할 때 동물에 대한 폭력을 이해하는 데까지는 관심을 두지 않았다는 점은 분명하다. 이는 기묘한 일인데, 동물성은 생명권력의 핵심을 이루기 때문이다. (푸코가 생명정치를 "인간의 동물화"로 보는 한) 확실히 인간과 동물의 관계는 생명정치 개념을 이해하는 데 기본이다. 이는 아감벤이 이후의 저작 『열림The Open』에서 "동물의 문제"에 보다 집중한 점에서 부각된다.

아감벤은 『열림』을 성경에서 제시된 인간과 동물의 분리를 탐구하며 시작한다. 그는 13세기 히브리 성경에 그려진 "최후 심판의 날 의인들의 메시아적 향연"[29]에 관심을 둔다. 이 이미지가 눈길을 끄는 것은 의인들이 "인간의 얼굴이 아니라 틀림없는 동물의 머리를 가진"[30] 모습으로 묘사되고 있기 때문이다. 아감벤이 볼 때 이는 신의 가호 아래 인간과 동물이 연결되어 있음을 나타낸다. 이러한 주제(인간은 결국 "자신의 동물적 본성과 화해"할 것이다)는 이론적 "역사의 종말"과 그에 따른 "인간"의 종말을 둘러싼 조르주 바타유와 알렉상드르 코제브의 일련의 대화를 읽어 내는 것으로 수행된다. 1930년대 후반 "역사의 종말"에 대한 코제브의 이해(헤겔적인 시간과 부정의 연결에서 기원하는 개념[31])는 아감벤이 메시아적 향연에서 발견한 인간과 동물의 만남을 보여준다. 바타유는 이에 이의를 제기하며 인간의 독자적인 형태는 "역사의 종말"에도 살아남을 것이라고 주장한다. 아마도 바타유의 지적에 영향을 받아 코제브는 이후 저작에서 이러한 입장을 조정하여 "속물근성"이야말로 인간 본성을 초월하기 위해 인류가 사용하는 독특한 존재 형태라고 지적한다. 아감벤에게 중요한 것은 분명 흥미로운 이 대화에서 인간이라는 범주 자체의 불안정성이 드러난다는 점이다.

> … 코제브의 헤겔 독해에 따르면 인간은 생물학적으로 정의된 종도 궁극적으로 주어진 실체도 아니다. 오히려 인간은 변증법적 긴장의 영역으로 매 순간 그 안에서 "인간학적" 동물성과 신체적 형상을 취

---

29 Agamben. *The Open*. 1.

30 Agamben. *The Open*. 2.

31 G. W. F. Hegel. *Phenomenology of Spirit*. Oxford University Press: Oxford, 1977. 486–488[김준수 옮김, 『정신현상학』, 제2권, 아카넷, 2022, 778-782쪽].

하는 인간성을 (적어도 사실상) 분리하는 내적 단절에 의해 항상 이미 열려 있다.[32]

아감벤이 보기에 이는 인간이 동물로 비하될 때 생기는 "비인간화" 보다 더 근본적인 것이다. 인간성의 핵심에서 발견되는 것이 바로 동물이다. 따라서 인간 주체는 동물을 넘어서는 공간을 계속 재구성해 줄 때만 성립한다.

앞서 논한 바와 같이 이러한 움직임을 아리스토텔레스의 "정치적 동물로서의 인간" 개념, 즉 인간의 기반을 동물에 두는 동시에 "인간성"을 초월성의 형태로 정의하는 진술에서도 볼 수 있다. 이에 따라 아감벤은 모든 생물의 본질을 구성 요소로 나누고 인간, 동물, 식물 모두에 근본을 이루는 핵심 요소로 "영양적 생명"을 규정하는 아리스토텔레스의 영혼 개념을 조명한다.[33] 이러한 분류는 인간성을 관통하며, 아감벤이 (후술할) 무젤만에 대한 논의에서 시사한 것처럼 생명 자체를 설명, 평가, 결정하는 모든 곳에서 마주하게 된다. 아감벤은 인간이 계속 동물에게 스며드는 곤경에 처한 상황을 정확하게 설명한다.

인간을 다른 생물에 대립시키면서도 동시에 인간과 동물의 복잡한 (항상 유익하다고는 할 수 없는) 관계의 경제를 조직할 수 있는 것은 동물적 삶과 같은 것이 인간 내부에서 분리되어 있기 때문이다. 즉, 인간과 동물의 거리감 및 근접성이 무엇보다도 가장 긴밀하고 친밀한 곳

---

32 Agamben. *The Open*. 12.

33 Agamben. *The Open*. 14. 또한 Aristotle. *On the Soul*. 416b[『영혼에 관하여』, 81-83쪽] 참조.

에서 평가되고 인식되었기 때문이다.[34]

인간성의 내적 "단절"은 생물학과 진화론의 발전 및 이에 따른 인간과 동물의 정확한 구분을 찾기 위한 시도에서 추적할 수 있다. 예컨대, 아감벤은 18세기에 활동한 칼 폰 린네Carolus Linneaus에 주목한다. 린네는 인간과 유인원 사이의 주변적 차이만을 기록하고 결론적으로 인간을 다른 동물들과 함께 "영장류"로 분류했다. 아감벤은 인간과 "단순한" 유인원을 나누는 사피엔스라는 범주("현명"하다거나 "지식을 소유"한다고 정의된다)는 "분류학상 이례적인 것으로 사실이 아니라 명령을 종별적 차이로 둔다"[35]라고 한다. 아감벤은 인간과 동물의 불변의 교차점을 보여주는 "잃어버린 고리"일 뿐만 아니라 그 시기의 대중 과학을 사로잡은 늑대 소년(혹은 "야생아enfants sauvages")에서 그 반향을 발견한다. 호모 사피엔스와 다른 동물들을 가르는 특기할 만한 "인간적" 능력으로 종종 인용되는 언어조차도 근거가 빈약한 것으로 입증되는데, 아감벤이 지적했듯이 언어는 "역사적 산물이지 인간이나 동물에게 부여된 것이 아니다."[36]

여기서 아감벤은 그의 정치적 작업에서 암묵적 교점이라고 할 만한 것을 구축한다. 이것은 **벌거벗은 생명**이라는 수수께끼 같은 형상의 이해에 깊이를 더할 뿐 아니라 동물의 영혼에서 (인간) 수용소의 핵심에까지 이르는 연결 지점을 제공한다. 과거에는 동물들이 ("화석 인류, 야생아… 무엇보다 노예, 야만인"의 모습으로) 인간화되는 움직임이 있었던

---

34 Agamben. *The Open*. 16.

35 Agamben. *The Open*. 25.

36 Agamben. *The Open*. 36.

데 반해, 근대의 "인간학적 기계anthropological machine"는 인간들 가운데서 비인간을 분리하고자 한다. "유대인은 인간 안에서 만들어진 비인간이며 식물인간과 혼수상태의 개인은 인간 신체 자체 안에서 분리된 동물이다."[37] 양자는 모두 동일한 것을 상징하며 둘 다 벌거벗은 생명을 구현하는데, 이들이 내포하고 있는 불명확한 영역은 앞서 설명했듯이 아감벤이 정치의 주체라고 보는 호모 사케르의 특징이기 때문이다. 이 교차점은 인간 주체 속에서 본질적인 동물성을 찾으려 한다는 점에서 생명정치를 암시한다. "다른 모든 갈등을 지배하는 결정적인 정치적 갈등은 인간의 동물성과 인간성의 갈등이다. 말하자면, 서구 정치는 그 탄생부터 또한 생명정치였다."[38]

정치, 과학, 신학 영역에서 인간과 동물의 근본적 연관성을 논하면서 아감벤은 관계의 또 다른 차원에 주목하여 동물의 세계 내 존재와 인간의 세계 내 존재의 차이를 드러낸다. 동물학자 야콥 폰 윅스킬Jakob von Uexküll은 동물과 환경 내지 환경세계Umwelt의 긴밀한 관계를 기술하는데, 환경세계란 모든 유기체의 생활권을 구성하는 벌거벗은 요소로 정의된다. 아감벤이 주목하는 것은 진드기의 생활에 대한 윅스킬의 관찰이다. 동물학자들은 이를 동물이 환경 속의 일부 특정 요소들(예컨대, 포유류의 신체에서 나는 열, 부티르산에서 나는 냄새 등)과만 관계를 유지하는 것의 전형적 사례로 활용한다. 진드기의 짧은 생애주기의 거의 전부는 이 단순한 요소들과의 긴밀한 관계로 이루어진다. "진드기는 이 관계 자

37 Agamben. *The Open*. 37.

38 Agamben. *The Open*. 80.

체이다. 진드기는 오직 그 속에서 그것 하나로 산다."[39]

아감벤은 이렇게 존재의 기반이 환경에 있다는 것을 활용하여 마르틴 하이데거를 통해 동물 생명과 인간성이 세계의 "은폐" 또는 "비-은폐"와의 교감 속에서 구성되는 방식을 설명한다. 하이데거에 따르면 동물은 개별 환경 요소와 "사로잡힘captivation", 즉 "탈억제제disinhibitors"의 관계를 유지한다. 이 사로잡힘의 관계에서 동물은 존재를 **이해하거나 드러낼** 수 없다(이 잠재력은 인간 현존재Dasein에 대한 사유에 담겨 있다). 동물은 열린 자세로 세계의 여러 요소에 끌리면서도 존재 자체의 열림에는 드러나지 않는 관계 속에 있다. 아감벤의 말로 하면 "동물 환경의 존재론적 지위는 … offen(열림)이지만, offenbar(탈은폐disconcealed, 켜짐, 열릴 가능성)는 아니다."[40] 인간의 활동은 존재 자체를 여는 역량, 주변 환경과 종별적 내지 본질적 관계를 맺지 않은 채 세계 안에서 스스로를 발견하는 역량에서 구별된다. 달리 말하면, 동물은 세계에 자신을 열면서 그 종별적 탈억제제 또는 환경 요소에 사로잡힘을 결코 넘어서지 못하는 반면 인간은 그 반대, 즉 바로 이 자유의 잠재성에 대한 존재의 닫힘을 강제하는 자신의 존재에서 풍부한 잠재성을 발견한다.

인간과 환경의 관계 및 동물과 환경의 관계 사이 교차점은 권태이다. 하이데거에 따르면 권태는 인간이 주변 세계에 거리를 두고 무관심하게 연결됨으로써 동물에게서 기인한 환경에 피상적으로 사로잡히는 역량을 보여준다. 아감벤의 하이데거 인용이 이 점을 잘 설명하고 있

39   Agamben. *The Open*. 47.

40   Agamben. *The Open*. 55.

다.[41] 오랜 시간 기차를 기다리게 되면 우리는 시계를 보고 무심코 잡지를 넘기고 모래 위에 그림을 그리거나 등등을 한다. 우리는 특별히 이 활동에 열중하지 않으며 오히려 이 활동들은 환경과의 단절, 즉 관여하기를 거부함을 드러낸다. 이럴 때 인간 현존재는 하이데거가 동물의 특성으로 보는 **"탈은폐 없는 열림"**에 가까워지면서도 이 점에서 동물 존재와 확연히 구별되는데, 바로 권태의 경험을 통해 환경으로부터 자신을 떼어내는 역량을 드러내기 때문이다. 아감벤을 인용하자면 "현존재는 결국 권태를 알게 된 동물이다. 동물적 사로잡힘에서 독자적 사로잡힘으로 눈을 뜬 자이다."[42]

『열림』의 이 부분들이 유용한 것은 언뜻 인간과 동물의 "실재적" 차이를 발견하는 듯 보이지만 그와 거의 동시에 인간을 동물과의 근접성 속에서 발견함으로써 이 같은 격차를 좁히기 때문이다. 권태가 세계로의 사로잡힘에서 벗어나는 인간 능력의 증거라면, 인간성의 기반은 동물적 사로잡힘과 인간의 산만함의 능력 사이의 끊임없는 진동을 담고 있어야 한다. 실제로 아감벤은 묻는다. "'인간의 실존하는 본질'을 파악하려는 하이데거의 시도는 어떤 의미에서 **동물성**의 형이상학적 선차성을 벗어나는 것일까?"[43] 인간과 동물을 가르는 뚜렷한 구별 지점이 발견되지 않으면 비식별에 이르게 된다. 따라서 『열림』은 결과적으로 『호모 사케르』와 동일한 근본적 문제를 제기한다. 즉, (아감벤이 동물성과 인간성의 갈등으로 재구성한) 생명정치는 인간 정치의 지평을 어디까지 제

41   Agamben. *The Open.* 63–64.

42   Agamben. *The Open.* 70.

43   Agamben. *The Open.* 73.

한하고 궁극적으로 정의해 왔는가. 여기서 코제브/헤겔적 "역사의 종말"은 이 분석과 관련된다. 아감벤은 인간 주체 안에서 동물성을 찾으려는 인간성의 탐구("게놈, 세계경제, 휴머니즘 이데올로기는 이 과정의 삼위일체이다"[44])를 인간성의 마지막 작업이라 칭할 수 있는지 숙고한다. 아감벤에 따르면 이는 인간성의 불안한 종말이 될 것이다.

> 하이데거의 관점에서 볼 때 확실히 이러한 인간성은 더 이상 동물의 탈은폐되지 않은 열림의 형태를 유지하지 않고, 오히려 모든 영역에서 열려 있지 않은 것을 열어 확보하고자 시도함으로써 스스로 자신의 열림을 닫고 자신의 인간성을 잊고 존재를 종별적 탈억제제로 만든다. 동물의 완전한 인간화는 인간의 완전한 동물화와 일치한다.[45]

아감벤이 여기서 설명을 끝냈다면 『열림』에서의 그의 의도는 단순히 인간의 "존엄성"을 회복하는 것으로, 인간과 동물의 차이를 강화하고 양자가 결코 재회하지 않기를 바라는 영원한 희망 속에 사는 것으로 보였을 것이다. 그렇게 되면 아감벤의 사상은 어떤 면에서 휴머니즘적 설명으로 이어져 인간/동물 기계를 전복하는 좀 더 급진적인 방법을 지향하지 않았을 것이다. 따라서 일독했을 때 『열림』을 마무리 짓는 서술이 다소 "신비주의적" 궤적을 따르는 것처럼 보인다고 할 수 있겠지만, 아감벤이 또 다른 대안을 고려한 것은 감사한 일이다. 티치아노의 두 그림에서 영감을 얻은 아감벤은 인간과 동물의 형상을 넘어 열림으로도

---

44 Agamben. *The Open*. 77.

45 Agamben. *The Open*. 77.

은폐로도 존재를 구성하지 않는 공간의 존재를 해독한다. 여기서 존재는 존재의 계시를 향해 나아가는 것이 아니며, "잃어버린 신비"와 단순한 존재의 표층보다 존재의 이면을 보려는 욕망의 중단만이 있을 뿐이다.[46] 이 같은 움직임은 인간이 자신 안에 있는 동물과의 관계를 재구성할 수 있게 해 준다. 아감벤이 말한 것처럼 인간이 탈억제제에 대한 동물적 연결을 끊는 역량으로 자신을 정의한다면, 인간은 동물을 존재의 영역 바깥에 존재하도록 허용하는 능력, "동물을 존재하도록 내버려두는"[47] 역량 또한 가져야 한다. 동물을 존재 바깥에 존재하게 한다는 것은 바로 인간 주체성 규명에서 동물을 제거하는 것이며, 따라서 인간과 동물의 갈등을 특징짓는 생명의 지속적인 결정에 종말을 고하는 것이다.

그러나 『열림』에서 인간과 동물을 화해시키려는 아감벤의 시도는 생명권력이 만들어 내는 단절에 대한 응답으로는 불충분해 보인다. 이는 아감벤이 정치의 근원인 인간과 동물의 적대를 제거하는 기획보다 "인간의 동물화"를 막을 방법의 문제에 노골적으로 관심을 기울인 탓도 있다.[48] 아마도 이것이 가장 여실히 드러나는 것은 아감벤의 논의가 동물들을 향한 폭력 체제를 "인간학적 기계"가 낳은 문제로 다루지 않는다는 점일 것이다. 그러나 아감벤이 "동물 수용소"에 관심을 두지 않더라도 우리는 그 관점을 바로잡을 수 있다. 다음 절에서는 특히 아감벤의 모델이 공장식 축산 현장에서의 동물 이용에 관한 이해에 어떻게 응용될 수 있는지에 초점을 맞춰 보겠다.

46   Agamben. *The Open*. 87.

47   Agamben. *The Open*. 91.

48   이 점에 대해서는 매슈 칼라르코와 켈리 올리버의 아감벤에 대한 논의를 참조하기 바란다. Calarco. *Zoographies*. 79–102; Kelly Oliver. *Animal Lessons*. 229–244.

집중된 생명정치

(집단 수용소와 같은) 다른 인간에 대한 인간의 폭력 사례들 간의
유사성을 지적하고 이를 산업화된 도살이나 실험에서 인간이 동물에
대해 휘두르는 폭력과도 비교할 수 있지만,[49] 그것에는 물론 한계가 있

49 찰스 패터슨은 인간에 대한 폭력과 동물에 대한 폭력의 관계에 초점을 맞춰 도살장과
죽음의 수용소의 역사적 연결성을 탐색한다. 그는 홀로코스트에서 인간 고통의 경험을
통해 동물들의 고통을 더 잘 인식하게 된 생존자와 활동가들의 증언을 다룬다(Charles
Patterson. *Eternal Treblinka: Our Treatment of Animals and the Holocaust.* Lantern Books: New
York, 2002[정의길 옮김, 『동물 홀로코스트: 동물과 약자를 다루는 '나치'식 방식에 대
하여』, 휴, 2014] 참조). 패터슨은 20세기 중반 나치 독일이 행한 인간 폭력의 형태와 동
물 도살장의 폭력 속에서 발달한 고문과 죽음의 형태 간의 역사적 연관성을 인상적으로
풀어낸다. 여기서 패터슨의 기법은 에드먼드 러셀의 작업과 비슷하다(Edmund Russell.
War and Nature: Fighting Insects and Humans with Chemicals from World War I to Silent Spring.
Cambridge University Press: Cambridge, 2001을 보라). 이 책 역시 동물을 박멸하고 통제하
기 위해 개발한 기술과 동일한 목적을 가지고 인간을 상대로 사용한 기술을 세부적으로
비교한다. 패터슨은 미국에서의 두 가지 중요한 기술 혁신이 나치의 집단학살을 가능하
게 했다고 주장한다. 첫째, 동물 생명을 "처리"하는 도살 산업의 기술 발전에 가장 큰 공
헌을 한 곳이 미국이었다. 패터슨은 1865년에 있었던 시카고의 도살 시설로, 서로 연결된
2300개의 가축 축사가 펼쳐져 약 78만 평의 토지를 차지하고 들어섰던 유니언 스톡 야드
Union Stock Yards를 예로 든다(Patterson. *Eternal Treblinka.* 57[『동물 홀로코스트』, 90쪽] 참
조). 살아 있는 동물과 죽은 동물의 신체 이동을 돕는 기술은 동물의 고기 처리의 잠재성
을 넓혔다. 예컨대 선로 연결은 동물의 도살을 가속화하는 데 필수적인 수단이 되었다.
패터슨은 1886년 컨베이어벨트를 도입한 것이 라인의 속도를 향상하여 처리 역량을 높
였다고 지적한다(57[『동물 홀로코스트』, 90-91쪽]). 오늘날 이러한 기술은 놀라울 정도로
향상되어 산업화된 공정은 거의 상상할 수조차 없는 규모의 도살을 가능하게 한다. 죽임
당하는 동물의 수가 그 규모의 의미를 말해 준다. 둘째, 패터슨은 우생학 운동의 성장이
미국에 기원을 두고 있으며, 거기서 얼마간의 선구적 "성공" 사례가 보고되었다고 논한
다. 우생학은 동물 개체군의 관리에서 흔히 사용되는 생물학적 선택과 개입이 인간 인구
의 조작으로 전환됐던 시점에 등장했다. 첫발을 내디딘 것은 미국으로, 미국은 유죄 판결
을 받은 사람들이나 정신질환이나 장애를 안고 있는 사람들의 불임시술을 열렬히 지지
했다(87-89[『동물 홀로코스트』, 126-128쪽]). 1933년에 독일은 우생학 원칙에 따라 독자
적인 조치를 취했지만, 패터슨은 비아냥거림을 담아 적는다. "나치가 따라잡기는 먼 길이
었다. 1933년 나치가 불임시술 기획을 시작했을 때, 미국은 이미 1만 5천 명 이상의 불임
시술을 마친 상태였다. 그들 대부분은 정신질환으로 교도소나 집에 격리되었다"(92[『동
물 홀로코스트』, 132쪽]). 패터슨은 우생학과 산업화된 도살이 나치의 죽음의 수용소로

다.[50] 오히려 이러한 비교에 주목하면 동물에 부과되는 공포를 묘사하는 우리 언어의 빈곤함이 드러날 뿐 아니라 우리의 동물 사용이 인간에 대한 폭력의 현대적 사례들과 아무래도 비교할 수 없는 특수한 폭력 양상을 포함한다는 사실이 간과되기 때문이다. 극히 단적으로 말하면, 인간은 잡아먹기 위해 동물을 산업적 규모로 번식시키는데, 이는 인간이 다른 인간에게 가하는 그 어떤 현대적 폭력 형태와도 비교할 수 없다.[51] 생명정치의 관점은 인간 수용소와 산업화된 번식, 격납, 도축의 연관성

완전히 수렴된다고 주장한다. 수용소 안에서는 인간의 죽음과 동물의 도살이 구별되지 않는다. 예컨대 패터슨은 동물을 죽음으로 향하게 하는 통로를 일상에서는 "활주로", "죽음의 골목", "지하로" 따위로 칭한다고 지적한다. 트레블링카 수용소에서 철조망 너머 굶어 죽은 시체들이 죽음을 맞이한 골목길은 섬뜩하게도 "지하로" 등으로 불렸다(111-113 [『동물 홀로코스트』, 155-157쪽]).

50 동물에 대한 폭력과 홀로코스트의 비교는 물론 논쟁거리가 되었다. 가령 Roberta Kalechof-sky. *Animal Suffering and the Holocaust: The Problem with Comparisons*. Marblehead: Micah Publications, 2003 참조. 나는 인간이 인간에게 사용하는 폭력 기술과 동물에게 이용하는 폭력 기술의 공진화를 이해할 필요가 있다고 본다. 이는 동물을 살해 및 격납하는 방법의 발달이 인간에게 전유되거나 그 반대의 과정을 이해하는 것도 포함한다. 그러나 동물에 대한 인간의 폭력을 "홀로코스트", "집단학살", "노예제", "식민지화"로 기술하는 것은 인간에 대한 인간의 대규모 폭력 사례의 특수한 서술과 특징적인 기억을 지워 버릴 위험이 있을 뿐 아니라 동물에 대한 우리의 행동이 인간 간의 폭력을 나타내는 기존 비유로 기술되어 버릴 수 있다는 우려가 있다. 나는 동물에 대한 폭력을 묘사하는 용어 면에서 우리의 언어가 절대적으로 빈곤하다고 생각한다. 내가 "전쟁"이라는 설명어에 주목하는 것은 이 말이 전쟁을 구성하는 수단이나 적대자를 특정하지 않으며, 전쟁의 의도(즉 다른 사람의 의지를 굴복시켜 복종시키려는 의도)가 동일하다고 전제할 때, 그 설명어가 진화할 수 있기 때문이다.

51 제4장에서 논하겠지만, 실제로 가치는 도살 공정 속에서 실현된다. 이는 얀 두트키에비츠가 인식하고 있던 것이다. 산업화된 번식, 격납 및 도살은 죽음으로부터(또는 사후에) 얻을 수 있는 이익을 극대화하기 위해 동물의 신체에 작업을 하여 가치를 실현하고자 한다. 따라서 두트키에비츠는 말한다. "동물 주체의 '살아 있는 죽음'은 강제수용소나 식민지와 유사한 상태가 아니라 특수한 신체 유형을 얻기 위한 끊임없는 생명정치적 개입의 일종으로 보아야 한다." Jan Dutkiewicz. "'Postmodernism,' Politics, and Pigs." *PhaenEx*. 8.2, 2013. 296–307 참조.

에 대한 이해를 심화시키고, 동물에 대한 인간의 폭력 형태가 다른 인간에 대한 폭력을 초과하고 능가하는 실태를 탐구할 방법을 제공한다.

예외 및 예외를 선언하는 주권 권력은 인간이 동물을 이용할 때도 명백히 작동하고 있다. 실제로 예외는 지구 전체에서 동물 생명의 광범위한 영역을 조직화하는 원리로서 일반화되고 있다. 동물의 생명은 식용이나 연구 목적의 동물 이용과 관련된 특정한 규제의 통치 아래 있지 않을 때조차도 주권 권력에 의해 격납된다. 해양, 하천, 삼림, 사막은 주권의 영역에 속해 있는 물리적 영토일 뿐 아니라 비인간 동물의 생명을 관리하는 자원과 기술 투자의 장소가 되고 있다. 광대한 사회 기술 네트워크가 동원되는 그 사업은 기술과학의 지식과 자본주의 시장을 결합해 대규모 생식, 이용, 죽음을 촉진한다. 바버라 노스케가 주장하고 리처드 트윈이 재구성한 "동물 산업 복합체" 개념이 여기에 완전히 들어맞을 것이다.[52] 그러나 이러한 관리를 작동시키는 것은 모든 생물학적 생명에 일률적으로 적용되는 원리(예컨대, 모든 생명은 "살 권리"를 가진다)가 아니라 오히려 예외 공간으로, 여기서는 각각의 생명 인구에 대한 고려, 가치, 맞춤형 전략이 할당된다. 비인간 동물 생명에 대한 특정 측면에서의 법 확장이 때로 일부 종의 동물 집단을 법의 보호대상으로 삼게 되는 것은 확실하다. 하지만 다른 한편으로 이는 지구상의 인간과 비인간 생명의 대부분 영역에 대한 주권적 관리 권력의 확대도 허용한다.

공장식 축산이나 동물실험에서 동물들의 생명은 항상 예외 공간에 처하게 된다. 이는 차별적인 법의 행사에서 분명히 볼 수 있다. 동물 학

---

52 Twine. "Revealing the 'Animal-Industrial Complex'–A Concept & Method for Critical Animal Studies?" 참조. 또한 Twine, *Animals as Biotechnology*도 보라.

대 방지법은 항상 과학이나 식품 산업에 이용되는 동물들을 예외로 삼아 왔다.[53] 따라서 길거리에서 개를 폭행하는 행위는 불법이지만 동일한 개를 실험실에서 여러 가지 고통스러운 실험에 사용하는 것은 법에 어긋나지 않는다는 명백한 모순이 생긴다. 더불어 특정 상황(예컨대 연구용이나 식용 등)에서 비인간 동물에게 폭력을 행사하는 것이 인정되는 한, 비인간 동물에게 **불필요한** 고통을 가해서는 안 된다는 동물 학대 판정 기준은 암묵적 예외를 포함하게 되어 그 필요성이 인정되는 비인간 동물의 고통은 합법으로 분류되어 버린다.[54]

특정 상황에서의 고통은 불가피하다고 간주하는 법의 역량은 비인간 동물에 한정된 것이 아니라 인간 자신도 포함시킬 수 있는 권력인데, 이는 그것이 합법적 폭력 사용에서 주권자가 행사하는 특권이기 때문이다. 즉, 고통을 주고 "죽음 속으로 몰아가는" 주권자의 능력은 처벌 권력의 일부일 수밖에 없다. 인간에 가해지는 고통과 비인간 동물에 가해지는 고통 사이의 눈에 띄는 유일한 차이는 인간은 스스로에게 자유의지를 부여하는 한 법 앞에서 "죄책감"의 짐을 지는 데 반해, 비인간 동물은 적어도 근대적 관점에서 항상 "무고"하게 여겨지므로[55] 보통 면책된

---

53   O'Sullivan. *Animals, Equality and Democracy* 참조.

54   마이크 래드퍼드는 동물복지와 법의 관계를 이렇게 논한다. "불필요한 고통의 통념이 의미하는 바는 법이 보기에 고통이 필요한 상황을 합법이라고 상정할 뿐 아니라, 어떤 맥락에서 (불필요한 고통을 불러일으킨다는 근거로) 불법으로 간주되는 취급이더라도 법이 고통이 필요한 상황이라고 판단한다면 다른 맥락에서 합법으로 간주될 수 있다는 점이다." Mike Radford. "Partial Protection: Animal Welfare and the Law." Robert Garner Ed. *Animal Rights: The Changing Debate.* Houndmills: Macmillan Press, 1996. 67–91. 69 참조.

55   Hampton L. Carson. "The Trial of Animals and Insects. A Little Known Chapter of Mediæval Jurisprudence." *Proceedings of the American Philosophical Society.* 56.5, 1917. 410–415 참조. 또한 George Ryley Scott. *A History of Torture.* Twickenham: Senate Press, 1995. 278도 보라.

다는 점이다. 비인간 동물 생명의 무고나 죄책감의 고려를 차치한다면, 예외상태에 놓인 (인간을 포함한) 모든 동물 생명의 본성을 둘러싼 일체의 모호함은 사라진다. 생명의 통제, 즉 생명을 허용하거나 불허하는 권력은 예외 공간 내의 모든 생명체로 확장되기 때문이다. 이런 의미에서 생명과 주권 권력과의 관계에 대한 아감벤의 분석은 비인간에 해당하는 생명도 포함하는 형태로 확장될 수 있다.

벌거벗은 생명이라는 개념은 합법화된 주권적 폭력에 장악된 생명을 말하며 이는 동물 생명, 특히 권력을 향한 생물학적 통제의 대상이 되는 생명에 직접적으로 적용될 수 있다. 피터 싱어는 『동물 해방』에서 육용 생산을 위해 길러지는 송아지들의 삶에 대해 다음과 같이 쓴다.

철분을 전혀 취하지 못한 송아지는 죽고 만다. 철분을 정상적으로 섭취한 송아지는 고기로서 가치가 떨어진다. 그래서 송아지 고기의 연한 색을 유지하면서도 시장에 출하할 체중에 도달할 때까지 버티도록 절충안을 마련해야 한다.[56]

송아지의 짧은 생애는 지배의 조정들 속에서 정밀하게 결정된다. 영양, 수분 섭취, 조도, 우리 크기, 바닥 재질에 관한 계산은 동물의 올바른 색상과 질감 있는 육질을 생산하여 시장 이익의 극대화를 노린다.[57] 그러나 그 과정이 아무리 짧든 비참하든, 송아지의 생명 유지가 우선순

---

56   Peter Singer. *Animal Liberation*. 132[『동물 해방』, 238쪽].

57   이와 관련하여 Lewis Holloway, Carol Morris, Ben Gilna and David Gibbs. "Biopower, Genetics and Livestock Breeding: (Re)Constituting Animal Populations and Heterogeneous Biosocial Collectivities." *Transactions, Institute of British Geographers*. 34, 2009. 394–407 참조.

위라는 것은 분명하다. 송아지의 생명은 발가벗고 허약한 상태로 유지되며 조기 사망을 막기 위해 면밀하게 감시된다. 죽음은 가축 단지의 생명이 갖는 수익성을 위협한다. 따라서 죽음 자체와 맞닿는 지점에서 생명이 유지되는 "균형"이 잡히게 된다. 이와 같은 생명과 죽음의 관계는 양계장의 암탉 관리에서도 볼 수 있다. 여기서도 생명의 최소한의 조건 부과가 최대의 이익을 달성한다. "경사진 철망 바닥(경사는 알을 굴러 떨어지게 하고, 철망은 배설물을 아래로 떨어뜨리게 하기 위함이다)에서 암탉들은 1년 내지 18개월을 살며 인공 조명, 실온 조건, 먹이에 혼합된 약제의 힘으로 최대 개수의 알을 짜낸다."[58]

아감벤은 벌거벗은 생명이 법정립적 폭력과 법보존적 폭력이 불분명해지는 장소일 뿐 아니라 자연과 사회, 동물과 인간을 포함한 다른 여러 근본적 구분이 희미해지는 지점이라고 말한다.

> 따라서 홉스가 "인간은 인간에게 늑대homo hominis lupus"라는 상태를 언급함으로써 주권을 정초할 때, 우리는 '늑대lupus'라는 단어 속에서 'wargus[바르구스]' 및 참회왕 에드워드의 법률에서 등장하는 'caput lupinem[늑대 머리]'라는 반향을 들어야 한다. 여기서 문제가 되는 것은 단순한 야수fera bestia나 자연의 삶이 아니라 인간과 동물의 불명확한 영역, 늑대 인간, 즉 늑대로 변한 인간과 인간으로 변한 늑대, 한마디로 추방된 자, 일종의 호모 사케르인 것이다. … 이 문턱은 단순한 자연의 삶도 사회적 삶도 아니며 벌거벗은 생명 또는 신성한 생명으

---

58   Peter Singer. "Animal Liberation." Robert Garner Ed. *Animal Rights: The Changing Debate*. Houndmills: Macmillan Press, 1996. 16.

로서, 이것만이 주권의 전제로서 항상 존재하면서 항상 작동한다.[59]

홉스적 주권자는 인간의 삶을 자연의 혼돈에서 구해 내기 위해 자연 상태에서 발생하는 "자연적" 폭력, 즉 "만인의 만인에 대한"[60] 전쟁을 대신해 합법적 폭력을 약속한다. 주권자의 칼에 대한 신민들의 투여는 자연이 주권 권력으로 이양되는 것을 의미한다. 그러나 이는 폭력의 소멸을 약속하는 것이 아니라 주권자의 승인을 거치지 않은 폭력을 불법화하고 나아가 "자연의 폭력"을 국가의 수중에 내재화하는 것에 불과하다. 결과적으로 주권자에게 추방당한 생명은 법에서 제외되는 것(따라서 완전히 자연에 던져지는 것)이 아니라 오히려 주권자에 귀속되면서도 귀속되지 않는 생명이 된다. 예외의 권력은 인간을 동물로 전락시키지만 이 같은 운동에서 동물의 생명은 자유나 법으로부터의 해방을 얻지 못하고 오히려 법과 "자연" 사이에 갇힌 생명이 된다. 이러한 삶은 "동물과 인간, 피시스와 노모스, 배제와 포함이 식별되지 않고 왕래하는 문턱이다. 추방된 자의 삶은 늑대 인간의 삶이며, 그는 인간도 아니고 짐승도 아니면서 그 양쪽에 모두 거주하면서도 역설적이게도 어느 쪽에도 속하지 않는다."[61]

나아가 수용소 생명정치 체제의 끔찍한 현실을 고려하면, 인간성의 벌거벗은 생명과 동물 산업 복합체 영역에 갇힌 비인간 생명이 공유하는 해소하기 어려운 유사성은 명확히 드러난다. 아감벤은 『아우슈비츠

59   Agamben, *Homo Sacer*. 105–106[『호모 사케르』, 216-217쪽].

60   Hobbes. *Leviathan*. 71[『리바이어던』, 제1권, 171쪽].

61   Agamben. *Homo Sacer*. 105[『호모 사케르』, 215쪽].

의 남은 자들』에서 무젤만Muselmänner(또는 "이슬람교도")에 대해 자세히 논하는데, 이는 지속적인 폭력(영양 불량, 수면 방해, 장시간 노동, 심리적 외상 등)으로 인해 눈앞의 현상에 무관심하고 허약한 상태에 빠진 수용소의 "걸어다니는 시체"를 가리키는 말이다.[62] 무젤만이 세계에 대한 감각을 잃고 주변 수감자나 간수들과의 사회적 상호작용에서 단절되는 것은 그들이 어떤 면에서 인간성을 잃은 생물로 받아들여지는 과정이기도 하다. 아감벤은 말한다. "무젤만은 단순한 삶과 죽음의 한계인 것만이 아니라 오히려 인간과 비인간의 문턱을 표시한다."[63] 이러한 의미에서 인간 생명 자체가 비인간 생명의 가능성을 기반으로 한다는 것을 이해하지 않고서는 수용소에 갇힌 생명을 온전히 이해할 수 없다.

> 오늘날 생명 권력의 결정적 활동은 삶과 죽음이 아니라 오히려 변형 가능하고 무한한 생존에 관련된다. 그것은 모든 경우에서 동물의 삶과 유기체의 삶을, 인간과 비인간을, 증인과 '무젤만'을, 의식적 삶과 소생 기술을 통해 그 기능이 유지되는 식물적 삶을 그 문턱에 이를 때까지 나누는 문제가 된다. 본질적으로 유동적인 이 문턱은 지정학상의 경계와 마찬가지로 과학적, 정치적 기술이 진보함에 따라 움직인다. 생명 권력의 최대 야망은 인간 신체에서 살아 있는 존재와 말하는 존재, 조에와 비오스, 비인간과 인간의 절대적 분리를 만들어 내는 것, 곧 생존에 있다.[64]

---

62 Giorgio Agamben. *Remnants of Auschwitz: The Witness and The Archive*. New York: Zone Books, 1999[정문영 옮김, 『아우슈비츠의 남은 자들: 문서고와 증인』, 새물결, 2012].

63 Agamben. *Remnants of Auschwitz*. 55[『아우슈비츠의 남은 자들』, 83쪽].

64 Agamben. *Remnants of Auschwitz*. 155–156[『아우슈비츠의 남은 자들』, 229-230쪽].

수용소의 극한 상황에서 동물과 인간(생명을 지닌 존재자와 말하는 존재자, 단순히 생명이 있는 자(조에)와 문화적이거나 정치적 생활을 가진 자(비오스)) 사이에 존재한다고 추정되는 "격차"는 곧 사라진다. 이렇게 되면 그런 상황에서 인간의 삶이 가축의 삶의 특성을 띠는 것(사람들이 "소처럼" 이송되거나 "돼지같이 살도록" 강요받는 것)은 놀랄 일이 아니다. **가축**이란 단지 생명을 가진 존재를 상징한다. 그 생존은 비좁고 어둡고 고통스러운 공장 사육장에서의 짧은 몇 개월의 나날로 이루어진다. 그런 점에서 (공장식 축산이나 실험실 같은) 집약적 이용 형태에서 동물이 취급되는 방식은 수용소나 구치소에서 인간이 다른 인간에게 미치는 폭력의 과잉과 유사하다. 다만 중요한 차이도 있는데, 앞서 언급한 바와 같이 동물 생산체제에서 죽음의 특수한 역할이 그것이다. 죽음은 시장 속에서 그리고 음식으로 소비되는 사체에서 가치를 실현하는 사건이다. 제4장에서 논할 텐데, 죽음은 죽은 동물 신체에서 인간을 위한 특정 사용가치가 살아 있는 동물에게 부과되는 지점을 표시한다. 이러한 현실은 생명정치적 동물 생산에서 죽음의 역할을 보다 구체적으로 이해하도록 한다.

죽음정치

동물 산업 복합체의 핵심은 생명 유지이지만, 대규모로 조직되는 죽음 또한 그 중요한 요소를 이룬다. 이러한 맥락에서 생명정치는 단순히 "살게 하는" 것을 목표로 하는 유익한 권력이라기보다는 삶과 죽음을 동시에 생산하고자 하는 정치라고 볼 수 있다. 아실 음벰베는 「죽음정치」[65]에서 푸코의 분석을 확장하여 생명정치적 주권의 불가결한 측면을 이루는 죽음권력을 조명한다. 푸코와 마찬가지로 음벰베도 전쟁과의 유비 및 전쟁과 정치의 관계에 주목하고 "정치를 일종의 전쟁으로" 간주하여 정치 주권을 "죽음을 통제하고 생명을 권력의 배치 및 표명으로 정의"[66]하려는 기획으로 규정한다. 이러한 권력에서 음벰베가 발견한 것이 바로 **죽음정치**, 즉 "저항, 희생, 테러의 관계"의 짜임을 가능하게 하는 "죽음권력에 대한 생명의 종속"이다.[67]

이미 보았듯이 삶과 죽음에 관심을 기울이는 주권은 적대에서 발생하여 그 지속을 목표로 자기의 우위를 유지하고자 한다. 이러한 정치 주권관에 따르면 "평화"를 본질로 하는 완전한 시민 정치 공간은 존재하지 않는다. 존재하는 것은 다양한 무대에서 벌어지는 영속적인 전쟁일 뿐이다. 이러한 전쟁은 상호 연결된 예외의 공간들, 즉 신체들의 장기적이고 폭력적 교전이 벌어지는 분쟁 지대를 통해 작동한다. 이 전쟁은 승자와 패자 사이에 자의적 구별 형태들을 만들어 승자에게 쾌락과 접근 권한을, 패자에게 고통과 상실의 운명을 준다. 많은 이들이 평화적 시민성이 깃든 삶을 누리고 실제로 교전 수칙은 들어보지도 못하는 사치를 즐길지 모르겠지만, 이러한 일시적 유예 공간은 절대적 공포 지대와 말 그대로 경계에 있다.

65 Mbembe. "Necropolitics."

66 Mbembe. "Necropolitics." 12. 이 인용이 전쟁이란 "적에게 우리의 의지에 따르도록 강요하는 폭력 행동"이라는 클라우제비츠의 해석과 뚜렷이 공명하는 것에 주목하라.

67 Mbembe. "Necropolitics." 39.

음벰베가 보기에 현대 정치철학은 대개 정치 공간을 전쟁이나 적대에 **대립**하여 정의하고자 한다. 음벰베는 말한다. "정치"는 "두 가지 측면을 갖는 것으로 정의된다. 자율성의 기획 및 대화와 승인을 통한 집단내 동의의 획득. 이것이 정치와 전쟁을 가른다고 한다."[68] 음벰베는 스스로 이러한 전통과 거리를 두며 그 대신 다른 측면에 주목해야 한다고 말한다.

> … 주권의 중심을 이루는 기획은 자율성을 위한 투쟁이 아니라 **인간
> 존재의 전면적 도구화 및 인간 신체와 인구의 물질적 파괴**이다. 이러
> 한 주권의 형상은 보기 드문 광기의 일종도 아니며 신체의 충동 및
> 이해와 정신의 충동 및 이해의 결렬의 표현도 아니다. 오히려 그것은
> 죽음의 수용소와 마찬가지로 우리가 여전히 살아가고 있는 정치 공
> 간의 노모스를 구성하는 것이다. 더불어 현대에 벌어진 인간 파괴의
> 경험들을 되돌아보면 근대성을 둘러싼 철학 담론의 유산과는 다른
> 각도에서 정치, 주권, 주체에 대한 해석을 발전시키는 것이 가능하다.
> 주체의 진실로서의 이성을 고찰하는 대신 덜 추상적이고 더 입체적
> 인 근원적 범주를 찾을 수 있는데, 삶과 죽음이 그러한 예이다.[69]

억압, 테러, 집단학살로 이어져 온 20세기의 역사는 분명히 이러한 종류의 분석에 풍부한 재료를 제공할 것이며, 여기에는 **"인간 존재의 전면적 도구화 및 인간 신체와 인구의 물질적 파괴"**를 주권의 핵심 요

---

68 Mbembe. "Necropolitics." 13.

69 Mbembe. "Necropolitics." 14.

소로 보는 이해가 포함될 수 있다. 앞서 보았던 것처럼, 확실히 아감벤의 시각에서 나치의 죽음 수용소는 생명정치적 주권의 작동을 가장 웅변적으로 보여주는 예이며, 예외적 권력의 경험은 20세기 유럽에서의 강제/죽음 수용소라는 도구의 제련과 결부된다.[70] 반면 음벰베는 이러한 개념화가 유럽에서 수용소를 발달시키고 인간을 삶과 죽음의 문턱에 두는 수단을 제련한 것이 바로 노예제와 식민지의 관계성이라는 사실을 놓치고 있다고 지적한다. 음벰베가 보기에 노예는 노동과정에서 특수한 지위를 차지하며 노예의 삶은 생사의 바로 그 교차점에 위치한다.

> 노동의 도구로서 노예는 가격을 갖는다. 재산으로서 노예는 가치를 갖는다. 노예의 노동은 요구되고 이용된다. 따라서 노예는 살아 있지만 권리를 침해당한 상태에서 공포, 극심한 학대, 모독이 뒤섞인 망령 같은 세계에 놓인다. 노예의 삶의 폭력적 선율은 잔인하고 난폭하게 행동하는 감독자의 기질이나 노예의 신체에 가해지는 고통의 정경 속에서 드러난다. 여기서 폭력은 채찍질하거나 노예의 생명 자체를 빼앗는 것과 같은 일종의 관습이 되며 공포를 심어 주기 위한 전횡적

---

70 실제로 강제수용소의 등장에 관한 아감벤의 논의는 프로이센 법률의 "보호 구금"과 예외상태의 발전과 밀접하게 연관된다. Agamben, *Homo Sacer*. 166-170[『호모 사케르』, 315-322쪽] 참조. 아감벤은 166-167[『호모 사케르』, 316쪽]에서 이렇게 말한다. "즉 수용소는 관습법이 아니라(하물며 사람들이 생각해 온 것처럼 형법의 변화와 발전에 의한 것이 아니라) 예외상태와 계엄령에서 유래했다. 이것을 더욱 뚜렷이 알 수 있는 것은 나치의 수용소로, 그 기원과 법적 체제에 대해서는 많이 알려져 있다. 지금까지 지적된 것처럼 강제수용의 법적 근거는 관습법이 아니라 예비검속Schutzhaft(문자 그대로 보호 구금)이다. 프로이센에서 유래한 이 제도는 범죄 행위와는 관계없이 단지 국가안보에 대한 위협을 방지할 목적으로 개인의 '신병을 구금하는 것'을 허용한다는 점에서 나치 법학자들에 의해 때로 예방적 치안 조치로 분류됐다."

이고 순수한 파괴 행위가 된다. 노예의 삶이란 여러 면에서 살아 있는 죽음의 형태라고 해도 좋다.[71]

이와 마찬가지로 식민지 역시 20세기 유럽을 강타했던 독특한 인종주의적 폭력을 형성하는 공간을 제공한다. 이처럼 식민지화 및 그 작동에 내재된 폭력은 유럽의 수용소를 위한 실험의 장소로서 역할했다.

… 대부분의 경우 인종 선별, 다른 인종 간의 결혼 금지, 강제 불임, 나아가 피정복민 몰살은 그 첫 번째 실험 장소를 식민지 세계에서 찾을 수 있다. 여기서 대학살과 관료제의 원초적 통합, 즉 서구 합리성의 현현을 볼 수 있다. 한나 아렌트는 국가사회주의와 전통적 제국주의가 연결돼 있다는 이론을 전개한다. 아렌트에 따르면 식민지 정복은 전대미문의 폭력의 잠재성을 보여준다. 제2차 세계대전에서 목도한 바는 과거 "야만인"을 향했던 방법이 유럽의 "문명화된" 사람들에게까지 확장된 광경이다.[72]

음벰베에 따르면, 노예제 및 식민지가 현대 생명정치적 주권의 구성과 어떤 관계가 있는지 인식하는 것은 유럽의 수용소 계보학을 제대로 이해하고 삶과 죽음에 대한 주권의 지속적인 관계를 파악하는 데 필수적이다. 여기에는 새롭게 발견한 평화적 시민성을 이어 나가려는 유럽의 감수성에도 불구하고 여전히 줄어들지 않고 있는 신식민주의적 형

---

71   Mbembe. "Necropolitics." 22.

72   Mbembe. "Necropolitics." 23.

태의 폭력도 포함된다. "유럽의 법적 상상계에 의해 주변화되어 왔던 전쟁과 적대감의 모든 징후는 식민지에서 재등장할 장소를 얻었다."[73] 이처럼 음벰베는 규범과 예외, 전쟁과 평화가 나란히 놓여 있고 서로 얽혀서 작동하지만 겉보기에는 별개인 세계로서 정치 질서를 확립한다.

동물 산업 복합체를 고찰하는 데 음벰베의 분석이 응용될 수 있음은 분명할 것이다. 서론에서 나는 인간이 지구상의 수많은 생명을 소멸시키면서도 어떻게 이러한 효과를 조직적 집단 폭력 체제, 즉 일종의 전쟁으로 인식하지 못할 수 있는지 물었다. 음벰베가 보여주듯, 생명권력의 논리는 복잡한 상호 연관된 지대를 만들어 생명을 길러 내는 동시에 고통과 죽음을 주고 있지만, 개개의 격납 형태가 전략적으로 배치되어 있기에 극도의 폭력은 시야에서 사라진다. 이러한 공간의 지형도를 상상하기란 쉽지 않다. 인간 공동체와 서구의 관계가 여전히 주권적, 정치적, 경제적, 문화적 점령하에 있는 것과 마찬가지로, 동물과 우리의 관계는 상존하는 폭력과 억압이 공포, 고통, 죽음을 생산 및 재생산하면서도 전쟁이란 존재하지 않으며, 이해관계의 차이 역시 존재하지 않는다고 굳게 믿을 수 있게 한다.[74] 다만 이것이 음벰베가 생명정치나 현대 주

---

73 Mbembe. "Necropolitics." 25.

74 인간의 빈곤에 관해서는 칸트/롤스적 자유주의 관점에서조차도 (보다 급진적인 신마르크스주의 관점에 기댈 필요 없이) 세계 경제체제의 구조적 폭력이 빈곤을 낳고 있는 방식을 부인하기 어렵다. 예를 들어 토머스 포기는 이러한 격차를 무시할 수 없음을 강조해 왔다. Thomas W. Pogge. "Justice Across Borders: Brief for a Global Resources Dividend." Matthew Clayton and Andrew Williams Eds. *Social Justice*. Malden: Blackwell, 2004. 264–285 참조. 세계의 빈곤을 다루면서 포기는 말한다. "곤궁에 빠지는 사람들은 단순히 가난하거나 종종 굶주리는 이들이 아니다. 이들의 삶을 불가피하게 형성하는 우리의 공유된 제도적 배치 아래 이들이 빈곤과 기아에 빠지게 되는 것이다(268)." 더 나아가 "세계 빈곤층의 현재 상황은 정복, 식민지화, 극심한 억압, 노예화, 심지어 집단학살이 맞물린 격동의 시대에 의해 결정적으로 형성되었으며 그 과정에서 사대륙 원주민들의 제도와 문화는 파괴되거나 심각한 타격을 입었다(270)."

권적 폭력을 구성할 때 동물에 대한 폭력을 중요하게 인식하고 있다는 것을 의미하지는 않는다. 반대로 그는 푸코와 아감벤과 마찬가지로 감질날 정도로만 가까이 다가갈 뿐이다. 다만 음벰베는 「죽음정치」에서 폭력의 형태들을 구조화하는 논리 형성에서 동물화가 하는 역할에 주목하며 비평의 요소를 제공한다.

> 식민지가 완전한 무법 상태에서 지배될 수 있는 것은 정복자와 원주민을 연결하는 일체의 공통적 유대도 인종주의에 의해 부정되기 때문이다. 정복자의 눈에 **야만인의 삶**은 **동물의 삶**의 일종일 뿐 아니라 무서운 경험이다. 그 어떤 이해나 상상을 뛰어넘는 이질적인 것이다. 아렌트에 따르면, 실제로 야만인과 다른 인간 존재를 다르게 만드는 것은 피부색이기보다 야만인이 자연의 일부인 양 행동하고 자연을 의심할 수 없는 주인처럼 받드는 데 대한 두려움에 있다.[75]

그러나 음벰베의 비평은 완성되지 않았고, 그가 『포스트 식민지에 대하여』에서(여기서 그는 태연하게 "아프리카에 대한 담론은 거의 항상 **동물**에 대한 메타 텍스트의 틀(또는 가장자리)에서 전개된다"[76]라고 말한다) 제기한 것처럼 동물에 대한 폭력을 식민지 내지 노예제 경험과 연결할 기회도 놓친 것으로 보인다. 여기서 나는 노예제나 식민지화가 동물들에게 행사되는 폭력과 동일한 형태를 보인다고 주장하려는 것이 아니다. 그러나 서로 다른 형태와 양식에도 불구하고 그 기술과 논리는 공통되며

75 Mbembe. "Necropolitics." 24.

76 Mbembe. *On the Postcolony*. 1.

각각의 역사는 얽혀 있다.

식민지 사업과 동물에 대한 폭력을 연관시키는 분명한 길은 겉보기에 온화한 평화 공간에서 격렬한 폭력의 장을 분리하고 격납하는 방식, 즉 이 근본적으로 다른 존재양식들(전쟁과 평화)이 나란히 앉아서 표면적 모순 없이 서로를 지탱하는 양상을 이해하는 것이다. 음벰베는 남아프리카공화국의 아파르트헤이트하에서 분리된 흑인 자치 구역 및 흑인 거주 구역의 기능을 검토하며 (이주를 통한) 이동과 소유권의 규제가 인구 분할 및 권리 배분의 방식을 만들었다고 말한다.

> … 흑인 자치 구역 및 흑인 거주 구역의 기능은 백인 구역에서 수익을 위한 흑인의 생산을 엄격히 규제하고, 지정 구역 이외에서 흑인의 토지 소유를 무효화하며, 백인 농장에서 흑인이 거주하는 것을 불법화하고(백인 고용주의 하인은 예외이다), 도시로의 인구 유입을 통제하며, 최종적으로 아프리카인의 시민권을 부정하는 것이다.[77]

이동권과 시민권을 통해 조정되는 이러한 통제의 효과는 인구를 분리하고 그렇지 않았다면 구별되지 않았을 인구 집단의 분할을 현실화했다. 백인 경제는 배제된 자들의 종속된 노동에 의존하여 번성했지만, 백인 경제가 평화롭게 운영되려면 흑인 자치 구역 및 흑인 거주 구역을 시야에서 제거해야 했다.

아파르트헤이트 체제와 현대 도살장의 연관성을 생각해 보라. 동물

---

77   Mbembe. "Necropolitics." 26.

생명의 대량 몰살과 인종 및 저임금 노동이 충돌하여 인간과 비인간을 관통하는 일련의 폭력을 발생시키는 예외 지대가 있다. 미국의 타 힐Tar Heel에 위치한 세계 최대 규모의 도살장이 그러한 예외성의 한 사례이다.

인구 65명, 면적 147에이커인 타 힐의 마을 대부분을 도살장 단지가 차지하고 있다. 인구수는 도살장 직원 수와 비슷하다. 우뚝 솟은 도살장의 시설군은 반 마일에 걸쳐 펼쳐져 있고 바로 건너편에 스미스필드사의 의료 및 고용 센터가 있다. 매일 3만 8천 마리의 돼지가 창문이 없고 흰색으로 칠해진 거대한 관 속으로 옮겨져 죽임당하고, 매년 900만 마리 돼지가 토막이 난다. 가느다랗게 자리 잡고 있는 블레이든 카운티Bladen County의 전체 인구는 3만 3천 명에 불과하다. 도살장 단지의 조용한 주차장은 낡고 부서진 미국 자동차들로 채워진다. 교대조가 바뀌면 그 차들의 소유자들, 대부분 갈색 혹은 검은색 얼굴을 가진 수천 명이 건물에서 쏟아져 나온다. 노커, 스티커, 족쇄 채우는 사람, 욕조 데우는 사람, 그물 따는 사람, 넘어트리고 자르는 사람, 쪼개는 사람, 대형 통을 내리는 사람, 가죽을 벗기는 사람, 내장을 빼는 사람 등 죽인 돼지들을 손질하며 하루를 보내는 사람들이다. 도살장 단지에서 87번 국도로 통하는 출구를 따라 차들이 줄을 서서 수백 대를 나르고, 수백 대를 더 싣고 돌아오는 같은 차들을 지나친다.[78]

제5장에서 논하겠지만, 이러한 전쟁은 대규모 살육을 가능하게 하는

---

78 Steven M. Wise. *An American Trilogy: Death, Slavery & Dominion on the Banks of the Cape Fear River*. Boston and New York: Da Capo Press, 2009. 3.

월등한 격납 형태와 광범한 자원 공급 및 인력 이동의 조직 체계를 필요로 한다. 절대적인 예외 지대도 필요한데, 작은 시골 마을이 그 완벽한 장소를 제공한다(거점 분산이 산업화된 도살의 요체이지만, 도시에서 도살장이 없어진 것은 아니라는 점을 기억해야 한다. 실제로 "로커보리즘locavorism"[79]이라는 기치 아래 로컬푸드 운동은 때로는 동물복지를 이유로 도살 산업이 다시 도시로 점진적으로 흘러들게 했다[80]). 방대한 살해 기술은 분리되어 시야에서 사라진다. 눈에 보이는 모든 것은 자원과 노동, 가축과 죽은 고기의 왕래뿐이지만 그 움직임조차 거의 감지되지 않는다. 이러한 예외 지대에서 도살과 사체 처리의 격납 및 지형학적 분리는 공정의 전 단계가 보이지 않게 밀봉되는 것을 의미한다. 티머시 패키릿은 산업화된 도살 실태를 조사하여 인간 노동자들 역시 살인과 죽음의 생산 라인상에서 구분되고 사체가 빛과 어둠, 열기와 냉기, 피로 얼룩짐과 청결함의 극단적인 구획 사이를 이동하며 처리되는 육류 생산의 이러한 측면을 강조한다.

삶과 죽음의 분리 속에서 도살장 노동자 대다수는 죽음의 영역에서 일한다. 소가 살아 있는 모습이나 살해당하는 모습을 보는 사람은 소수이며 스스로 살해에 관여하는 사람은 더 소수이다. 뿐만 아니라

---

79 Vasile Stanescu. "'Green' Eggs and Ham? The Myth of Sustainable Meat and the Danger of the Local." *Journal for Critical Animal Studies*. 8.1/2, 2010 참조[편집자: 로커보어는 '지역'을 뜻하는 'local'과 '먹다'라는 뜻을 가진 라틴어 단어 'voer'를 합쳐 만든 말로 지산지소 운동과 비슷한 의미를 가진 용어다].

80 가령 Erik Hoffner. "Heritage Foods' Patrick Martins Wants to Put Slaughterhouses Back in the City [Q&A]." *Grist*. 17 June 2010. grist.org/article/patrick-martins-wants-to-put-slaughterhouses-back-in-the-city/ 참조[2024년 12월 15일 접속 확인].

살해 행위 자체는 더 많은 단계로 나뉘어져 있어서 각각은 서로를 볼 수 없다.[81]

도살과 사체 해체를 위한 별개의 미시 지대가 구획으로 나뉘고 격납됨에 따라 시간과 공간에는 복수의 불연속성(전과 후, 위층과 아래층)이 생기고, 이것은 여러 활동 전선을 통해 전쟁의 작업 수행을 엄밀하게 통제한다.

개별 노동자에게 이동하는 동물들이 어떤 모습으로 비칠까? 예를 들어 "스티커"가 보는 것은 "척추 제거자"가 보는 것과 크게 다르다. … 이는 "세척과 정리를 하는 사람"이 보는 것과 전혀 다르다. … 산업화된 도축에는 121가지 작업과 121가지 시점, 121가지 경험이 있다.[82]

죽음정치의 작동을 둘러싼 아실 음벰베의 고찰은 이러한 폭력의 지형학적 층위와 정신화의 구획을 이해하는 길을 제공한다. 음벰베는 이스라엘의 가자 지구와 서안 지구 점령을 살피는 가운데 에얄 바이츠만Eyal Weizmann이 말한 "수직성의 정치"에 착안하여 "서로 상하로 엮인 빠른 우회도로, 교량, 터널의 네트워크"[83]를 통해 이스라엘 차량 이동과 팔레스타인의 차량 이동을 분리시키는 점령의 사회기반시설을 논한다. 이에 따라 공간적, 시간적으로 분리된 두 세계의 병존이 가능해진다.

81   Pachirat. *Every Twelve Seconds*. 61[『육식 제국』, 69쪽].

82   Pachirat. *Every Twelve Seconds*. 43-47[『육식 제국』, 60-61쪽].

83   Mbembe. "Necropolitics." 28.

수직적 주권과 분할적 식민지 점령이라는 조건하에 공동체는 y축을 따라 분리된다. 이것은 폭력의 장의 확산을 초래한다. 전쟁터는 단지 지표면에만 있는 것이 아니다. 지하와 영공 또한 분쟁 지대로 바뀐다.[84]

제5장에서 격납이 어떻게 사유화된 주권 형태와 협력하여 동물들에 대한 조직적 통제와 폭력적 지배를 가능하게 하는지 고찰할 것이다. 그러나 여기서 음벰베와 패키릿에 입각하여 말하고 싶은 것은 전쟁이 공간적, 시간적 인지를 방해하는 세분화의 조건을 필요로 한다는 점이다. 동물과의 전쟁은 우리의 아래와 위에 있다. 그것은 우리가 감지하기에는 너무 느리거나 너무 빠르게 진행된다. 전쟁은 매끄러운 길을 놓아 일부 사람들, 어쩌면 대부분 사람들을 위아래로 달리는 고속도로에 의해 폭력의 분쟁 지대로부터 항상 분리시키는 기능을 하는 까닭에, 폭력이 사방에서 윙윙대는데도, 우리는 이를 감지할 수 없다.

생명권력을 넘어서?

푸코, 아감벤, 음벰베 모두 생명정치를 좀 더 넓은 지평에 두고 이러한 권력 형태가 비인간 동물 생명에 대한 폭력적 지배 경험에 기반을 두고 있다는 점을 파악할 기회를 놓친 것으로 보인다. 인간과 비인간의 구분에서 이러한 측면을 고려한다면, 생명정치의 진정한 연원이 강제

---

84   Mbembe. "Necropolitics." 29.

수용소도 식민지도 아닌 도살장이라는 것, 동물과 인간의 관계의 중심을 이루는 가축화, 규제, 통제, 살해 기술이라는 것이 분명해진다. 오늘날 믿기 어려운 괴물적인 잠재력으로 생명이 측정, 격납, 말살되는 곳이 바로 도살장이다. 수십억 생명의 도살이 시민 공간의 심장부에 통합된 예외 영역에서 일어난다. 이 도살장이야말로 생명을 관리하는 인간의 능력에 대해, 일상적인 고문과 대량학살이 무한대로 일어날 수 있는 거대한 잠재력에 대해 가장 불편한 질문을 던져야 할 곳이다. 현대 생명정치의 도전은 생명 그 자체와 무관한 정치를 끈질기게 공격하는 정치, 즉 근대 주권의 작동과 본질적으로 결부된 정치의 도전이다. 근대 주권에서 전형적인 방식으로 작동하는 정치는 인간을 동물로 되돌리는 귀결을 가져온다. 그 **격차**(인간이 자신과 동물 사이의 거리를 두었던 격차)를 지움으로써 인간은 자신이 이전에 공장식 축산의 울타리, 대량 도살, 동물 실험자의 칼날에 의해 불가피한 고통에 빠뜨렸던 비인간 존재와 동등한 위치에서 인간성을 발견하게 된다.[85]

이러한 진단을 인간과 비인간 동물의 격차를 회복해야 한다는 요구로 읽어서는 안 된다. 격차 자체가 필연적으로 격차가 지워지는 지점으로 돌아가기 때문이다. 그 이유는 예외와 주권에 내재된 폭력의 행사에 있다. 벤야민이 법의 논리적 모순이 아니라 법적 상황의 객관적 모순[86]

---

85 생명정치와 동물성을 둘러싼 최근 캐리 울프의 탐구는 동물에 대한 폭력과 인간에 대한 폭력의 관계를 깊게 살피며 "종의 경계를 가로질러 온갖 종류의 신체를 엮어 내는 생명정치"로 향한다. 로베르토 에스포지토에 입각하여 울프가 논하기를, 생명정치적 구분의 과정은 "나치가 애완동물, 고기, 홀로코스트 희생자를 어떻게 취급했는지 그 차이를 설명"할 수 있다. Wolfe. *Before The Law*. 102 참조.

86 Benjamin. "Critique of Violence." 240[「폭력의 비판을 위하여」, 『법의 힘』, 145-146쪽].

이라고 부른 예외를 성립할 권리, 그렇지 않았다면 금지되었을 폭력을 행사할 권리는 인간과 비인간 동물 사이에 놓인 모든 격차를 사라지게 만드는 결정적 지점이기도 하다. 평화롭게 보이는 인간 사회가 비인간 동물 생명에게 대규모 폭력을 행사할 수 있는 것은 예외가 있기 때문이다. 또한 인간과 비인간의 격차는 순전히 예외로 구성되어 있어서, 인간은 동물 이상의 것을 받을 만하지만 동물은 인간 생명이 결코 놓여서는 안 되는 곳에 놓여도 좋다고 간주하게 만든다. 그러나 인간 사회가 공장식 축산과 실험시설에서 벌거벗은 생명의 극한을 적극적으로 구성하는 한, 그 예외 영역에 포획된 비인간 동물의 생명은 인간 생명이 이를 수 있는 극한의 가능성을 보여준다. 이 인간 생명은 주권자의 손에 의해 비인간 생명이 처하게 된 것과 같은 바로 그 영역으로 내몰릴 수 있다. 문제는 인간과 동물의 만남은 미뤄질 수 있을 뿐 결코 무한정 연기될 수는 없기 때문에, 인간과 동물 사이의 공간을 재구성하려고 시도해 봤자 필연적으로 다시 동물에게로 돌아갈 수밖에 없다는 것이다. 이러한 까닭에 아마도 에밀 졸라가 이렇게 말했을 테다. "우스꽝스럽게 보이는 것에 대한 두려움보다 동물의 운명이 내게는 더 중요하다. 동물의 운명은 인간의 운명과 불가분하게 연결되어 있다."[87]

지구상에서 살아가는 인구는 주권 권력의 관점을 물려받았고, 이는 가장 접근 불가능할 것 같은 일상생활의 여러 측면으로까지 암처럼 퍼져 나갔다. 이 관점은 모든 사람에게 명령을 내리고, 모든 사람에게 정당성을 주장하며, 그 영역 내 모든 사람의 삶의 품행을 결정한다. 우

---

87   Emile Zola quoted in Jon Wynne-Tyson Ed. *The Extended Circle: A Dictionary of Humane Thought.* Sussex: Centaur Press, 1985. 432.

리가 알고 있는 정치는 주권 권력의 그물망에 피해 갈 수 없이 사로잡혀 있어서 근대 정치에서의 토론은 다음과 같은 뻔하고 동일한 문제 주변만을 돌고 있는 것처럼 보인다. 적절한 법적 대응은 무엇인가? 이 특정 갈등에 개입하는 것은 국가 권한 내의 일인가? 국가에 맞서 시민 권리의 유지를 어떻게 보장할 수 있는가? 모든 질문이 주권자를 절대적으로 전제하고 모든 결정이 생명 자체와 관련되는, 포괄적이고 전제적인 이러한 정치 담론에 도전하기 위해서는 영토, 통치, 경제를 상상하는 방식에 대한 가장 집중적인 재고찰이 필요하다. 이런 의미에서 아감벤의 벌거벗은 생명 분석이나 푸코의 생명정치 이론은 우리에게 주권 권력과 관련하여 비인간 생명의 조건에 접근하는 수단을 제공해 주지만, 정치학의 기획은 그 이상을 목표로 해야 한다. 생명정치가 인간과 동물의 갈등(동물과의 전쟁)을 재현한다면, 여기서 우리가 추구해야 할 것은 이 전쟁을 끝낼 수 있는 방법일 것이다.

2.
통치성

··· 모든 생산 형태는 독자적인 법적 관계, 통치 형태 등을 낳는다. 조야함이나 몰이해란 바로 유기적으로 연결된 것을 우연적 관계로, 단순한 반사적 연관으로 빠뜨리는 것을 말한다. 부르주아 경제학자들은 근대적 경찰이 예컨대 주먹의 법보다 생산에 더 도움이 된다는 것만 본다. 이들은 주먹의 법도 법이며, 강자의 권리는 그들의 "법치국가"에서도 여전히 다른 형태로 남아 있다는 사실을 잊을 뿐이다.

　　　_ 카를 마르크스, 「정치경제학의 비판을 위한 기본 개요의 서설」[1]

플라톤의 『국가』에 그려진 중요한 대목으로 어딘가 혈기 왕성한 트라시마코스가 소크라테스에게 도전하는 장면이 있다.

"소크라테스 선생, 선생께는 보모가 있나요?"

"왜 그런 질문을 하죠? 그런 걸 묻기보다는 대답을 해야 하지 않겠습니까?" 나는 반문했네.

"왜냐하면 보모가 코를 닦아 줘야 할 아이처럼 훌쩍이는 선생을 방치하고 있기 때문입니다. 목자를 목자로 알아보고 양을 양으로 인정하는

1　Karl Marx. *Preface and Introduction to A Contribution to the Critique of Political Economy*. Peking: Foreign Language Press, 1976. 14–15[최인호 옮김, 「정치경제학의 비판을 위한 기본 개요의 서설」, 『칼 맑스 프리드리히 엥겔스 저작 선집』, 제2권, 박종철출판사, 1992, 448쪽].

법조차 가르치지 않았으니까요."

"무슨 이유로 그런 말을 하죠?"

"선생께서 목동이 양이나 소 떼에게 이익이 되는 것을 조사하고 돌보고 살찌우는 것이 주인이나 자신의 이익이 아닌 다른 목적을 위해서라고 생각하시니까 말입니다. 더구나 선생은 정치 세계에서 진정한 통치자들이 백성을 바로 양처럼 여기고 밤낮으로 다른 것은 신경 쓰지 않고 오직 자신에게 선한 것만 생각한다는 것도 모르고 계십니다. 선생은 올바름이니 올바르지 못함이니 정의니 불의니 하는 관념에서 너무 멀리 떨어져서 실제로 '올바름'이란 다른 사람에게 선한 것을 의미한다는 것을 알지 못합니다. '정의'는 통치하는 강자에게는 이익이지만 섬기는 자에게는 해가 되는 것인 반면 불의는 그 반대의 것이어서, 정의롭고 무고한 이들에게 그 권위를 주장하여 오직 지배자의 이익과 행복을 위해 봉사할 뿐 그들의 이익은 조금도 위하지 못하는 것입니다."[2]

이 대목은 여러 이유에서 흥미롭다. 한 가지 이유는 소크라테스에

---

2 Plato. *Republic*. I343. 25[『국가·정체』(개정 증보판), 93-94쪽]. 니콜라스 로즈는 즐거움을 위해 검투사를 이용하는 것과 양을 이용하는 것을 비교한 폴 벤느의 논의를 인용했다. "우리의 정치는 역사의 궤적을 따라 움직이는 무리들을 하나로 묶는 데 한계가 있지만, 그것을 제외하면 우리는 동물들이 동물들임을 잘 알고 있다. 우리는 도중에 굶어 죽는 동물이 너무 많이 나와 무리가 줄어들지 않도록 노력한다. 필요하면 먹이도 준다. … 로마 인민에게 검투사의 피를 보여주기를 꺼리지 않는 것처럼 양이나 소를 치는 목동은 근친상간을 막기 위해 동물들의 교미를 감시하지 않는다. 우리가 양보하지 않는 것은 단 한 가지, 그것은 동물들의 도덕이 아니라 활력이다. 무리가 약해지는 것은 원치 않는다. 그것은 무리뿐만 아니라 우리 자신의 손실이기 때문이다." Nikolas Rose. *Powers of Freedom: Reframing Political Thought*. Port Chester: Cambridge University Press, 1999. 40에서 재인용[이상길·김현경 옮김, 「역사학을 혁신한 푸코」, 『역사를 어떻게 쓰는가』, 새물결, 2004, 462쪽].

대한 트라시마코스의 도발이 지닌 젠더화된 성격 때문이다. 비판은 확립된 주장의 권위에 대한 경시, 즉 어느 정도의 무례함을 필요로 한다. 이 경우 트라시마코스의 무례함은 "거세"의 형태를 취하는데, 코를 훌쩍이며 여성의 손길을 기다리고 있다는 사실은 위대한 소크라테스를 깎아내리는 요소가 된다. 트라시마코스는 불손하게도 소크라테스가 어린아이이며 여성의 돌봄 속에 있다고 말한다. 더욱이 여성이 돌봄을 소홀히 한 탓에 소크라테스가 자기기만에 향하게 되었다는 말은 모욕을 더욱 신랄하게 만든다. 그녀는 어린아이가 상황의 진실을 보는 것을 방해하고 아이를, 이 경우에는 "코를 닦아 줘야 할 아이처럼" 훌쩍이는 것을 방치하고 있다. 소크라테스에게 "거세"를 꾀했던 트라시마코스의 시도는 나중에 그가 항복하는 부분과 대비해서 봐야 한다. 주목할 만한 것은 계속되는 대화가 또 하나의 거세로 끝맺으며 결말로 향한다는 것이다. 이번에는 소크라테스에게 허를 찔린 트라시마코스가 얼굴을 붉힌다.

> 트라시마코스의 동의는 마지못해 끌려 나오듯 이뤄졌는데 말로 표현하기는 어렵네. 그는 더위 탓도 있었겠지만 모든 모공에서 땀을 뿜어내고 있었지. 그리고 전에는 본 적 없는 모습인데, 트라시마코스가 얼굴을 붉혔다네.[3]

보기에 따라서는 얼굴을 붉히는 것도 비평의 지점이 될 수 있는데,

---

3 Plato. *Republic*. 33. I350[『국가·정체』(개정 증보판), 110쪽].

인간과 비인간 동물의 차별성이 주장되는 또 다른 지점으로서의 수치심은 인간의 속성이라고 여겨지기 때문이다.[4] 여기에서 수치심은 일종의 거세로 경험된다. 여성이 남성과의 관계에서 진리 자체의 원천("본성")으로서가 아니라[5] 명백해야 할 진리의 원천을 무관심하게 (아마도 어리석게) 숨기는 존재로 자리하기 때문이다. 또 다른 각도에서 트라시마코스와 소크라테스의 대결은 결국 하나의 가축화로도 읽힌다. 즉, 이해관계의 차이를 인정하지 않고 상대방을 자신의 생활세계로 끌어들이려는 지배 형태의 시도로 보인다. 이는 『국가』 후반부에서 소크라테스가 한 말로 뒷받침된다. "트라시마코스와 나를 싸우게 하지 말게. 방금 친구가 되었으니까. 하기야 전부터 적이었던 것도 아니지만."[6] 이것은 분명 자신의 견해에 트라시마코스를 굴복시키는 경험을 통해 성립하는 소크라테스식 "반려 관계"이다.

이 장에서 초점을 맞추는 것은 인간의 동물에 대한 지배의 발전 및 그 통제 기술이 인간에 대한 주권적 폭력과 맺는 관계를 어떻게 개념화할 것인가이다. 이 장은 푸코의 통치성의 계보학을 특히 사목 권력의 논의를 주축으로 탐구하고, 푸코의 설명이 동물의 가축화 및

---

4 John Heath. *The Talking Greeks: Speech, Animals, and the Other in Homer, Aeschylus, and Plato.* Cambridge: Cambridge University Press, 2005. 296–298을 참조하라. Agamben. *Remnants from Auschwitz.* 103도 보라.

5 뤼스 이리가레는 말한다. "… 그렇다고 해서 그것/그녀를 무시할 수도 없기 때문에 **그녀/그것은 이데아의 무한 속으로 외삽될 것이다.** 이데아는 가시적이지도 재현될 수 있는 것도 아니지만 **그것은 기원에 관한 맹목과 공모한다.**" Luce Irigaray. *Speculum of the Other Woman.* Ithaca: Cornell University Press, 1985. 294[심하은·황주영 옮김, 『반사경: 타자인 여성에 대하여』, 꿈꾼문고, 2021, 532쪽].

6 Plato. *Republic.* 207. I498[『국가·정체』(개정 증보판), 416쪽].

그것이 생명정치적 폭력의 조직 수단으로서 통치성의 발전과 맺는 관계를 "재고take stock"하지 못했음을 지적한다. 제1장이 인간의 인간에 대한 폭력과 동물에 대한 폭력의 역사적 유사성과 상호연관성을 주장했다면, 이번 장은 그 직관을 발전시킨다. 이러한 폭력 체제를 이해하기 위해서는 두 폭력 간의 그 상호의존성에도 불구하고 각각의 독립적 역사를 추적할 필요가 있다. 이를 위해 사목 권력의 공식을 제시할 것이다. 트라시마코스와 마찬가지로, 여기서 핵심을 이루는 질문은 목자가 진실로 "선하다"라고 할 수 있는지, 목자가 주장하는 이로움을 의심하는 것이 통치성의 계보학 서사에 어떤 재구축을 가져오는지이다.

통치 전쟁

조직화된 도축 산업 및 동물 이용은 규모에 따라 정밀한 통제장치의 관리를 필요로 하며, 그에 따라 다양한 관계자들에게 책임이 부여되고 위탁된다. 그 관계자에는 국가, 승인 당국, 거대한 다국적 민간기업, 동물 재산권을 소유하거나 소유하지 않을 수 있는 농가 및 노동자와 같은 개인 계약자, 이동·영양·생식·죽음이 정밀하게 규정되는 지형학 안에 놓인 저항적 행위자인 동물 인구 당사자 등이 있다. 산업적 번식, 격납, 도축은 정밀하게 조직된 틀 내에서 어떻게 다양한 권한 위탁이 작동할 수 있는지에 대한 유용한 사례를 제공한다. 공장식 축산 산업이 "수직 통합vertical integration"으로 급격히 전환되고 있는 현실을 생각해 보면 된다.[7] 생산은 꼼꼼하게 세분화되어 삶에서 죽음에 이르는 "공급망"의 모든 측면을 통제한다. 새로운 특징은 식육 처리 기업들의 통제로, 이들은 도살, 육류 생산, 유통을 책임지고 그 공급망의 요소들을 도살당하는 동물들의 살아 있는 삶으로부터 분리하여 재배치하면서 동물들의 사육에 관한 계약적 합의를 통해 지휘권을 행사한다.

40년 전 있던 잡다한 작물과 소수의 동물을 키우는 경제주체였던 다원화된 가족 소유 독립 농장이 경제주체에서 사라지면서, 훨씬 거대하고 종종 높은 비율의 차입금이 있는 축산 공장으로 대체되었다. 이러한 시설의 동물들은 탄생 내지 부화 시점부터 가공 공장에 보내져 시장에 나오는 시점까지 식육 처리 기업의 소유 아래 있게 된다. 포장된 식품들은 농장 자체에서 멀리 떨어진 곳에서 매매된다.[8]

이러한 경향은 농가의 역할에도 커다란 변화를 수반한다. 점점 더 많은 동물 농가들이 "수직 통합된" 식육 처리 기업과 계약을 맺고 새끼 때부터 도살장 출하 때까지 동물을 키울 수 있는 축사와 시설을 제공받는다. 수탁 농가는 동물을 소유하지 않고, 동물에게 주는 작물도 재배하지 않는 경우가 흔하다. 동물에게 언제 무엇을 먹일지를 포함하여 생산의 전 국면을 통합자인 기업이 관할한다.[9]

---

7 Noske. *Beyond Boundaries*. 23–27 참조.

8 Pew Commission. *Putting Meat on the Table: Industrial Farm Animal Production*, Report of Pew Commission on Industrial Farm Animal Production. 2008. 5.

9 Pew Commission. Putting Meat on the Table. 5–6. 퓨 위원회는 이렇게 말한다. "오늘날 통합 기업과 수탁자 간의 계약에서 일반적으로 동물 배설물이나 출하 전 동물 사체 처리의 책임

이 복잡한 활동 영역에서 지배가 어떻게 작동하는지 알기 위해서는 기술이 조직되는 방식을 이해해야 한다. 여기에는 중앙집중식 통제 장치에 의존하지 않는 자율 체계도 포함된다. 이 경우 전쟁을 작동시키는 것은 분산된 통치 체계이다. 이것은 인간에게 최대의 효용을 보장하기 위해 폭력과 통제 기술을 배열, 조정하여 비인간 동물을 포괄적인 생사 관리하에 둔다. 지배권이 도구로서 요구되는 복잡성의 조직화는 본질적으로 통치의 문제이다. 곧 논하겠지만, 주권은 선험적이고 자명한 지배관계를 확립할 역량을 갖는 특수한 근본적 권리 또는 특권으로 나타난다. 즉, 주권은 일체의 의문을 제기하지 않는 "어리석음"의 역량으로 특징지어진다. 통치(어떤 합리성 또는 합리적 행동들이 상호 연결된 행위의 장을 이끌고 형성하는지의 문제)는 이 특권이 어떻게 실행되는지 설명하는 방법이나 다름없다.

제1장에서 논한 바와 같이, 동물과의 전쟁은 명백히 생명정치적인 것으로 보아야 한다. 즉, 동물과 인간의 관계를 특징짓는 것은 생사 사이에 잡힌 균형점으로, 미세하고 조직적인 집단 생명의 관리가 이 관계의 역학을 이해하는 열쇠가 된다. 푸코의 "통치성"을 고찰해 보면 전쟁, 생명정치, 동물 지배의 상호관계를 더욱 정교하게 이해하기 위한 길을 찾을 수 있다.[10] 푸코에 따르면 통치 합리성은 국가권력의 작동에서 중

을 맡는 것은 수탁자이다. 오염과 폐기물 관리 비용 또한 수탁자가 담당한다. 폐기물 처리나 처리 방법을 관리하는 규칙은 연방이나 주의 기관이 정한다."

10 전통적인 의미의 전쟁(즉 주권국가 간의 갈등)을 언급하며 니콜라스 로즈와 피터 밀러는 전쟁이 "그 자체로 통치의 특정한 실천에 의거한다"라고 말한다. Nikolas Rose and Peter Miller. "Political Power beyond the State: Problematics of Government." *The British Journal of Sociology*. 43.2, 1992. 173–205. 178 참조.

대한 전환이 이루어졌음을 알려주는데, 이로 인해 (주권자의 물리적 소유물에 불과한) 영토 유지라는 목적은 인구 규모의 생명정치적 개입이라는 목적으로 이행하게 된다. 주권은 오로지 권력 수단의 유지에만 관여한다는 견해와 달리, 통치의 목적은 통치 행위 자체가 아니라 인구의 복지, 그 상태의 개선, 부·수명·건강 등 "행복" 전반의 증진이다. 통치는 인구 그 자체를 대상으로 직접적으로 대규모 시책을 취하기도 하고, 간접적으로 기술을 이용해 출산 장려, 개발력이나 창조력 자극, 특정 지역이나 활동으로의 인구 흐름 유도를 실행하기도 한다. 인구는 이제 주권자의 권력보다는 통치의 목적을 재현한다.[11] 주권 권력의 중추 기반이 그대로 남아 있을지라도 통치 담론은 주권의 세력 내 광범한 생명 관리로 향한다. 따라서 푸코는 오늘날의 권력과 안전을 조직화하는 "삼위일체", 즉 "주권-규율-통치"[12]의 관계에 이른다.

주권에서 통치로의 전환은 또한 전략이 전환되었음을 의미한다. 홉스의 모델을 따르는 주권 권력은 확실히 기계적으로 운영했다. 주권자는 무력의 배치를 지시하여 권력의 강화라는 특정한 효과를 달성하는 자로 여겨졌다. 주권자는 단순히 칼을 이용해 세력권 내 반역자를 추적하고 처벌했다. 군사력은 침략자들을 말 그대로 "몰아내고" 권력은 군주와 위임자를 연결하는 "승계"를 통해 이어졌다. 영토 획득은 주기적인 폭력 행사를 통해 이뤄졌고 이것으로 자원과 새로운 세력권을 쟁취

11 Michel Foucault. "Governmentality." *The Foucault Effect: Studies in Governmentality, with Two Lectures and an Interview with Michel Foucault*. Graham Burchell, Colin Gordon and Peter Miller Eds. London: Harvester Wheatsheaf, 1991. 87–104. 100[이승철 외 옮김, 「통치성」, 『푸코 효과』, 난장, 2014, 133-156쪽, 151쪽].

12 Foucault. "Governmentality." 102[「통치성」, 153쪽].

했다. 이에 반해 통치 행위는 푸코가 "경제적"[13] 성격을 지닌다고 말한 전략을 포함한다. 극적인 폭력을 발발하는 형태로 무력을 행사하여 권력의 등록과 확립을 노리는 것과는 달리, 통치는 주도면밀한 개입을 통해 관계 영역 내의 인구의 행동을 명령하는 관리의 합리성인 것이다. 따라서 통치성은 이른바 "품행 인도the conduct of conduct"를 재현한다.[14] 예컨대 푸코는 배의 비유를 통해 통치 합리성의 작용을 설명한다.

> 배를 통치한다는 것은 무슨 의미일까요? 그것은 선원을 책임지고 배와 화물을 맡는 것을 뜻합니다. 배를 돌보는 것은 바람이나 암초나 폭풍을 고려하는 것이기도 합니다. 게다가 배를 돌보는 선원, 돌보아야 할 배, 항구로 가져가야 할 화물, 거기에 바람, 암초, 폭풍 및 기타 불확실한 요소들과의 관계를 구축하는 활동도 포함됩니다. 이것이 바로 배를 통치하는 것입니다.[15]

---

13 Foucault, "Governmentality." 92–93[「통치성」, 141쪽]. 또한 Colin Gordon, "Governmental Rationality: An Introduction." Graham Burchell, Colin Gordon and Peter Miller Eds. *The Foucault Effect: Studies in Governmentality with Two Lectures by and an Interview with Michel Foucault*. London: Harvester Wheatsheaf, London, 1991. 1–51. 11–12[이승철 외 옮김, 「통치 합리성에 관한 소개」, 『푸코 효과』, 13-84, 29-30쪽]도 참조할 것.

14 Gordon. "Governmental Rationality: An Introduction"[「통치 합리성에 관한 소개」] 참조. 또한 Mitchell Dean. *Governmentality: Power and Rule in Modern Society*. London: Sage Publications, 1999. 10–16도 보라.

15 Foucault. "Governmentality." 93–94[「통치성」, 142-143쪽]. 푸코가 비유로 배를 선택한 것은 흥미로운데, 이는 플라톤의『국가』에 짧게 묘사된 권력 모델과 조응하기 때문이다. "게다가 선장은 단순한 선원이 아니라 동료들을 이끄는 자로, 엄밀히 파악한다면 자기 자신이 아닌 부하들에게 이익이 될 것을 생각하고 명령할 것입니다." Plato. *Republic*. 24, I343[『국가·정체』(개정 증보판), 92쪽].

배를 소유하는 것은 통치 행위에서는 부차적인 것이다. "재산과 영토는 변수 중 하나일 뿐이다."[16] 니콜라스 로즈가 정리했듯이 "잘 지배하려면 지배를 행사하는 대상이 가졌다고 생각되는 특정하고 종별적인 특성에 대한 지식을 갖춰야 한다. 특유의 지세, 비옥도, 기후의 특성, 인구의 출산율, 질병 발생률, 사망률, 사회의 계급·이해관계·갈등, 경제의 유통·수요·공급 법칙, 개인들의 열정·흥미·선악의 경향 등의 특성이 그것이다."[17] 바로 이러한 의미에서 푸코는 통치성이 명백한 "사목적" 요소를 갖는다고 주장하는 것인데, 이 점은 아래에서 자세히 다룰 것이다. 통치는 무리를 조직하고자 하며 그 시야는 다수성 내의 개별 요소에까지 초점을 맞출 수 있다. 이처럼 영토 자체는 목적이 아니다. 통치는 이익에 이바지하는 영토를 유지하는 것이 아니라 다종다양한 자율적 행위자들의 원활한 공동생활을 보장할 책임을 다하는 것이다.

통치 합리성은 생명정치 및 규율권력을 다루는 푸코의 다른 저작과도 관련되며 특히 사람들이 **자기** 관리를 지향하는 방법과 연결된다. 푸코에 따르면 규율권력의 초점은 개인의 "영혼"에 있다.[18] 규율은 행동의 교정을 목표로 하며 각자는 이를 위해 자기를 통치할 수 있는 정상화 도구를 준비한다. 스스로를 통치하고 영혼을 위해 자기를 관리하려는 강박충동은 "우리의 영혼을 벌거벗을" 것에 대한 요구로 이어진다. 자기는 합리화된 전문가의 조사에 맡겨진다. 따라서 푸코가 『성의 역사』에서 논하듯이 근대의 개인은 타자에게 "고백"을 하고 자기의 점점 더

---

16 Foucault. "Governmentality." 94[「통치성」, 143쪽].

17 Rose. *Powers of Freedom.* 7.

18 Foucault. *Discipline and Punish.* 19[『감시와 처벌』(번역 개정 2판), 53쪽].

많은 측면들을 담론에 드러낸다.[19] 담론이 만들어 내는 조건 아래 개인이 자신의 삶, 성향과 특이성, 신체적, 유전적 체질에 관해 내리는 결정은 정상화의 대상이 되며 그 압력으로 인해 개인은 빈틈없이 스스로를 감시하고 행동, 표정, 외모, 몸가짐을 엄격히 통제하게 된다. 자기는 분열된다. 자기를 나타내려면 다양한 요소들의 집합체가 일관성을 갖고 결합해야 한다. 그러므로 통치 행위란 자기를 욕망·성향·신체적 특성·지성 등의 다발, 끊임없이 관리되는 실체, 각종 개입이 이루어지는 요인들의 경제로서 파악하게 하는 수단으로 이해할 수 있다.[20]

"비만"과 체중 조절에서 통용되는 끝없는 담론은 그러한 통치 모델이 개인적 차원으로 옮겨진 실례라고 할 수 있다. 체중 "문제"를 가진 것으로 식별되는 이들은 개인의 신체적 특성, 유전적·세습적 성질, 욕망, 신체적 활동에 관한 성향 및 능력에 따라 평가된다. 이러한 정보는 이용 가능한 식품과 약물 체제, 신체의 훈련 형태, 운동 및 동기부여를 기반으로 하는 전략을 발전시키는 데 활용되어, 신체는 체중 증가를 관리, 삭감하기 위한 행위 양태로 내몰리게 된다.[21] 개인은 운동, 외모,

19 Foucault. *The Will to Knowledge: The History of Sexuality: 1*. 53–73[『성의 역사 1: 지식의 의지』(4판), 71-97쪽]. 이에 관해서는 Chloë Taylor. *The Culture of Confession from Augustine to Foucault: A Genealogy of the 'Confessing Animal'*. New York: Routledge, 2009 참조.

20 따라서 미첼 딘은 말한다. "… 자기가 겹겹이 접혀 본질적 실체가 없는 내적 존재 공간을 정의하는 나선형 리본으로 파악된다면, 오늘날 정치문화에서 자기는 다양한 통치 기획, 자기 기술, 인간 과학의 연구의 다양한 옷감, 직조, 색상, 패턴으로 구성된다." Mitchell Dean. *Critical and Effective Histories: Foucault's Methods and Historical Sociology*. London and New York: Routledge, 1994. 211 참조. Michael Clifford. *Political Geneology after Foucault: Savage Identities*. New York and London: Routledge, 2001. 65도 보라.

21 서맨사 머레이는 말한다. "'뚱뚱한' 신체는 화나게 한다. 그것은 부적합하다. 병리학 담론의 규율적 명령은 끊임없이 '뚱뚱한' 신체를 지배하고 그 세계내존재를 검사한다." Samantha Murray. *The 'Fat' Female Body*. New York: Palgrave Macmillan, 2008 참조.

체중, 식습관을 꼼꼼히 측정하는 법을 배우고, 이 영원한 자기 규율은 정상화된 신체 이미지를 강제하는 감시 사회에 의해 강화된다. 통치 행위는 규율 모델의 권력을 확장하고, 신체는 정해진 특징, 열정과 욕망, 기호와 성향의 복잡한 혼합물로 표상되어 정상화된 결과의 달성을 향한 계획, 전략적 배치, 훈련, 지속적 전략에 의해 관리된다. 이 복잡한 권력 양식은 개인의 신체와 얽히면서 인구 관리라는 보다 넓은 목표와 맞물린다. 개인 차원의 미시적 품행 조직화는 인구 차원의 더 큰 다수를 조직화하기 위한 전략을 보완할 수 있는 광범한 역량을 갖고 있다. 예컨대, 식습관 및 훈련 체제를 개인들에게 심어 주는 것은 "비만"으로 인한 의료비나 사망률을 낮추는 더 광범한 기능에 기여하는 것으로 풀이된다. 따라서 개인의 품행에 대한 조직화는 무리의 품행의 조직화와 통합한다.

푸코의 통치성 모델은 국가 통치 기능에 국한되지 않는다. 실제로 푸코가 말하듯이 "국가는 통치의 돌발 사건에 불과"[22]하다. 통치성은 하나의 "합리성"이다.[23] 이는 국가(오늘날의 맥락에서는 "국제 통치"나 "세계 경제"를 뜻할 수 있다)부터 가정, 개인(영혼)에 이르는 다양한 규모의 단위들을 취급하는 방법을 알려 준다.[24] 따라서 권력의 통치성 모델이 국가 권력의 특정한 경로를 특징짓는다 하더라도 그 영역에만 국한되지 않

---

22 Foucault. *Security, Territory, Population.* 248[『안전, 영토, 인구』, 346쪽]. 푸코는 말한다. "보여줘야 할 것은 시민사회, 혹은 극히 단순히 통치화된 사회가 16세기 이후 어떤 경위로 국가라고 칭해지는 취약하면서도 강박적인 무언가를 조직했는지 하는 점입니다. 그러나 국가는 통치의 돌발 사건에 불과한 것이지 통치가 국가의 도구인 것은 아닙니다. 어쨌든 국가는 통치성의 돌발 사건입니다."

23 Gordon. "Governmental Rationality: An Introduction"[「통치 합리성에 관한 소개」] 참조.

24 Foucault. "Governmentality." 90[「통치성」, 138쪽].

는다. 다른 조직도 통치성의 원리를 수단으로 택하여 각각의 영향권 내 행위자의 상호작용을 관리한다. 예컨대, 시의회와 같은 지방 통치 기관은 자치구 내의 주민과 방문객의 행동 관리에 힘쓴다. 시의회는 경찰력의 위압적 활동을 보완하는 범죄 방지 전략으로 지역사회의 보호시설을 제공하고 어두운 공원에 전등을 설치하며, 자치구 내 다양한 지역사회와 상의하고 공공장소에서 전자 감시를 활용하며 청소년 센터를 지원할 수 있다. 이 경우 항상 주권 권력이 담당해 왔던 범죄의 추적은 통치 합리성 아래 "지역사회의 문제"가 되어 의회, 교회, 학교, 학부모회, 청년 노동자, 노인회에 이르는 다양한 집단이 그 관리에 참여한다.[25]

이 책과 관련해서 중요한 것은 통치의 합리성이 폭력을 조직할 수 있다는 점이다.[26] 미첼 딘이 주장하기를, 통치는 적어도 외관상 자유민

---

25 팻 오말리는 이와 유사한 전략을 원주민 지역사회의 통치와 관련하여 다룬다. Pat O'Malley. "Indigenous Governance." Mitchell Dean and Barry Hindess Eds. *Governing Australia: Studies in Contemporary Rationalities of Government.* Cambridge: Cambridge University Press, 1988. 156-172 참조. 또한 오말리는 "지역사회 범죄 예방" 전략에 대해 명시적으로 논한다 (158-159 참조). 오말리가 거론하는 것은 1990년 웨스턴오스트레일리아 지역사회의 사업 부서가 은가아냐차라Ngaanyatjarra 사회의 휘발유 흡입에 대처하는 협동 전략을 논의하기 위해 은가아냐차라 대표에게 접근하면서 시작된 특별한 개입이다(163-164). 이 개입은 형사사법제도에 따라 흡입자를 추적하는 기존 국가권력을 보완하는 방안으로, 주권 세력의 배치의 (좀 더 전통적인) 전술에서 다양한 기관의 배치를 통한 지역사회의 행위 관리로 이행했음을 보여준다.

26 미첼 딘의 권위주의적 통치성 논의(후술할 것이다)와는 별도로 Judith Butler. *Precarious Life: The Powers of Mourning and Violence.* London: Verso, 2004[윤조원 옮김, 『위태로운 삶: 애도의 힘과 폭력』, 필로소픽, 2018]를 참조하라. 버틀러에 따르면 통치성은 정규의 법적 질서에 혼란의 지점을 제공하여 "불량" 주권을 나타나게 하는데(56[95쪽]) "그것은 일체의 책임성의 구조를 내장하지 않는다(66[106쪽])." 버틀러는 말한다. "법의 지배의 유예는 통치성과 주권의 통합을 허용한다. 주권은 유예 행위에 의해서뿐 아니라 법적 특권의 자기 할당을 통해서도 행사된다. 통치성은 전술적 운용의 한 분야로서 법으로 회귀할 수 있더라도 초법적인 행정 권력의 운용을 의미한다(55[93-94쪽])." 버틀러의 통찰은 고문이나 수용소 같은 주권적 폭력의 사례와 통치성을 연결하는 열쇠를 제시한다는 점에

주주의 국가와 유사하지 않은 양식을 택할 수 있으며, 그러한 체제는 "권위주의적 통치성"의 실례로 꼽힐 수 있다.[27] 딘은 자유주의 국가에서 종종 권위주의적 지배의 행사가 정당화된다고 주장한다. 자유주의는 자유로운 행위자들이 스스로 통치당하는 것을 받아들이고 통치에 "적합한" 주체를 위한 "훈련"의 정당성을 부여한다는 전제를 바탕으로 한다. 자유주의적 담론은 시민 주체들이 공식적인 정치 과정에 참여할 수 있도록 시민들에게 적절한 지식을 장려할 필요성을 강조한다. 따라서 "자유로운 주체에게 요구되는 성숙에 아직 이르지 못한" 특정 인구를 위해 배치되는 규율적인 교육망(학교, 교육 캠페인 등)에 대한 지지가 존재한다.[28] 자칫 이와 동일한 논리가 시민 정치 공간의 참여자로 부적합하다고 간주되는 집단에 대한 조직적인 배제를 승인하기도 한다. "발달이 부족한" 정치 주체로 규정된 인구에 대한 권위주의적 조치의 사용에 대한 정당화가 이렇게 이루어진다.

포스트 식민주의 맥락에서 권위주의(실제로는 집단학살) 형태의 통치성 행사의 전형적 사례는 원주민들에 대한 조직적인 폭력, 지배, 절멸

서 유용하다. 그러나 "합법적" 대 "비합법적 주권"이라는 도식은 내가 이 책에서 제시한 분석과는 다르다. 즉, 고문이나 수용소(그리고 도살장) 같은 사례는 스스로를 권위 있게 하는 생명정치적 주권의 구성 요소이지 "합법적" 규칙으로부터의 일탈로 볼 수 없다. 인간의 동물 지배라는 맥락에서 이러한 주권은 항상 "합법적"인 것으로 간주된다. 위태로움에 관한 버틀러의 저작 및 그것이 동물을 고찰하는 데 갖는 유용성에 대해서는 Taylor. "The Precarious Lives of Animals: Butler, Coetzee, and Animal Ethics"; James Stanescu. "Species Trouble: Judith Butler, Mourning, the Precarious Lives of Animals." *Hypatia*. 27, 2012. 567–582; 취약성에 대해서는 Anat Pick. *Creaturely Poetics: Animality and Vulnerability in Literature and Film*. New York: Columbia University Press, 2011을 참조하라.

27 Dean. *Governmentality*. 131–148 참조.

28 Dean. Governmentality. 133.

행위에서 볼 수 있다. 피오나 니콜이 말했듯이 백인의 호주 침략의 맥락에서 이 역사는 통치 전략의 호전적 역량을 강조한다.

> 대륙 전역에 대한 수탈의 움직임은 애보리진의 추방, 토지 분할, 정착
> 민에게로의 매각을 초래했고, 식민지 당국은 수탈당한 원주민 인구
> 의 문제를 맞닥뜨리게 되었다. '거류지'가 세워지면서 애보리진과 토
> 레스 해협 제도 주민들은 갇히게 되었다. 강제적인 노동 체제, 음주와
> 같은 특정 사회활동의 금지, 거류지 간 이동을 제한하는 통행증 제도
> 는 20세기에 이르기까지 이 "감금 체제carceral regime"의 요소였다. 여
> 기서 중요한 것은 주인 없는 땅terra nullius이 특히 전쟁의 **통치** 형태를
> 정당화했다는 점이다.[29]

이처럼 수탈 행위나 집단학살과 같은 생명정치적 개입의 폭력 형태까지도 자유주의 통치성 영역에 고유한 것일 수 있다. "생명정치의 명령이 자유민주주의 국가의 오점 일체를 설명할 수 있는 것은 아니지만, 자유주의 성격에 반하는 행위가 생명정치적 의도의 최선으로 행해지는 경우가 얼마나 많은지 주목할 만하다."[30] 통치성에 대한 이러한 견해는 제1장에서 다룬 아실 음벰베의 개념화, 즉 죽음정치의 영역과 삶을 육성하는 영역이 이웃한다는 견해와 일치한다. 삶과 죽음은 지형학적으로 배치된다. 삶과 죽음은 경계선으로 나뉘어 분리되어 있지만, 서로를

---

29 Fiona Nicoll. *From Diggers to Drag Queens: Configurations of Australian Identity*. Annandale: Pluto Press, 2001. 163–164.

30 Dean. *Governmentality*. 132.

먹여 살린다.

인간 인구의 폭력적 통치성은 비인간 인구에게 통치성이 어떻게 응용될 수 있는지 이해할 기회를 제공한다. 앞서 논했듯이 산업화된 축산 공정과 같은 비인간 생명의 대규모 지배양식의 조직화는 총체적 체계 내 다양한 요소들을 조직하는 정밀한 통치 양식을 필요로 한다. 물론 여기서 방법론적으로 인간 인구에 대한 권위주의적 통치성 양식이 인간과 비인간 동물의 관계를 적절히 기술할 수 있다고 단순하게 말하려는 것은 아니다. 오히려 여기서는 인간의 동물에 대한 취급이 어떻게 인간에 대한 취급의 합리성을 알려 줄 수 있는지, 즉 비인간 생명에 대한 통치성이 어떻게 인간 인구의 통치를 조직화하는 합리성으로 체계적으로 전이될 수 있는지 개념화하는 것이 과제이다.

사목 권력

푸코는 통치성과 주권을 구별하지만, 내가 생각하기에 두 개념은 분리하는 것이 더 어렵다. 푸코가 보는 차이는 적어도 일면에서는 시간적인 것이다. 푸코가 1977-1978년 강의에서 상세하게 설명하는 계보학적 행적은 사목에서 그 시작점을 갖는다. 그 시작은 특히 기독교 전통에서 목자와 가축의 비유적 관계를 기반으로 통제 관계를 모델화한 것이다. 사목 권력은 통치성에 선행하는 것으로 이해되는데, 통치의 기술을 발전시키는 일련의 관심사(안전과 인구가 그 핵심 동인이다)는 주권의 행사 영역을 변화시킨다. 즉, 푸코가 말한 것처럼 사목 권력은 "통치성의 서곡"[31]이다.

사목은 독특한 권력 형태로서 고유한 특징을 지닌 것으로 보인다. 첫째, 사목은 인구 및 그 변화와 관련된다. "목자의 권력은 영토에 대해서가 아니라 정의상 무리에 대해서, 보다 정확하게는 한 지점에서 다른 지점으로 이동하고 있는 무리에 대해서 행사됩니다."[32] 따라서 사목 권력의 초점은 생명이 없는 재산(영토)에서 생명이 있는 재산(동물, 노예, 신체)으로 전환하며 무리의 모든 우여곡절은 목자가 알아야 할 대상이 된다. 둘째, 푸코가 말하길, 사목 권력은 "선을 행하는" 권력이자 "이롭게 하는" 권력이다.[33] 권력은 보통 힘의 쟁탈전을 통해 "적에게 승리하고 적을 무찌르고 노예로 삼을 수 있는 능력으로 … 정복 가능성, 영토, 부 등으로"[34] 식별되지만, 사목 권력은 유익하거나 이로움을 베푸는 능력으로 정의된다. 즉, "사목 권력의 존재 이유는 선행하는 것입니다."[35] 푸코가 지적한 것처럼 여기서 선행은 안녕(구제나 안전)을 목표로 넓은 의미에서 생존을 유지시키는 것이다.

사목 권력은 돌봄의 권력입니다. 사목 권력은 무리를 돌보고, 무리의 한 마리 한 마리를 보살피며, 양들이 고통받지 않도록 경계하고, 무리

31 Foucault. *Security, Territory, Population.* 184[『안전, 영토, 인구』, 264쪽].

32 Foucault. *Security, Territory, Population.* 125[『안전, 영토, 인구』, 184쪽].

33 Foucault. *Security, Territory, Population.* 126[『안전, 영토, 인구』, 185쪽].

34 Foucault. *Security, Territory, Population.* 126[『안전, 영토, 인구』, 185쪽].

35 Foucault. *Security, Territory, Population.* 126[『안전, 영토, 인구』, 185쪽].

에서 떨어져 나간 양들을 찾아 나서며, 다친 양들을 치료합니다.[36]

따라서 목자의 권력은 자신을 위해 행사하는 권리가 아니라 오히려 무리를 위해 봉사해야 할 의무로 해석된다. 이는 사목 권력 모델의 세 번째 특징으로 꼽힌다. 즉, 목자의 임무는 무리의 안락을 위해 자신을 희생하는 것이다. "선한 목자"는 무리에 대한 관리가 본래 도구적이라는 그 어떤 주장도 윤리적으로 배제하며, 반대로 자신이 이끄는 가축의 복지를 위하는 겸허하고 절절한 희생의 표본이 된다.

목자는 모든 돌봄을 타인에게 돌리지 자신에게 전혀 돌리지 않습니다. 이것이야말로 선한 목자와 나쁜 목자의 차이입니다. 나쁜 목자는 자기 이익을 위해 무리를 살찌워 여기저기 팔아 치우기 위한 것만 생각하지만, 선한 목자는 자기 무리만 생각하고 다른 것은 전혀 생각하지 않습니다. 여기서 이타성을 본질로 하는 이른바 이행적인 성격의 권력의 외양, 윤곽을 볼 수 있습니다. 목자는 무리를 섬기고 무리와 목장, 식량, 구제의 매개자가 되지 않으면 안 되니, 사목 권력은 항상 그 자체로 선이라고 할 수 있습니다. 모든 차원의 공포, 강압, 무시무시한 폭력, 왕이나 신의 권력 앞에서 인간을 떨게 만드는 이 모든 불온한 권력은 목자 앞에서 사라지게 됩니다. 그것이 왕이 된 목자이든 신이 된 목자이든 간에요.[37]

36 Foucault. *Security, Territory, Population.* 127[『안전, 영토, 인구』, 186쪽].

37 Foucault. *Security, Territory, Population.* 127-128[『안전, 영토, 인구』, 187-188쪽].

푸코는 폭넓게 파악한 사목 권력에 네 번째 특징을 추가한다. 무리를 개별화하면서도 결집시키는 목자의 역량이다. "목자는 무리 전체를 이끌지만 진정으로 그렇게 하기 위해서는 단 한 마리의 양도 목자를 벗어나서는 안 됩니다."[38] 따라서 목자는 그램분자적molar 수준부터 분자적molecular 수준의 조직에 이르기까지 관계의 규모를 조정할 수 있는 역량을 갖는다.[39]

이상과 같이 사목 권력에는 네 가지 특징이 있다. (영토와 달리) 생명이 있는 인구에 초점을 맞추는 권력, 도구적이기보다는 선행을 베푸는 권력, 지배의 권리를 봉사의 의무로 바꾸는 권력, 규모를 조정하여 개인과 집단 모두에 가담하는 권력. 여기서 나는 푸코의 사목 권력론에 이견이 없다. 오히려 그 권력론은 통치성으로의 진화를 사유하는 데 여전히 의미가 있다. 내가 여기서 다루고 싶은 것은 어떤 개념적 공백이 푸코의 모델 이면에 숨겨진 가정이 있음을 알려 준다는 점이다. 즉, 사목 권력 모델에서 동물의 암묵적 역할을 말해 보고 싶다.[40] 매슈 콜이 요약한 것

---

38 Foucault. *Security, Territory, Population*. 128[『안전, 영토, 인구』, 188쪽].

39 여기서 사용한 "그램분자적", "분자적"이라는 말은 질 들뢰즈와 펠릭스 가타리가 『천 개의 고원: 자본주의와 분열증 2』에서 "절편성segmentarity"의 개념을 통해 미시정치적 조직화를 묘사하기 위한 비유로 사용한 용어이다(Gilles Deleuze and Félix Guattari. *A Thousand Plateaus: Capitalism and Schizophrenia*. Minneapolis: University of Minnesota Press, 1998. 208–231[김재인 옮김, 『천 개의 고원: 자본주의와 분열증 2』, 새물결, 2001, 395-440쪽] 참조). 들뢰즈와 가타리가 정의하는 절편은 조직화의 기본 단위이다. "절편성은 우리를 구성하는 모든 층에 내재한다. 거주, 왕래, 노동, 놀이 등 삶은 공간적으로 그리고 사회적으로 절편화되어 있다(208[397쪽])." 절편화의 여러 형태들 간의 차이는 분석의 규모에 따라 좌우된다. 즉, 들뢰즈와 가타리가 지적하듯이 정치적 조직화의 양식에는 그램분자적(거시정치적) 차원부터 분자적(미시정치적) 차원까지 항상 복수성이 있다(213[406쪽]).

40 사목 권력을 개념화하는 푸코가 "종" 맹목성에 빠져 있다는 사실을 많은 연구자들이 지적한다. 예를 들어 Cole. "From 'Animal Machines' to 'Happy Meat'?"; Anand Pandian. "Pastoral Power in the Postcolony: On the Biopolitics of the Criminal Animal in South India." *Cul-

처럼, "푸코의 사목 권력 논의는 종 맹목성을 드러낸다."[41] 푸코의 사목 권력을 분석하면서 내가 이상하게 여기게 된 점은 동물의 통제, 도구화, 죽음의 모델과 같은 사목 역할의 문제가 사목의 낭만적 은유를 파악하는 요소로 여겨지지 않는다는 점이다. 플라톤의『국가』에서 트라시마코스가 사목 권력 개념에 회의적 반대(즉, 목자가 양털을 수확하고 도살하기 위해 가축을 살찌우는 것은 자신의 이익을 위한 행동이다)를 제기했음이 미미하게 인정되지만,[42] 푸코의 사목 권력론에서는 평화를 사랑하는 목자라는 신화 이면에 잠재된 잔혹성에 대한 인식은 거의 찾아볼 수 없다.

크리스토퍼 메이스는 푸코의 사목 권력론을 다시 읽으며 목자와 무리(인간과 동물 모두)의 관계에 동반되는 이 설명되지 않은 폭력적 관계성에 주목한다.[43] 메이스가 볼 때 푸코의 사목 분석은 보다 더 명확한 분리가 필요하다. 특히 히브리 전통에서 사목 권력의 구성 요소로서 폭력의 역할을 강조해야 한다. "푸코는 히브리 사목의 초기 발달을 면밀하게 분석하면서도, 폭력의 역할을 간과하고 그 대신 희생에 주목한다."[44]

---

tural Anthropology. 23.1, 2008: 85–117; and Nicole Shukin. "Tense Animals: On Other Species of Pastoral Power." *The New Centennial Review.* 11.2, 2011. 143–167 참조.

41 Cole. "From 'Animal Machines' to 'Happy Meat'?" 90. 콜의 논문은 사목 권력을 근대 동물의 격납 및 도살과 특히 현대 기술의 개별화 역량에 응용하는 데 유용한 정리를 제공한다. 그러나 나는 "사목론은 규율과는 달리 권력관계의 비유적 묘사로 작동한다(90)"라는 콜의 견해에 동의하지 않는다. 이번 장에서 논하듯이 여기에는 아무런 비유도 존재하지 않는다. 사목 권력이 "칼에 의한" 전통적인 주권이 사용한 것과 다른 기법을 사용할 뿐 역시 폭력적 주권의 일종임을 이해할 필요가 있다.

42 Foucault. *Security, Territory, Population.* 140[『안전, 영토, 인구』, 202쪽].

43 Christopher Meyes. "The Violence of Care: An Analysis of Foucault's Pastor." *Journal for Cultural and Religious Theory.* 11.1, 2010. 111–126. 이 논문에 관심을 갖게 해 준 매슈 크룰로에게 감사를 전한다.

44 Meyes. "The Violence of Care." 111.

메이스는 다윗과 골리앗의 싸움을 인용하며 다윗이 휘두른 "목자의 무릿매"의 도구적 역할 및 다윗의 즉위에 앞선 골리앗의 참수를 조명한다. "목자와 주권은 분리되기는커녕 그 둘은 얽혀 있다."[45] 이처럼 폭력은 목자가 무리를 관리하고 안전하게 하는 데서 결정적인 역할을 한다. 메이스는 다음과 같이 말한다.

> 이러한 고대 히브리 역사가 푸코의 사목 분석에 어떤 변경을 가하는가? 첫째, 폭력이 덧붙여진다. 앞서 언급했듯이 푸코는 히브리 사목의 주된 특징이 백성들의 돌봄과 선행을 위해 권력이 행사되고, 사목은 개인과 다수를 위해 기꺼이 희생하는 데 있다고 생각한다. 그러나 푸코의 사목 분석에 다윗과 같은 목자를 포함시킨다면, 죽음의 위협을 가할 수 있는 능력의 강조가 중요한 주제가 된다. 무리를 돌본 경험이야말로 다윗에게 무리를 위한 살인을 가르치고 요구하는 것이다.[46]

따라서 사목 권력의 틀에서 선행은 특수한 방식으로 폭력에 휩싸이게 된다. 메이스가 말한 것처럼 "무리를 돌보는 것은 사랑과 폭력의 뒤섞임에 기초한다. 목자의 역할에 있어 사랑과 폭력 간의 대립이 아닌 긴장이야말로 생명권력의 숨겨진 토대를 이룬다."[47]

메이스의 논의를 발전시키면 인간 무리에 사목 권력이 행사될 때 폭력이 담당하는 역할뿐 아니라 동물 무리를 향한 폭력 사용의 유익한

---

45 Meyes. "The Violence of Care." 116.

46 Meyes. "The Violence of Care." 117.

47 Meyes. "The Violence of Care." 122.

역할에 대해서도 주목할 수 있다. 물론 사목의 비유 (내지 현실) 안에는 목자와 동물의 지배관계를 포장하고 획정하는 내재적 폭력이 숨겨져 있다. 동물 무리를 통솔하는 인간 목자는 인간의 이익을 위해 동물로부터 양털, 우유, 고기, 가죽을 수확하고자 하는 도구화의 관계를 추구한다. 가장 자애롭고 선한 목자라 할지라도 사목 권력의 실천을 이끄는 일정한 도구화의 형태를 행한다. 이러한 의미에서 트라시마코스가 목자의 선함을 냉소한 것은 옳았다. 목자와 무리 간에 돌봄의 방식이 존재한다고 가정하는 비유를 통해 목자와 동물의 관계가 긍정적으로 표현될 수 있는 것은 사실이다. 또한 목자가 무리의 이용을 목적으로 하는 것이더라도, 무리의 생명을 유지하는 데 돌봄이 필요하다는 것도 틀림없다. 그러나 여기서 돌봄은 특정한 방식의 폭력으로 뒤틀어져 도살의 문턱까지만 생명을 유지하고자 한다. 돌봄은 도살과 통제의 방법론 자체에 기입되어 있다. 따라서 동물복지에 대한 주문이 말해 주듯이 "불필요한 고통"을 제한한다면 인도적인 살해는 실제로 가능하다. 결국 이는 돌볼 것을 요구하는 폭력인 것이다.

이것이 푸코의 틀에서 갖는 의미는 그가 주권, 사목 권력, 통치성 사이에 그은 구분이 혼란에 빠질 수 있다는 것이다. 중요한 것은 사목 권력의 출현이나 그것이 인간 및 비인간 영혼에 대한 현대의 통치성에 갖는 중요성을 또 다른 방식으로 이해할 수 있다는 점이다. 푸코는 사목과 주권을 본질적으로 다른 권력 양식으로 구별한다. 부분적으로 이는 푸코가 주권을 공간에 관계된 것으로 본 결과이다. 푸코가 말하길, "주권은 무엇보다도 먼저 영토 내부에서 행사됩니다."[48] 나는 여기서 푸코가 사목의 개별화 권력과 주권을 소통 불가능한 선언 명제로 제시했다고 말하려는 것이 아니다. 사실 그는 1977-1978년 강의에서 주권과 규율과 안전이 모두 다수나 인구와 관련하여 작동한다는 점을 인정한다. 그러나 여기서 핵심은 푸코의 견해에서 인구에 대한 "돌봄"은 단지 주권의 보조적 특징으로서 나타나며, 주권의 전통적인 영토 중시와는 거의 변증법적 반정립에 놓인다는 점이다. 따라서 푸코는 생명정치 출현을 설명하면서 이것이 주권의 기능을 익숙한 영토에의 관심에서 인구 및 종의 생명에 대한 주시로 이행시킨다고 논한다.

> … 주권자는 더 이상 자신의 정치 주권의 지리적 측정을 바탕으로 영토에 권력을 행사하는 자가 아닙니다. 주권자가 다루는 것은 자연, 혹은 지리적, 풍토적, 물리적 환경과 심신을 갖춘 육체적, 도덕적 존재인 인간 종이 나누는 영속적인 상호작용, 뒤엉킴입니다. 주권자는 물리적 요소라는 의미에서 자연이 인간 종의 본성이라는 의미에서 자연에 간섭하는 지점, 환경이 자연의 결정 인자가 되는 결합 지점에서 권력을 행사하는 자가 될 것입니다.[49]

주권과 사목 권력의 이 근본적인 차이는 둘의 분리를 나타낸다. 푸코의 구별은 사목 권력을 주권에 대한 반작용으로, 개인화 및 미세한 품행 통제에 기반을 둔 완전히 다른 조직 양식으로, 권력의 시선을 자기의 권

---

48 Foucault. *Security, Territory, Population*. 12[『안전, 영토, 인구』, 32쪽].
49 Foucault. *Security, Territory, Population*. 23[『안전, 영토, 인구』, 52-53쪽].

력 강화에서 생명의 돌봄, 이익, 양육으로 전환하는 관계의 윤리로 취급하는 것이다. 이 계보학에서는 사목 권력이 통치성의 기반을 마련하며, 사목 모델에 대한 궁극적인 도전을 통해 "사목은 열리고 … 터지고 해체되고 통치성의 차원을 떠맡게 되었습니다." 그러나 이 서술에 따르면 통치성은 사목 권력 양식과 전통적인 주권적 통치 양식 간의 대립에서 발생한다. 즉, 통치성은 오직 "사목이라는 기반 위에서만 생겨날 수 있습니다."[50] 따라서 통치성은 사목 권력의 출현이 불러일으킨 긴장을 해소하고 이질적인 요소를 하나로 통합한다. "지배하고 주권을 행사하는 자인 주권자는 이제 영혼의 품행이라는 새로운 임무를 이어받고 맡고 할당받게 됩니다."[51] 따라서 주권이 "뒷자리"로 밀려나면서 통치성이 지배의 합리성으로 등장한다. 예컨대, 니콜라스 로즈는 분명히 말한다. "18세기 무렵 이래로 서구의 모든 지배 체계에서 인구는 **가장 탁월한** 통치 영역이 되었다. 주권의 역할이 있다고 해도, 주권은 행사되지 않는다."[52]

50 Foucault. *Security, Territory, Population.* 193[『안전, 영토, 인구』, 268쪽].

51 Foucault. *Security, Territory, Population.* 231[『안전, 영토, 인구』, 318쪽]. 이는 푸코의 설명 속에 긴장을 낳는 지점으로 보인다. 그 이유는 주권이 사목 권력과 실질적으로 다른 것으로 취급되어 폭력이 통치 합리성 자체의 산물이라기보다 통치성 내의 주권의 산물로 여겨지기 때문이다. 예를 들어 나치 독일을 둘러싼 니콜라스 로즈의 설명에서도 이러한 주권과 통치성의 분리를 볼 수 있는데, 여기서 통치성과 결합된 자유와 자유주의는 주권 권력에 내재한 폭력과 대치한다. "나치 독일에서 일부 주체들의 행동할 자유 및 실존 그 자체는 부정당했는데, 이는 아리아인들과 그들 운명의 더 위대한 자유를 명목으로 한 것이었다. 여기서 개인의 자유와 제한된 통치를 지향하는 자유주의적 우려에 의한 통제가 없다면, 모든 통치성에 항상 내재되어 있는 국가의 전제주의는 모든 피비린내 나는 합리성으로 나타난다." Rose. *Powers of Freedom.* 23. Rose and Peter Miller. "Political Power Beyond the State"에서의 다음 구절도 참조하라. "통치는 필요한 지식이나 역량의 부족으로 인해 주권적 의지의 행사로 다스릴 수 없는 과정의 영역을 처리한다(180)."

52 Nikolas Rose. *Governing the Soul: The Shaping of the Private Self.* London and New York: Routledge, 1990. 5. 전쟁의 심리학 및 품행의 관계를 둘러싼 로즈의 논의는 우리 책의 주장과 관련하여 흥미로운 탐구 가치가 있다.

앞서 말한 바와 같이, 사목의 중요성을 재고할 여지는 여기에 있다. 사목 권력이 칼과는 관련되지 않는다는 가정에 도전하면 어떻게 될까? 사목은 죽음을 향하지 않는다는 가정에 반대한다면? 사목이 애초에 다른 형태의 주권 권력으로, 돌봄이라는 가면 아래 주권의 작동을 감추고자 하는 것이라면? 트라시마코스의 문제 제기를 따라, 사목 권력 모델이 본질적으로 기만이라면? 선행의 논리 속에 잔혹한 도구성을 감추고 있는 주의 깊은 폭력의 기술이라면? 전쟁을 평화로 가리는 수단이라면?

이것이 맞다면, 우리는 주권, 사목 권력, 통치성을 이해하는 다른 모델을 제안할 수 있다. 첫째, 주권이 본질적으로 영토와 관련된다는 통념을 버려야 한다. 주권은 전 운영 분야에 걸쳐 작동하는 일련의 지배 기술을 개진하는 관계성의 양식을 가리키며, 그중 영토는 단지 하나의 초점일 뿐이다. 제8장에서 논하겠지만, 주권은 본질상 근거가 없는 권리의 형태로 정의된다. 주권에는 특성도 본성도 신성함도 결여되어 있다. 주권은 결국 기반 없이 만들어진 주장이다. 서구의 주권이 역사적으로 영토와 연계돼 온 것은 사실이지만, 이는 주권을 정의하는 특성도 아니며 주권의 유일한 작동 양상도 아니다. 또한 여기서 주권이 인간에게만 관련된 영역이라는 전제는 중단되어야 함을 강조해야 한다.[53] 이 책에서 논한 바와 같이, 주권을 인간이 다른 동물에 대해 주장하는 지배 관계로 기술할 수도 있다. 마찬가지로 우리는 비인간 동물의 주권 또한 인정할 수 있다(이는 결론에서 다시 다룰 것이다).

---

53 실제로 로즈가 통치성을 일련의 "인간적 기술"이라고 명시적으로 언급하면서도 비인간 동물의 품행을 인도하는 통치 합리성의 사용을 사실상 간과하고 있다는 점은 흥미롭다. Rose. *Powers of Freedom*. 54 참조.

둘째, 사목 권력은 주권과는 다른 권력 양태를 갖는 조직화 형태가 아니라 주권 자체의 형태로도 정의할 수 있다. 즉, 사목 권력을 정확히 주권의 양태로 이해해야 한다. 사목은 인간이 다른 동물에게 행사하는 주권 지배의 종별적 관계성을 묘사한다. 이 양태는 미세한 조직화 기술을 통해 탄생에서 도살에 이르기까지 권력의 효율적 도구성을 향상시키는 역량과 품행의 규모를 개인적 차원에서 그램분자적 단위의 조직화까지 막힘없이 조정하는 역량이라는 종별적 특성을 갖는다. 이 사목의 계보학을 말해 주는 역사를 잊지 말자. 바버라 노스케가 지적했듯이 "가축화"(그녀가 인간이 "특정한 필요에 부합하게 하고자 동물의 계절적 생활 주기를 바꾸도록"[54] 강제하는 과정으로 정의한 것)는 인간과 동물의 관계 대부분을 형성하는 데 큰 영향을 끼친 동시에 인간 사회 그 자체를 형성했다.[55] 양과 염소는 인간의 효용을 위해 조직·격납·규제된 최초의 동물로 여겨진다.[56] 인간의 효용은 이 동물들의 자율적인 사회성과 창조성을 기생적으로 포획하여 인간의 필요에 굴복시키는 역사적 과정으로 특징지어진다.[57] 즉, 진정한 "품행 인도"의 진화사인 것이다. 이 오랜 관계는

54 Noske. *Beyond Boundaries*. 3.

55 Noske. *Beyond Boundaries*. 10 참조.

56 Helmut Hemmer. *Domestication: the Decline of Environmental Appreciation*. Cambrige, Cambridge University Press, 1990. 74. 또 Juliet Clutton-Brock. *A Natural History of Domesticated Mammals*. Cambridge University Press, Cambridge, 1999[김준민 옮김, 『포유동물의 가축화 역사』, 민음사, 1996] 참조. Noske. *Beyond Boundaries*. 5도 보라. 인간의 동물에 대한 폭력과 인간에 대한 폭력의 인종주의적 연결, 특히 노예제의 역사에 대해서는 Pugliese. *State Violence and the Execution of Law*. 34–44 참조.

57 노스케는 이렇게 말한다. "과거에는 일반적으로 가축화를 진행하기 위해서는 적어도 당사자인 두 종 모두 사회적 동물이어야 했다. 사회에 사는 동물은 무리 짓지 않는 동물에 비해 종이 다른 성원과 사회적 관계를 맺기 쉽다. Noske. *Beyond Boundaries*. 3.

인간 통제 기술을 개선하고 중요하게는 생식의 생명정치적 통제를 발전시켰으며, 이는 (뿔 크기 감소, 양모의 두께 변화, 뼈 크기 축소 등) 점진적인 형태론적 변화를 통해 동물 인구를 인간의 사용에 적합하게 만들었다.[58] 개체 단위에서 전체 인구까지, 아메바에서 생태계까지 권력의 규모를 자유자재로 조정하는 역량은 독특하게 정제된 일련의 도구들의 반영이며, 이 도구들을 집중시킴으로써 정확하고 주의 깊은 통제가 가능해진다. 목자가 사용하는 통제 기술은 매우 미세하고 치밀하며 주도면밀하기 때문에 언뜻 개별 동물과 집합적 무리 양쪽 신체에 진심 어린 "돌봄"을 반영하는 것처럼 보인다. 여기서 역설은 이와 같은 돌봄이 도구화 및 죽음을 행하는 돌봄이라는 것이다. 이러한 관점에서 보면, 사목 권력은 푸코의 주장처럼 이로운 권력이라는 관념이나 메이스의 주장처럼 히브리 전통의 폭력과 돌봄의 뒤얽힘 속에서 시작된 것이 아니다. 사목 권력은 바로 동물들을 포획, 봉쇄, 가축화, 이용, 축산, 도살해 온 인류의 유구한 역사와 함께 시작된 것이다. 목자는 이것들이 결합된 학습 과정을 기술적으로 계승한 자로서, 이 지배 관행의 포위 체계에서 생명이 있는 신체를 최대한 이용하고자 무리들을 세심하게 감시하는 역량을 갖는다. 그 공정은 우리가 "선행적"이라고 부를 만큼 실로 세련되고 집중적이다.[59]

---

58 로버트 노직은 묻는다. "유전공학 기술을 이용하여 스스로의 운명에 순종적인 태생적 노예를 번식시킬 권리가 있는가? 태생적 동물 노예를 번식시키는 것은? 그것이 동물의 가축화였을까?" Robert Nozick. *Anarchy, State and Utopia*. United States of America: Basic Books, 1974. 42[남경희 옮김, 『아나키에서 유토피아로: 자유주의 국가의 철학적 기초』(재판), 문학과지성사, 1997, 68쪽].

59 현대에 이뤄지는 격납 및 도살에서 개별화의 역량에 관한 콜의 다음 논의를 참조하라. Cole. "From 'Animal Machines' to 'Happy Meat'?" 91.

그렇다면 통치성은 어떻게 보아야 하는가? 통치성은 주권과 사목 권력의 역사적 상호작용의 산물로서 주권의 관심이 영토에서 인구로 전환된 것이라고 말할 수 없다는 것은 확실하다. 사목 권력을 주권의 한 양태(그 기원이 비인간 동물에 대한 지배에 있는 양태)로서 기술한다면, 또 다른 계보학에 도달하게 될 것이다. 통치성은 주권을 넘어 인구로 관심 사의 확장을 기술하는 것이 아니라 오히려 사목 권력이 다른 인간에 대한 인간 주권의 영역으로 진입하여 국가 통치성으로 압축되었음을 나타낸다. 다시 말해 통치성이란 인간이 수 세기에 걸쳐 비인간 동물을 관리하면서 배운 사목 권력 기술을 인간 주체에 확장한 것이다. 서구 에서 이 과정이 본격적으로 시작된 계기는 기독교의 확산으로, 이는 점 차 지배적인 그리스 로마식 국가 주권의 형태를 비인간 동물에 대한 지 배 경험으로부터 직접 형성된 권력 형태로 바꾸어 놓았다. 통치성 및 인 간 정치의 여러 측면에서 서서히 이루어진 그 점령은 이러한 역사를 서 술한 것에 불과하다. 잠정적인 방식이긴 하지만, 이를 다음 도표 1로 나 타내 보았다. 사목 권력의 기술은 초기에는 동물의 지배와 (수천 년에 걸 친) "가축"의 생산을 통해 정제되었다.[60] 이 통제 기술(니콜라스 로즈의 말 을 빌리자면 "통치 기술"[61])은 "칼에 의한 지배"가 만연한 인간에 의한 인 간 지배의 영역과 처음에는 관련이 없었다. 이 상황이 달라진 것은 히브 리 그리스도교 전통에 선행과 강압, 돌봄과 폭력을 혁신적이고 새로운 방식으로 뒤섞으며 무리의 안전화를 추구하는 사목적 지배 양태가 주

---

60 이러한 계보학을 그리기 위해 팀 잉골드, 바버라 노스케, 제이슨 라이벌 같은 연구자를 참조하는 것이 유용하겠다. Ingold. *The Perception of the Environment*. Noske. *Beyond Boundaries*, Hribal. *Fear of the Animal Planet* 등 참조.

61 Rose. *Powers of Freedom*. 52 참조.

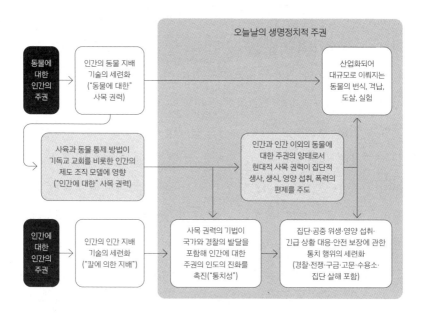

도표 1. 사목 권력, 통치성, 주권의 진화

오늘날의 생명정치적 주권

동물에 대한 인간의 주권 → 인간의 동물 지배 기술의 세련화 ("동물에 대한" 사목 권력) → 산업화되어 대규모로 이뤄지는 동물의 번식, 격납, 도살, 실험

사육과 동물 통제 방법이 기독교 교회를 비롯한 인간의 제도 조직 모델에 영향 ("인간에 대한" 사목 권력) → 인간과 인간 이외의 동물에 대한 주권의 양태로서 현대적 사목 권력이 집단적 생사, 생식, 영양 섭취, 폭력의 편제를 주도

인간에 대한 인간의 주권 → 인간의 인간 지배 기술의 세련화 ("칼에 의한 지배") → 사목 권력의 기법이 국가와 경찰의 발달을 포함해 인간에 대한 주권의 인도의 진화를 촉진 ("통치성") → 집단·공중 위생·영양 섭취· 긴급 상황 대응·안전 보장에 관한 통치 행위의 세련화 (경찰·전쟁·구금·고문·수용소· 집단 살해 포함)

입된 때이다. 도표 1에서처럼, 두 주권 형태(인간에 대한 국가 주권과 동물에 대한 사목 주권)는 최종적으로 통치성이라는 교점에서 만나 서로의 내부로 유입되면서 서로를 형성한다. 이러한 요소를 앙겔리카 카우프만 Angelica Kauffman이 1780년에 그린 주목할 만한 유화, 「잠든 님프를 살피는 양치기」에서 발견할 수 있다. 작품은 양치기의 시선이 양 떼 무리에서 초원에서 잠든 여인으로 움직이는 것을 보여준다. 여성 위에는 손에 화살을 든 큐피드가 맴돌고 있다. 양치기는 입에 손가락을 대고 큐피드에게 조용히 하라는 시늉을 한다. 호의적으로 해석하면 이를 착한 양치기가 선의의 권력으로 잠자는 미녀를 안전하게 지키는 것이라고도 볼 수 있다. 그러나 또 다른 해석으로는 양치기에게 고유한 주권 권력, 즉 조사하고 안전화하고 재생산하는 기술이 동물에게서 인간 인구에게로 넘

어갔음을 상징한다고도 볼 수 있다. 이렇게 보면 응시의 지점이 바로 여성의 신체라는 것은 우연처럼 여겨지지 않는데, 이는 여성의 신체가 생명정치 국가의 기획과 특정한 방식으로 불가분의 관계에 있는 사태와 유사하기 때문이다. 모두가 큐피드의 감시 어린 시선 아래 놓이게 된다. 여기서 트라시마코스의 소크라테스 비판의 젠더화된 측면("소크라테스 선생, 선생께는 보모가 있나요?")을 어떤 면에서는 폭력 없는 돌봄 속에 있는 소크라테스에 대한 고발로 생각할 수 있을지도 모르겠다. 즉, 여성, 어머니의 이상적이고 규범화된 돌봄은 교활한 국가에 의해 휘둘러지는 폭력이 동반된 돌봄의 "엄혹한 현실"과 대비된다. 카우프만의 「잠든 님프를 살피는 양치기」를 어떤 관점에서 해석하면, 양치기의 관심사가 그가 원하든 원하지 않든, 동의하든 동의하지 않든 본질적으로 폭력적인 안전화라는 것은 확실하다. 양치기가 자신의 시선을 통해서 보호한다고 간주하는 동물 무리(인간 또는 비인간)에 대한 재산권에 안전을 제공하기 때문이다.[62]

62 여기에 사목적 동물 관리가 어떻게 여성에 대한 통치적 규제와 교차하는지 더 자세히 이해할 수 있는 실마리가 있다. 그 하나는 여성의 섹슈얼리티와 생식을 통제하는 데 활용되는 일련의 기술로, 이는 규범적·법적 규제의 틀을 무한정 변경하고 통합한다. 예를 들어 청소년기의 성과 생식 보건에 관한 카트리오나 맥레오드와 케빈 듀르하임의 논의를 보라. "안전은 청소년기의 성과 생식 보건에서 다양하게 작동한다. 위험 관리는 안전의 통치적 수단으로 성관계·임신·출산에 따라 발생할 수 있는 사태를 처리하기 위한 노력을 구체화한다. 청소년기 남녀의 성관계나 임신에 따른 가능성이나 위험을 관리하기 위해 성교육 프로그램을 실시한다. 여성 청소년이 임신한 경우 상담과 출산 전 돌봄, 입양 서비스, 낙태 시설이 제공되어 산모와 아기에 대한 부정적인 생리학적·심리적·정서적·사회적 영향 가능성과 위험을 관리한다. 이러한 프로그램이 인정되는 배경에는 서비스를 제공하는 경우(세금 부담으로 나타난다)와 하지 않는 경우(인구 통계상의 난점, 열악한 양육 관행, 청소년의 유급 고용 부족 등으로 국가 및 사회 안전의 위협을 초래할 수 있다)의 비용 비교에 대한 암묵적 계산이 있다. 청소년기의 성을 볼 때, 최적의 수단(안전의 세 번째 특징)은 성관계를 하지 않는 것이다. 그러나 성관계와 심지어 임신까지도 허용 가능한 범위에 놓으면서도 비-성관계와는 다른 일련의 관리 전술을 수반해야 한다. 단순히 말하

현대적 사목식 동물 통제와 통치화된 주권 형태에는 엄연한 차이가 있다. 오늘날 동물에 대한 사목 권력은 효율성의 극치에 이르렀는데, 살아 있는 신체를 사체로 빠르게 전환하는 초고속 작업은 육류에 대한 인간의 끝없는 욕망을 충족시킨다. 반면에 통치성은 보다 공공연하게 인간 인구를 지도하고 생명을 육성하는 것을 목표로 하는 자애로운 돌봄 형태와 결부된다. 그러나 두 주권 양식 모두에 걸쳐서 생명정치와 죽음정치가 진행된다. 통치화된 지배양식하에서 인간에 대한 인간 주권과 다른 동물에 대한 인간 주권은 점점 더 교차하고 있다. 생명을 살리기 위해 적용할 수 있는 모든 과학기술은 (적어도 일부) 동물들의 생명을 인간의 돌봄하에서 육성하지만, 이 동물들은 동시에 인간 이용 선호도에 따라 조기 사망할 운명에 처해 있다. 마찬가지로 인간을 죽게 하는 방법도 동물을 죽게 만드는 방법과 유사해지기 시작한다. 군대는 인간 적을 해충처럼 내리친다.[63] 집단학살하에서 인간은 소처럼 베인다. 강간과 죽음 수용소는 산업화된 사육 및 도살 시설과 같은 양상을 띤다.

면 성관계를 하지 않은 청소년의 경우에도 성관계의 위험이 있으므로 성교육 프로그램은 "거부say no"를 장려한다. 성관계를 한 경우라면, 임신 가능성이 있으므로 성교육에 피임기구 사용 관련 내용을 포함한다. 임신한 경우라면, 신체적·심리적 혼란이 생길 수 있으므로 전문 의료·심리학 지원이 요청된다. 아이를 키우는 경우라면, 아이가 위험에 처할 수 있으므로 전문 지원과 양육 교육이 요구된다. 이러한 안전의 특징은 청소년기 남녀의 성과 생식의 통치에서 다양한 방식으로 사목적·규율적·자유주의적 권력관계와 결합된다." Catriona Macleod and Kevin Durrheim. "Foucauldian Feminism: The Implications of Governmentality." *Journal for the Theory of Social Behaviour.* 32.1, 2002. 41–60. 54 참조. Jessica Robyn Cadwallader and Damien W. Riggs. "The State of the Union: Toward a Biopolitics of Marriage." *M/C Journal.* 15.6, 2012도 보라.

63 이 점에 관해서 조사해야 할 역사가 다수 있다. 크레이그 맥팔레인은 통치성과 양봉 사이의 공유된 이해에 관하여 흥미로운 작업을 수행했다. Craig McFarlane. *Early Modern Speculative Anthropology.* PhD Dissertation. Submitted to York University, August 2014. yorkspace. library.yorku.ca/xmlui/handle/10315/28256 참조[2024년 12월 15일 접속 확인].

아마도 통치성과 이에 선행하는 사목 주권의 가장 큰 성과는 폭력을 돌봄으로 감추는 능력, 즉 전쟁을 평화의 덮개로 덮는 능력일 것이다. 이 권력의 교차를 이해하는 열쇠는 사목 형태의 지배 논리에 동반되는 특정한 기만에 있다. 사목 양태의 주권 권력이 사용하는 기술이 무리의 삶을 위한 "돌봄"의 표현처럼 비치는 기만이다. 이러한 세심함은 매우 정밀하고 집중적이어서 다른 주권적 지배 형태에서 볼 수 있는 전통적인 위엄과 노골적인 잔인성을 전도시키고, 불투명하고 비밀스러운 형태의 도구화, 이용, 부수되는 죽음이 우리가 잠자는 동안에도 항상 인구의 생명에 관심을 기울이도록 한다.

유다의 염소

내가 여기서 제시한 고찰(통치성은 인간이 동물을 지배하는 형태를 인간 자신에게까지 확장한 것이라는 견해)을 통해, 이 같은 과정이 동물을 지배하는 기술의 진화에 어떤 의미를 가질 수 있는지 질문할 수 있다.[64] 앞서 말한 것처럼, 국가 주권과 사목 권력은 통치성에서 만나 서로의 내부로 유입된다. 이는 인간에게는 점점 동물처럼 취급받는다는 것을 의미한다. 즉, 생명정치는 "인간의 동물화"를 재현한다는 푸코의 견해와, 생명정치는 범주로서의 "인간"과 "동물"의 갈등을 재현한다는 아감

---

64   실제로 니콜 슈킨은 동물에 대한 푸코의 무관심을 지적하는 것이 "인간과 동물을 인도하는 기술이 물질적·비유적 교류를 통해 서로를 차용하거나 분화하며, 종의 정체성과 등가성뿐 아니라 종의 예외와 부정을 오갈 수 있는 가능성"을 연다고 말한다. Shukin. "Tense Animals: On Other Species of Pastoral Power." 152 참조.

벤의 우려가 이와 일맥상통한다. 그러나 아직 이 같은 과정이 인간의 동물 지배를 어떻게 재정립했는지는 풀어내지 못했다. 인간 중심적 형태의 감시, 지배, 죽음은 어떻게 동물에 대한 폭력으로 되돌아가는 길을 찾고 폭력의 실천을 형성했을까? 통제의 기술은 목자의 실천을 어떻게 바꾸었을까?

인간에 대한 인간 주권의 사례에는 다양한 폭력 행위의 양식 및 이에 동반되는 갖가지 "비인간화" 양상이 존재한다. 권위주의적 통치 양식이 자유민주주의 체제 안에 감춰져 있을지언정 잔존한다면, 통치 합리성은 전체주의적 정치 조직에서 명백한 형태를 띤다. 그러한 국가에서 폭력적 생명정치의 명령은 통치 이성의 원리 내에 공공연하게 통합된다. 미첼 딘이 푸코의 『성의 역사 1: 지식의 의지』의 마지막 장을 근거로 말한 것에 따르면, 그러한 체제는 유혈의 생명정치의 새로운 원리를 노골적으로 체현하는데 여기서 인구에 대한 관심과 "살게 하거나 죽음 속으로 몰아가는" 권력은 칼에 의해 생물학적 인구를 조절하는 권리와 교차한다. 특히 국가에 의해 강제로 전파되는 인종주의가 그 결정체이다.[65] 딘에 따르면 생명정치적 목표를 위해 강압적 수단을 사용하는 지배양식은 통치성 자체와 불가분한데, 권위주의 통치성은 여전히 통치 분야를 특징짓는 동일한 요소들로 구성되어 있기 때문이다.[66] 다만 딘이 덧붙이기를, "주권의 통념은 통치 합리성과 완전히 다르다. 후

65　Dean. *Governmentality*. 139–140.

66　Dean. *Governmentality*. 147. 딘은 관료제와 통치를 관계시키기 위해 기존의 관료적 합리성 자체가 통치 합리성의 맥락 안에서 평가될 필요가 있다고 말한다. "문제가 되는 것은 단순히 인간 과학을 관료적으로 적용하는 논리가 아니라 인구의 생명정치 내에서 인종주의 담론의 재정립 및 그것과 주권의 정체성, 자율성, 정치 공동체와의 결합이다(144)".

자는 **생명**의 양육과 **삶**의 증대와 관련된다. 반면 전자는 연역적으로 삶에 대한 권력이라기보다는 죽음의 권리로서 작동한다."[67]

주의해야 할 것은 이 견해가 내가 책 앞부분에서 제시한 주장, 즉 통치성은 죽음만큼이나 생명에 맞춰진다는 것과 대조를 이룬다는 점이다. 그러나 **예외**(법 안에 있으면서 법 밖에 있는 자, 폭력의 대상이면서도 시민인 자를 선언할 주권의 역량)는 권위주의 통치성에 대한 딘의 개념화에도 오늘날 동물에 대한 폭력에 관한 이 책의 생각에도 여전히 관계된다. 나는 아감벤을 따라 주권은 예외 공간을 만들어 내는 능력과 관련된다고 논했다. 예외 공간은 벌거벗은 생명의 생산을 목적으로 한다는 점에서 본래적으로 생명정치적이다.[68] 예외는 또한 죽음정치의 모습으로 작동하여 누구를 살게 하고 누구를 죽일지 결정한다. 메이스가 지적한 대로 무리를 분리하고 개별화하기를 선택하는 목자의 역량이 폭력 행사의 요체이다. 메이스는 마태복음 25장 31-46절 및 "염소들로부터 양을 구분하는 목자처럼" 신이 선과 악을 구분하리라는 심판적 예언에 주목하며 이것이 푸코의 생명정치를 특징짓는 "살게 하는 것"과 "죽음 속으로 몰아가는 것"의 구별과 기묘하게도 유사하다고 말한다.[69] 메이스는 이렇게 말한다.

> 목자는 "진짜 무리"를 돌보고 양의 생명을 축복하고 육성하는 과정에

---

67 Dean, *Govermentality*, 202. 100도 보라.

68 생명정치의 핵심이 예외라는 점에서 아감벤은 생명정치를 비교적 새로운 현상으로 보는 푸코에 이의를 제기한다. "서구 정치는 애초부터 생명정치였다." Agamben. *Homo Sacer*. 181[『호모 사케르』, 342쪽] 참조.

69 Meyes. "The Violence of Care." 120.

서 염소를 배제하고 그 생명을 저주하며 죽음 속으로 몰아간다. 따라서 여기서 마태복음은 목자에게 새로운 성격을 부여한다. 바로 심판과 배제이다. 양과 염소, 신자와 불신자의 구별은 불신자가 삶에서 배제되고 폭력과 죽음에 노출되는 결과를 초래한다.[70]

오늘날의 주권은 "살게 하는" 권력과 연관된다는 푸코의 주장은 그 대립물인 "죽음 속으로 몰아가는" 불길한 권리와 함께 해석되어야 한다. 즉, 오래된 주권 권력을 (죽게 하거나 살게 내버려두는) 상호 연결된 권리의 행사로 읽는 것과 같은 방식으로 말이다.[71] 죽일 수 있는 권력은 살게 내버려두는 권력을 함축하는데, 주권자의 칼의 심판을 면하는 자는 단지 주권자의 권력이 행사되지 않은 덕분에 살아 있을 뿐이다. 생명정치적 주권 권리에도 동일한 논리적 결합이 수반된다. 즉, 생명정치는 단순히 삶의 "최적화"가 아니라 삶의 육성을 촉진하는 자원과 "죽음 속으로 몰아가도록" 고안된 폭력의 동시적 배치인 것이다. 근대 주권은 삶을 가능하게 하고 육성할 자원을 요구하는 동시에 연결된 권력에 의해 삶을 죽음의 문턱으로 몰아갈 것을 명령한다.

통치성을 이렇게 파악하면 인간의 주권을 구성하는 지배 체계를 통한 동물의 생명과 죽음의 조직화를 개념화할 수 있다. 동물 생명의 생명정치적 조직화는 생사의 통제가 가능하도록 개별 조정되고 미세한 규모로 배치된 일련의 기구들 속에 폭력을 위치시킨다. 통치성은 그 작

---

70   Meyes. "The Violence of Care." 120.

71   Foucault. *The Will to Knowledge: The History of Sexuality 1*. 138[『성의 역사 1: 지식의 의지』, 179쪽] 참조.

동을 기초 짓는 합리성이 된다. 통치성은 기술, 이익, 재산, 인간 노동을 포괄적인 지배 체계에 배치하는 요소들을 원활하게 수직 및 수평 통합하게 한다. 따라서 이 맥락에서 통치성은 실제로 폭력의 통치에 관여하여 지배를 지속하기 위한 담론, 기술, 폭력의 양식을 생산한다. 이는 동물복지가 개념화되는 방식과도 근본적으로 연결된 문제로 보인다. 존 웹스터가 "인간은 좋든 싫든 동물에 대한 지배권을 갖는다. … 동물들이 어디에서 어떻게 살지 결정하는 것은 인간이다"[72]라고 단언할 때, 인간 주권이라는 사실의 공언과 이 지배 권리의 "현명한" 이용이라는 통치 목표의 선언이 동시에 존재한다는 것이 명백하기 때문이다. 이는 주권이 윤리적 고려를 단순히 동물에 대한 인간의 폭력을 규제하는 수단으로 변질시킴으로써 동물 이용의 지속을 지켜 낸 결과이다. 달리 말해 통치성(즉, 통치의 합리성)을 이해하려면 지배 및 죽음의 양식이 조정되는 방식, 즉 그 기반에 주권의 폭력에 의해 도구화되는 존재의 복지의 극대화가 포함되는 방식을 파악하는 것이 중요하다는 것이다.

　심판과 예외는 통치성 속에서 결합하여 폭력을 적용할 때 미묘한 차별을 만들어 낸다. 이 규정은 종이나 공간 또는 인간의 이용에 따라 달라진다. 여기에는 토종 동물과 멸종위기종의 관리, 반려동물의 보호와 구속에 관한 도시의 규제, 실험실 동물의 사용과 처분에 관한 법률, 죽일 동물과 살릴 동물을 결정하는 사냥법, "동물 산업 복합체"의 공장식 축산에서 "불필요한 고통"을 줄이기 위한 격납 및 도축 관행에 대한 복잡하고 혼합적인 규제, 종을 구별하고 폭력의 배치를 관리하는 데 사

72　Webster. *Animal Welfare*. 3.

용되는 여러 장소들이 포함된다. 그러나 이러한 기술과 담론의 상호작용 가운데 명백한 절멸이 선행을 대체할 여지가 있다. 호주 뉴사우스웨일스주에서는 다른 주들과 마찬가지로 염소가 "야생" 동물로 간주되어 박멸 기획의 표적이 된다. 야생 염소 "관리"에 관한 일련의 복잡한 지침 중에는 가축 관리에 대한 "오래된" 지식과 생명정치적 인구 통제 및 항공전의 최첨단 기술을 접목한 국가 승인 기술에 대한 설명이 있다.[73] 뉴사우스웨일스 제1차 산업부 지침 GOA005 "유다 염소의 사용"은 이를 다음과 같이 개괄한다.

> 무선 통신기 목줄을 찬 '유다' 염소들은 다른 방법으로는 찾기 힘든 야생 염소 집단을 찾는 데 쓰인다. 야생 염소에 무선 통신기를 장착하고 풀어 주면 다른 염소들과 합류할 것을 기대할 수 있기에 이 기술을 사용한다. 염소는 고도의 사회성을 갖춘 종으로 지역 내의 다른 야생 염소 동료를 찾으려고 하므로 유다 방식에 특히 적합하다. 야생 염소 무리들의 위치가 파악되면, 유다 동물과 함께 발견된 염소들을 한 곳에 모으거나 또는 총살한다(이 통제 방법에 대한 더 자세한 사항은 GOA003 야생 염소 수집, GOA001 야생 염소 지상 사격, GOA002 야생 염소 항공 사격을 참조하라). 유다 염소의 탈주를 허용하는 것은 다른 야생 염소 집단을 찾아내기 위함이다. 박멸이 완료되면 유다 염소를 사살하고 무선 통신기를 회수한다.[74]

---

73   도살 공정에서의 유인 및 유인 동물의 사용을 논한 애나 윌리엄스의 논의를 참조하기 바란다. Williams. "Disciplining Animals." 50–51을 보라.

74   NSW Department of Primary Industries. Humane pest animal control. Codes of Practice. GOA005 "Use of Judas Goats." Trudy Sharp and Glen Saunders. dpi.nsw.gov.au/agriculture/

여기서 볼 수 있는 것은 목자의 관행의 세련된 활용이 모든 전략의 권력, 폭력의 기술, 무리의 우여곡절에 대한 지식과 결합하고 진화하여 놀라울 만한 파괴적 효과로 집단을 절멸시키는 모습이다. 염소는 한 마리도 살아남지 못하며 무선 통신기마저 회수된다. 이것이 바로 완벽한 통치성이다. "왕좌의 한가운데 있는 어린 양이 그들을 먹여 살리시고 생명의 샘으로 인도하시리라. 하느님께서 그들의 눈에서 모든 눈물을 닦아 주시리라."[75]

pests-weeds/vertebrate-pests/codes-of-pratice/operating procedures/humane-pest-animal-control[2024년 12월 16일 접속 불가]. 유다의 염소를 이용한 인구 박멸의 유효성에 대한 연구로는 예를 들어 Karl Campbell, C. Josh Donlan, Felipe Cruz and Victor Carrion. "Eradication of feral goats *Capra hircus* from Pinta Island, Galapagos Ecuador." *Oryx*. 38.3, 2004. 1–6을 참조하라. 특히 도살장 작업에서 다른 "유다" 동물 종에 관한 논의로는 Helena Pedersen. "Follow the Judas Sheep: Materializing Post-Qualitative Methodology in Zooethnographic Space." *International Journal of Qualitative Studies in Education*. 26.6, 2013. 717–731 참조.

75 *King James Edition*. Revelation 7:17[요한계시록 7:17,『한글 킹제임스 보급형 성경』, 말씀보존학회, 2024].

2부

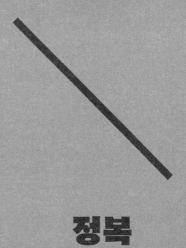

정복

3.

면역

전염성해면상뇌증TSE 사례가 공식적으로 확인된 경우, 다음과 같은
조치를 취해야 한다.

- 질병의 가능한 기원 및 감염이 의심되는 모든 동물과 파생 제품을 확인하기 위한 조사가 시행되어야 한다.

- 소과 동물에서 소해면상뇌증BSE이 발견된 경우 조사를 통해 위험이 확인된 동물을 살처분 및 폐기한다(특히, 감염된 동물 무리에게서 출생하거나 사육된 동물을 대상으로 함). 정액 채취용 황소를 사육하는 경우 사후 폐기가 보장될 수 있다면 회원국은 동물의 살처분 및 폐기를 생산 수명이 다할 때까지 연기할 수 있다.

- 양이나 염소과 동물에게 BSE가 확인되는 경우 모든 무리를 살처분 및 폐기한다.

- 양이나 염소과 동물에게 BSE를 제외한 TSE가 확인되는 경우 모든 무리를 살처분 및 폐기하지만 단, 양에 한해서는 TSE에 취약한 유전자형을 가진 개체군의 살처분 및 선택적 폐기가 가능하다. 만일 감염된 동물이 다른 소작지에서 유입된 경우, 회원국은 감염원과 더불어 감염이 확인된 소작지에 근절 조치를 취할 것을 결정할 수 있다.

_ 유럽연합, "전염성해면상뇌증TSEs"[1]

1 European Union. "Transmissible Spongiform Encephalopathies(TSEs)." *Europa*. Summaries of eu Legislation. eur-lex.europa.eu/EN/legal-content/summary/transmissible-spongiform-encephalopathies-tses.html[2024년 12월 16일 접속 확인]

소해면상뇌증BSE, 즉 "광우병"의 발견으로 영국에서만 소 약 800만 마리가 살처분되었다. 병인은 뇌를 부식시키는 감염성 단백질이다. 인간 변종(크로이츠펠트-야곱병)도 인간 뇌에 유사한 퇴행을 일으키는데, 병에 걸린 동물의 척수나 뇌에 감염된 음식을 섭취하면 전염될 수 있다. 실제로 감염된 척수 및 뇌를 섭취하여 전염되면, 인간과 동물 **모두**에 프리온 질병이 일어난다. 소의 경우 광우병은 소에게 조직, 뇌, 인대를 먹임으로써 감염될 수 있다. 니콜 슈킨은 이를 "자본의 폐쇄적 순환이 만들어 낸 일종의 '모방적 과잉'"[2]이라고 형용한다. 광우병 발생은 면역 반응 양상을 보인다. 그것은 다른 소의 조직으로 만든 음식을 먹은 소의 반응일 뿐 아니라 병에 걸린 고기에 의한 오염을 우려해 식량 공급 정화를 목표로 대규모 도살을 벌인 인간의 반응이기도 하다. 살처분된 소들이 어차피 죽을 (즉, 인간의 식량을 위해 도살될) 운명인 한에서, 그것은 일종의 과잉 죽음의 형상을 띤다. 대규모 감염에 의해 육류 생산 자체가 중단될 미래의 가능성을 막기 위해 제물로 바쳐진 "잉여" 도살인 것이다. 광우병 위기를 촉발했던 사건들을 생각할 때, "과잉"이라는 용어는 이 맥락에서 적절하며 탐구할 가치가 있다. 도축 및 육류 생산의 순환 과정을 통해 도축될 초식동물이 이미 도축된 동물의 뇌와 척수를 섭취할 수 있는 체계가 허용되는 데는 분명 일종의 과잉이 작동하고 있다. 하지만 인간 감염이 발견된 데 따른 대응에도 과잉이 존재했다. 가장 미미한 감염 위협조차도 죽음으로 대응했다. 이러한 규모의 죽음에는 식

---

2   Shukin. *Animal Capital*. 228. Robert McKay. "BSE, Hysteria, and the Representation of Animal Death: Deborah Levy's *Diary of a Steak*." The Animal Studies Group. *Killing Animals*. Urbana and Chicago: University of Illinois Press, 2006. 145-169도 참조하라.

량 공급 라인을 보호한다는 명목으로 도축장의 일상화된 죽음과는 또 다른 식으로 살처분할 수 있는 당국의 능력과 같은 협조가 필요했다. 무려 소 170만 마리가 소각되었고 도살된 소의 사체를 소각하는 작업을 위한 새로운 시설을 건립할 것이 요구되었다. 영국 환경식품농무부의 자료에 따르면 한 농장에서 4년 동안 소각된 사체 물질만 약 31만 5천 톤에 달했다.[3]

제2장에서는 푸코, 아감벤, 음벰베를 검토하며 이들의 "생명정치" 개념에 대한 논의와 변곡점, 나아가 이 개념이 인간의 비인간 동물 지배에 대한 이해에 적용될 가능성에 주목했다. 나는 특히 푸코의 생명권력 개념에 내재된 적대적 갈등을 인간과 동물 간의 공격적 분리에 대한 설명으로 파악하고자 했다. 생명정치를 인간과 동물의 전쟁으로 기술하는 것은 아감벤이 생명정치를 인간과 동물의 갈등, 즉 주권, 안전, 인구 사이의 관계에서 통치화되는 갈등의 결과인 움직이는 문턱의 생산으로 이해한 것을 고려해 보면 더욱 타당해진다. 앞서 논했던 것처럼, 동물과의 전쟁은 인간 사회를 사로잡고 특징짓는 근본적인 갈등이라고 생각할 수 있는 것, 즉 "자연"과 "문명"의 구분에 반향을 일으킨다. 이는 로베

---

3   United Kingdom Department for Environment, Food and Rural Affairs (no date) "BSE Questions." Department for Environment, Food and Rural Affairs. webarchive.nationalarchives.gov.uk/ ukgwa/20081108190524 / defra.gov.uk/animalh/bse/general/qa/section7.html#q7[2024년 12월 16일 접속 가능 사이트 확인]. 규모가 좀 더 작은 다른 작업장도 유사한 수치의 크기와 효율성을 보인다. 『시드니 모닝 헤럴드』에 시드니 중앙공원에서 비밀리에 실시된 산림보호관의 토끼 제거 작업에 관한 기사가 실렸다. "13일 밤 동안 글로버 씨와 또 다른 저격수 스티브 파커 씨는 186헥타르 크기의 보호구역에 있는 토끼 380마리 전부를 아음속 22구경 소총으로 사살했지만, 시드니 시민 단 한 명도 경보를 울리지 않았다." James Woodford. "Secret Cull Comes to Light." *The Sydney Morning Herald.* 31 May, 2008. smh.com.au/articl es/2008/05/30/1211654312813.html[2024년 12월 16일 접속 확인] 참조.

르토 에스포지토가 생명정치를 면역의 맥락에서 개념화한 것과 매우 관련이 있다. 이 장에서 논하겠지만, 에스포지토는 생명권력 개념을 자연과 문명의 구분을 유지시키는 문제적 틀로 제시할 뿐 아니라 동물과의 전쟁을 이해하는 또 다른 시각, 즉 인간이 물질적, 상징적 폭력을 통해 동물로부터 스스로를 "면역화"한다는 관점을 제시한다.

면역과 재산

생명정치 개념은 잠재적으로 그 내부에 비오스의 본성과 조에의 본성, 양자의 구별에 관한 일련의 가정들을 포함하고 있다. 이 구별은 그 자체로 자연과 문화의 분할에 의존한다. 벌거벗은 생명을 뛰어넘는 삶은 본성상 비생물학적인 것으로 가정되어 고유한 정치, 문화, 문명의 영역에 속하는 반면, "생물학적" 삶인 순수한 조에는 적어도 생명정치를 부정적이고 불필요한 (고전적인 것과 반대되는) "근대적" 정치 형태로 취급하는 한 정치를 위한 장소가 아니라고 가정된다. 생명정치의 관념에 "비자연적인" 것이 있다고 가정하거나 고전 시기에 존재했던 어떤 확실한 형태의 정치가 오늘날에는 사라졌다고 상상할 때마다, 우리는 필연적으로 정치와 자연이 본성상 대립한다고 가정하고 "자연"과 "문화" 사이의 분할이 불가피하다는 계몽주의적 전제를 위한 추가적 공간을 마련한다.[4] 이는 생명정치의 의미 및 동물에 대한 폭력의 적용 가능

4 Donna Haraway. *The Companion Species Manifesto: Dogs, People and Significant Otherness*. Chicago: Prickly Paradigm Press, 2003[황희선 옮김, 「반려종 선언: 개, 사람 그리고 소중한 타자성」,

성을 생각할 때의 과제가 생명정치 개념의 토대를 이루는 자연과 문명의 분열이라는 내재된 가정을 풀어내는 것임을 시사한다. 에스포지토가 이러한 긴장을 생명정치 개념 내부에서 확인한 것은 분명 주목할 만하다. 그는 말한다.

> … 생명정치는 "자격을 갖춘 생명"이나 "삶의 형태"로서 이해되는 비오스보다 좀 더 단순한 생물학적 역량tenuta을 지닌 생명, 즉 조에의 차원을, 또는 적어도 조에에 노출되어 비오스 또한 자연화하는 접합의 선을 가리킨다. 그러나 바로 이 용어상의 교환과 관련하여 생명정치의 관념은 이중의 식별 불가능한 지점에 놓인 것처럼 보인다. 먼저, 생명정치는 그것에 속해 있지 않고 실제로 그것을 왜곡할 위험이 있는 용어에 의해 존재하기 때문이다. 또한 어떤 형식적 함축도 갖지 않는 조에라는 개념에 의해 고정되기 때문이다. 조에 그 자체는 문제적으로만 정의될 수 있다. 그것을 상상할 수 있다고 가정하더라도, 절대적으로 자연적인 생명이란 도대체 무엇인가?[5]

『해러웨이 선언문』, 동문선, 2019] 참조. Derrida. *The Beast and The Sovereign Vol. 1.* 305-306[D407-408]과 315-334[D419-443]도 참조하라.

5 Roberto Esposito. *Bios: Biopolitics and Philosophy.* Minneapolis: University of Minnesota, 2008. 14-15[윤병언 옮김, 『비오스: 생명정치와 철학』, Critica, 2024, 36-37쪽]. 비오스와 조에 간의 이러한 구분을 더욱 문제시하기 위해 에스포지토는 물질적 매개체, 즉 기술을 도입한다. 에스포지토는 말한다. "인간 신체가 기술tecnica에 의해 점점 도전받고 말 그대로 횡단되는 것처럼 보이는 오늘날 이는 더욱 그러하다. 따라서 전혀 기술적이지 않은 자연적 생명이 존재하지 않는다면, 비오스와 조에의 관계 속에 이제 세 번째 관련항인 테크네techné를 포함해야 한다면(또는 항상 포함해야 했다면), 정치와 생명 간의 배타적 관계는 어떻게 가정할 수 있을까?" Esposito. *Bios.* 15[『비오스: 생명정치와 철학』 37쪽] 참조.

앞서 논한 것처럼, 인간 주권과 생명정치 간의 연관성은 자연과 정치의 근본적 구분을 보고 결국 비인간 동물에 대한 지배의 언어를 창조하는 담론에서 성립한다. 따라서 이러한 담론이 동물에 대한 지배를 사회정치적 사실 및 권리로서 예시, 단언, 기념하고자 하는 한, 이 전통의 언어는 "철학적"(또는 "과학적")이기보다는 "정치적"이다. 이러한 의미에서 아리스토텔레스가 인간에게 정치적 동물ᶻᵒᵒⁿ ᵖᵒˡⁱᵗⁱᵏᵒⁿ이라는 지위를 부여한 진술("국가는 자연의 산물이며 인간은 본성적으로 정치적 동물이다"[6])은 정치적 선언의 근거로 이해되어야 한다. 그것은 선전포고, 클라우제비츠가 제시한 용어로 말하면 "적에게 우리의 의지를 강제"하는 것이다. 이러한 전쟁은 배제의 형식을 통해 상상된 공동체를 만드는 것을 목표로 한다. 우리는 이 같은 언어를 **면역적**이라고 표현할 수 있다. 정확하게는 면역적 방어로, "인간성"을 주장하는 존재자들의 상상된 공동체를 울타리치고 보호하기 위해 인간과 동물의 근본적 분리를 확립하는 것을 목표로 하는 담론이라고 할 수 있다. 따라서 아리스토텔레스의 정치적 동물을 다시 언급하자면, "인간"은 인간 공동체에 대한 자기 상황적 주장을 통해 폴리스에 속하며 단지 비인간 또는 미인간일 뿐 아니라 바로 그 차이로 인해 이 공동체에 위협이 되는 이들로부터 공동체를 방어할 수 있는 면역적 권리를 갖는 것으로 정의된다. 이러한 이유에서 아리스토텔레스는 인간과 마찬가지로 폴리스에 살고 있는 것처럼 보이는 다른 동물(벌이나 다른 군집 동물)의 정치 공동체를 부인할 뿐 아니라 외부 존재가 인간 공동체에 가할 수 있는 안전의 위협을 알리고자 고심하

---

6   Aristotle. *Politics*. 448 [1253a][김재홍 옮김, 『정치학』, 길, 2017, 33쪽].

는 것이다. 제1장에서 인용한 구절을 다시 반복하자.

> 단지 우연에 의해서가 아니라 본성적으로 국가를 갖지 못한 사람은
> 좀 모자라는 사람이거나 인간 이상의 사람이다. 그는 호메로스가 비난
> 하는 사람같이 "부족도 없고 법도 없고 집도 없는" 자이다. 본성적인
> 부랑자는 곧 전쟁을 사랑하는 자로 장기 게임에서 고립되어 있는 장기
> 말에 비유될 수 있다.[7]

여기서 차이는 비위계적인 평화로운 공존을 의미하지 않는다. 오히
려 정치체가 자기방어를 도모해야 할 위협으로 존재한다. 아리스토텔
레스는 말한다. "사회 안에서 살 수 없거나 스스로 충분하기 때문에 그
럴 필요를 느끼지 못하는 자는 짐승이거나 신일 것이다. 그는 결코 국가
의 일부가 아니다."[8] 여기서 논리의 순환을 피할 수 없다. 폴리스에서 배
제된 이들은 폴리스 내에서 설 자리가 없는 외부 존재로 정의된다. 동시
에 국가는 자신이 배제한 사람들로부터 스스로를 보호해야 한다. 구별
의 영역은 구축된 차이의 경계 선상에서 안전화를 요구한다.

에스포지토는 면역화의 논리를 통해 생명정치를 이해한다. 이것
이 그가 아감벤에게 귀속시킨 "부정적" 생명정치와 네그리와 연관시킨
"긍정적" 스피노자주의 생명정치로부터 자신을 구별하는 방식이다. 에
스포지토에게 과제는 부정적 생명정치와 긍정적 생명정치의 공통된 기
능을 명확하게 설명하고 이러한 형태가 주권, 재산, 자유와 맺는 관계를

7 Aristotle. *Politics*. 448 [1253a] [『정치학』, 33-34쪽].

8 Aristotle. *Politics*. 448 [1253a] [『정치학』, 36쪽].

이해하는 것이다. 면역화는 **부정적** 생명정치의 형태를 취한다. 그것은 생명을 보호함을 통해 공동체의 잠재력을 제약한다.

> 면역화란 생명 보호의 부정적 형태라 할 수 있다. 그것은 개인이든 집단이든 관련된 유기체를 구제하고 보장하고 보호하지만, 직접적으로 즉각적으로 전면적으로 그렇게 하지는 않는다. 오히려 유기체의 팽창하는 힘을 부정하거나 감소시키는 조건에 처하게 만든다. 개인의 신체에 백신을 접종하는 의료 행위와 마찬가지로 정치체의 면역화도 유사하게 기능하는데, 자신을 지켜 내려고 하는 것과 동일한 병원균 소량을 내부에 도입하여 자연적 발달을 저해하고 부정한다.[9]

여기서 비인간 동물과 관련하여 중요한 것은 에스포지토가 면역화와 공동체 사이를 구분하는 방식이다. 면역화는 개인의 안전이라는 명목으로 공동체를 억제하기 위해 작동하며 공동체의 **과잉**으로부터 개인을 지키는 자기 보호 기능을 한다. 즉, "정상적 상황이라면 타인을 구속할 수 있는 구체적 의무나 책임에 대한 주체의 일시적 또는 최종적 면제"[10] 역할을 한다. 여기서 공동체는 추상적으로 우리와 다른 존재자를 묶어 주고 차별화의 가능성을 완화하는 것을 의미한다. 주권은 일반 공동체에서는 차별화되지 않을 수 있는 존재자들을 갈등 상황에 놓이게 하는 차별화의 양식으로 정의된다. (따라서 (이는 에스포지토가 아니라 나의 해석인데) "인간"은 위계화된 차이의 창출에 의존하는 "동물"로부터의 면역화를

---

9   Esposito. *Bios*. 46[『비오스: 생명정치와 철학』, 102쪽].

10   Esposito. *Bios*. 45[『비오스: 생명정치와 철학』, 100쪽].

위한 정치적 기획이다).

에스포지토의 관점은 보호하고자 하는 공동체의 이름으로 만인을 대신하여 폭력을 행사하는 구조를 주권으로 보는 홉스의 관점과 분명 일치한다. "그는 자신에게 부여된 강대한 권력과 힘을 사용함으로써 공포를 통해 모든 사람의 의지를 하나로 일치시키고, 국내에서는 평화를 유지하고 국외에서는 적에 대해 상호 원조한다."[11] 게다가 생명정치를 살게 하거나 죽음 속으로 몰아가는 권력으로 정의한 푸코와도 겹치게 된다는 점에도 주목할 수 있다. 홉스와 푸코 둘 다, 주권 권력은 삶과 죽음의 동시적 메커니즘을 통해 공동체를 보호한다. 홉스를 공들여 읽은 에스포지토는 "자연 상태"의 개인이 지속적인 갈등으로 인해 목적을 달성하지 못하기 때문에 주권 권력이 정당화된다는 점을 포착한다. 주권은 개인의 요구대로 안전을 제공하기 위해 확립된 것이다.

> 바로 여기서 면역적 메커니즘이 작동하기 시작한다. 생명은 자신과 모순될 수밖에 없는 무언가를 자기 안에 지니고 있기 때문에, 만일 내부의 힘과 자연적 역학에 맡겨진다면 인간 생명은 자기 파괴에 이르지 않을 수 없다. 따라서 스스로를 구하기 위해 생명은 자신으로부터 벗어나 명령과 보호를 받을 수 있는 초월적 지점을 구성해야 한다. 자연에서 인공으로의 이행은 바로 이러한 생명의 자기 간극 또는 이중화에 있다. 그것은 자연과 동일한 자기보존의 목적을 가지고 있지만 그 실현을 위해서는 자연에서 스스로를 떼어내고 자연과 반대되는

---

11 Hobbes. *Leviathan*. 114[『리바이어던』, 제1권, 233쪽]. 또한 Esposito. *Bios*. 46-47[『비오스: 생명정치와 철학』, 102-103쪽] 참조.

전략을 따라야 한다. 자연은 스스로를 부정해야만 자신의 생존 의지를 주장할 수 있다.[12]

주권은 차별화의 도구이다. 주권은 분리될 수 없는 공동체로부터 초월할 수 있는 가능성을 구분과 서열을 통해 표시한다. 따라서 에스포지토는 주권적 면역화를 다음과 같이 정의한다.

> … 자신의 의지의 표현으로서 그것을 만들어 낸 이들의 통제 밖에 위치하는 내재적 초월성이다. 이것이 바로 홉스가 대표 개념에 부여한 모순적 구조이다. 대표로 서는 자, 즉 주권자는 그가 대표하는 이들과 동일하면서도 동시에 다른 존재이다. 그는 그들의 자리를 대신한다는—stare al loro posto 점에서 동일하지만, 그 "자리"가 그들의 범위 밖에 있다는 점에서 그들과 다르기 때문이다.[13]

이것은 다른 동물들과 유사하지만 그들을 뛰어넘고 그 위에 있다고 스스로를 선언하는 (인간) 동물에게 근거를 제공하는 선전포고로서 정치적 동물을 기술하는 또 다른 방식일 수 있다. 정치적 동물이란 주권의 초월성을 통해 커다란 면역화의 몸짓으로 스스로를 형성하는 동물이다. 인간 공동체는 형성되는 동시에 이 공간의 안전화가 일어나 위계화된 구분(존엄한 인간homo dignitas)을 유지하고자 한다. 주권적 면역화는 근본적인 사회 분할을 창출하는 것을 목표로 한다.

---

12 Esposito. *Bios.* 58[『비오스: 생명정치와 철학』, 123-124쪽].

13 Esposito. *Bios.* 60[『비오스: 생명정치와 철학』, 126쪽].

잘 알려진 것처럼, 자연 상태의 인간은 개인의 양식에 따라 서로 관계 맺으며 이것은 일반화된 투쟁으로 이끌어진다. 그러나 그러한 투쟁은 여전히 항상 그들을 공통의 차원으로 묶어 주는 수평적 관계 속에 있다. 주권 장치에 의해 구성된 인공적 개별화를 통해 폐지되는 것이 바로 이 공통성(모두에게 미치는 피해)이다. 또한 동일한 울림을 "절대주의"라는 용어에서 들을 수 있는데, 모든 외부적 제약으로부터 권력의 독립성뿐 아니라 무엇보다도 인간에게 투사된 해체에 있어 그러하다. 즉, 인간은 자신들을 공동체로 묶어 두는 임무munus에서 빠져나오면서 동등하게 절대적인 개인으로 변모한다. 주권은 개인들의 공통적이지 않은 존재il non essere, 즉 개인들의 탈사회화의 정치적 형태이다.[14]

따라서 주권 안에서 개별화하고, 둘러싸고, 에스포지토의 말대로 "탈사회화"하기 위해서 구축된 힘을 발견할 수 있다. 주권은 권력 체계 내부의 개별 존재자에게 권리를 보장하고 각 인식된 존재자들 주변에 경계를 두는 개별 면역을 통해 공동체의 과잉이라는 위험으로부터 안전을 제공한다. 이러한 모형에서 제1장에서 논했던 아감벤이 묘사한 예외 양식의 확장을 볼 수 있다. 그러나 여기서 에스포지토는 예외를 다른 방식으로 다룬다. 에스포지토의 예외는 명백하고 개별화되어 있으며, 주권적 권력과 개인의 면역화의 욕망을 표명한다.

---

14 Esposito. *Bios.* 61[『비오스: 생명정치와 철학』, 128쪽]. 여기서 에스포지토가 주권이 "코먼 웰스"의 사회계약을 대표한다는 홉스에 대한 다소 무미건조한 자유주의적 해석과는 정반대의 독해를 제시한다는 점에 주목해야 한다. 여기에는 아무런 합의도 존재하지 않는다. 오히려 주권은 단지 차별화를 확보하기 위한 수단으로 등장한다.

주권이 제공하는 개인의 면역은 **재산** 개념을 통해 물질화된다. 에스포지토는 주권의 면역화에 의해 각자 자기에게 속하는 요소로 구성되는 것은 정의상 공통적이지 **않은** 것이라고 주장한다. 바로 이러한 비공통성에 대한 결정을 통해 개인은 공통성의 요구로부터 면역화되는 것이다. 에스포지토는 로크에 근거하여 재산은 개인의 "존재"와 연관되어 있으므로 마땅히 외부 권력에 의해 간섭받지 않는 영역임을 주장한다. 이러한 의미에서 재산은 자기의 존재론과의 물질적 연결이며 이는 "(신체) 존재와 자기 신체 소유 간의 … 존재론적-법적 기초"[15]를 확립한다.

여기서 에스포지토는 로크가 자신의 신체를 재산으로 소유한 자연권과 세계를 재산으로 전유하기 위해 개인이 수행하는 변형의 노동을 연결했던 것을 언급한다. 로크는 말한다. "인간은 자신의 **인신**을 **재산**으로 갖는다. 자신 외에는 누구도 이 신체에 대한 권리를 가질 수 없다. 그의 신체의 **작업**과 손의 **노동**은 당연히 그의 것이라고 말할 수 있다."[16] 작업과 노동의 변형 관계는 자기 신체에 대한 권리를 외부 존재자로 확장하는 개인의 능력을 개념화하는 데 핵심적이다. 바로 노동의 변형을 통해 한 사람은 타자를 전유하고 소유하는 것이다. 에스포지토가 말하듯이 "자신의 신체 형태persona를 소유함으로써 개인은 물질적 대상의 변형으로 시작하여 전이적 속성으로 전유하는 모든 수행의 주인이

---

15 Esposito. *Bios.* 66[『비오스: 생명정치와 철학』, 138쪽].

16 John Locke. *Two Treatises of Government.* Cambridge: Cambridge University Press, 2009. 287-288[§27][강정인·문지영 옮김, 『통치론: 시민정부의 참된 기원, 범위 및 그 목적에 관한 시론』, 까치, 1996, 34-35쪽].

된다."[17] 따라서 개인은 주변 세계의 점진적 변형을 통해 자신의 존재(그 것인 바와 그것이 소유하는 바)를 확장한다. 에스포지토가 보기에 로크가 정립한 재산 및 주체성의 관계는 노동의 변형을 통해 전유의 주체 및 대상의 상호의존적 교대를 가능하게 한다. "만일 전유된 사물이 신체 와 하나가 되는 방식으로 그것을 소유한 주체에게 의존한다면, 거꾸 로 소유자는 자신에게 속한 사물에 의해서만 소유자가 된다. 그러므 로 소유자 자신이 그 사물에 의존한다. 전유하는 주체 없이는 전유되는 사물도 없다."[18]

주체성과 재산(존재하는 것과 소유하는 것)의 이러한 "원초적" 연결은 사법 장치에 선행한다. 여기서 에스포지토가 그러했듯, 로크의 틀에서 주권은 재산권에 뒤따르는 것이지 그 역이 아님에 주목할 수 있다. 주 권은 주체와 존재론적으로 연결된 고유한 재산권을 지키는 수단으로서 구성되는 것이다. 따라서 주권은 적어도 주권의 안전을 보장받은 존재 자들을 위해 완전한 의미에서 "존재"를 보호한다. 여기서 주권은 면역 화를 통해 작동한다. 독점권 보장을 통해 공동 소유권의 위협으로부터 안전이 제공되며, 이러한 형태의 주권은 "공통으로 주어지는 세계, 이러

---

17 Esposito. *Bios.* 66[『비오스: 생명정치와 철학』, 138쪽].

18 Esposito. *Bios.* 67[『비오스: 생명정치와 철학』, 140쪽]. 잠시 여기서 주체성을 이해하는 헤 겔 특유의 구조에 주목할 수 있다. 헤겔은 말한다. "욕망은 대상에 대한 순전한 부정과 그 로 인한 순수한 자기 감정을 스스로에게 유보했다. 그러나 이것이 바로 그러한 만족이 덧 없는 것에 불과한 이유이다. 왜냐하면 그 만족은 대상성과 영속성의 측면을 결여하고 있 기 때문이다. 반면에 노동은 억제된 욕망과 억제된 덧없음이다. 노동은 사물을 구성하 고 형성한다." G. W. F. Hegel. *Phenomenology of Spirit.* Oxford: Oxford University Press, 1977. 118[197][김준수 옮김, 『정신현상학』, 제1권, 아카넷, 2022, 189쪽].

한 까닭에 무한정한 구분에 노출되는 세계라는 잠재적 위험"[19]으로부터 안전을 **보장한다**. 따라서 전유의 논리는 부정적인 의미로 작동하며 한 사람이 소유하는 재산은 공통으로 소유되지 않는다는 것, 한 사람이 누리는 동시에 다른 사람이 누리는 것은 거부된다는 것을 의미한다.

여기서 노동과 작업은 핵심적 역할을 하지만 주권은 노동과의 필연적 연결을 말소하거나 망각시키는 소유권을 보장함으로써 노동과 재산의 연결을 근본적으로 끊어 버린다. 따라서 사법 장치는 그 필연적 연결을 고려하지 않고 재산권을 보장할 수 있다. 노동은 노동자와 더불어 그 획득물에 대한 정당성을 제공한다. 그러나 노동/전유를 통한 소유 또는 연결에 대한 필연적 입증 없이 재산권을 보장할 수 있는 사법 장치 및 그 역량은 "신체로부터 멀리 떨어진"[20] 지속적이고 무한한 축적을 가능하게 한다. 이는 잠재적 모순을 나타내는데, 재산은 타자를 개인의 소유물로 통합시키기 때문이다. 그러나 축적은 소유의 확장을 통해 개인을 원래의 자기(재산권의 원천)와 분리된 영역까지 포함하도록 확장할 위험이 있다. "로크가 사물의 개인화(소유자의 신체로의 통합)로 표현한 전유의 과정은 주체적 실체가 해체된 개인의 사물화라고 해석할 수 있다."[21]

에스포지토는 생명정치적 주권과 재산의 관계를 따르는 면역 논리

---

19 Esposito. *Bios*. 67[『비오스: 생명정치와 철학』, 138쪽].

20 Esposito. *Bios*. 68[『비오스: 생명정치와 철학』, 142쪽].

21 Esposito. *Bios*. 69[『비오스: 생명정치와 철학』, 144쪽]. 에스포지토가 여기서 암시하는 것처럼 기존의 연결을 **대신하여** 재산권을 주장할 수 있는 역량은 물론 자본주의 논리의 핵심이지만, (기존의 연결을 입증하지 않고 재산과 주권을 획득할 수 있는 권리로서) 식민지화의 논리를 이해하는 데도 핵심적인 요소이다. 제4장에서 논하겠지만, 이는 비인간 동물을 재산으로 포획할 수 있도록 하는 사법 논리의 핵심이기도 하다.

가 "자유liberty"의 개념을 이해하는 틀을 구축한다고 주장한다.[22] 에스포지토는 적어도 이사야 벌린이 고전적으로 개념화한 적극적, 소극적 자유 및 권리의 정치적 개념화[23]를 따라 **적극적** 자유와 **소극적** 자유라는 자유의 이중적 의미에 주목한다. 에스포지토는 적극적 자유의 의미를 사랑, 리비도, 우정과 연결된 긍정적 힘으로 그린다. "자신의 내부 법칙에 따라 성장하고 발전하는 연결의 힘이자 구성원들을 공유된 차원에서 통합하는 배치 또는 확장의 힘이다."[24] 반면에 소극적 자유는 안전을 통한 면역과 연관된다.

> 자유가 더 이상 존재양식이 아니라 자신의 것을 가질 권리(더 정확하게는 타자와의 관계에서 자신이 완전한 우위를 누릴 권리)로 이해될 때, 이미 자유는 탈취적인 또는 단순히 소극적인 의미로 더욱 지배적으로 특징 지어질 운명에 처한다.[25]

22 『비오스』 영역판에서는 이탈리아어 "libertà"를 "freedom"이 아닌 "liberty"로 옮기고 있다. 그 이유에 대한 영어 역자 티머시 캠벨Timothy Campbell의 설명은 Esposito. *Bios*. 209 n49를 참조하라.

23 Isiah Berlin. "Two Concepts of Liberty." Isaiah Berlin. *Four Essays on Liberty*. Oxford: Oxford University Press, 1969[박동천 옮김, 「자유의 두 개념」, 『이사야 벌린의 자유론』(개정판), 아카넷, 2014] 참조.

24 Esposito. *Bios*. 70[『비오스: 생명정치와 철학』, 146쪽]. 이는 질 들뢰즈와 펠릭스 가타리가 프로이트에 대한 비판에서 욕망을 다룬 것과 유사해 보인다. Gilles Deleuze and Félix Guattari. *Anti-Oedipus: Capitalism and Schizophrenia*. Minneapolis: University of Minnesota Press, 1994[김재인 옮김, 『안티 오이디푸스: 자본주의와 분열증』, 민음사, 2014] 참조. 또한 Deleuze and Guattari. *A Thousand Plateaus*[김재인 옮김, 『천 개의 고원: 자본주의와 분열증 2』, 새물결, 2001]도 보라.

25 Esposito. *Bios*. 72[『비오스: 생명정치와 철학』, 149쪽].

이러한 의미에서 근대성은 개인주의의 출현을 통해, 개입으로부터의 소극적 자유를 포함하는 것으로 자유에 대한 이해를 지배하게 된 면역 논리의 성립 및 확산으로 이해될 수 있다.

이러한 관점에서, 전체적으로 근대성이 펼쳐 온 개인 또는 집단 면역과의 진정한 전투의 의미를 왜곡하지 않도록 주의해야 한다. 그것은 면역 패러다임을 축소하는 것이 아니라 강화하고 일반화하는 것이다. 면역은 그 전형적인 다원화된 어휘를 잃지 않은 채, 점차 그 무게중심을 "특권"의 의미에서 "안전"의 의미로 옮긴다.[26]

이러한 맥락에서 자유는 개인의 재산과 연관되어 "인신"에 집중된다. "자유를 재산과 보존 사이의 생명정치적 일치로 만드는 것은 그 의미가 안전의 명령에 가까워져 마침내 일치하게 될 때까지 점점 더 안정화되는 경향이 있다."[27] 따라서 면역은 우리가 향유할 것을 향유할 권리를 공통의 향유권에 맞서 보호하는 기능을 한다. 이렇게 사법 장치는 강제 메커니즘을 통해 일종의 안전보장의 형태로 자리하게 된다. "자유의 표현 및 그것을 내부에서 부정하는 것 사이의 봉합 지점(표출 및 부과 사이라고 말할 수 있는 지점)은 정확히 안전보장[assicurativa]의 요구에 의해 구성된다. 그것은 법이라는 장치가 직접적으로 자유를 생산하지는 않더라도 필요한 전환을 구성하도록 요청하는 것이다."[28]

26 Esposito. *Bios.* 72[『비오스: 생명정치와 철학』, 149-150쪽].

27 Esposito. *Bios.* 74[『비오스: 생명정치와 철학』, 152-153쪽].

28 Esposito. *Bios.* 74[『비오스: 생명정치와 철학』, 153쪽].

나는 인간의 자유와 동물의 자유 간의 상호의존적 관계를 강조하기 위해 바로 자유의 이러한 부분에 집중한다. 앞서 살펴본 바와 같이 인간과 동물 관계의 맥락에서 자유를 사유하고 주권과 자유의 상호작용 방식에 주목하는 것은 가치가 있다. 나는 푸코에 의거하여 인간과 동물의 전쟁은 인간의 자유가 비인간 동물의 부자유를 전제로 하는 관계로 특징지어진다고 주장했다. 에스포지토는 이러한 지배 형식의 합리성을 설명하는 방법을 제시한다. 이는 단순히 인간의 쾌락을 위한 공리주의적 사용의 문제가 아니다. 오히려 그보다 더 심도 깊은 것으로 보인다. 인간의 자유는 동물의 부자유로부터 자신의 안심과 **안전보장**을 구하는 부정적 관계로 구성된다. 동물이 자유를 누릴 수 있는 가능성은 면역 반응을 일으킬 공산이 크다. 플라톤이『국가』에서 불편한 심기를 드러낸 것은 '진정한' 민주주의 아래서 동물도 인간과 같은 자유를 누릴 수 있다는 생각에 대한 항의임이 분명하다.

　　민주정체에서 사람들에게 길러지는 동물들의 처지가 얼마나 자유로울 수 있는지 (직접 체험하지 않는다면) 믿을 수 없을 걸세. 개들도 영락없이 속담 그대로 그들의 안주인처럼 되고 말들과 당나귀들도 마찬가지라네. 그 동물들은 자유롭고 당당하게 길을 가는 버릇을 들여서는 길에서 만나게 되는 사람이 비켜서지 않을 경우에는 들이받는다네. 그 밖의 모든 것도 이런 식으로 자유가 넘치니 말일세.[29]

29　Plato. *The Republic*. 300[563c][『국가·정체』, 548쪽].

민주주의의 전망에서 위협받는 자유란 완전한 의미에서 인간의 "존엄성"을 부여받은 이들이 누리는 자유이다. 이러한 존엄성은 예외의 부자유에 의존하는 자유로 오직 면역화의 안전장치를 통해서만 유지될 수 있다.

동물 면역

에스포지토는 동물과의 전쟁에서 면역성의 역할을 이론화할 수 있는 여러 가능성을 제공한다. 재산 그 자체는 제4장에서 더 깊게 탐구할 것이므로, 이 장의 나머지 부분은 에스포지토의 면역론이 인간과 비인간 동물의 관계를 보는 다른 방식을 제공하고, 인간을 다른 동물을 살해함으로써 스스로를 안전화하는 동물로 간주하게 한다는 점에 초점을 맞출 것이다.

앞서 논한 바와 같이 에스포지토는 자연과 문화(조에와 비오스)의 구분이 가진 한계에 대한 도전(과 관점)을 제시한다. 여기서는 인간 주권의 인공화와 자연과 문명의 구분의 구성이 암묵적으로 연결되어 있음을 이해하고자 한다. 주권은 공동체가 자연으로부터 스스로를 면역화하는 동시에 "자연 질서"의 무차별화된 개념으로 인해 발생할 수 있는 경계의 불명확성 및 분할의 결여로부터 스스로를 방어하는 방식으로 등장한다. 여기서 우리는 자연 상태(내재적 갈등 상태)에 대한 홉스의 상상력을 다시 한번 떠올리게 된다. 홉스가 주장한 것처럼, 무한히 경쟁하는 당사자들의 다양한 이해관계로 인한 내재적 불안정성 때문에 "자연"

에서 공동체는 불가능하다. 에스포지토에 따르면, 주권은 주요한 면역화의 전략으로 등장한다. 주권은 개인들이 자연으로부터 안전을 보장받기 위해 공동체를 묶는 통일된 의지에 복종하는 방식으로 나타난다.

따라서 주권의 목표가 자연으로부터 문화를 보호하고 보장하는 것이라면(즉 합법화된 지배 장치를 통해 문화와 자연의 구분이 활성화되는 것이라면), 면역은 무엇보다도 동물로부터 인간의 면역화라고 이해할 수 있지 않을까? 그 운영 과정에서 "인간 종"을 보장하기 위한 수단으로 작용하는 메커니즘 아닐까? 다른 동물에 대한 인간의 주권은 구분을 위한 특권, 즉 동물화로부터의 면역을 제공할(결과적으로 인류를 정의할) 수 있는 특권으로 확립될 수 있지 않을까? 이는 아감벤이 생명정치를 본질상 "인간과 동물 간의 갈등"으로 해석한 것과 일치할 것이다. 다른 동물을 잠재적 오염원으로 배제함으로써 인간은 최고의 "표본"으로 규범적으로 정의된다. 그러한 인간을 보호하고 예외로 만드는 폭력과 강압의 메커니즘을 통해 인간과 동물의 경계는 표명되고 재조정되며 끊임없이 이동한다.

에스포지토(및 데리다[30])가 주목한 것처럼, 주권의 면역화 과정은 단순히 생물체나 사회체를 오염으로부터 보호하려는 논리가 아니다. 오히려 전체 유기체의 붕괴라는 더 큰 위협으로부터 보호하기 위한 수단으로써 오염물질(자진해서 부과한 감염)을 통합하고자 하는 안전화의

---

30 주권의 맥락에서 면역과 자가면역에 대한 데리다의 논의는 Jacques Derrida. *Rogues: Two Essays on Reason*. Stanford: Stanford University Press, 2005를 참조하라. 데리다의 초기 글 「플라톤의 약국」도 이와 관련된다. 여기서 데리다는 다음과 같이 말한다. "파르마콘의 유해성은 전체 맥락이 그것을 독보다는 '약'으로 번역하길 허락하는 듯 보이는 바로 그 순간에 나타난다." Jacques Derrida. *Dissemination*. Chicago: University of Chicago Press, 1981. 101 참조.

논리이다. 이는 인간과 비인간 타자 사이의 명확한 구분을 유지하고 그 경계를 지키기 위해 인간 안에 동물을 부분적으로 통합하는 것을 뜻한다. 따라서 여기에는 이미 "정치적 동물"로서의 인간이라는 기묘한 정식화가 암시되고 있다. 물론 이 풍부한 기반에서 우리는 인간이 동물을 통해 또는 상징적, 담론적, 물질적 통합을 통해 (또는 한꺼번에 이 모든 차원을 통해) 지속적으로 표명되는 다양한 상황을 볼 수 있다.[31] 그러나 동물과의 전쟁에서 우려되는 두 가지 핵심 영역(인간의 식량을 위한 대규모 축산, 약리학 연구의 실험 장소로서 동물 신체의 이용)만 고려해도, 부분적 통합을 통한 특정 면역학적 방어 논리가 비인간 동물과의 관계에서 인간의 주요 관행을 통해 순환하고 있음을 알 수 있다. 인간은 자신과 분리하고자 하는 것을 문자 그대로 삼켜 버린다. 공장식 축산의 상황을 보자. 식품 공급을 통한 인간의 통합을 위해 동물을 대규모로 사육, 격납, 도살하는 친밀하지만 악마적인 기계가 작동하고, 그 바로 옆에 인간과 소비되는 동물 사이의 불필요한 오염을 전체주의 방식으로 배제하려는 논리적, 담론적, 물질적 체계가 기능하는 현실을 우리는 피할 수 없다. 약리학 연구의 경우는 어떨까. 동물의 신체는 예상치 못한 부작용으로부터 미래의 인간을 보호하기 위한 수단으로 (라투르적[32] 의미에서) 인간

---

31 동물 장기를 적출하여 인간 건강을 위해 사용하거나 동물 신체를 활용하여 인간이 의도한 조직을 배양하는 기술 능력에 대한 윤리적 탐구가 이러한 논의의 영역이 될 수 있다.

32 브뤼노 라투르는 비인간 위임자가 인간 행위자를 "대신하여" 네트워크 내에서 행위성을 발휘한다고 주장한다. 예를 들어 라투르에 따르면 과속방지턱, 즉 "잠자는 경찰"은 교통 속도를 줄이도록 하는 현실의 경찰을 말 그대로 위임하여 행동하는 비인간 존재자이다. Bruno Latour. *Pandora's Hope: Essays on the Reality of Science Studies*. Cambridge: Harvard University Press, 1999. 188-189[장하원·홍성욱 옮김,『판도라의 희망: 과학기술학의 참모습에 관한 에세이』, 휴머니스트, 2018, 299-300쪽] 참조.

의 신체를 "대신한다." 면역의 관점에서 볼 때, 자신이 아닌 것을 통합하는 것이 반드시 역설인 것은 아니다. 우리는 비인간 동물을 단순한 음식이나 실험용 신체로서가 아니라 공인된 구성원으로 포함할 수 있는 더 넓은 공동체에 의한 오염으로부터 면역화하기 위해, 육류를 섭취한다.

그러나 만일 이러한 탐구 방향을 가져가려면 비인간 동물에 대한 소비가 면역화 논리에 어긋난다는 사실을 인정해야 한다. 오염으로부터 우리를 보호하기 위해 소비되는 파르마콘Pharmakon이 드물게 섭취되는 것이 아니라 점점 더 지속적으로 증가하는 형태의 **과잉**을 재현하고 있기 때문이다. 우리의 면역 통합은 대규모로 이루어진다. 이 책에서 주장하는 것처럼 동물과의 전쟁을 특징짓는 것은 과잉, 즉 총체적이고 지속적인 승리라고 할 수 있다. 일부 분석가에 따르면 전 세계 1인당 육류 소비량이 급증함에 따라 이전에는 상상할 수 없었던 수준으로 살육이 가속화되고 있으며, 이러한 과잉은 더욱 심화되고 있다.[33] 어떤 의미에서 에스포지토는 이 유례없는 면역화의 과잉에서 벗어날 수 있는 길을 제시한 것이다. 그에 따르면 사법 장치가 존재와 그 전유물을 분리하는 한, 소비자를 그 전유 대상의 직접성으로부터 점점 더 멀리 떨어뜨리는 면역화를 통한 재산의 과잉과 안전의 과잉이 동시에 가능해진다. 생명을 대규모로 격납, 번식, 육성, 도축하는 인간의 기술 역량은 식탁에 오르는 제품을 생산의 공포로부터 멀리 떨어뜨리는 장치를 통해 "인간 존재"를 존재론적 의미에서 확장한다. 또한 강도 높은 면역화 체계는 기하

---

33 가령 Rachel Tepper. "World's Meat Consumption: Luxembourg Eats the Most per Person, India the Least." *The Huffington Post*. 5 March, 2012. huffpost.com/entry/world-meat-consumption_n_1475760[2024년 12월 16일 접속 확인, 2012년 5월 4일 업데이트]을 보라.

급수적으로 확장하는 재산권의 지속적 향유를 보호한다. 멸균 포장된 육류는 인간과 인간이 도축한 동물이 일체화될 가능성을 차단함으로써 인간 공동체를 공고히 한다.

그러나 동일한 문제에 접근하는 또 다른 방식이 있다. 르네 지라르의 폭력과 희생의 관계에 대한 연구를 통해 희생의 통념과 면역화의 관계를 살펴볼 수 있다. 실제로 희생과 사회질서의 관계에 대한 지라르의 이해와 에스포지토의 면역화론 사이에는 놀랄 만한 유사성이 존재한다. 지라르는 『폭력과 성스러움』에서 희생은 위기를 겪고 있는 공동체에 대한 해독제로서 등장한다고 명시적으로 주장한다. "일종의 감염이 실제로 확인되고 있다."[34] 따라서 희생은 명백히 예방적 기능을 수행한다.

지라르가 주목하는 것은 공동체의 결속 및 지위 차이를 지키기 위한 수단으로 공동체가 직접적 폭력을 사용하는 메커니즘이다.[35] 아마도 홉스와 마찬가지로, 지라르는 어떤 공동체든 폭력의 순환으로 인해 붕괴될 수 있음을 인식하고 있다. 폭력의 응수는 공동체의 결속력을 위협하며, 한 번의 폭력 행위는 갈등의 순환을 유발하는 보복을 동반한다. "보복은 끝없고 무한한 연속 과정으로 … 사회 전체를 휩쓸 가능성이 있다."[36] 사법적 폭력은 합법화된 힘을 통해 이러한 보복을 조장하고 조직화한다. "재판 제도가 보복을 억제하는 것은 아니다. 재판 제도는 보복을 단 한 번의 복수 행위로 효과적으로 제한하는 것으로 그 실행

---

34 René Girard. *Violence and the Sacred*. London: Continuum, 2005. 31[김진식·박무호 옮김, 『폭력과 성스러움』(개정판), 민음사, 2000, 50쪽].

35 Girard. *Violence and the Sacred*. 특히 1–40[『폭력과 성스러움』(개정판), 9-60쪽] 참조.

36 Girard. *Violence and the Sacred*. 15[『폭력과 성스러움』(개정판), 29쪽].

은 특정 기능을 전문적으로 수행하는 주권 기관에 맡겨진다."[37] 그러나 법이 보복으로부터 안전을 보장할 수 없는 곳에서는 폭력의 악순환이 계속된다. 안전을 확립하기 위해 선택되는 것이 바로 공동체의 폭력을 견딜 "희생양"이다. 희생양은 대개 적대감의 실제 원인과는 아무런 관련이 없다. "중요한 사실은 희생자가 자의적으로 선택된다는 것이다."[38] 이러한 단절은 중요한데, 희생의 목적이 위기를 해소하기 위해 희생 제물의 죽음과 그것을 맞바꾸는 것이기 때문이다. 희생 제물은 범죄에 대해 "유죄"로 간주된 사법기관의 대상과 다르다. 희생 제물은 공동체의 폭력에 무고하게 노출된다. 이런 의미에서 하나의 폭력을 다른 폭력으로 대체하는 오인은 절대적으로 필요하다. 희생의 폭력은 폭력의 대상과 갈등의 근원을 분리하고 **격납**하는 기능을 한다. 지라르의 말을 빌리자면 "목표는 새로운 유형의 폭력, 진정으로 결정적이고 자기 격납적인 폭력, 폭력 자체를 완전히 종식시킬 수 있는 폭력의 형태를 달성하는 것이다."[39]

희생자가 폭력적 적대감의 근원에서 분리되어야 한다는 요건은 제물로 선정된 희생자가 이미 공동체의 사회구조로부터 소외되는 경향이 있었음을 의미한다. 지라르는 언뜻 보기에 희생 제물을 선택하는 데 일관된 공통 요소가 없는 것처럼 보인다고 말한다.

··· 이 목록은 아무리 봐도 이질적으로 보인다. 전쟁포로도 있고 노예도

---

37   Girard. *Violence and the Sacred*. 16[『폭력과 성스러움』(개정판), 30쪽].

38   Girard. *Violence and the Sacred*. 271[『폭력과 성스러움』(개정판), 388쪽].

39   Girard. *Violence and the Sacred*. 28[『폭력과 성스러움』(개정판), 45쪽].

있으며 어린아이, 미혼 청년, 장애인도 있고 그리스의 파르마코스 같은 사회의 찌꺼기부터 왕에 이르기까지 다양하다.[40]

그러나 희생자를 선택하는 근거는 공동체에서 사회적 추방을 당했을 이를 보복에 대한 두려움 없이 폭력에 노출시킴으로써 얻게 되는 안전에 있다.

동물 영역에서 선택된 희생자든 인간 범주 중 하나에서 선택된 희생자든, 모든 희생 제물에는 희생될 수 없는 존재와 구별되는 한 가지 본질적인 특성이 있다. 그것은 희생물과 그 공동체 사이에 중요한 사회적 연결고리가 없기 때문에 보복에 대한 두려움 없이 폭력에 노출될 수 있다는 점이다. 그들의 죽음은 자동적으로 보복의 행위를 수반하지 않는다.[41]

이처럼 희생자는 이미 사회적, 정치적 구조에서 소외되어 있다. 이들은 그들을 제물로 바쳐지기에 적합한 희생자로 제시하는 예외 구역 안에서 구성된다.

이 책의 목적과 관련하여 흥미로운 점은 지라르의 희생 제물 개념에 따르면 "동물"이 우선적인 희생자로 설정된다는 점이다. 인간 공동체로부터 동물을 절대적으로 배제함으로써 폭력의 주체의 연관될 가능성을 차단하고 보복을 방지할 수 있기 때문이다. "동물 희생의 경우에

---

40   Girard. *Violence and the Sacred*. 12[『폭력과 성스러움』(개정판), 25쪽].

41   Girard. *Violence and the Sacred*. 13[『폭력과 성스러움』(개정판), 26쪽].

잘못은 있을 수 없다."[42] 이 경우 동물은 미래의 잠재적인 보복으로부터 인간을 보호하는 방어막이 된다. 지라르는 구약 성경의 한 구절을 통해 이러한 관계를 명확하게 표현한다. 여기서 야곱은 속임수를 써서 눈먼 아버지 이삭으로부터 원래는 그의 형제 에서에게 주기로 의도되었던 축복을 받아낸다. 죽음에 가까워진 이삭은 에서에게 마지막 축복을 주기 위해 "별미"를 가져오라고 지시한다. 이를 들은 야곱은 어머니 리브가의 도움을 받아 갓 도축한 염소를 별미로 가져간다. 하지만 야곱은 눈먼 아버지가 피부가 매끄러운 자신과 "털이 많은" 아들 에서를 구별하여 자신의 속임수가 들킬까봐 두려워 잠시 망설인다. 기만이 발각된다면 약속된 축복은 저주로 바뀔 것이기 때문이다. 리브가는 야곱에게 염소 가죽을 입을 것을 제안하고, 속임수는 성공한다. "노인은 어린 아들을 만져 보고 완전히 속아 넘어갔다."[43] 아버지의 폭력을 모면하기 위해 야곱은 말 그대로 동물의 안전망 속에서 피난처를 찾은 것이다.

> 야곱은 아버지의 저주가 아닌 축복을 받기 위해 갓 도축한 새끼 염소를 "별미"로 만들어 이삭에게 대접해야 했다. 아들은 말 그대로 희생된 동물의 가죽 속에서 피난처를 찾은 것이다. 이렇게 동물은 아버지와 아들 사이에 끼어든다. 동물은 폭력으로 이어질 수 있는 직접적 접촉을 막는 일종의 절연체 역할을 한다.[44]

---

42 Girard. *Violence and the Sacred*. 12[『폭력과 성스러움』(개정판), 25쪽].

43 Girard. *Violence and the Sacred*. 5[『폭력과 성스러움』(개정판), 15쪽].

44 Girard. *Violence and the Sacred*. 5[『폭력과 성스러움』(개정판), 15-16쪽]. 이는 타키투스의 역사와 기묘하게 공명한다. 로마 장군 게르마니쿠스가 자신의 군대를 염탐하는 장면은 전체주의 권력에 내재된 편집증을 보여주는데, 여기서 장군은 동물 흉내를 낸다. "어둠이

동물에 대한 폭력은 인간을 방어하고 격납한다. 인간과 동물 사이의 차별화(동물로 지정된 존재자의 인간 공동체로의 허용 불가능성)는 주기적으로 벌어지는 폭력의 안전화를 통해 인간을 면역화한다. 여기서 지라르는 놀랍게도 에스포지토와 유사한 분석을 내놓는다. 적어도 폭력이 하나의 대상이나 집단에 맞선 공동체에 의해 내면화되고 관리되며, 비차별화(공동체의 과잉)라는 위협에 맞서 면역화 기능을 한다는 점이 그것이다. 이는 지라르가 말한 것처럼 "훨씬 더 치명적인 폭력(절대적 비차별화를 통한 공동체 붕괴의 위협)에 대한 방패막이로 제시되는 보다 **작은** 폭력"[45]이다. 중요한 것은 이러한 면역 논리에서 동물에 대한 폭력이 사회질서에 스며들고 안전화를 추구하는 일반화된 적대감을 나타낸다는 점이다. 이러한 의미에서 (젠더, 계급, 능력, 섹슈얼리티, 인종에 따라) 사회체를 계층화하고 본래라면 갈라지지 않았을 존재자들 사이에 지속적인 갈등과 적대감을 유발하는 차별화는 동물을 향한 통합된 폭력을 통해서 해소된다. 이는 "인권" 기획을 또 다른 비판적 시각에서 바라볼 수 있는 방식을 제시한다. 폭력과 차별에 직면한 이들에게 (종의 지위와 무관한 권리가 아니라) "인간"으로서의 권리를 확인함으로써 안전을 제공하는 기획은 "인간"의 존엄성이 결여된 것으로 간주되는 이들을 안전화 범주에서 배제하고 그들에게 일반화된 폭력의 가능성을 허용함으로써 성립되기 때문이다. 바로 이러한 폭력이 일반화된 동질성에서 위협이

깔리자 장군은 동물 가죽을 입고 수행원 한 명만 데리고 초병들에게는 알려지지 않은 출구로 천막을 빠져나갔다. 야영지를 따라 걸으며 천막 옆에 서서 그는 자신의 인기에 흠뻑 젖었다." Tacitus. *The Annals of Imperial Rome*. London: Penguin, 1994. 83[박광순 옮김, 『타키투스의 연대기』, 범우사, 2005, 134쪽] 참조.

45 Girard. *Violence and the Sacred*. 108[『폭력과 성스러움』(개정판), 156쪽].

될 수 있는 적대감으로부터 인간을 보호하고 통합한다.

지라르의 말을 빌리자면 "여기서 다루고 있는 것은 동물 파르마콘, 즉 송아지나 소가 막연하고 불명확한 어떤 죄가 아니라 **공동체의 모든 구성원들이 서로에게 느끼는** (흔히 숨겨져 있지만) 매우 실제적인 적대감을 떠맡고 있다는 사실이다."[46] 인간들 사이에는 엄청난 차이가 있고, 이는 치유 불가능한 분열의 원인이 되기도 하지만, 공동체는 이러한 차이에도 불구하고 다른 동물에 대한 통합된 우월성을 통해 구축된다. 가장 기본적인 수준에서의 "인권"(인간이라는 이유만으로 인간에게 부여된 권리)은 동물에 대한 상호주관적·제도적·인식론적 폭력이라는 공통의 권리에 의해 안전화되며, 이는 인간 공동체의 기반으로 작동한다.

동물의 신체에 관한 이러한 관점을 에스포지토의 면역론과 다시 결합하면, 비인간 동물에 대한 대규모 섭취 및 추방을 다른 각도에서 이해할 수 있다. 근대성의 기술적 도구는 합리화와 개별적 격납을 통해 우리가 목격하는 강렬한 폭력, 즉 희생 모델에 대한 극도로 상징적인 표현을 가능하게 했다. 이 희생 체계는 그 희생 제물과 절대적으로 거리를 두어 잔인하게 폭력을 휘두르면서도 겉으로 오염을 드러나지 않게 해 준다. 희생의 과잉은 인간과 비인간을 점점 더 차별화하려는 도취된 욕망을 충족시킨다. 이러한 맥락에서 아감벤의 호모 사케르에 대한 도전적 정의, "희생물로 바칠 수 없지만 살해할 수 있는 생명"을 다시 읽을 수 있다. 아감벤에 따르면 살인을 저지르거나 희생물로 바치지 않고도 합법적으로 살해할 수 있는 주권자의 권리는 바로 희생과 살인 사이의

---

46   Girard. *Violence and the Sacred*. 104[『폭력과 성스러움』(개정판), 150쪽].

지점에서 등장한다. 이는 세속적 공간에서 보복을 당하지 않고 합법적으로 살해할 수 있는 권리, 왕의 고유한 권한이다. 실제로 아감벤이 벌거벗은 생명을 정의하며 주장했듯이 서구의 주권은 합법적으로 종료될 수 있는 생명을 만들어 내려는 오직 그러한 의도로 자신의 정치 영역 안에 있는 생명을 구성한다. "인간의 생명은 무조건적으로 살해할 수 있는 능력에 노출되는 정치 질서 속에 포함된다."[47] 지라르의 희생 모델에서처럼, 희생자 자신은 말 그대로 적대감의 실제 원인을 대체한다. 누군가 죽는 것이 중요하지 누가 죽는지는 중요하지 않다. 여기서 알 수 있는 것은 권력의 초점이 단순히 주권적 예외 지대에 포획된 생명이나 희생물로 바쳐질 수 있는 생명에만 있는 것이 아니라 둘 모두에 바탕을 둔다는 것이다. 즉, **희생물로 바쳐지지 않으면서 희생해야** 할 필요가 있는 생명에 그 초점이 있다는 것이다. 산업화된 도살과 대규모 실험의 조건 아래 인간은 끊임없는 동물 희생을 기반으로 성립된다. 희생 사실에 대한 공식적 기념 없이 동물의 희생은 인간을 구성하고 면역화하고 안전화한다. 이는 또한 서로를 압도할 위험이 있는 두 가지 범주인 인간의 인간 살해와 동물 살해 사이의 미묘한 차이를 이해하는 데 도움이 될 수 있다. 칼 스틸은 다음과 같이 설명한다.

도살은 인간이라는 신성한 특권을 물질적으로 제정한다. 도살자는 동물에 대한 일상적 폭력을 통해 단지 육류를 생산할 뿐 아니라 인간의 동물 지배(따라서 인간과 동물의 구분)의 가장 분명한 증거를 제공한다. 그러나 동시에 도살자는 피, 살, 내장, 뼈 등 인간의 신체와 유사

---

47 Agamben, *Homo Sacer*. 85[『호모 사케르』, 180쪽].

한 신체를 훼손한다. … 인간이 동물 정복의 원인이 아니라 결과라는
것을 더 명확하게 보여줄 수는 없다. 인간과 동물의 구별은 인간은 사
형집행자나 군인이 죽이지만 동물은 도살자가 죽이며, 인간은 땅에
묻히지만 동물은 먹히거나 버려진다는 점에 있다.[48]

이는 도살장뿐만 아니라 식민지나 점령지의 일상생활의 한 요소로
서 생명정치적 폭력의 역설을 설명해 준다. 주권자는 예외로 격납된
이들의 생명에 대해 꼼꼼하고 친밀한 **돌봄**을 행하는 동시에 죽음이
요청된 이들의 생명에 대해서는 극도의 **무관심**을 행사한다. 빠르든
느리든 죽음을 만드는 데 돌봄이 들어가고, 결코 진정한 희생으로 간
주되지 않을 희생의 여파로 무관심이 나타난다.

48　Steel. *How to Make a Human*. 219. 나는 여기서 아감벤과의 흥미로운 공명을 발견했다. 주
　　권자와 치안 기능 사이의 골치 아픈 인접성은 고대 사회와 정치체제에서 주권자의 형상과
　　사형집행자의 형상을 연결시킨 무형의 신성한 특성으로 표현된다. 1418년 7월 14일, 군
　　대를 이끌고 막 파리에 입성한 정복자 부르고뉴 공작과 그를 위해 밤낮으로 일하던 사
　　형집행자 코펠루시의 우연한 만남만큼 이러한 근접성이 분명하게 드러날 수 없을 것이
　　다. 피투성이가 된 사형집행자는 주권자에게 다가가 그의 손을 잡고 소리쳤다. "사랑하
　　는 나의 형제여!" Giorgio Agamben. "The Sovereign Police." Brian Massumi Ed. *The Politics of
　　Everyday Fear*. Minneapolis: University of Minnesota Press, 1993, 61-63, 62 참조.

4.

재산과 상품

그러나 지금 포세이돈은 멀리 아이티오페스족을 방문하러 갔는데,

이 종족은 인간들로부터 가장 먼 곳에 살며 둘로 나뉘어

일부는 해가 지는 곳에 일부는 해가 뜨는 곳에 살고 있다.

포세이돈은 수백 마리 양들과 소들의 제물을 받으러 갔던 것이다.

그곳에서 포세이돈은 잘 차린 식사를 만끽했다.

_『오뒷세이아』[1]

제3장에서 논의한 것처럼, 로베르토 에스포지토는 재산이 현대 생명정치에서 면역화의 한 요소로 작동한다고 보았다. 재산은 개인의 존재를 확장하며, 소유물을 통해 존재를 보호하려는 요구는 공동 소유의 위협으로부터 면역화를 제공한다. 적어도 서구 전통에서, 재산권 자체는 개인의 신체와 물질적으로 연결되어 있지 않은 것을 "소유"된 것으로 변환하는 역량에 뿌리를 둔다. 이 변환의 힘은 지배권을 표현한다. 이 뚜렷한 생명정치적 성격은 단순히 무생물뿐만 아니라 (역사적으로 비인간을 포함하여 노예, 여성, 아이와 같은) 독자적인 삶과 운동을 가진 존재를 재산의 지위로 변환하는 힘과 관계된다. 실제로 살아 있는 대상을 재산의 지위로 두는 전유와 재산 자체의 논리 사이의 매우 밀접한 연관성을

---

1 Homer. *The Odyssey*. New York: Penguin, 1996. Book 1, H20-30. 78[김기영 옮김, 『오뒷세이아』, 민음사, 2022, 8쪽].

이해해야 한다. 왜냐하면 로크의 틀에서 동물은 단순히 재산으로 간주될 수 있는 것의 한 예에 불과하기보다는 재산권 자체의 핵심을 이루며, "인간의" 지상 지배 및 "우월한" 존재로서 스스로의 안전화를 기초 짓기 때문이다. 따라서 내가 이번 장에서 주장하듯이 게리 프란시온이 지적한 대로 "cattle(소)"라는 단어가 어원적으로 **capital**(자본)이라는 단어와 연결되어 있는 것은 우연이 아니다.[2] 동물과의 전쟁은 끝없는 전유의 폭력적인 형태와 동물 생명을 인간 교환 체계 내의 가치로 변화하는 마찬가지로 폭력적인 형태에 자리한다. 즉, 재산과 상품은 전쟁의 산물로서 공존한다.

재산

로크의 동물 재산화 논의에서 중요한 것은 지금껏 많은 비평에서 간과된 점이 있다는 것이다.[3] 에컨대 에스포지토는 생명정치에 초점을 맞추면서도 로크의 동물 재산론에 주목하거나 반론을 제기하지 못했다. C. B. 맥퍼슨은 명저『소유적 개인주의의 정치 이론』에서 로크의『통치론』제1논고의 동물 재산권이 가진 근본적인 역할에는 관심을 두지 않는다.[4] 테레사 브레넌과 캐럴 페이트먼은 로크의 이론에 나타난 여성

---

2 Francione. *Animals, Property and the Law*. 35

3 여기서 예외는 킴 이언 파커인데, 그는 다음과 같이 분명하게 말한다. "이 구절에서 로크의 핵심은 인간이 동물을 이용할 권리에 의해 재산을 획득한다는 것이다." Kim Ian Parker. *The Biblical Politics of John Locke*. Waterloo: Wilfrid Laurier University Press, 2004. 117을 보라.

4 실제로 맥퍼슨은 이 저작에서 로크의『통치론』제1논고를 거의 다루지 않는다. p. 212[245쪽]

에 대한 남성의 "자연화된" 가부장적 권위에 의문을 제기하지만, 동물의 지위에 대해서는 고찰하지 않는다.[5] 로버트 노직은 고전적 저작 『아나키에서 유토피아로』에서 동물의 도덕적 지위에 관심을 보이지만, 로크의 동물 논의에는 주목하지 않는다.[6] 곧 논의하겠지만, 리처드.H. 콕스는 『로크의 전쟁과 평화론』의 몇몇 부분에서 로크의 동물론에 초점을 맞추었음에도 재산권을 정의하고 동물에 대한 인간의 존재론적 우월성의 전제를 묻는 로크의 접근법의 뚜렷한 지점(즉, 로크의 설명에 내재된 인간중심주의에 대한 도전)은 간과하고 있는 것으로 보인다.[7] 게리 프란시온도 동물 재산에 대한 고전적 연구에서 분명 로크를 **정면으로** 다루기는 하지만,[8] 비인간 생명의 전유 과정에 대해서는 재빨리 얼버무린다. 그러나 나는 동물과 재산의 개념화가 맺는 독특한 관계를 이해하는 것이야말로 핵심이라고 본다.

재산과 동물 전유의 일차적 관계는 로크가 『통치론』 제1논고에서 논한 자기보존 욕구에 있다.

저작의 결정적 부분으로 간주되는 이 대목에서, 로크는 자기보존

의 언급이 유일한 것으로 보인다. C. B. Macpherson. *The Political Theory of Possessive Individualism*. London: Oxford University Press, 1962. 199–203[황경식·강유원 옮김, 『홉스와 로크의 사회철학: 소유적 개인주의의 정치 이론』(중판), 박영사, 2002, 230-234쪽] 참조. 이 저작에 주목하게 해 준 로버트 밸링걸Robert Ballingall과 존 킨John Keane에게 감사드린다.

5 Teresa Brennan and Carole Pateman. "'Mere Auxiliaries to the Commonwealth': Women and the Origins of Liberalism." *Political Studies*. 27 (1979): 183-200.

6 Nozick. *Anarchy, State and Utopia*. 35-42[『아나키에서 유토피아로』, 60-68쪽] 참조.

7 Richard H. Cox. *Locke on War and Peace*. London: Oxford University Press, 1960. 특히 57, 92-93, 103-104 참조.

8 Francione. *Animals, Property and the Law*. 33-49 참조.

욕구와 이성과의 연관성을 신이 부여한 "목소리"로 설명한다.

> 인간에게는 생명과 존재를 보존하고자 하는 강한 욕구가 심어져 있
> 기 때문에 신 자신에 의한 행동의 원리, 즉 **인간 안의 신의 목소리**인
> 이성은 존재를 보존하기 위한 자연적 성향을 가르치고 보증하지 않
> 을 수 없다. 따라서 인간은 창조주의 의지에 따라 피조물들을 이용할
> 권리를 가지며, 이성 또는 감각으로 그 피조물들이 도움이 된다는 사
> 실을 알게 되었다. 따라서 인간의 피조물 **재산**은 그의 존재에 필요하
> 거나 유용한 것들을 이용할 수 있는 권리를 기반으로 성립되었다.[9]

에스포지토는 위의 인용문을 활용하여 존재의 생명이 어떻게 재산
으로 연결되고 변형될 수 있는지 의문을 제기한다.[10] 하지만 그는 비인
간 동물을 어떻게 재산의 한 형태로 이해하게 되는지, 실제로 그런 이해
가 자신의 신체를 초월하여 확장되는 재산권을 이해하는 데 근본적인
것이 되는지의 문제에 대해서는 다루지 못한다.

에스포지토가 이 문제를 제기하는 데 실패하는 반면, 프란시온은
이를 교정하기 위해 필요한 수단을 제공한다. 프란시온의 동물 재산론
의 핵심은 재산으로서 동물의 지위가 법적 틀 안에서 동물권의 한계를
규정한다고 보는 것이다. (프란시온이 "법적 복지주의"라고 표현한) 이 한계
는 동물의 고통에 대한 우려를 효과적으로 제한하며 인간 소유자의 사

---

9 Locke. *Two Treatises of Govermment*. 205, Book 1, §86[옮긴이: 『통치론』 우리말 번역본은 제2
논고만을 옮긴 것으로 이 부분이 없다].

10 Esposito. *Bios*. 64[『비오스: 생명정치와 철학』, 134쪽] 참조.

용가치와 비교하는 논리를 세운다. 따라서 (피터 싱어가 『동물 해방』에서 제기한 것처럼) 효용에 의해 틀 지어진 윤리적 질문은 반드시 윤리적 고려의 한계를 결정하는 재산권과 관련하여 맥락화되어야 한다. 프란시온은 말한다.

> 동물 재산의 소유는 모든 목적과 의도를 볼 때 다른 종류의 재산 소유와 아무런 차이가 없다. 동물은 재산이며, 현행 동물 보호 체계인 법적 복지주의는 동물의 이익을 인간의 이익과 비교 형량하도록 요구한다. 문제는 법이 동물을 도구와 같은 무생물 재산과 다르다고 간주하여 동물 재산을 다르게 취급하도록 하는 어떤 이론도 개발하지 않았다는 것이다. 오히려 법은 동물 재산을 "낭비"하지 말 것, 정당한 경제적 목적 없이는 살해하거나 가해하지 말 것을 요구하고 있다.[11]

앞서 논했듯이 이는 주권이 어떻게 윤리를 틀 지우는지를 보여준다. 이 경우 윤리는 주권에 의해 왜곡되어 오직 가해와 살해의 통치성으로 작동하는 데 그친다. 윤리는 인간의 동물 이용을 규제할 뿐 인간이 동물을 이용할 수 있는 특권에는 결코 도전하지 않는다.

그러나 우리는 재산에 대한 이해에 더 깊게 파고들 수 있다. 노동을 매개로 바깥의 존재자들을 재산으로 바꾸는 로크의 변환은 비인간 동물과 관련하여 기묘한 굴곡을 보인다. 그 자체로 재산에 대한 권리를 가진 것으로 이해할 수 있는 존재는 권력을 통해 단지 인간의 이용을 위한

---

11 Francione. *Animals, Property and the Law*. 35.

존재자로 변형된다. 이 재산권을 이해하고자 할 때 로크가 동물 재산권이 신으로부터 위임받은 신성한 권리에 의해 승인된다는 견해에 명백히 이의를 제기한다는 점을 인식하는 것이 중요하다. 주지하는 바와 같이 『통치론』제1논고는 통치 체제를 신성하게 승인받은 제도로 간주하는 로버트 필머Robert Filmer의 이론을 반박하는 것이다. 필머의 견해와 다르게 로크는 성경에 입각하여 주권자가 행사하는 삶과 죽음의 권력은 신성하게 승인받은 권위의 형태로 볼 수 없다고 주장한다.

> 냉정한 독자라면 인간이 거주할 수 있는 지구에서 인류가 다른 피조물 위에 위치한다는 내용 이상을 성경에서 발견하기란 불가능할 것이다. 그것은 단지 창조자의 형상을 띤 인간, 즉 최고 거주자인 전체 인류 종에게 다른 피조물에 대한 지배권을 부여한 것이다. 이 평이한 말은 너무나도 명백하기 때문에 저자[필머]를 제외한 사람들은 어떻게 이 말이 **아담에게** 다른 인간에 대한 **군주의 절대적 권력** 또는 모든 피조물에 대한 **독점적 재산권**을 부여할 수 있는지 보여줄 필요가 있다고 여길 것이다.[12]

여기서 중요한 것은 로크가 신성하게 승인받은 군주의 권리와 "피조물"에 대한 지배 사이에 미묘한 차이를 두고 있다는 점이다. 사적 지배와 주권은 신의 권리로부터 유래한 것이 아니다. 로크는 "목자처럼 지배하는 것과 소유자로서 전면적 재산을 갖는 것" 사이에 차이가 있음을

---

12   Locke. *Two Treatises of Government*. 168-169, Book 1, §40.

강조한다.[13] 그 차이란 일종의 영구 임대자로서 지구를 이용할 권리와 지구에 대해 신성하게 승인된 재산을 주장할 권리가 구분되어 있다는 것이다. "인간이 피조물에 대한 개개의 몫을 재산으로 가질 수 있을지도 모른다. 하지만 천지를 창조하신 신, 전 세계의 유일한 주인이자 소유자인 신 앞에서 피조물에 대한 인간의 재산권은 신이 허락하는 한에서 그것들을 사용할 수 있는 자유에 지나지 않는다."[14]

여기서 로크는 특정한 전유의 방식을 확립하는 자유의 경제를 구축하는데, 이는 지배권을 지상의 재산권으로 전환하고 결국 주권의 생사의 권력을 형성한다. 앞에서 언급했듯이 자기 이외의 존재자들에 대한 재산권은 자기보존 욕구에서 추동되는 주변 세계와의 상호작용에서 나온다. 로크에게 자기보존을 위한 싸움이 일방적이지 않다는 점에 주목하는 것이 중요하다. 동물에 대한 재산권으로서 나타난 "승리"는 바로 인간의 자기보존 욕구와 다른 동물의 자기보존 욕구 간의 **경합**의 결과인 것이다.

> 신은 인간을 만들면서 다른 동물과 마찬가지로 그 안에 강한 자기보존 욕구를 심어 주셨고, 세계를 식량, 의복, 다른 생활에 필요한 것들로 채우고 인간이 지상에 얼마간 살고 머물도록 하셨으며, 그렇게 진기하고 훌륭한 작품이 자신의 태만이나 생필품의 부족으로 잠시 지속되고 다시 소멸되지 않도록 하셨다. 신은 인간과 세계를 이렇게 만드신 후 인간에게 말씀하시고 열등한 동물들에게 감각과 본능으로

13　Locke. *Two Treatises of Government*. 168, Book 1, §39.

14　Locke. *Two Treatises of Government*. 168, Book 1, §39.

지시하신 것처럼 인간을 감각과 이성으로 인도하셨고, 자기보존의 수단으로 부여한 생존에 도움이 되는 것들을 사용하도록 하셨다. 따라서 나는 인간이 신의 의지와 허락에 의해 피조물에 대한 사용권을 갖게 되었다는 점을 의심하지 않는다.[15]

인간과 동물 모두 자기보존 욕구를 지닌다. 로크의 설명에 따르면 이는 신이 인간이든 아니든 모든 동물에게 심어 준 것이다. 자기보존 욕구는 생존을 위해 서로를 이용하려는 존재자들 사이의 갈등을 불러온다. 인간과 동물은 이러한 자기보존 의지에 붙여진 명칭에 따라 구별된다. 인간에게 이것은 "이성"이며 동물에게 이것은 "본능"이다. 그러나 두 욕구는 인간인지 아닌지를 불문하고 모든 분별 있는 동물에게 자기보존을 달성하기 위해 부여된 것이다.

나는 여기서 재산 이론의 기초를 제공하는 로크 저작의 이 구절이 얼마나 중요한지 강조하고 싶다. 이러한 점에서 로크의 이 구절이 성경의 창세기 서사의 변칙적인 해설처럼 보인다는 점은 의미심장한데, 이것이 인간의 이른바 우월성을 흔들어 놓기 때문이다. 실제로 리처드 H. 콕스는 이러한 해석이 다른 동물에 대한 이른바 인간의 자연화된 우월성을 위협한다고 다소 우려스럽게 지적한다. "따라서 신이 자연에서 확립한 서열, 우위, 존중의 통념 자체는 본질상 자연주의적 묘사를 낳으며, 여기서 인간의 지위는 자연 질서의 다른 구성원들에 **비해** 결정적으로 낮아진다."[16] 그러나 로크가 발전시킨 노동가치론을 배후에서 정당

---

15 Locke. *Two Treatises of Government*. 204, Book 1, §86.

16 Cox. *Locke on War and Peace*. 57.

화하는 것이 종들 간의 평등이라는 사실은 분명하며, 여기서 어떤 혁신이 발생한다. 만일 모든 인간이 모든 동물보다 우월하다면, 자연 상태는 이미 자연화된 지배관계에 의해 계층화된 영역이 되며, 그러한 재산은 단지 "인간"에게 자연적 몫을 부여하는 것에 불과할 것이다. 따라서 로크는 『통치론』 제1논고에서 이러한 명제를 명백히 거부한다. 오히려 공통의 것이 노동을 통해 개인에 속하는 재산으로 변환되는 장을 마련하기 위해서는 원초적 평등이 필요하다. 이러한 의미에서 공통성은 종들 간을 포함한 비차별성의 공간으로 기능해야 한다. 노동은 공통성을 둘러싼 갈등의 결과를 표현하며, 갈등의 결과로서 재산은 공통의 것을 소유물로 전유하는 데 성공함으로써 등장한다. 재산은 공통성에 대한 노동을 통해서만 공고화되는데, 이는 이전에는 누구나 권리를 주장할 수 있었던 공통성을 노동한 자들의 재산으로 변환하는 것이다. 로크는 『통치론』 제2논고에서 이를 명확히 한다.

> 인간의 법은 토지의 **전유**를 오히려 권장한다. 신의 명령과 인간의 욕구는 인간을 노동하게 만들었다. 그가 노동을 투여한 곳이 어디든 그곳은 빼앗을 수 없는 그의 **재산**이 되었다. 따라서 땅을 정복하거나 경작하는 것과 지배권을 갖는 것은 서로 연관되어 있다. 전자는 후자에게 권리를 부여하였다. 따라서 신은 인간에게 정복하라고 명령함으로써 **전유**할 권한을 주셨다. 또한 노동과 물자를 필요로 하는 인간의 삶의 조건은 필연적으로 **사적 소유**를 도입하였다.[17]

---

17 Locke, *Two Treatises of Government*. Second Treatise. §35[『통치론』, 40-41쪽].

바로 이러한 이유에서 나는 로크의 재산 관계의 기초가 다름 아닌 인간과 동물의 갈등, 즉 일종의 전쟁이라는 점을 강조하고 싶다.『통치론』제2논고의 재산권 논의에서 볼 수 있듯이 재산의 전유는 '인간'이 동물을 정복하고 공통성의 주장으로부터 동물을 확보하려는 싸움으로 매우 정확히 개념화되고 취급되기 때문이다.

> 따라서 이러한 이성의 법은 사슴을 그것을 죽인 인디언의 것으로 만든다. 이전에는 모든 사람의 공통된 권리였지만 이제는 그것에 자신의 노동을 부여한 사람의 재물이 된다. 그리고 문명화된 인류에 속한다고 간주되는 사람들 사이에서, 재산을 결정하기 위해 실정법을 제정하고 증진시켜 온 사람들 사이에서 **재산의 시작**에 관한 이 원초적 자연법은 여전히 유효하다. 이러한 자연법 덕분에 아직도 인류의 공통 상태로 남아 있는 거대한 대양에서 어떤 사람이 잡은 물고기나 거기서 추출한 용연향은 자연이 남겨둔 공통 상태에서 그것을 꺼낸 **노동에 의해** 그것을 얻기 위해 고통을 감수한 사람의 **재산이 된다**. 그리고 우리 가운데서도 누군가 사냥하고 있는 토끼는 그것을 쫓는 자의 것으로 간주된다. 짐승은 여전히 공통 상태로 여겨지고 어떤 사람의 사적 소유물이 아니다. 하지만 짐승을 찾아서 쫓는 것과 같은 종류의 많은 **노동**으로 인해 짐승은 공통된 자연 상태에서 벗어나 **재산이 된다**.[18]

나는 로크가 말한 자연 상태에서 인간과 동물의 명백한 평등을 강

---

18 Locke. *Two Treatises of Government*. 289, Book 2, §29[『통치론』, 36쪽].

조했다. 위의 인용문에서 드러나듯, 이러한 평등은 노동에 의한 전유를 정당화하기 위해 필요하다. 토끼가 단순히 인간에게 자신을 내어주는 것이 아니라 쉽게 포획을 피할 수 없는 아슬아슬한 과정에서 쫓기다가 인간의 노동에 의해 전유된다는 점에서, 포획된 동물에 대한 인간의 재산권이 성립된다.

그러나 이것이 로크의 설명에서 신이 "인간"을 저버렸음을 의미하지는 않는다는 점을 강조해야 한다. 로크는 자연 상태에 대해 말할 때 여전히 인간 편에 선다. 신이 "인간"을 총애하는 것은 인간에게 신성하게 승인된 주권과 재산권을 전면적으로 부여함으로써가 아니라, 동물에 대한 인간의 자연화된 전유를 인도하는 이성("인간 안의 신의 목소리")을 허락함으로써이다(동물이 단지 "본능"에만 사로잡혀 있다는 점을 기억하라).

인간 안의 신의 목소리인 이성은 존재를 보존하기 위한 자연적 성향을 가르치고 보증하지 않을 수 없다. 따라서 인간은 창조주의 의지에 따라 피조물들을 이용할 권리를 가지며 이성 또는 감각으로 그 피조물들이 도움이 된다는 사실을 알게 되었다.[19]

로크가 자신의 논의에서 이성을 배치하는 방식은 미묘하다. 신이 "인간"의 동물 사용을 승인한 것인지 아니면 단순히 로크가 "**인간 안의 신의 목소리**"로 묘사한 이성의 목소리를 통해 정당화되는 자기보존 의

---

19   Locke. *Two Treatises of Government*. 204, Book 1, §29.

지를 창조한 것인지 분명하지 않다. 사실 신은 인간이든 다른 동물이든 모두에게 자기보존 욕구를 부여했다. "**따라서**" 인간이 다른 동물을 논리적 확장으로 활용할 수 있다고 추론할 수 있을 뿐이다. 즉, 이러한 이용할 권리는 신성하게 승인된 진리로서 확립되는 것이 아니다("따라서 인간은 창조주의 의지에 따라 피조물들을 이용할 권리를 가지며 이성 또는 감각으로 그 피조물들이 도움이 된다는 사실을 알게 되었다"). 실제로 인간의 이성은 인간이 유용성을 위해 발견한 피조물들을 포획함으로써 발생하는 것처럼 보인다. 말 그대로 우리는 자기보존의 욕구를 가지고 있으며, "따라서" 이성은 우리가 이 신성하게 승인된 의지를 충족시키기 위해 다른 피조물들을 사용할 권리를 가져야 한다고 말한다. 여기서 이성은 행위에 대한 상황적 승인의 형태로서 나타난다. 이성은 우리가 사실로서 아는 것이 아니라 실천을 통해 사색하고 행동할 수 있게 해 준다. 이러한 독해는 타당해 보이는데, 로크가 『지성 지도에 대하여』에서 이성이란 사회적, 정치적 배치와 무관하게 인간 안에 내재된 선천적 자질로서 발견되는 것이 아니라 일종의 상황적 실천을 통해 학습되는 것임을 지적하기 때문이다.

> 이를 행하는 데 수학보다 더 좋은 것은 없다. 따라서 나는 시간과 기회가 있는 모든 이들에게 수학을 가르쳐야 한다고 생각한다. 그들을 수학자로 만들기 위해서가 아니라 그들을 이성적인 피조물로 만들기 위해서 말이다. 우리가 원한다면, 스스로 그렇게 태어났다고 부르겠지만, 사실을 말하자면 자연이 우리에게 이성의 씨앗을 준 것이다. 원한 대로, 우리는 이성적인 피조물로 태어나지만, 우리를 그렇게 만드

는 것은 오직 이용과 훈련이며, 실제로 우리는 근면과 노력이 우리를 이끌어온 바에 다름 아니다. 따라서 인간이 익숙하지 않은 추론 방식으로 내린 결론을 관찰하면, 인간 모두가 이성적이지 않다는 것에 만족해야 한다.[20]

인간 사회 조직화의 맥락에서 발생하는 이러한 이성에 근거한 사용은 이성이 인간의 노력을 통해 발전(진화)하는 것임을 보여준다. 인간의 (다른 피조물의 폭력적 사용 형태를 포함하는) "문명"의 책략을 통해서 인간 이성, 즉 합리적인 것이 발생한다. 실제로 이는 콕스가 로크와 관련하여 내린 결론이다.

인간의 이성은 엄밀히 말해 '자연 상태'가 아니며 오직 근면과 노고가 가해질 때 고통스럽고 느리게 발달하는 것으로, 그 발달의 핵심에 있는 충동은 자기보존 욕구이다. 이는 결국 로크가 자연 상태를 지속적인 공포, 위험, 비참함, 무질서 상태, 즉 모두가 단지 생존을 위해 투쟁하는 상태로 전락하는 것으로 묘사한 것과 완벽하게 일치한다. … 인간은 동물과 마찬가지로 욕망과 감각에 의해 거칠고 야만적이고 위험하며 극도로 불확실한 실존으로 인도된다.[21]

---

20 John Locke. *Of the Conduct of the Understanding. In The Works of John Locke in Nine Volumes*, London: Rivington, 1824 12th edn. Vol. 2. oll.libertyfund.org/title/locke-the-works-vol-2-an-essay-concerning-human-understanding-part-2-and-other-writings. §6. 이 논의에 주목하게 해 준 에마 플라닌츠Emma Planinc에게 감사를 표하고 싶다.

21 Cox. *Locke on War and Peace.* 93.

적어도 콕스의 주장에 따르면, 로크의 해결책은 "인간"이 자연 상태에서 질서를 만들어 내어 인간 활동이 자연의 습격에 맞서 "인간"을 지키도록 하는 것이다. "보존과 안락이라는 뿌리 깊은 욕망을 가장 효과적으로 충족시키기 위해 정치 질서가 구축될 수 있는 원칙을 도출하는 것이다." 다른 말로 하면, 정치 질서는 자연의 절대적 평등으로부터 인간의 자유를 지켜 내기 위해 비인간에 대한 정복을 필요로 한다. 콕스는 이를 다음과 같이 정리한다. "따라서 인간이 약속된 땅으로 입성하는 것은 자연의 작품이나 신의 축복과는 거리가 먼 것이다. 그것은 처음부터 인간 자신에게서 발견되는 자연적 충동을 대신하여 인간의 이성이 성공적으로 자연을 정복한 약속된 결과일 뿐이다."[22] 인간은 다른 동물들과 공유하는 자기보존 의지의 결과로 정복한다. 그러나 인간의 승리는 정복의 실천을 통해 나타나는 논리로 합리성의 표식을 가져온다. 인간의 우월성은 신에 의해 부여되는 것이 아니다. 오히려 인간 귀에 속삭이는 "신성한" 목소리는 인간에게 우월성 자체를 보증하고 자기를 합리화하는 몸짓으로 도래하는 것이다. 제8장에서 다루겠지만, 나는 이런 논리가 데리다가 주권의 기반은 생명체들 간의 전쟁에서 승리한 자가 주장하는 우월성 이상을 의미하지 않는다고 본 것과 완벽하게 일치한다고 생각한다. 이것은 신체에 대한 권리를 주장하는 싸움이며 충돌이나 "추격"이 이뤄지는 활동적 현장에서 신체를 사로잡고 전유하려는 싸움이다. 자기보존을 위한 생사의 투쟁이다. 따라서 인간에게는 이중의 면역이 문제가 된다. (에스포지토가 논한 것과 같은) 공통성의 주장으로부터

22　Cox. *Locke on War and Peace*. 94.

의 면역뿐만 아니라 일반적으로 동물로부터 주장되는 인간의 면역이.

아마도 이것이 대개 헤겔적인 의미에서의 주인과 노예의 관계가 타당해 보이는 이유일 것이다. 전유를 통해 대상화되는 것(사물이나 노예를 포함한 살아 있는 존재자)과 주체의 관계를 이해하고 대상화 과정의 미시적 역학, 즉 정확히 동물화의 과정이라고 할 수 있는 것을 이해할 수 있게 해 주기 때문이다. 여기서 동물은 재산권에 귀속될 수 있는 살아 있는 존재자를 가리킨다.[23] 프란시온은 말한다. "재산은 존중받아야 할 고유한 이해관계를 일절 갖지 않는 것으로 이해된다. 나는 재산을 소유하며 이해관계가 있을 수 있지만, 나의 재산 자체는 이해관계의 보유자로 간주되지 않는다."[24] 로크의 전유 과정은 (자유주의 언어를 사용하면) "이해관계" 보유자로서의 지위를 박탈하는 것을 포함한다. 그것은 인간과 동물의 관계의 틀을 통해 살아 있는 존재자를 그 자체로 자신의 권리를 갖지 않는 것으로 재배치하는 독특한 탈주체화이다. 여기서 주권이 재산권의 보증인으로 나타나는 흥미로운 방식에 주목해야 한다. (살아 있는 존재자의 권리나 이해관계를 박탈하는) 동물화 과정과 동시적으로 지배의 기원을 인간화함으로써 주권이 선언되는 것을 볼 수 있기 때문이다. 동물이 전유의 과정을 통해 재산으로(독자적인 이해관계를 갖지 않는 존재자로) 창조되는 것과 꼭 마찬가지로, 인간 또한 이 과정에서 주권자로(자신의 소유물에 대한 근본적인 변형적 지배력을 가진 존재자로) 창조된다. 인간은 자기보존이라는 명목으로 자신의 지배 행위에 정당성을

---

23 이런 점에서 도망 노예와 오늘날의 지적재산 개념 간의 연관성에 대한 스티븐 M. 베스트의 분석은 또 다른 고찰을 하게 한다. Stephen M. Best. *The Fugitive's Properties: Law and the Poetics of Possession.* Chicago and London: The University of Chicago Press, 2004 참조.

24 Francione. *Animals, Property and the Law.* 35.

부여하는 신의 목소리를 소유하고 있다고 주장한다.

상품

지금까지 논의한 바와 같이, 우리와 동물의 현행 관계에서 주목할 만한 특징은 그것이 어떠한 명백한 한계도 없는 이용, 즉 상상을 초월하는 도살, 격납, 실험, 소비를 반영한다는 점이다. 이는 소유하는 주체와 소유되는 대상 간의 물질적, 인식론적 분리에 의존한다. 치열한 세계 자본주의의 교환 체계 및 재산권 합의의 확산을 보증하고 교환하기 위해 "가치"를 고정하고 승인하는 강력하고 견고한 주권 체계의 맥락에서, 인간과 비인간 동물 생명 사이에는 거의 초현실적인 단절이 만들어진다. 이 세계에서 과잉은 재산권의 비범한 확장을 통해 주체성이 거의 초현실주의적으로 비대해지는 것으로 특징지을 수 있다. 개인은 일생 동안 사적 측면에서 실제로 "전유"할 수 있는 것보다 훨씬 더 많은 것을 소유할 수 있다. 여기에는 상상을 초월하는 규모로 비인간 생명을 소비함으로써 전유할 수 있는 잠재력도 포함된다. 여기서 과잉을 이론화할 때는 주의가 필요하다. 내가 일종의 청교도주의로 간주될 수 있는 금욕주의에 반해서 과잉이 정의되어야 한다고 주장하려는 것이 아니기 때문이다. 동물과 우리 사이의 문제적 관계는 과잉 소비의 결과에 있지 않다. 살해 및 폭력의 절제를 좀 더 윤리적인 결과로 볼 수 없다. 반대로 여기서 핵심은 잉여나 과잉이 주권의 표시로서 도래하는 방식을 이해하는 것이다. 이것이 바로 과잉의 문제가 욕구와 필요 또는 위해와 효용의 균형, "필요한 고통과 불필요한 고통"의 체제들 간의 통치라는 측면에서 윤리에 속하지 않는 이유이다. 오히려 이 경우 잉여는 마땅히 정치적인 것인데, 과잉을 누리는 능력은 타자의 부자유를 바탕으로 자유를 구성하는 지배양식으로 이해될 수 있기 때문이다. 적어도 이러한 점에서 주권은 과잉의 쾌락이다. 로크의 논의에서 통치에 대한 질문이 재산과 관련된 권리 뒤에 오는 것은 아마도 이러한 이유 때문일 것이다. 정치적 주권은 재산권을 안전화하기 위한 수단으로, 통치는 공동선을 위해 경합하는 권리들을 조정, 관리, 분배하는 수단으로 등장한다. 결과적으로 로크는 (다름 아닌 동물을 사용할 권리에 기초한) "인간"의 "사적" 권리와 이러한 권리를 보장하는 통치 양식을 명확히 구분한다.

> 재산은 인간이 자신의 생명 유지나 안락을 위해 하위 피조물을 이용할 수 있는 권리에서 비롯된 것으로, 소유자의 편익과 독점적 이득을 위해 필요한 경우 인간은 소유한 재산을 사용함으로써 심지어 그것을 파괴할 수도 있다. 그러나 통치는 다른 사람의 폭력과 위해로부터 모든 사람의 권리와 재산을 보호함으로써 통치받는 자의 이익을 위해서 존재한다.[25]

이 정식화에 따르면 통치에 의한 과잉과 잉여의 어떠한 규제도 재산에 대한 "인간"의 자연권을 간섭하지 않으며(실제로 할 수 없다), 오직 공동선을 위해 조절할 수 있을 뿐이다. 앞서 프란시온을 참조하여

---

25   Locke. *Two Treatises of Government*. 209-210, Book 1, §92.

논의한 바와 같이, 동물 재산에 관한 인간의 이해관계는 복지 문제를 형성하지만 인간의 지속적 효용을 방해하지 않는 (실제로는 **보장하는**) 방식으로 고통의 문제를 제한한다. 동물복지 접근법은 이러한 이용 범위를 완화하지 않는다. 오히려 고통받고 죽는 동물들의 수가 급증함에도 동물 사용이 지속되고 확산될 수 있는 수단을 제공함으로써 인간의 이용을 원활하게 확장한다. 따라서 항상 고통을 "필요한" 것으로 규정함으로써 인간의 이용을 실질적으로 간섭하지 않으려는 "불필요한 고통"이라는 역설적 개념만이 남는다. 흥미롭게도 이는 또한 과잉과 낭비의 담론이기도 하다. 여기서 고통의 통치 행위는 인간을 위한 동물의 지속적인 사용가치를 초과하는(또는 기여하지 않는) 고통의 과잉을 피하고자 한다. 따라서 고통 그 자체는 문제가 되지 않는다. 오히려 **그러한** 문제를 구성하는 것은 불필요한 고통(즉 낭비나 과잉의 부산물인 고통)이다. 재산권은 고통을 줄 수 있는 절대적 특권을 부여한다. 따라서 인간은 "심지어 그것을 파괴할 수도 있다." 통치는 필요한 고통과 불필요한 고통을 구분함으로써, 재산을 계속 사용하고 향유할 (고통을 줄) 권리의 필요성과 이러한 고통을 완화하려는 자들(아마도, 동물 옹호자들)의 주장 사이의 균형을 맞춘다.

그러나 이러한 통치받는 고통 역시 모든 제한과 한계를 뛰어넘는다. 생산과정의 본성 자체가 단순한 "사용" 가치를 초과하는 폭력, 나아가 측정 가능한 한도를 깨는 과잉의 생사 관계를 확장하는 폭력 형태에 동물들을 항상 노출시키기 때문이다. "재산은 인간이 자신의 생명의 유지나 안락을 위해 하위 피조물을 이용할 수 있는 권리에서 비롯된 것으로, 소유자의 편익과 독점적 이득을 위해 필요한 경우 인간은 소유한 재산을 사용함으로써 심지어 그것을 파괴할 수도 있다." 이러한 의미에서 재산으로서의 동물이 순환하는 방식은 다른 "사물"과 같지 않으며 "노예"와 같은 다른 지각 능력이 있는 재산과도 다르다.

마르크스는 자본주의 과정을 사용가치와 교환가치 간의 차이를 바탕으로 계산된 고도의 인간 노동 착취(잉여 추출) 체계로 파악했다. "노동력의 가치와 노동과정에서 그 노동력이 가치화된 가치는 크기가 전혀 다르다. 이 차이는 자본가가 노동력을 구매할 때 염두에 둔 것이다."[26] 가격이 매겨지는 방식은 필연적으로 생산과정에서 "소비되는" 상품을 소외시키므로[27] 그러한 (착취적, 폭력적) 상품의 생산 조건 자체는 감춰진다. 마르크스는 다음과 같이 말한다.

> 오트밀의 맛이 누가 그 귀리를 재배했는지 알려 주지 않는 것처럼, 우리가 제시한 과정은 그것이 일어나는 조건을 보여주지 않는다. 노예 소유주의 잔인한 채찍질 아래서 일어나고 있는지 아니면 자본가의 불안한 시선 아래서 일어나고 있는지, 킨키나투스가 자신의 얼마 안 되는 토지에서 경작한 것인지 아니면 야만인이 돌로 야생 짐승을 죽인 것인지 알 수 없다.[28]

---

26 Karl Marx. *Capital*. Vol. 1. Harmondsworth: Penguin, 1986. 300[강신준 옮김, 『자본』, I-1, 길, 2008, 285쪽].

27 마르크스가 말하길, 자본가는 "자신이 방금 구매한 상품인 노동력을 소비하고자 한다. 즉, 그 노동력의 소유자인 노동자로 하여금 그의 노동에 의해 생산수단을 소비하게 한다." Marx, *Capital*. Vol. 1, 291[『자본』, I-1, 274쪽].

28 Marx. *Capital*. Vol. 1, 290-291[『자본』, I-1, 274쪽]. 여기서 전문에 주목할 필요가 있는데 그 이유는 마르크스의 잉여가치 창출 논의에는 맥락상 부수적이지만, 인간과 자연 사이의 필연적이고도 "주어진" 구분을 보여주기 때문이다. "우리가 지금까지 단순하고 추상

자본주의 경제에서 교환을 추동하는 원리는 잉여이며, 이러한 추출된 잉여에 대한 통제를 두고 투쟁이 발생한다. 그러나 동물에 관해 말하자면 이러한 잉여를 낳는 것은 인간의 노동 및 교환에 선행하는 일차적 착취이다. 이는 생산과정에서 비인간 동물을 단순한 소비의 자원으로 바꾸는 전화("대상화Vergegenständlichung")를 통해 발생한다. 마르크스가 『자본』에서 "가죽 없이는 장화를 만들 수 없다"[29]라고 말할 때, 우리는 가죽 생산으로 이어지는 폭력과 종속의 과정이 인간 노동의 생산과정에 선행한다(실제로 담론적으로도, "자연적으로도" 선취한다)고 가정해야 한다.

적인 요소로 설명한 것처럼, 노동과정은 사용가치의 생산을 목표로 하는 의도적인 활동이다. 그것은 인간의 욕구를 충족하기 위해 자연에 존재하는 것을 전유하는 것이다. 그것은 인간과 자연 사이의 대사적 상호작용을 위한 보편적 조건이자 자연이 부과한 인간 존재의 영원한 조건이며, 오히려 인간이 살아가는 모든 사회 형태에 공통된 것이다. 따라서 우리는 노동자를 다른 노동자와의 관계에서 제시할 필요가 없다. 한편에 인간과 그의 노동을, 다른 한편에 자연과 그 소재를 제시하는 것으로 충분했다. 오트밀의 맛이 누가 그 귀리를 재배했는지 알려 주지 않는 것처럼, 우리가 제시한 과정은 그것이 일어나는 조건을 보여주지 않는다. 노예 소유주의 잔인한 채찍질 아래서 일어나고 있는지 아니면 자본가의 불안한 시선 아래서 일어나고 있는지, 킨키나투스가 자신의 얼마 안 되는 토지에서 경작한 것인지 아니면 야만인이 돌로 야생 짐승을 죽인 것인지 알 수 없다." 마르크스가 이 본문에 곁들인 두 각주도 주목할 만하다. 첫 번째 각주는 "로마의 귀족 루키우스 킨키나투스(BC 458-439, 로마의 집정관)는 자신의 작은 토지를 직접 경작하며 검소하고 모범적인 삶을 살았던 것으로 알려져 있다"이다. 두 번째 각주는 로버트 토런스Robert Torrens가 (야생 짐승을 죽이는 데 사용한) "야만인의 돌"에서 "자본의 기원"을 발견했다는 것이다. 이와 관련하여 마르크스가 "인간"과 "자연"에 대한 "인간의" 전유를 이론화한 『정치경제학 비판 요강』도 참조하라. "비록 이 도구가 단지 손에 불과할지라도 그러한 생산 도구 없이는 어떠한 생산도 불가능할 것이다. 비록 이 노동이 반복된 연습에 의해 야만인의 손에 모여지고 집중된 손재주에 불과할지라도 그러한 과거와 축적된 노동 없이는 어떠한 생산도 불가능할 것이다(Marx. *Preface and Introduction to A Contribution to The Critique of Political Economy.* 11[김호균 옮김, 「[정치경제학 비판 요강] 서설」, 『정치경제학 비판 요강』(2판), 제1권, 그린비, 2007, 54쪽])." 동물에 대한 폭력을 통한 재산 전유라는 마르크스의 원초적 설명과 앞서 로크에서 읽은 것 사이의 분명한 대칭성에 주목하라. "따라서 이러한 이성의 법은 사슴을 그것을 죽인 인디언의 것으로 만든다."

29   Marx. *Capital.* Vol. 1, 272[『자본』, I-1, 252-253쪽].

이는 사회적 관계를 조화시키기 위한 망각에 기댄 망각된 폭력이다.[30] 인간의 다른 생산체제와 마찬가지로 자본주의에서 교환은 비인간 생명에 대한 폭력적 지배에 의존하며 이는 필연적으로 인지될 수도 가격을 매길 수도 없다. 비인간 동물 스스로는 수익의 어떤 몫(심지어 착취적인 몫)도 공유하지 못하는데, 동물의 고통은 가치가 매겨지지 않기 때문이다. 동물에게는 임금이 없다.

마르크스가 보기에 자본주의는 인간 **노동자**가 자신의 노동력[31]을 상품으로 소외시키는 능력에 의존한다. 마르크스는 자본주의하에서 노동자들이 자신의 노동력을 소외시키고 그것을 시장의 교환가치에 종속시킬 기이한 자유를 가지고 있다고 논한다. 소외되는 것은 노동자의 노동력으로, 노동자의 신체와 생명은 이론상 여전히 노동자의 재산에 속한다. 노동자는 생존을 위해 필요한 것을 얻을 다른 수단이 마땅치 않기 때문에 자신의 노동을 교환한다(노동자는 생산수단으로부터 소외된다[32]). 이처럼 자유 노동자의 **사용가치**는 자신의 삶을 재생산하는 비용(생존

---

30 마르크스는 말한다. "… 가장 최근의 시대와 가장 오래된 시대는 공통적인 (특정한) 규정들을 갖는다. 그것들 없이는 어떠한 생산도 상상할 수 없다. 그러나 가장 고도로 발달한 언어가 가장 덜 발달한 언어와 공통적인 법칙 및 특성을 가지고 있다고 해도, 언어의 발전을 규정하는 것은 바로 이 일반적이고 공통적인 특성과의 차이이다. 주체인 인간과 대상인 자연이 동일하다는 사실에서 따라 나오는 통일성의 관점에서 본질적 차이를 망각하지 않기 위해 생산 일반에 적용되는 규정들을 구별할 필요가 있다. 예컨대 기존의 사회적 관계들의 영원성과 조화를 증명하는 근대 경제학자들의 모든 지혜는 이러한 망각에 달려 있다." Marx. *Preface and Introduction to A Contribution to The Critique of Political Economy.* 11 [「[정치경제학 비판 요강] 서설」, 『정치경제학 비판 요강』, 제1권, 53-54쪽] 참조.

31 마르크스는 말한다. "노동력 또는 노동 능력이란 인간의 신체적 형태, 즉 살아 있는 인격 속에 존재하며 그가 어떤 종류의 사용가치를 생산할 때마다 작동하는 육체적, 정신적 능력의 총합이다." Marx. *Capital.* Vol. 1. 270 [『자본』, I-1, 251쪽].

32 이 점에서 『자본』 제4장 '노동력의 구매와 판매'가 중요하다. Marx. *Capital.* Vol. 1, 270-280 [『자본』, I-1, 250-261쪽] 참조.

에 필요한 최소한의 의식주 비용)과 등가적이다.[33] 자본주의가 만들어 내는 긴장 중 하나(실제로는 자본주의의 놀라운 혁신)는 생산수단의 소유자가 노동의 교환가치(노동자 자신에게는 노동의 **사용가치**)를 생계수단의 비용과 무관하게 지불할 수 있는 능력에 있다. 따라서 자본주의는 사람들에게 생계 수준 이하의 임금으로 자유롭게 지불할 수 있으며, 이 능력이 오늘날 세계 체계의 엄청난 수익성의 핵심이다. 실제로 이것이 생산체제로서 자본주의가 공식적 노예제보다 이점을 갖는 비결인데, 오직 교환으로부터의 잉여 추출에 초점을 맞추기 위해 노동력의 재생산 비용은 완전히 대체되고 사유화되기(노동자 자신의 문제가 되기) 때문이다.[34]

33 Marx. *Capital*. Vol. 1, 276[『자본』, I-1, 256-257쪽].

34 자본주의하에서 "자유롭게" 계약한 노동자와 달리 노예는 일련의 다른 긴장감을 조성한다. 마르크스와 엥겔스는 노예제가 비효율적이며 이것이 공식적 노예제가 자본주의에 자리를 내준 이유라고 주장했다. 노예제의 비효율성 중 하나는 노예 소유주가 생산을 지속하기 위해 노예에게 식량과 주거를 제공해야만 한다는 점이다. 노예 소유주에게 이는 자본주의하에서와는 다소 다른 경제를 의미한다. 즉, 배급, 박탈 등을 통해 노예 유지와 관련된 비용을 삭감하고 싶은 동기가 작동하지만 또한 위압의 사용(가혹한 취급, 고문 등)을 통해 노동의 생산성을 증진시키고 싶은 동기도 작동한다. 동시에 노예 소유주가 가진 인간 노예의 재산적 가치는 인간 노예의 가치 하락(노예가 나이가 들고 몸이 손상되고 생산성이 감소된다는 사실)에 따른 상대적 비용과 인간 노예의 상대적 대체 비용(따라서 새로운 노예의 포획과 공급을 계속하거나 여성 노예를 사용하여 새로운 노예를 번식, 양육하여 노동력에 합류시키려는 동기)을 지속적으로 비교하여 평가될 것이다. 즉, 새로운 노예를 즉시 공급할 수 있다면, 노예 소유주는 쉽게 대체 가능하다는 이유로 기존 노예를 학대할 수 있는 모든 유인을 가질 것이다. 엄밀한 의미에서 노예는 시장 교환 속에서 자신의 노동력을 소외시킬 수 있는 능력을 누리지 못한다. 반대로 노예의 신체, 생명, 잠재력은 모두 재산으로서 소외되어 있고, 노예 자신은 이 상품에 대해 어떠한 재산권도 가지고 있지 않다. 노예는 다른 사람에 의해 소유되며, 그들에게는 그들 자신을 소유할 수단이 없다. 그러나 이 점이 노예가 생산과정에서 아무런 자유(또는 저항의 가능성)도 행사할 수 없음을 의미하지는 않는다. 그 생산과정에서 끊임없이 저항을 막기 위해 바로 폭력적 규율을 사용해야 하기 때문이다. 우리가 훈련시키고 통제할 필요가 있는 것은 정의상 저항할 수 있는 행위자뿐이다. 따라서 생산성을 높이기 위해서는 채찍이나 다른 고문 수단이 필요하며, 인간 노예제하에서 노동은 더 큰 고통의 위협을 피하기 위한 하나의 수단으로 행해진다. 따라서 이 경제는 전횡적이고 잔인하며 자본주의의 "자유로운" 교환과는 전혀 다르게 보이지만, 여기

자본주의를 이끄는 논리는 단 하나, (예컨대 더 낮은 실질임금을 지불하기 위해) 노동 및 다른 상품에 지불되는 교환가치를 지속적으로 줄이는 동시에 이 교환에서 노동으로부터 추출되는 잉여를 극대화하는 것이다. 이러한 이익은 전 세계 빈곤층 수십억 명이 식량과 주거를 구하지 못하고 예방 가능한 질병으로 고통받고 죽어 가는 비용으로 직접 측정될 수 있으며, 이 모든 것은 경제 체계의 존속을 위해 반드시 필요한 것이다.

동물의 상황은 이와는 다르지만, 더 나을 수는 없다. 노예제에서와 마찬가지로 동물의 생명, 노동, 신체에 대한 재산권은 완전히 소외되어 인간의 수중에 있다. 바버라 노스케가 말했듯, 이는 생산과정에서 인간 (노예나 노동자)의 소외와는 본질적으로 구분되는 다층적인 소외 형식을 낳는다.[35] 노예의 재산 가치는 살아 있는 존재자로서 생산 능력에 달려 있는 반면 동물의 생산 능력의 재산 가치는 다르게 평가되어야만 하는데, "노동"의 현장이 다르고 생산과정에서 죽음 자체의 가치가 다르기

에는 실제로 교환이 **존재한다**. 인간 노예는 처벌이나 박탈을 통해 현재 견디고 있는 것보다 더 큰 고통이나 더 가혹한 아픔을 피할 수 있는 가능성을 대가로 노동(생산 노동과 재생산 노동)을 제공한다. 고통은 노동을 유도하는 유일한 수단이 아닌데, 이 경제에서는 죽음의 위협 또한 작동하고 있기 때문이다. 노예제에는 죽음의 위협이 내재되어 있으며 노동은 죽음을 피하기 위해 주어지는데, 대개는 고통스러운 죽음이다. 이 교환은 고통과 노동, 삶과 죽음 사이에 부과된 등가 가치에 의존한다. 물론 노예제와 인간이 동물을 대하는 태도의 차이를 이해해야 하지만, 동물이 노예가 될 수 있는지에 대한 의문을 열어 두어야 한다. 분명히 고려해야 할 한 가지 사실은 노예제의 후기 관행에서 수반된 명백한 인종화의 역사다. 여기서 노예는 폭력과 지배 형태를 통해 "말하는 도구"로 전환된 생명정치적으로 구별된 인간이지만, 다른 동물과는 다른 도구라는 분명한 이해가 포함되어 있다. 이러한 모습으로 노예제는 인종적 차별을 생산하고 재생산했다. 다른 말로 하면, 그것은 단순한 경제성을 넘어서는 방식으로 생산성을 발휘했다. 노예제는 인간 집단들 간의 생물학적 단절을 가능하게 하는 일련의 지배의 생산을 허용했다.

35 Noske. *Beyond Boundaries*. 18-21 참조. 바버라 노스케가 말한 것처럼 동물은 자기 자신(자신의 신체와 자신의 자손)으로부터의 소외, 자신의 노동 산물로부터의 소외, 다른 동물로부터의 소외, "주변 자연"으로부터의 소외, "종의 삶"으로부터의 소외에 직면한다.

때문이다. 실험용 동물의 경우, 살아 있는 동물 신체의 육체적 반응(신진대사 체계, 반응, 행동, 성장, 번식, 성쇠, 생사)은 모두 생산 능력을 가지며 가치를 불러오는 현상이다.[36] "가축"의 경우, 가치는 동물의 죽음과 결부되는데, 동물이 사육되고 죽임당하고 고기로 변형될 때 비로소 가치가 완전히 실현되기 때문이다. 낙농용 동물의 경우, 신체 형태학은 우유 생산 기계로서의 동물의 유용성을 극대화하기 위해 조작되며 이 능력이 더 이상 유용하지 않을 때 동물은 빠르게 폐기된다. 번식용 동물의 경우, 생명은 산업용 소비를 위한 새로운 동물의 생산을 위해 제한되는 동시에 극대화되며 이 끝없는 출생, 생식, 양육의 순환은 해당 목적을 위한 동물의 유용성이 다할 때까지 계속된다. 여기서 가치는 살아 있는 유기체의 출생, 성장, 가치 창출 활동을 위한 생명 수확, 잉여의 극대화를 위해 주도면밀하게 죽음의 시기를 가늠하는 생명정치 과정과 상호 의존한다.[37]

이러한 생산의 모든 측면이 더 깊고 자세한 분석을 요하지만, 나는

---

36 이 점에 대해서는 Clark. "Labourers or Lab Tools?" 참조.

37 Dutkiewicz. "'Postmodernism,' Politics, and Pigs." 참조. 이러한 생산과정에 사로잡힌 동물이 누릴 수 있는 자유가 어느 정도인지 생각해 볼 필요가 있다. 먼저, 엄격한 의미에서 고통이 인간의 사용가치를 극대화하는 데 필요한 한도 내에서 동물에게만 부과된다는 것을 알 수 있다. 이윤 극대화를 위해 필요하다고 판단되는 고통이 가해지는 반면, 최종 가치에 부정적 영향을 미치는 고통은 적어도 이론상으로는 회피된다. 복지가 산업화된 생산에서 고통의 경제를 변화시킨 것은 틀림없는 사실이다. 복지의 경향은 동물이 특정한 방식으로 움직이거나 반응하도록 하기 위해 명백한 고통의 형태를 제거하는 것으로 보인다. 따라서 복지의 합리성에 따라 곡선 울타리는 소몰이 길을 대체한다. 울타리 구조는 동물을 도살장으로 고통스럽게 내모는 대신 동물에게 다가올 죽음을 시야에서 가리도록 하며, 따라서 소몰이의 고통이나 죽기 전의 감정적 아픔과 연결되는 불필요한 고통은 표면상 제거된다. 이는 동물에게 고통에 대한 저항은 불가능하다는 것이 아니라 고통에 대한 저항이 엄격하게 제한되고 있다는 것을 의미한다.

여기서 특별히 식품 생산을 위한 도살에서 죽음의 기능에 초점을 맞추고자 한다. 얀 두트키에비츠가 말한 것처럼, 도살 산업에서 동물의 죽음은 가치를 창출하는 행위이다.[38] 동물의 죽음은 생산되어 나올 고기의 상대적 교환가치를 극대화하는 시점에 집행된다. 이처럼 죽음은 (노예제하에서와 같이) 노동에 대한 유인책으로 동물에게 위협이 되지 않는데, 하루 전이나 하루 다음도 아닌 가장 수익이 높다고 여겨지는 바로 그날, 죽음이 부과되기 때문이다. 그 시점에 인간 생산자는 살아 있는 동물에게 죽음의 가치를 부과하며 삶과 죽음의 강제 교환을 통한 가치를 실현시킨다. 본질적으로 상품의 가치 실현을 설명하는 이 생산에서의 교환과정은 부조리한 것으로 이해되어야 한다. 이것이 부조리한 까닭은 우리가 직관적으로 알다시피 삶과 죽음 간의 등가 가치란 있을 수 없기 때문이다. 그럼에도 이 과정은 고기로서 동물의 상품 가치를 이끈다. 마르크스는 상품 교환은 한 존재와 다른 존재 간의 등가적 가치 형태를 확립할 것을 요구하며 이때 한 존재는 질적으로 다른 존재와 교환된다고 논한다. 마르크스가 주목했듯, 기묘한 점은 어떤 대상이 가치를 획득하기 위해서는 그것과 등가물인 다른 대상으로 대체되어야 한다는 점이다. 예컨대 오렌지와 사과가 교환되려면 사과를 사과가 아닌 것(즉, 오렌지)으로 취급해야 하는 동시에 오렌지를 오렌지가 아닌 것(즉, 사과)과 등가적인 것으로 취급해야 한다.[39] 사과는 내재적 가치를 갖지 않는다. 사

38 Dutkiewicz. "'Postmodernism,' Politics, and Pigs." 303.

39 나는 여기서 마르크스가 아마포와 외투 사이의 등가 가치를 개념화한 논의를 재구성한다. 물질적으로는 연결되어 있지만 실질적으로는 다르기 때문에 서로를 직접 대체할 수 없는 두 가지 상품을 예로 들었다는 점에서 이 논의는 영민하다. "상품 아마포는 그 자체의 물리적 형태와 별개로 가치 형태를 취하지 않았음에도 외투와 동일시될 수 있다는 사실

과의 대체물(예컨대 오렌지)을 사과의 등가물로 부과함을 통해서 사과를 사과가 아닌 것으로 취급할 때, 이 체계 속에서 가치가 발생한다. "어떤 상품의 등가 형태는 그 상품이 다른 상품과 직접 교환할 수 있는 형태이다."[40] 사과는 오렌지가 그 대체물이 될 수 있을 때 상품화된다. 따라서 마르크스는 말한다.

> 어떤 상품도 자신에 대해 등가로서 관계를 맺을 수 없고 자신의 물리
> 적 형태를 자신의 가치 표현으로 만들 수 없으므로, 다른 상품과 등가
> 로서 관계를 맺고 다른 상품의 물리적 형태를 자신의 가치 형태로 만
> 들어야 한다.[41]

이처럼 상품화 과정(가치를 창출하기 위해 맥락상 다른 존재에게 등가성을 부과하는 과정)은 단순히 부조리할(문자 그대로 "추상화"일) 뿐 아니라 한 존재의 고유한 특성을 삭제하고 다른 존재와 일반화된 등가성 및 동일성을 창출할 것을 요구하는 가치화라는 점에서 그 자체로 폭력적

을 통해 자신의 존재를 가치로 드러낸다. 즉, 외투와 아마포는 직접 교환될 수 있으며, 이러한 방식으로 아마포는 사실상 자신의 존재를 가치로 표현한다." Marx. *Capital*. Vol. 1. 147[『자본』, I-1, 113쪽] 참조. 이 맥락에서 애덤 스미스의 아마포 셔츠 논의도 참조하기 바란다. Adam Smith. *An Inquiry into the Nature and Causes of the Wealth of Nations*. Library of Economics and Liberty: 2000. econlib.org/library/Smith/smWN1.html. Book 1 1.11[김수행 옮김, 『국부론』, 상권, 비봉출판사, 2016, 15-16쪽]. 마르크스 자신도 사용가치의 식별과 그것의 교환가치로의 전환은 깔끔한 과정과는 거리가 멀다는 견해를 보이고 있다. Marx. *Capital*. Vol. 1. 131[『자본』, I-1, 95쪽] 참조. 이에 관해서는 Gayatri Chakravorty Spivak. *An Aesthetic Education in the Era of Globalization*. Cambridge: Harvard University Press, 2012. 193-196[태혜숙 옮김, 『지구화 시대의 미학 교육』, 북코리아, 2017, 304-309쪽] 참조.

40 Marx. *Capital*. Vol. 1. 147[『자본』, I-1, 113쪽].

41 Marx. *Capital*. Vol. 1. 148[『자본』, I-1, 114쪽].

이기도 하다. 한 존재는 다른 존재와 유사한 것으로 만들어진다. "따라서 가치 관계에 의해 상품의 자연적 형태는 상품 A의 가치 형태가 된다. 즉, 상품 B의 물리적 형태는 상품 A의 가치 형태에 대한 거울이 된다."[42]

이러한 부조리함과 폭력의 조합은 아마도 식용 동물 생산 산업에서 가장 강력한 형태로 이루어질 것이다. 여기서는 가치 실현을 목적으로 생명과 죽음이 교환되도록 강제된다. 동물이 어떤 종류의 삶을 보내는지, 그 삶이 어떤 가능성을 가질 수 있는지, 동물의 삶이 동물 자신에게 어떤 가치(사용가치)를 지닐 수 있는지 상관없이, 도살 산업에서 동물의 생명은 항상 죽음에 종속되며 죽음이야말로 동물의 삶에서 가치를 달성할 수 있는 유일한 수단이 된다(따라서 살아 있는 동물("가축")이 가치가 있는 것은 사체가 되어 최종 가치를 실현할 수 있는 능력 때문이다. 오늘날 세계 자본주의하에서 무수한 육지 및 해양 동물은 그들이 때맞춰 죽을 때 실현될

42　Marx. *Capital*. Vol. 1, 144[『자본』, I-1, 110쪽]. "자신의 숭고한 가치 대상성은 딱딱하고 뻣뻣한 신체와는 다르다는 것을 알려 주기 위해 아마포는 자신의 가치가 외투의 모습을 띠고 있으며 따라서 자신이 가치의 대상인 한 자신은 외투와 쌍둥이처럼 똑같다고 말한다(143-144[『자본』, I-1, 109-110쪽])." 마르크스의 『자본』(제1장 "상품")의 이 구절에 딸린 각주에 주목할 필요가 있다. 내가 보기에 여기에는 인식론적 가치의 문제와 유대 기독교적 맥락에서 인간의 "형제적" 공동체의 연관성이 깔끔하게 정리되어 있다. "어떤 의미에서 인간은 상품과 같은 처지에 있다. 인간이 거울을 가지고 세상에 들어온 것도 아니고 '나는 나다'라고 말하는 피히테 같은 철학자인 것도 아닌 것처럼, 인간은 먼저 다른 사람을 통해 자신을 보고 인식한다. 베드로는 자신과 닮은 다른 사람인 바울과의 관계를 통해서만 사람으로서 자기 자신과 관계를 맺는다. 그러나 이것으로 바울 또한 머리부터 발끝까지 바울로서의 육체적 형태, 즉 베드로에게 인간 종의 모습을 갖추게 된다(144 n19[『자본』, I-1, 110쪽 주 18])." 라캉의 거울 단계와의 명백한 연관성은 차치하더라도, 몇 가지 점에서 마르크스는 데리다가 『우애의 정치학』과 『짐승과 주권자』에서 제기한 문제를 완전히 선점하고 있는 것 같다. 언어와 은유에 관한 데리다의 초기 저작과의 깊은 공명에도 주목하라. "지워짐이란, 만약 그것이 스스로를 지우지 않는다면, 항상 원초적 형상의 지워짐을 가리켜야 하는 것이 아닐까?" Jacques Derrida. "White Mythology: Metaphor in the Text of Philosophy." *Margins of Philosophy*. Chicago: Chicago University Press, 1982. 207-229. 211[김보현 옮김, 「백색신화」, 『해체』, 문예출판사, 1996, 163-194쪽, 166쪽] 참조.

수 있는 가치 이상의 가치를 갖지 못한다). 어떤 것이 그것이 아닌 다른 것으로 대체됨에 의존하여 가치를 실현하는 상품화는 이미 부조리하며, 이것이 마르크스가 『자본』 제1권에서 추상화에 대한 논의를 통해 말한 바이다. 그러나 이러한 부조리함이 극에 달하는 것은 죽음이 삶과 대체될 때이다. 죽음은 삶의 절대적 무화일 뿐 아니라(죽음은 그야말로 절대적 의미에서 생명이 아닌 것이다) 삶의 주체와 그의 삶이 연결되어 있기에, 죽음으로 인한 소외는 삶의 사용가치나 교환가치를 실현할 모든 가능성을 제거하기 때문이다. 적어도 산업화된 식량 생산의 맥락에서, 가축은 죽음을 통해 삶의 가치나 이익을 얻을 수 없다. 이전에 우리가 살아가고 사용가치를 창출해내던 삶을 죽음과 교환하는 것을 통해 직접적 이익을 얻을 수 없다.

인간 노동자의 경우, 노동의 가치 부과에 대해 다양한 형태로 저항을 취할 수 있다. 교환과정에서 상품으로서 노동의 합의된 가치를 협상하는 단체교섭도 여기에 포함된다.[43] 자본주의하에서는, 항상 상황에 좌우되며 불안정하기는 하더라도, 일정 정도의 "자유"가 전제되어 있다. 그러나 현대 생산과정에서 동물의 "자유"는 다양한 경제를 통해 조절되며 가치 부과에 대한 저항 역시 근본적으로 다른 경로를 발생시킨다. 알다시피 현대의 사육, 격납, 도살, 실험 산업에서 동물의 죽음에 대한 저항의 여지는 여전히 극도로 통제되어 있다. 이러한 생산과정을 특징짓는 지배양식은 여기에 종속된 동물의 삶 전체를 장악하고 동물의 자유

---

43 이 과정이 노동자에게 노동의 상품화 자체로부터 해방되는 것이 아니라 상품화된 노동의 상대적 가치를 둘러싼 교섭을 허용할 뿐이라는 점에 유의하라. 이 점에 대해서는 Spivak. *An Aesthetic Education on the Era of Globalization.* 192[『지구화 시대의 미학 교육』, 303-304쪽] 참조.

로운 운동 감각을 제한한다. 그러나 동물의 자기보존 욕구가 인간이 강제한 죽음의 경제와 싸우는 바로 그 지점에서 저항이 발생하는 것을 볼 수 있다. 서론에서 인용했듯이 푸코에 따르면, 주권은 완전한 승리의 순간으로 삶과 죽음과 관련된 권력관계를 만들어 낸다.

> 패자는 승자의 처분에 맡겨 있습니다. 즉, 승자는 패자를 죽여 버릴 수도 있습니다. 패자를 죽여 버리면 당연히 문제는 해결됩니다. 국가의 주권이 아주 단순히 소멸할 수 있습니다. 왜냐하면 이 국가를 구성하는 개인들이 사라졌기 때문입니다. 하지만 승자가 패자를 살려둔다면 어떻게 될까요? 패자를 살려두면 … 패자가 일시적으로 목숨을 부지하게 되면 [패자는] … 승자를 위해 일하고 복종할 것을, 승자에게 영토를 양도하고 전쟁 보상비를 지불할 것을 받아들이게 됩니다. 따라서 이는 지배, 노예 상태, 예속 상태의 사회를 난폭한 방식으로 정초하는 패배가 아닙니다. … 그것은 두려움, 그리고 두려움을 떨쳐 내려는 것, 생명을 위태롭게 하는 것을 떨쳐 내려는 것입니다. 죽음보다 삶을 바라는 의지, 바로 이것이 주권을 정초하는 것입니다.[44]

여기서 흥미로운 것은 푸코가 말하는 이 부분에서 다름 아닌 극한의 생명정치적 상품화에 대한 동물의 저항을 이해하는 열쇠를 찾을 수 있다는 점이다. 위 인용문을 마무리하는 문장("죽음보다 삶을 바라는 의지, 바로 이것이 주권을 정초하는 것입니다")은 그 의미를 완전히 반전하

---

44   Foucault. *Society Must Be Defended*. 95[『"사회를 보호해야 한다"』, 120-121쪽].

여 이해할 수 있다. 일차적인 해석에 따르면, 죽음의 가능성은 삶에 대한 주권 권력을 만들어 낸다. 우리가 주권 권력 아래 노예의 삶을 스스로 허용하는 것은 그것이 죽음보다 더 낫기 때문이다. 우리는 삶을 선호하며, 죽음을 선택하기보다는 그 대체물로서 제한된 삶을 수용한다. 그러나 죽음보다 삶을 바라는 의지를 주장할 때, 우리는 죽음보다 삶을 선호하는 우리 자신의 주권을 행사한다. 게다가 우리는 이러한 선호를 모든 것을 포괄하는 주권 권력에 대한 저항으로서 행사한다. 동물의 자기보존 의지는 인간의 자기보존 의지와 함께 작동하기도 하고 대항하여 작동하기도 한다. 살아 있는 동물을 고기로 바꾸는 공정의 각 단계에서 동물은 자기보존 욕구로 인해 저항한다. 상품화가 가치를 실현하기 위해 동물에게 삶과 죽음 간의 등가성을, 즉 삶과 죽음 간의 질적 차이(실제로 두 범주 간의 본질적 대립성)를 부정하는 이 등가적 가치를 부과한다면, 동물의 저항은 각 단계에서 이 등가성과 가치의 관계 수립을 방해하는 방향으로 향할 수밖에 없다. 닭은 가금류 족쇄에 박힌 채로 인간 작업자에 맞서 싸운다. 낚아 올려진 참치는 숨을 헐떡이며 갑판 위에서 격렬하게 몸부림친다. 소는 도살 경로에 끌려 들어갈 때까지 제자리걸음을 한다. 돼지는 도살 총을 피해 도망간다. 동물은 이 강제된 등가성이 교환으로 전환되는 것을 막기 위해 개입한다. 왜냐하면 **동물에게** 이러한 가치 부과를 수용하는 것은 사용가치와 교환가치 자체의 종결을 의미하기 때문이다. 다른 한편으로, 식품 생산 산업의 유인책은 죽음의 완전한 가치를 실현하기 위해 이러한 저항을 무력화시키고자 한다. 동물의 창조성과 저항 행위는 모두 가치를 지연하고 타협하고 비효율적으로 고정화하며 체계의 효율성을 위협한다. 산업 생산은 이러한 싸움을 경합하는 힘들의 격전지로 파악한다.

죽음보다 삶을 바라는 의지는 생명정치적 상품화 과정에 대한 중요한 저항 행위이며 아마도 생산체제의 극단적 통제 형태에 종속된 동물들에게 유일하게 가능한 저항 행위일 것이다. 결론에서 주장하겠지만, 인간이 동물과의 전쟁에 저항할 수 있는 한 가지 방법은 바로 이 교환 지점에 초점을 두어 가치 변환을 막아 내고(상호주관적·제도적·인식론적 체계를 통해 작동하는 폭력 과정이 삶과 죽음 간의 등가성을 부과하는 것을 막아 내고), 이 상품화 과정에 대한 동물 자신의 저항을 지지하는 일일 것이다.

마르크스에 입각하여 가치에 대해 더 생각해 보면, 동물 재산권은 과잉 및 낭비를 제거하려는 자본주의 합리성의 경제적 명령과 잉여를 향유하려는 주권적 명령을 구분하는 방법을 제공한다(잉여 향유가 본질적으로 낭비적이지만 말이다). 마르크스가 올바르게 지적한 것처럼 자본주의 경제에서 낭비는 지출된 노동력의 가치를 상품으로 완전히 전환하는 데 방해가 되므로 피해야 한다. "원료나 노동 도구의 모든 낭비적인 소비는 엄격하게 금지된다. 왜냐하면 이러한 방식으로 낭비되는 것은 제품으로 간주되지 않거나 그 가치에 포함되지 않는 대상화된 노동의 불필요한 지출을 나타내기 때문이다."[45] 그러나 앞서 주장한 바와 같이, 가장 효과적인 자본주의 생산과정에서조차 자본주의는 효율적으로 가격이 매겨지지 않은 자원의 낭비를 차질 없이 제한할 수 있는 능력이 부족하다(이는 지구가 직면한 환경 위기와 관련된 중요한 원인 및 과제

45 Marx. *Capital*. Vol. 1, 303[『자본』, I-1, 288쪽].

중 하나이다). 동물을 추출하는 비용(동물을 교환 가능한 신체로 생산하려는 인간과 동물 간의 전유 및 상품화의 폭력적 싸움)은 교환과정에서 가격이 매겨지지 않는다. 그것은 실제로 "자본에 대한 공짜 선물"이다.

그러나 비효율적 가격 책정 때문에 낭비를 피할 수 없다는 것은 이야기의 일부일 뿐이다. 값이 정해지지 않았거나 비효율적으로 매겨진 상품은 그 자체로 가격이 책정되지 않은 형태의 교환가치를 만들어 낼 수 있기 때문이다. 마르크스의 "물신숭배" 개념은 이를 일부 설명해 주는데, 여기서 사회적 관계는 교환가치를 그 상품 자체의 고유한 효용 가치가 아니라 "그 사물의 사회-자연적 속성"[46]으로 규정한다. 마르크스는 말한다.

> … 상품 형태와 그 상품 형태가 나타내는 노동의 산물들 간의 가치 관계는 상품의 물리적 본성 및 이것으로부터 생겨나는 물질적dinglich 관계와는 전혀 관련이 없다. 그것은 단지 인간들 사이의 명백한 사회적 관계, 즉 사물들 사이의 관계라는 환상적 형태를 가정하는 인간 자신들의 관계일 뿐이다.[47]

따라서 교환에서 일반적 가치 평가 체계에 의해 생성된 관계는 이미 원래 상품과 본질적 연관성을 갖지 않는다. 그것은 가치를 발생시키는 "인간들 사이의" 사회적 과정에 의존한다(그리고 아마도 주권 및 법의 술책이 계약과 교환가치의 타당성을 보증할 것이다). 이 물신숭배는 그

---

46   Marx. *Capital*. Vol. 1, 165[『자본』, I-1, 134쪽].

47   Marx. *Capital*. Vol. 1, 164-165[『자본』, I-1, 135쪽].

안에 이미 "당연시되고" 효율적으로 가격이 매겨지지 않은 자연화된 특수한 지배 체계와 함께 상품이 도래할 것을 보증하는 권리와 자격 체계를 숨기고 있다. 예컨대, 천 장화와 가죽 장화에는 사용가치상 구분이 없지만, 인간들 사이의 사회적 관계는 가죽과 관련하여 감촉이나 내구성 같은 인식상의 질에 기초하여 두 제품의 교환가치상 차이를 만들어 낸다. 따라서 가죽 장화는 "현실적"이거나 "내재적" 사용가치의 차이가 없음에도 교환가치를 발생시키는 "인간들 사이의" 사회적 관계의 결과로서 항상 천 장화보다 "더 가치가 높을" 수 있다. 그러나 장화의 최종 가격과는 상관없이 또는 가죽 장화가 천 장화를 초과하는 "고유한" 사용가치를 지녔다고 입증할 수 있는지와는 상관없이, 이 가치는 가죽의 경우 다름 아닌 생명의 박탈이라는 제품의 폭력성을 결코 적합하게 설명할 수 없다. 이러한 폭력성은 "생산자"가 발생시킨 추출가치(동물을 죽이고 가죽을 벗긴 비용)를 통해서만 가격에 편입될 뿐, 동물 자신의 생명의 가치(정의상 가격을 매길 수 없는 가치)에는 기초하지 않는다.

전술한 바와 같이 죽음과 삶이 교환되는 것은 강제된 가치 부과 때문이지 본질적 등가성에 의한 것이 아니다. 죽음은 더 넓은 교환 체계에 노출되지도 않고 따라서 가격이 매겨지지도 않는데, 이 죽음이 "시장에 내놓아"진 것이 아니기 때문이다(죽음은 교환보다 앞서 존재한다). 생산과정의 폭력은 지배의 자격으로 도래한다. 그것은 당연시되어 추가 비용이 부과되지 않는 가치로 편입된다. 이러한 상품(여기서는 가죽)의 독특한 물신성은 그것의 추출에서 벌어지는 폭력과 긴밀하게 연관된다. 가죽의 감각, 촉감, 질감은 이미 사용가치를 초과하고 있음에도 그 추출을 위한 폭력을 강제하는 방식으로 물신화된다. 간단히 말해, 우리는 가죽 장화를 신을 필요가 없다(그것은 항상 잉여이다). 가죽 장화를 신어야 한다는 표현은 이미 동물의 생명이 죽음을 통해 가치로 교환될 수 있다는 것을 전제로 한다. 자본주의 교환의 합리성의 한계를 뛰어넘는 낭비와 과잉에는 쾌락과 만족이 존재한다. 그 쾌락은 효율적으로 가격을 매길 수 없는데 이 편익이 생산과정 내에서 "당연시되고" 있기 때문이다.

이는 인간 노예제의 효율성 및 그 생산과정과 관련된 잠재적 비용과 편익을 둘러싼 문제를 생각하면 이해할 수 있다. 엄밀한 의미에서 노예제는 잉여가치 추출에서 비효율성을 수반하므로 자본주의보다 덜 효율적이다. 예컨대 노예 소유자는 미래에 이르기까지 유익한 가치를 지속하기 위해 노예에게 노동의 사용가치(식량 및 주거 제공)를 지불해야 한다. 이 지속적인 사용가치는 노예의 시장 가격(즉, 대체 비용)과 균형을 이룬다. 반면에 앞서 기술한 바와 같이 "자유노동자"의 경우, 자본가는 교환가치 이상의 의무를 갖지 않으므로 임금노동자가 이 임금으로 먹고 살 수 있는지와는 관계없이 낮은 임금을 지불할 자유가 있다.[48] 이는 생산체제로서 노예제에 비해 자본주의가 갖는 특수한 효율성 중 하나이다. 즉, 노동력 재생산에 드는 즉각적인 비용이 노동자 자신에게 전가된다는 점이다. 그러나 생산양식으로서 노예제의 비효율성은 노예제에 수반되고 사회 전체의 사회적, 정치적 관계와 밀접하게 연관되어 있는 구별, 신분 차별, 지배의 쾌락적 형태를 감추고 있다. 마르크스는 『자본』의 중요한 각주에서 다음과 같이 말한다.

48 Marx. *Capital*. Vol. 1, "Appendix." 1033[김호균 옮김, 「직접적 생산과정의 제결과」, 『경제학 노트』, 이론과실천, 1988, 100-101쪽] 참조.

이것은 노예제에 기초한 생산이 더 비싼 이유 중 하나이다. 고대인들이 사용한 인상적인 표현에 따르면, 노예제하에서 노동자는 말하는 도구라는 점에서 소리를 내는 도구인 동물이나 아예 소리도 내지 않는 도구인 무생물 도구와 구별될 수 있다. 그러나 노동자는 동물이나 무생물 도구를 통하여 자신은 그 어느 쪽에도 속하지 않고 오히려 인간임을 느끼고자 한다. 그는 그것들을 학대하고 마음대로 해침으로써 스스로 자신은 다르다는 만족감을 느낀다.[49]

여기서 나의 흥미를 끄는 것은 마르크스가 노동자, 노예, 동물의 차이를 지극히 명료하게 구별하고 이 세 범주의 생산 행위자들이 그 지위, 지향, 편익을 상호 생산한다는 점을 강조한다는 것이다. 마르크스가 말하듯, 한 존재가 다른 존재를 괴롭히는 것은 생산과정에서 그들에게 할당된 위계적 역할의 자리를 유지하기 위한 것일 수 있다. 종의 지위 구분은 하향식 형태의 위계적 규율 폭력을 통해 생성되고 유지된다.[50]

---

49 Marx, *Capital*. Vol. 1. 303-304, n18[『자본』, I-1, 288-289쪽 주17].

50 실제로 마르크스는 여기서 인종적 우열의 체제를 유지하는 폭력의 역학 및 인간 노동 실천의 분할 관계에 대해 말하고 있는 듯하다. 이와 유사하게 시어도어 W. 앨런은 계급에서 인종으로 불평등에 대한 갈등을 전환하기 위해서 인종이 고안되었다고 주장한다. "… 유럽계 미국인 노동계급은 **착취당하고 불안정했지만** 인종적 특권 체계는 지방과 도시를 불문하고 널리 퍼져 있었다. 그 실타래는 일상생활, 가정, 교회, 국가의 모든 측면에서 짜여 '거인들'의 통치를 역사적으로 보증하는 핵심 요소가 되었고 '계급이 아닌 인종을 사회생활의 칸막이'로 삼음으로써 반자본주의의 압력을 억제했다. 1787년 헌법 제정 회의에서 남북전쟁, 남부 재건의 좌절, 1890년대 포퓰리즘 반란, 대공황, 우리 시대의 민권운동과 '백인 백래시'까지, 미국 역사의 윤곽을 형성한 것은 다른 어떤 요인이 아닌 바로 이것이다." Theodore W. Allen. "Summary of the Argument of The Invention of the White Race (Part Two)." *Cultural Logic: An Electronic Journal of Marxist Theory and Practice*. 1.2, 1998. ojs.library.ubc.ca/index.php/clogic/article/view/191852[2024년 12월 24일 접속 확인] 참조.

이 하향식 폭력은 가축을 손상시키고 생산성을 훼손할 수 있으므로, 마르크스는 생산성에 대한 위협이 된다고 보았다. 그러나 편익은 지배 그 자체에서 발생한다. 나는 푸코를 따라 동물과의 전쟁이라는 맥락에서 자유란 다름 아닌 동물의 부자유에 대한 향유라고 이해한다. 자본주의는 동물 지배에서 얻을 수 있는 향유에 가격을 매기지 않는다. 반대로 그것은 각각 분리된 채 전유에서 완전한 가치의 소비로 흐른다. 이 "공짜 선물"에 가격이 매겨지지 않는 것은 생산과정에 앞서 형성되고 당연시되기(말하자면 비밀리에 "포섭되기") 때문이다. 죽음은 부지불식간에 생명과 교환된다. 이 공짜 선물은 이미 너무 풍부하기 때문에 그 추출 비용을 초과하는 가격을 매길 필요가 없다. 그러나 그것의 향유는 상품의 교환가치를 기초 짓는 데 필수적이다. 인간이 가죽 장화를 원하는 것은 가죽으로 만들어진 장화가 필요하기 때문이 아니라 그것을 소유하는 것이 **가능하기** 때문이다. 가죽 장화를 향유하는 것은 인간의 "권리"이며, 그 향유는 동물의 등가죽을 벗길 수 있는 특권을 조건으로 한다.[51] 다시 노예제로 돌아가면, 교환가치의 극대화를 목표로 하는 생산과정에서 "노예제가 더 비싸다"라는 것이 사실일지 모르겠다. 하지만 다른 한편, 노예제는 "계약적 교환" 체계에서는 상상할 수 없는 지배 형태(즉, 가

---

51 『자본』 제4장 마지막 단락에 주목할 필요가 있다. "'속류 자유무역주의자들'에게 그들의 견해와 개념, 자본 및 임노동의 사회를 판단하는 기준을 제공한 것이 바로 이 단순한 순환 또는 상품 교환의 영역이다. 그런데 이제 이 영역을 떠나는 시점에서 등장인물들의 생김새에 어떤 변화가 일어났거나 또는 그런 것처럼 보인다. 이전에 화폐 소유자였던 사람은 이제 자본가가 되어 앞으로 나아가고, 노동력의 소유자는 자본가의 노동자로서 뒤따른다. 한 사람은 자만심에 가득 찬 미소를 지으면서 사업에 열중하고, 다른 한 사람은 소심하고 주저하는 모습으로 마치 자신의 가죽을 시장에 내놓고 이제는 무두질당하는 것 말고는 아무것도 기대할 것이 없는 것처럼 보인다." Marx, *Capital*. Vol. 1. 280[『자본』, I-1, 262쪽].

격이 매겨지지 않는 효용)를 가능하게 함으로써 자본주의 교환을 초과하
는 상징적·비물질적 가치를 생산하며, 이는 모두가 누릴 수 있는 자격
으로 통한다. 총체적 지배는 "인간들 사이의" 사회적 관계의 토대를 이
루며 거의 눈에 띄지 않게 가치를 형성하기 때문에, 과잉에 대한 지각없
이 소비되는 무한한 잉여의 낭비 가능성을 만든다.[52] 여기서 신자유주의
경제학자처럼 효율적인 가격 책정이 해결책이라고 말하려는 것이 아니
다.[53] 오히려 중요한 것은 낭비와 과잉이 생산양식과 지배양식 모두와

---

52 마르크스의 잉여가치 개념 및 교환에 있어 자연의 구축과 "소여" 방식의 연관에 대해서는
    좀 더 생각할 여지가 있다. 앤절라 미트로폴로스는 이렇게 말한다. "자본주의에 대한 보수
    적 비판은 상환할 수 없는(혹은 상환하지 않을) 부채의 확대와 같이 자본주의의 위기를
    초래한 책임을 자본주의에 전가하는 데 몰두하고 있다. 이는 팽창과 위기의 상호 연관된
    역학을 넘어서는 것이 아니라 무상노동의 조건을 부활시킴으로써 자본주의의 토대를 회
    복하는 문제와 관련된다. 이것은 착취의 강도를 높이는 생산 기술의 재편에 의해 또는 노
    동시간의 연장에 의해 달성될 수 있지만 항상 의무, 부채, 기원에 대한 고루한 생물학적
    또는 문화적 정의에 의존함으로써 자연화된다. 가족, 국가, 인종의 경제학적 결합은 임
    금 계약과 시민권(즉, 사회계약)이라는 상호 연관된 경계를 통해 가장 강력한 의미의 자
    유노동이라는 선물을 제공한다. 그것의 가장 두드러진 형태를 언급하자면 무급 가사노
    동, 비자 규정이나 노골적인 범죄화를 통해 가능한 한 적은 비용으로 일하도록 강제되는
    이주노동, 생계형 이하의 값싼 노동의 지리적 조직화 등이 있다. 또한 앞서 언급했듯이
    오늘날 경제 조직은 여성이 여성이라는 바로 그 정체성 때문에 정서적 노동을 제공하리
    라고 기대하는데, 돌봄 가사노동의 연장선상에서 (거부하거나 무관심하게 여기지 않고)
    마치 전혀 노동이 아니라 자유롭고 자연스럽게 주어진 것처럼 순환한다는 것이다. 자유롭
    게 주어진 노동에 대한 기대는 잉여 노동 추출에서 주변적 위치를 차지하기는커녕 항상
    자본주의 생산과 재생산의 핵심을 담당해 왔다. 잉여 노동력의 추출에는 한계가 있기는커
    녕 자유롭게 주어진 노동에 대한 이러한 기대는 항상 자본주의 재생산의 중심이었다."
    Angela Mitropoulos. *Contract and Contagion: From Biopolitics to Oikonomia*. Brooklyn: Minor
    Compositions, 2012. 164. 여기서 나는 추가 과제로 동물의 "자유로운 노동(과 자유로운
    육체)"이 어떻게 교환에 통합되고 거래되며 가격이 매겨지지 않는지 생각해 보자고 덧붙
    이고 싶다.

53 이와 관련하여 존 웹스터의 다음 말에 주목하라. "동물에게 직접적이고 실질적인 이익을
    주길 원한다면, 애덤 스미스의 정신에 따라 농장 동물의 복지를 개선하는 것이 우리 자신의
    이해관계와 일치하도록 해야 한다. 요컨대, 농장 동물과 우리 모두에게 농장 동물의 생명
    의 **가치**를 높여야 한다." Webster. "Farm Animal Welfare." 230 참조.

연결되어 있다는 점과 (문명과 자연의 구분과 같은) 교환과정에 선행하고 당연시되는 "자연"에 대한 완전한 지배권의 인식을 통해 경제가 구성된다는 점에 주목하는 것이다. 과잉은 생산과정에서 당연시되는 것의 생명에 내재적 가치가 부여되지 않기 때문에 조건을 협상할 필요도 폭력을 억제할 필요도 없을 때 발생한다. 따라서 로크가 계약과 제한이 없는 노예제는 전쟁을 닮았다고 명시적으로 말한 것은 놀라운 일이 아니다.

> **합법적 정복자와 포로 간의 전쟁 상태가 지속되는 것**, 이것이 바로 **노예제**의 완벽한 조건이다. 왜냐하면 일단 그들 사이에 **협정**이 체결되어 한쪽의 제한적인 권력과 다른 쪽의 복종이 합의되면, 그 협정이 지속되는 동안 전쟁 상태와 **노예제**는 중지되기 때문이다. 말했던 것처럼 어떤 인간도 합의에 의해 자신에게 없는 것, 즉 자기 생명에 대한 권력을 다른 사람에게 양도할 수 없기 때문이다.[54]

동물이 완전한 전쟁 상태로부터 보호받을 수 있는 어떤 협정이나 계약도 맺을 수 없다는 것은 분명하다. 그러나 로크가 지적했듯이 협정 (최소한의 복지나 실질적 권리로 읽을 수 있는 것)조차도 주권의 생사의 조건을 유예하고 균형을 유지할 뿐인 예외의 논리를 따른다. 여기서 우리는 놀랍게도 로크와 푸코가 일치하는 지점을 발견할 수 있다. 푸코가 말했듯, "죽음보다 삶을 바라는 의지, 바로 이것이 주권을 정초하는 것입니다." 권리는 주권의 포획을 통해 명시된 조건에 근거할 수 없다. 책

---

54 Locke. *Two Treatises of Government*. 284-285, Book 2, §24[『통치론』, 30쪽].

후반부에서 논하겠지만, 권력관계를 무너뜨리기 위해서 권리는 오히려 주권적 지배권을 깨뜨려야 한다.

3부

사적 지배

5.

사유화와 격납

우리는 동물과 마찬가지로 식민지 주민을 **동정**하고 심지어 "사랑"할 수도 있었다. 따라서 어느 정도 친밀한 세계에 속해 있었던 자가 목숨을 잃었을 때 우리는 슬퍼했다. 식민지 주민에 대한 애정은 몸짓으로 표현될 수도 있었다. 식민지 주민은 그 대가로 주인에게 받은 것과 동일한 애정을 보여주어야 했다. 그러나 동물에 대한 주인의 애정은 몸짓을 넘어 동물을 통치해야 하는 내적인 힘으로 나타났다. 이리하여 식민주의의 베르그송 전통에서 친밀함과 가축화는 노예 상태에 대한 주된 비유가 되었다. 가축화의 관계를 통해 주인은 짐승을 그러한 경험으로 이끌었고, 결국에는 동물들이 본래의 자신(인간이 아닌 존재)으로 남아 있으면서도 **그들의 주인**을 위한 세계로 실제로 들어가게 되었다.

_ 아실 음벰베, 『포스트 식민지에 대하여』[1]

제4장에서 논의한 바와 같이, 로크는 지배를 전유하고 확립하는 능동적 과정과 함께 묶인 재산의 정의를 제시한다. 다시 말해, (인간이든 아닌든) 타자를 향한 직접적인 폭력이 재산권을 성립한다. 로크는 "사적 지배"라는 용어를 사용하여 이전에는 공통의 상태였던 것을 전유하고 사유화된 통제 형태로 변형하는 과정이 바로 재산이라고 설명한다.

---

1   Mbembe. *On the Postcolony.* 27.

인간의 법은 토지의 **전유**를 오히려 권장한다. 신의 명령과 인간의 욕
구는 인간을 **노동**하게 만들었다. 그가 노동을 투여한 곳이 어디든, 그
곳은 빼앗을 수 없는 그의 **재산**이 되었다. 따라서 땅을 정복하거나 경
작하는 것과 지배권을 갖는 것은 서로 연관되어 있다. 전자는 후자에
게 권리를 부여하였다.[2]

    따라서 재산은 작은 형태의 지배권을 주체에게 이전하는 투쟁의
결과물이며, 이는 주권을 통해 집단적으로 안전화된다. 이것은 인간이
개별적으로 동물을 지배할 권리를 가정하고 유지하는 과정을 이해하는
유용한 방법을 제공한다. 여기서 로크는 동물에 대한 전쟁이라는 대규
모 갈등이 어떻게 개별적인 지배 영역 내에서 사유화될 수 있는지 이해
할 수 있는 틀을 제시한다. 개인은 어떻게 동물을 격납하고 부양하고 규
제할 권리를 얻게 되었는가? 개를 묶어 두고 말을 경주시키고 식용으로
도축하고 실험하고 오락 삼아 총을 쏠 수 있는 권리? 또한 이러한 권리
가 어떻게 고도의 상호작용을 통해 우리가 "전쟁"이라고 부를 수 있는
거대한 규모의 제도적·인식론적 폭력과 연결되는가?
    주권과 개별 인간 주체를 연결하고 평화를 가장한 전쟁의 지속적
수행을 촉진하는 폭력의 상호작용을 파악하기 위해, 이제 이러한 역학
을 이해하는 데 개념적 근거를 제공하는 두 가지 사례를 살펴보겠다. 첫
째는 강간을 전쟁의 형태로 보는 급진적 페미니즘[3]의 고찰이며, 둘째는

---

2 Locke. *Two Treatises of Government.* Second Treatise. 292. §35[『통치론』, 40-41쪽].

3 이번 장에서 나는 급진적 페미니즘 논의를 둘러싼 정치학 및 좀 더 최근의 페미니즘 개입
    이 가져온 과제는 다루지 않았다. 급진적 페미니즘 논의에 대해 최근 학계가 제기한 문
    제 중 하나는 폭력과 지배 구조 내에 여성의 자율성과 행위성을 어떻게 위치시킬 것인가

사유화된 주권을 "포스트 식민지" 내의 지배 메커니즘으로 보는 음벰베의 분석이다. 두 사례는 비인간 주체와 직접적으로 관련이 있는 것은 **아니며** 오히려 인간 주체를 향한 다른 인간 주체의 폭력을 이해하는 것과 관련이 있다. 하지만 이러한 우회로를 탐색함으로써 얻을 수 있는 이점은 전쟁이 어떻게 평화로서 정상화될 수 있는지, 개별화되고 사유화된 폭력이 어떻게 은폐된 전투 형태에서 규범으로 작동할 수 있는지 이해하는 수단을 확보할 수 있다는 것이다. 두 사례 모두에서 발견되는 것은

이다. 이 문제는 일부 급진적 페미니스트들이 제시한 견해에서 볼 수 있는데, 이들에 따르면 여성들은 폭행의 형태에 동의하도록 배우고 또한 가르치며, 이 과정은 지배의 성애화를 허용한다. 예컨대, 존 스톨텐버그는 성적인 S/M(사도마조히즘) 관행이 본질적으로 가치를 부여받은 폭력 행위라고 주장한다. 그는 "사디즘"(그의 설명으로는: "아픔, 고통, 죽음의 원인이 성기를 자극하고 오르가즘의 만족을 주는 행위로 경험되는 것")을 **"폭력의 성애화"**로, 마조히즘("고통, 학대, 수모, 절멸을 향한 충동")을 **"무력함의 성애화"**로 묘사한다. John Stoltenburg. "Sadomasochism: Eroticized Violence, Eroticized Powerlessness." *Against Sadomasochism: A Radical Feminist Analysis*. San Francisco: Frog in the Well, 1982. 124-130, 126 참조. 이와 유사하게, 캐서린 매키넌은 S/M이 남성 권력을 모사한다고 주장한다. "사도마조히즘의 관계 역학은 남성 지배의 패러다임을 부정하지 않으며 오히려 정확히 그것을 따른다." MacKinnon. *Toward Feminist Theory of the State*. 142 참조. 매키넌에 따르면 남성 권력은 "지배의 성애화"를 중심으로 돌아가며, 이것은 동의의 쟁점을 문제적인 것으로 만든다. "보다 심각한 문제는 여성들이 무저항적 수용성으로 사회화된다는 점, 묵시적 승낙을 대신할 선택지를 갖지 못하거나 인식하지 못할 수 있다는 점, 부상의 위험과 패전의 굴욕보다 묵인을 선호할 수 있다는 점, 생존을 위해 항복한다는 점이다. 게다가 남성 우월주의 아래서 힘과 욕망은 상호 배타적이지 않다. 지배가 성애화되는 한 결코 그렇지 않을 것이다. 어떤 여성들은 지배와 복종을 성애화한다. 강제로 당하는 것보다 낫기 때문이다(171)." 급진적 페미니스트들이 제시한 견해는 보다 최근 페미니스트의 비판 대상이 되었다. 예컨대, 웬디 브라운은 매키넌의 주장이 자신의 상황을 변화시킬 수 있는 여성들의 능력을 설명하지 못한다고 주장한다. "[매키넌은] 마르크스주의가 주장한 변혁의 가능성을 배제하고, 마르크스가 프롤레타리아에게 부여한 종류의 권력을 여성이라는 계급에게 부여하길 거부한다. 그녀는 여성성이나 여성의 성적 권력을 감상적으로 다루지 않고자 부심하는 가운데, 마르크스가 해방적 실천에서 기대했던 사회 변화의 역학, 즉 '사회에 속하면서도 속하지 않는' 계급이 사회의 사회적이거나 정치적인 힘을 갖지 않지만 생산력의 전부를 담당한다는 사실을 무시한다." Wendy Brown. *States of Injury: Power and Freedom in Late Modernity*. Princeton: Princeton Press, 1995. 92 참조.

폭력과 격납의 체계를 통해 사유화된 지배 형태이다. 이처럼 이번 장에서는 전쟁의 전략으로서 격납과 격납 지대가 동물과의 전쟁의 미시정치학적 지형을 정의하는 데 도움이 될 수 있는 방법을 탐구한다.

폭력과 사유화된 통치

강간이라는 조직적 폭력을 구조적 전투의 한 형태로 이해해야 한다는 것은 성폭력이 여성과 남성 모두에게 합법화된 공격 전략으로 활용되어 왔고, 지금도 계속되고 있는 군사적인 전쟁이라는 점에서 분명하게 드러난다. 이렇게 보면 전면적인 섬멸적 폭력의 시기로서의 전쟁은 강력하고도 무수히 발생하는 소규모 폭력에 대한 일상적 권리를 위한 공간이 되며, 여기서 강간은 전투의 다소 "불가피한" 결과로 정당화된다.[4] 또한 전시 강간은 침략군이 영토의 점령 및 정복뿐 아니라 새로운 시민을 창출하기 위해 사용하는 생명정치적 전략일 수도 있다. 이러한 의미에서 성폭력은 다른 형태의 폭력과 마찬가지로 주권을 성립할 수 있다. 이러한 폭력의 고전적인 예로 새로운 세대의 로마인을 번식하기 위한 책략으로 사비니 여성들을 강간한 것이 있는데, 이 전략은 "로마

---

4 국제적 비난을 불러일으킨 최근 사례가 있다. 일본의 저명인사 하시모토 도루는 전투병 남성들의 군 기강을 유지하기 위해 성노예가 필요했다고 주장하며 제2차 세계대전의 "위안부" 체제를 정당화했다. Hiroko Tabuchi. "Women Forced Into WWII Brothels Served Necessary Role, Osaka Mayor Says." *New York Times.* May 13, 2013. nytimes.com/2013/05/14/world/asia/mayor-in-japan-says-comfort-women-played-a-necessary-role.html?_r=0[2025년 1월 15일 접속 확인] 참조.

의 건국"을 추동한 사건으로 회자된다.[5] 따라서 리비우스는 다음과 같이 이를 신화화한다.

> … 신호가 떨어지자 건장한 로마인 남자들은 군중들 사이로 뛰어들어 젊은 여자들을 붙잡았다. 대부분의 여자들은 먼저 잡는 남자들의 차지였다. 하지만 눈에 띄게 아름다운 몇몇 여자들은 미리 주요 원로원 의원들 몫으로 점지되었고 이들은 특별한 무리에 의해 의원들의 집으로 끌려갔다.[6]

유고슬라비아의 악명 높은 강간/죽음의 수용소도 유사한 방식으로 기능했는데, "인종 청소" 정책은 대학살뿐 아니라 여성들에 대한 강제 임신을 통해 이루어졌다.[7] 강간으로 임신한 여성들은 "낙태를 하기에는 이미 늦어 버릴 때까지 구금되었다."[8] 이러한 전쟁 전략은 명백히

5 Susan Brownmiller. *Against Our Will: Men, Women and Rape*. Harmondsworth: Penguin Books, 1975. 34[박소영 옮김, 『우리의 의지에 반하여: 남성, 여성 그리고 강간의 역사』, 오월의봄, 2018, 56쪽]. 또한 Norman Bryson. "Two Narratives of Rape in the Visual Arts: Lucretta and the Sabine Women." Sylvana Tomasell and Roy Porter Eds. *Rape: An Historical and Social Enquiry*. Oxford and New York: Blackwell, 1989. 152–173, 155–156; Dimitris Papadopoulos and Vassilis Tsianos. "How to do Sovereignty Without People? The Subjectless Condition of Postliberal Power." *boundary* 2. Spring 2007. 135–172 등을 참조하라.

6 Livy. *The Early History of Rome*. London: Penguin Books, 2002. 41[이종인 옮김, 『리비우스 로마사 1: 1000년 로마의 시작』, 현대지성, 2018, 33쪽].

7 Beverley Allen. *Rape Warfare: The Hidden Genocide in Bosnia-Herzegovina and Croatia*. Minneapolis: University of Minnesota Press, 1996. 62–65; Catharine A. MacKinnon. "Rape, Genocide, and Human Rights." *Violence Against Women: Philosophical Perspectives*. Stanley G. French, Wanda Teays and Laura M. Purdy Eds. Ithaca: Cornell University Press, Ithaca and London, 1998. 43–54. 51 등을 참조하라.

8 Allen. *Rape Warfare*. 77에서 인용된 바시우니 리포트Bassiouni Report에서 발췌.

생명정치적이다. 그 목적은 폭력을 행사하여 새로운 시민을 양성하는 것이다.[9]

그러나 성폭행이 전시에 국한된 행동은 아니다. 오히려 그것은 평화의 시기 동안 법과 나란히 있는 폭력의 형태로 끊임없이 작동한다. 강간이 공식적으로 불법이라는 사실은 법이 성폭력에 반대하고 그 퇴치를 적극적으로 추진한다는 것을 의미하지 않는다. 법은 대개 수사학적으로는 일상화된 폭력을 응징하지만, 이와 관련된 법 집행은 일관성이 떨어진다. 이는 강간에 대한 상대적으로 낮은 기소 성공률과 높은 미신고율에도 반영되어 있다. 또한 국가의 강간 단속이 선택적이었던 역사를 되짚어봐야 한다. 예컨대, 과거에는 남성이 처녀가 아닌 여성을 강간하거나 자신의 아내를 강간하거나[10] 다른 남성을 강간하는 것[11]은 불법적 폭력으로 간주되지 않은 채 기술적으로technically 가능한 일이었다. 따라서 법이 공식적으로 성폭력을 금지한다고는 하지만, 국가가 이러한 법을 집행한 기록을 보면 성폭력은 대체로 용인되고 있는 폭력이라는

9   아감벤은 세르비아 강간 수용소에서의 강제된 임신은 생물학적 기원에 대한 민족주의적/영토적 고정관념에서 자유로워진 새로운 생명정치 논리의 산물이었다고 말한다. Agamben. *Homo Sacer.* 176[『호모 사케르』, 331-332쪽] 참조.

10 Julie A. Allison and Lawrence S. Wrightsman. *Rape: The Misunderstood Crime.* California: Sage, 1993. 195-218; Jocelyn Scutt. "Judicial Vision: Rape, Prostitution and the 'Chaste Woman.'" *Without Consent: Confronting Adult Sexual Violence: Proceedings of a Conference Held 27-29,* October 1992. Patricia Weiser Easteal Ed. Canberra: Australian Institute of Criminology, 1993. 173-187; and Megan Latham. "An Unreliable Witness? Legal Views of the Sexual Assault Complainant." Jan Breckenridge and Moira Carmody Eds. *Crimes of Violence: Australian Responses to Rape and Child Sexual Assault.* St Leonards: and Unwin, 1992. 60-67 등을 참조하라.

11 Peter Poropat. "Sexual Assault of Males." *Without Consent: Confronting Adult Sexual Violence: Proceedings of a Conference Held 27-29,* October 1992. Patricia Weiser Easteal Ed. Canberra: Australian Institute of Criminology, 1993. 219-235.

결론에 도달하게 된다. 성폭력을 분석하는 페미니스트들은 이 점을 강조해 왔다.[12]

성폭력이 주권적 권력에 의해 용인되며 심지어 생명정치 전략에 편입되어 있다고는 하지만, 국가 주권이 이 폭력의 유일한 "수혜자"라고 말하는 것은 잘못일 것이다. 왜냐하면 성폭력은 섹슈얼리티와 젠더의 조직적 관계와 같은 다양한 권력의 경제를 형성하는 데 기여하기 때문이다. 이러한 의미에서 성폭력을 가부장제 권력의 맥락 속에서 고려할 필요가 있다. 이는 남성이 성폭력의 피해자가 될 수 없다는 의미는 아니다. 남성도 교도소와 같은 특정 상황에서는 성폭력의 표적이 될 수 있으며,[13] 젊은 남성과 소년은 상대적으로 높은 비율로 성폭행을 당할 수 있기 때문이다. 섹스와 젠더 범주의 규범적 이항 구조도 고려해야 할 요소이다. 딘 스페이드와 다른 이들이 주장했듯이 트랜스젠더에 대한 제도적·개인적 폭력은 사회 장치 안에서 정상화되기 때문에[14] 이들은 이례적으로 높은 수준의 성폭력에 직면하게 된다.[15] 이러한 경우 폭력은 종종 젠더를 형성, 구축하는 방식으로 작동한다. 주디스 버틀러가 주장한 것처럼, 폭력은 규범적 역할 수행성을 고안하며 수행성의 진화하는

---

12 가령 Donna Stuart. "No Real Harm Done: Sexual Assault and the Criminal Justice System." *Without Consent: Confronting Adult Sexual Violence: Proceedings of a Conference Held 27-29*, October 1992. Patricia Weiser Easteal Ed. Canberra: Australian Institute of Criminology, 1993. 219-235. 95-106을 보라.

13 David. M. Heilpern. *Fear or Favour: Sexual Assault of Young Prisoners*. Lismore: Southern Cross University Press, 1998 참조.

14 가령 Dean Spade. *Normal Life: Administrative Violence, Critical Trans Politics and the Limits of Law*. Brooklyn: South End Press, 2011을 보라.

15 가령 Rebecca L. Stotzer. "Violence Against Transgender People: A Review of United States Data." *Aggression and Violent Behavior*. 14.3 2009. 170-179를 보라.

텍스트는 마찬가지로 진화하는 폭력적 물질성을 미리 예견하고 일치시키고 반향을 일으킨다. "찢어진 신체, 여성들 사이에서 벌어지는 전쟁은 텍스트적 폭력이며, 항상 이미 신체의 가능성에 대한 일종의 폭력인 구조의 해체이다."[16] 성폭력은 젠더화된 관계의 영토를 확장하고 고통과 쾌락의 경제를 구축한다. 가부장제 맥락에서 성폭력은 젠더화된 범주의 정상화를 반복하는 남성과 여성의 관계의 경제를 가능하게 한다.

여기서 나의 관심사는 개별 행위로서의 성폭력이 조직적 형태의 억압과 협력하는 방식이다. 이를 염두에 두고 다음으로 급진적 페미니즘의 성폭력론을 탐구할 것이다. 급진적 페미니즘은 폭력을 여성의 행동에 대한 규제 및 남성과 여성 각자에게 주어지는 선택지를 구축하는 데서 근본적 역할을 하는 것으로 개념화한다. 앤 J. 케이힐은 다음과 같이 말한다.

> 강간의 위협은 … 여성 신체를 구별되게 만드는 구성적이고 지속적인 순간이다. 많은 공적 공간을 출입 금지 공간으로 바꾸는 만연한 위험은 사실상 매우 보편적이어서, 여성들이 만들고자 하는 "안전 지대"는 그들의 사지의 한계를 넘지 못하고 그 반경에 훨씬 못 미치는 경우가 많다. 여성들은 자신의 육체가 약하고 부서지기 쉬울 뿐 아니라 침범

---

16 Judith Butler. *Gender Trouble*. New York and London: Routledge, 2006. 172[조현준 옮김, 『젠더 트러블』(개정판), 문학동네, 2024, 320쪽] 참조. 버틀러는 『의미를 체현하는 육체』에서 폭력, 지식, 물질의 순환에 주목한다. "우리는 일련의 상해와 위반을 근거 짓고 입증하기 위해서 물질에 의존하여 물질 자체가 일련의 위반, 즉 동시대의 발동에서 부지불식간에 반복되는 위반을 통해 성립된다는 사실을 발견하게 된다." Butler. *Bodies That Matter*. 5[『의미를 체현하는 육체』, 68쪽] 참조.

당할 수 있다고 여긴다.[17]

이러한 폭력이 본질적으로 광범위하고 포괄적이며 일시적이라기보다는 영속적이라는 점을 인정한다면, 우리가 이를 어떻게 기술하면 좋을까? 그 대상을 끊임없는 공포의 상태에 빠뜨리는 것을 목표로 하는 폭력, 행동을 강력하게 형성하는 공포, 젠더화된 권력의 네트워크 내에서 행동을 조직하는 폭력과 죽음에 의해 확대되고 유지되는 공포를 어떻게 설명할 수 있을까? 수전 브라운밀러는 저서 『우리의 의지에 반하여: 남성, 여성 그리고 강간의 역사』에서 강간은 "**모든** 남성이 **모든** 여성을 공포 상태에 사로잡히게 하려는 의식적인 협박의 과정 그 이상도 이하도 아니다"[18]라고 주장한다. 브라운밀러는 성폭력이 사회관계로 스며든다는 사실을 강조한다. 성폭력은 공식적 적대관계가 종식된 후에도 전쟁 상태를 재현한다.

> 강간범이 없는 세상은 여성이 남성에 대한 두려움 없이 자유롭게 돌아다닐 수 있는 세상일 것이다. 일부 남성의 강간만으로도 모든 여성은 지속적으로 협박당하는 상태에 몰리기 충분하며, 남성의 생물학적 도구가 해로운 의도로 인해 순식간에 무기로 변할 수 있다는 사실을 영원히 의식해야 한다. ··· 강간을 저지르는 남성은 '순결을 더럽히는 자'와 같은 사회의 일탈자가 아니라 사실상 최전선의 남성 돌격 부

---

17 Ann J. Cahill. *Rethinking Rape*. Ithaca and London: Cornell University Press, 2001.161.

18 Brownmiller. *Against Our Will: Men, Women and Rape*. 15[『우리의 의지에 반하여: 남성, 여성 그리고 강간의 역사』, 26쪽].

대, 세상에서 가장 오래 지속되는 전투의 테러리스트 게릴라로 복무해 왔다.[19]

다른 급진적 페미니즘 이론가들도 강간은 시민적 평화라는 가면 아래 숨겨진 포위 전쟁이라는 유사한 개념화를 제시해 왔다. 예컨대 도나 스튜어트는 「성폭력과 형사사법 체계」에서 여성에 대한 폭력 행위는 높은 빈도로 발생하며 남성 권력의 기반을 구성하기 때문에, 남성이 여성에게 가하는 폭력은 "여성과의 전쟁"[20]이나 마찬가지라고 주장한다. 캐서린 매키넌은 강간이 "여성의 사회적 조건에 예외적인 것이 아니라 고유한 것"이며, "단독 사건이나 도덕적 위반 또는 개인의 잘못된 교류가 아니라 린치와 같은 집단 지배의 조직적 맥락에서의 테러와 고문 행위"[21]라고 말한다. 매키넌에 따르면 국가 주권은 여성에 대한 조직적 폭력과 공모하며, 국가는 강간을 지원하고 방조하여 여성에 대한 남성의 폭력을 영속화할 수 있는 권리를 뒷받침한다. 여기서 법과 규범은 사회 질서를 구성하며 마주한다.

19 Brownmiller. *Against Our Will: Men, Women and Rape*. 209[『우리의 의지에 반하여: 남성, 여성 그리고 강간의 역사』, 320쪽].

20 Stuart. "No Real Harm Done: Sexual Assault and the Criminal Justice System." 96. 수전 그리핀은 이렇게 말한다. "강간은 희생자가 무차별적으로 선택된다는 점에서 일종의 집단 테러리즘이지만, 남성 우월주의 선동가들은 여성이 정숙하지 못했거나 잘못된 장소, 잘못된 시간에 마치 자유로운 것처럼 행동했기 때문에 강간이 일어났다고 말한다." Susan Griffin. "Rape: The All American Crime." Duncan Chappell, Robley Geis and Gilbert Geis Eds. *Forcible Rape: the Crime, the Victim, The Offender*. New York: Columbia University Press, New York, 1977. 47-66 참조.

21 Catharine A MacKinnon. *Toward a Feminist Theory of the State*. Cambridge; Harvard University, 1989. 172.

나는 페미니즘의 관점에서 국가는 남성이라고 주장한다. 남성이 여성을 바라보고 대하는 방식은 법이 여성을 바라보고 대하는 방식이다. 자유주의 국가는 합법적인 규범, 사회와의 관계, 실질적인 정책을 통해 젠더로서의 남성을 위해 사회질서를 강압적이고 권위적으로 구성한다. 이는 여성의 섹슈얼리티에 대한 남성의 지배를 모든 수준에서 체현하고 보장하며, 규범화를 위해 필요한 경우 그것의 과잉을 완화, 제한, 정식 금지함으로써 달성할 수 있다. 실질적으로 남성의 관점이 경험을 구성하는 방식은 국가 정책에 의해 구성되는 방식이다.[22]

따라서 이러한 "전쟁"에는 인식론적 차원이 존재한다.[23] 매키넌이 볼 때, 남성의 관점을 통해 폭력의 경험이 구성되는 것은 여성이 규범적 의미에서 "인격"의 자격을 얻지 못함으로써 법의 일상적 보호에서 배제된다는 것을 의미한다. "인권의 관점에서 여성에게 행해지는 조치는 여성에게 너무 특수하여 인간에 관한 조치로 간주할 수 없거나, 인간에게 너무 일반적이어서 여성에 관한 조치로 간주할 수 없거나 둘 중 하나이다."[24] 여성에 대한 폭력은 폭력이 아닌 것으로 간주되는 반면, 남성에 대한 폭력은 법으로 규정되고 가시화된다. 남성의 "아픔은 정치적 존엄

---

22 Catharine A. MacKinnon. "Feminism, Marxism, Method, and the State: Toward Feminist Jurisprudence." *Signs.* 8.4, 1983. 635-658. 644. 매키넌은 다른 곳에서 "현행법의 정당성은 여성을 희생시키는 강제력에 기반을 두고 있다"라고 말한다. MacKinnon. *Toward a Feminist Theory of the State.* 249 참조.

23 MacKinnon. *Toward a Feminist Theory of the State.* 119-125 참조.

24 Catharine A. MacKinnon. *Are Women Human? And Other International Dialogues.* Cambridge: Harvard University Press, 2006. 181.

성을 가지며 고통이라고 칭해진다."[25]

공공연한 군사 전쟁이 무분별한 성폭력을 동반하는 섬멸적 폭력의 조짐을 보이는 반면(위에서 말한 것처럼 성폭력은 "불가피한 부산물"로 취급된다), "평화"는 성폭력을 보다 계산적이고 전술적으로 행사할 수 있도록 한다. 하지만 이것도 형태를 달리할 뿐 전쟁임에 틀림없다. 공공연한 적대행위가 종식되면 군인이 폭력을 행사할 수 있었던 열린 "권리"는 닫히게 된다. 시민 상태는 보다 전략적이고 주도면밀한 성폭력 실천을 유도하는데, 이는 권력의 효과를 창출하여 여성에 대한 남성 지배의 특정 사례들(폭력적 경쟁들)이 권력의 영역에 걸쳐 확산되는 것을 유지한다. 바로 이러한 이유 때문에, 일부 페미니즘 이론가들은 국제형사법이 강간을 전쟁범죄로 강도 높게 기소한 것처럼 "전시" 강간과 "평시" 강간을 자의적으로 구분하지 말아야 한다고 주장한다.[26] 성폭력이 전시와 평시를 막론하고 여성들에게 지속적인 공포와 위험을 의미하는 구조적 요인이라면, 전시 강간과 평시 강간의 차이점은 이질적인 제도적 형태

---

25   MacKinnon. *Are Women Human?* 22.

26   Kiran Grewal. "Rape in Conflict, Rape in Peace: Questioning the Revolutionary Potential of International Criminal Justice for Women's Human Rights." *Australian Feminist Law Journal.* 33, 2010. 57-80 참조. 키란 그레왈은 말한다. "나의 관심사는 분쟁 때 벌어진 강간에 대한 기소가 여성의 권리에 있어 진정으로 혁명적인 한 걸음이 되기 위해서 여성에 대한 더 넓은 폭력의 문제, 즉 전시뿐 아닌 "평화" 시의 문제와도 연결돼야 한다는 것이다. 이 관심사를 표명하는 것은 내가 유일하지 않지만, 내가 말하고 싶은 것은 ICT(국제형사재판소)의 성폭력 기소에 대한 많은 페미니스트 및 인권 운동가의 활동 및 연구가 "분쟁 시의 강간"이나 "평화 시의 강간"의 이항 대립을 대체하는 데 거의 도움이 되지 않았다는 점이다. 오히려 국제 형사사법기관을 개혁하고 개선하려는 그들의 노력은 거의 대부분 기소된 범죄의 "예외적인" 성격에 초점을 맞추어 왔다. 이것이 특정한 기소 그리고/또는 제도의 측면의 단기적인 성과로 이어질 수 있다고 할지라도, 어떻게 이 "예외성"이 극복되고 "평화" 시에 이입될 수 있는지는 분명하지 않다(79)."

가 서로 다른 맥락에서 동일한 형태의 폭력을 다르게 취급하는 방식을 이해하는 데 있을 것이다. 만일 권력이 공공연한 적대의 지점과 다른 소규모 저항의 지점을 구성하는 분쟁의 장이라면, 가부장제 권력은 여성을 향한 "폭력의 연속체"[27]를 포함하는 그러한 분쟁의 장을 설명한다. 어떤 갈등은 강간/죽음 수용소와 같은 공공연한 집단 폭력 행위(격렬한 마찰의 지점)로 재현되는 반면, 또 다른 갈등은 폭력이 발생하더라도 인식론적·제도적 메커니즘을 통해 은폐되어 겉보기에는 평화로운 일상의 존재로 특징지어지기도 한다.

성폭력의 이러한 특징(겉보기에 일상적이고 "사적"이며 "연속체"이며 "주권적 폭력"의 영역에서 벗어나 있는 것)이야말로 비인간 동물에 대한 폭력을 깊이 있게 이해할 수 있는 토대를 제공한다. 두 전쟁은 개념적 측면에서 어느 정도 유사성을 보인다. 두 전쟁 모두 저항, 사소한 충돌, "테러리스트 게릴라"의 행동 등 일상적 투쟁을 수반한다. 이는 주권자가 공식적으로 선포한 전쟁과 마찬가지로 숙고, 분석 및 전략을 포함하는 갈등이라고 가정할 수 있다. 이 폭력은 다양한 맥락에서 다양한 신체에 지속적으로 가해질 수 있는 마찰로, 언제 어느 순간에나 발생할 수 있다. 이러한 일련의 폭력은 피해자를 폭력의 표적이 되는 수동적 공간, 즉 약탈당할 수 있는 그릇을 제공하는 것으로 인식론적으로 구성한다.[28]

성폭력을 전쟁으로 보는 이러한 분석으로부터 비인간 동물에 대한

---

27 Brownmiller. *Against Our Will: Men, Women and Rape*. 97[옮긴이: 잘못된 출전으로 보임].

28 샤론 마커스가 말하듯, "강간의 공포는 우리에게서 무언가를 빼앗는 것이 아니라 우리를 빼앗길 수 있는 존재로 만드는 데 있다." Sharon Marcus. "Fighting Bodies, Fighting Words: A Theory and Politics of Rape Prevention." *Feminists Theorize the Political*. Judith Butler and Joan W. Scott Eds. London and New York: Routledge, 1992. 385-403.

폭력과 지배를 생각할 때 참조할 법할 네 가지 교훈을 얻을 수 있다. 첫째, 폭력은 공식적인 허가에 의해서든 법의 무응답에 의해서든 평화를 가장하여 작동한다. 어떤 경우든 국가의 주권은 폭력의 행사와 공모하며 지속적이고 조직적인 형태의 지배를 가능하게 한다. 여성의 경우, 부적절한 법적 절차는 폭력적인 남성성의 헤게모니 문화와 함께 작동하여 강간이라는 도구를 통해 남성의 지속적 여성 지배를 가능하게 하고 정당화한다. 동물의 경우, 일부 동물(예컨대, "가축"과 실험용 동물)에 대한 폭력을 막기 위한 동물학대방지법이나 동물보호법의 불충분함은 복지나 인도적 살해라는 외피 아래 조직적 폭력이 자행될 수 있는 여지를 만드는 노골적인 법의 전략이다. 여기서 주권은 시민의 평화와 "법의 지배"의 범위 내에 다양한 형태의 용인된 폭력 형태를 심는데, 이는 지속적으로 진화하는 폭력 기술을 통해 지배력을 유지하고 강화하는 것을 목표로 한다.

둘째, 전쟁과 평화 사이에는 자의적 구별이 존재하며, 이는 이질적 수단에 의한 폭력의 지속을 통해 작동한다. 여성의 경우, 성폭력은 "공식적" 전쟁터에서 발생하든 그렇지 않든 빈번하고 일상적이며 끊임없이 일어난다. 침실, 친구와의 파티, 데이트, 외진 거리, 공원, 전쟁터, 강간/죽음 수용소 등 폭력의 무대와 구성은 다를 수 있지만, 폭력이 존재한다는 사실은 변함이 없다. 마찬가지로 동물의 경우, 전쟁은 시민적 제도의 배치와 관계없이 멈추지 않는다. 폭력과 강압은 지배의 형태를 유지하고자 하는 목적으로 다방면에 걸쳐 관계를 형성한다. 수많은 비인간 동물에게 지속적인 죽음과 고문은 인간과의 관계의 주요한 특징을 이룬다. 실제로 인간의 시민 질서의 평화 시의 안정은 비인간에 대한 지배 장치의 효율성을 증진하는 역할을 한다. 특히 안정된 격납과 통제의 관계를 통해 동물 파생 식품, 실험용 신체, 오락의 이름으로 가해지는 잔혹 행위에서 인간은 최대한의 잉여를 누릴 수 있다.

셋째, 대규모 폭력의 미시정치학은 폭력을 사용할 주권적 권리의 "사유화"를 요구하며, 승인되고 묵인되며 당연시되는 체계를 통해 정밀하고 전략적이며 다면적인 무력의 적용을 가능하게 한다. 여성의 경우, 이러한 미시정치학은 권한이 있는 남성이든 아니든, 가부장적 지배 기구의 지속을 통해서 성폭력을 활용할 수 있는 특권을 공식적으로든 비공식적으로든 유지한다는 것을 의미한다. 비인간 동물의 경우, 돌격 부대는 "인간"이다. 인간은 비인간 동물 생명에 대한 다면적이고 강도 높은 지배의 경제를 유지하기 위해 동물에 대한 주권을 사유화한다.

마지막으로, 여성이 겪는 폭력에 대한 페미니즘의 문제의식과 동물에 대한 폭력을 둘러싼 이 책의 문제의식 사이의 수렴 지점을 발견할 수 있다. 물론 페미니즘과 동물 옹호론을 연결하는 선행 연구가 있으며,[29] 이 중 두드러지는 것은 페미니즘과 육류 소비에 대한 캐럴 J. 애덤스의 획기적인 공헌이다.[30] 내가 특히 주목하는 것은 애덤스의 "우리 문

---

29 가령 Lynda Birke. "Relating Animals: Feminism and Our Connections with Nonhumans." *Humanity and Society*. November 2007 31: 305-318을 보라.

30 Adams. *The Sexual Politics of Meat*[류현 옮김, 『육식의 성정치』, 이매진, 2018] 참조. 이와 관련된 작업으로 Susanne Kappeler. "Speciesism, Racism, Nationalism…or the Power of Scientific Subjectivity." Carol J. Adams and Josephine Donovan Eds. *Animals and Women: Feminist Theoretical Explorations*. Durham and London: Duke University Press, 1995. 320-352(특히 324-327)도 보라. 성폭력과 동물 살해 간의 범죄학적 연관성에 관해서는 예를 들어 Amy J. Fitzgerald, Linda Kalof and Thomas Dietz. "Slaughterhouses and Increased Crime Rates: An Empirical Analysis of Spillover from 'The Jungle' into the Surrounding Community." *Organization and Environment*. 22, 2009. 158-184를 찾아볼 수 있다. 남성성과 동물에 대한 폭력에 관해서는 Brian Luke. *Brutal: Manhood and the Exploitation of Animals*. Urbana and Chicago: University of Illinois Press, 2007을 참조하라.

화의 성폭력과 동물 도살을 연결하는 대상화, 절단, 소비의 순환"[31]에 대한 논의이다. 애덤스는 주체와 대상 간의 일련의 변환을 통해 여성을 강간 가능한 존재로, 육류를 소비 가능한 것으로 만드는 인식의 순환을 강조한다(애덤스의 도식에서 이는 도덕적으로 인지될 수 있었던 본래의 존재자가 대상으로 대체되는 "부재 지시 대상"을 통해 발생한다는 것을 뜻한다[32]). 지금까지의 논의로부터 여성에 대한 폭력과 동물에 대한 폭력 간 상호연관성이 있다는 점이 확인되었다. 이는 예컨대 여성이 동물로 "탈인간화"되고 이것이 여성 예속의 원인이 되는 과정이 아니라, 겉으로는 안정되고 평화로운 관계 속에서 전쟁 양식이 수행되도록 하는 일련의 공유 자원과 기술을 통해 이루어진다. 이러한 혁신 중 적어도 하나는 폭력이 제도적·문화적 힘을 통해 미시정치학적 수준에서 조직화되고 사유화되는 방식으로, 모든 남성은 협박처럼 성폭력을 휘두를 수 있는 주체로 구성되고 무장되며, 모든 인간은 잠재적 도살자로 조작되고 무장될 수 있다.

이러한 폭력의 사유화는 주권적 지배의 미시정치학을 이해하고자 할 때 근본적이다. 제1장에서는 아실 음벰베의 죽음정치론을 죽음의 순간에 이르기까지 고통을 줄 수 있는 주권적 권리에 대한 기술로서 살펴보았다. 이는 생명정치를 인구의 생명 육성과 관련된 것으로 보는 일반적 독해를 교정하는 것이었다. 비록 음벰베의 관심사는 특히 탈식민지화 이후 공동체 상황에서 인간들 사이의 관계를 이해하는 것이었지만,

---

31 Adams. *The Sexual Politics of Meat*. 47[『육식의 성정치』, 113-114쪽]. 특히 제2장, "The Rape of Animals, The Butchering of Women[「동물 성폭행, 여성 도살」]" 39-46[『육식의 성정치』, 101-113쪽] 참조.

32 Adams. *The Sexual Politics of Meat*. 41-42[『육식의 성정치』, 104-106쪽]을 보라.

그 개념은 일부 비인간 동물과 인간의 관계를 나타내는 죽음과 고통의 영역을 파악하는 데도 강력하게 적용될 수 있다. 도축장이나 실험시설처럼 폭력이 상호작용하는 현장에서 작동하는 정밀한 권위주의적 통치성은 음벰베의 죽음정치의 영역에 대한 개념화와 맞닿아 있다.

이제 음벰베가 『포스트 식민지에 대하여』에서 논의한 사유화된 통치성을 다루고자 한다. 주목할 만한 것은 음벰베의 분석에서 동물에 대한 고찰, 특히 식민주의 폭력의 불가피한 단계를 이루는 인간의 동물화에 대한 고찰이 중요한 초점이라는 점이다. 실제로 음벰베는 서두부터 "아프리카에 대한 담론은 거의 항상 동물에 대한 메타 텍스트의 틀(또는 가장자리)에서 전개된다"[33]라고 말한다. 그는 계속하여 다음과 같이 말한다.

> … 비록 아프리카인들이 자신을 "인간"에 가깝게 만드는 자기 참조 구조를 가지고 있다고 해도, 그들은 우리가 침투할 수 없는 세계에 속해 있다. 근본적으로 그들은 우리에게 친숙한 존재이다. 우리는 **짐승**의 정신생활을 이해할 수 있는 것과 같은 방식으로 아프리카인들을 설명할 수 있다. 심지어 우리는 가축화와 훈련의 과정을 통해 아프리카인들을 완전한 인간적 생활을 할 수 있는 단계로 끌어올릴 수 있다. 이러한 점에서 볼 때 아프리카는 본질적으로 우리에게 실험의 대상이다.[34]

---

33 Mbembe. *On the Postcolony*. 1.

34 Mbembe. *On the Postcolony*. 2.

물론 음벰베의 표면적 관심사가 동물은 아니지만, 그의 논의가 동물화의 역학 및 인간과 동물 관계의 도구적 요소를 구성하는 주권적 지배 형태를 면밀하게 이해하게 해 준다는 점에는 의심의 여지가 없다. 특히 음벰베가 동물을 생물학적 또는 유형학적 구분에 기초한 정식 분류가 아니라 단지 지배의 가정으로 표시되는 분리를 통해 정의되는 존재자로 위치시키는 방식은 이 책에서 내가 지금까지 제시했던 분석과 일치한다. 자신을 구별해내기 위한 인간의 자기 선언적 특권을 통해 동물은 동물로 정의되는 것이다.

음벰베는 푸코와 마찬가지로 그리고 위에서 설명한 성폭력에 대한 페미니즘 이론가와 마찬가지로, 전쟁과 평화 간의 구분이 분석을 필요로 한다고 보고 "전쟁 현상에 대해 논의할 때 전쟁 상태와 평화 상태의 구분이 점점 환상이 되고 있음을 간과하면 안 된다"[35]라고 말한다. 음벰베는 1980년대 이후 신자유주의가 아프리카에 끼친 영향을 되돌아보며, 포스트 식민지 국가 내에서 재정적 명령과 주권적 폭력이 동시에 발생하면서 전쟁과 문명이 일치하는 상황이 만들어졌다고 주장한다.

> … 요구되는 착취의 가혹함, 강제력의 재배치, 인구의 가장 박탈되고 취약한 부분에 부과되는 새로운 형태의 종속을 통해 이러한 통치성의 형태는 전쟁의 영역에 속하는 특징과 시민 정책 수행에 적합한 특징을 하나의 역학 안에 병존시킨다.[36]

---

35 Mbembe. *On the Postcolony*. 89.

36 Mbembe. *On the Postcolony*. 74.

주권은 스스로를 재조직화하는 것이지 붕괴되는 것이 아니다. 주권은 서구 전통의 자유민주주의 국가와는 다른 형태로 지형도를 변경하여 스스로를 자리매김한다. 권력은 "새로운 형태의 합법적 지배를 확립하고 다른 토대 위에 세워진 권위의 정식들을 점진적으로 재구성"[37] 하는 방식으로 작동한다.

음벰베가 보는 핵심 역학은 통치 수단의 "사유화"로, 여기에는 무력 충돌이 일상생활의 영역으로까지 확산되는 것도 포함된다. 음벰베는 그가 검토한 국가와 관련하여 "전쟁에 투입된 자원과 노동력의 증대, 폭력으로 해결되는 분쟁 수의 증가, 노상강도의 증가, 다양한 형태의 합법적인 폭력의 사유화"[38]가 존재한다고 말한다. 여기서 국가는 폭력을 사용할 수 있는 권한을 위임하고, 이를 통해 강압의 행위자가 확산 내지 "분화"[39]되어 중앙집권적 장치에서 벗어나 수많은 사유화된 존재자로 귀속된 **간접적인 사적 통치**[40]의 틀이 창출된다.

> … 공공 영역에 속해야 할 기능과 주권에서 비롯된 의무가 사적 목적을 가진 민간 계약자에 의해 수행되는 경우가 점점 더 많아지고 있다. 군인과 경찰은 주민들을 희생양 삼아 생계를 유지한다. 행정 업무를 수행해야 할 공무원은 필요한 공공 서비스를 팔아 자신의 것으로 착복

---

37 Mbembe. *On the Postcolony*. 76. 이와 같이 음벰베는 아프리카 국가들이 "혼돈의 지표(76)"를 나타낸다는 견해를 반박한다.

38 Mbembe. *On the Postcolony*. 76.

39 Mbembe. *On the Postcolony*. 74.

40 Mbembe. *On the Postcolony*. 80.

한다.[41]

사적인 테러는 처벌받지 않는다. 음벰베가 말했듯이 "아무도 어떤 일로도 기소되지 않는다."[42] 이러한 의미에서 폭력에 대한 권리의 확산은 공공연히 "부패"[43]로 식별될 수 있는 정의를 만들어 낸다.

여기서 음벰베의 사유화된 주권 체계에 대한 개괄은 강간에 대해 페미니즘 이론가들이 제시했던 여성과의 전쟁 및 책에서 지금까지 설명했던 동물과의 전쟁을 떠올리게 한다. 음벰베가 보기에 전쟁을 벌일 권리인 전통적인 주권적 권리는 사유화된 지배 형태와 분리될 수 없다. 전쟁을 벌일 사적 권리는 주권의 역사, 바로 주권의 계보학을 알려준다.

> 중앙집권적 장치의 설립은 사적 전쟁을 벌일 권리(중세 시대에 봉건 영주가 주장하고 행사했던 권리) 중에서 전쟁을 벌일 수 있는 독점권이 공공질서에 책임이 있는 주권자 국왕에게 있다는 발상으로의 오랜 전환의 일환이었다.[44]

---

41 Mbembe. *On the Postcolony*. 80.

42 Mbembe. *On the Postcolony*. 82.

43 여기서 부패는 (제3장과 제4장에서 논의했던) 과잉과 동일한 방식으로 작동한다. 실제로 부패와 과잉은 윤리 및 정의의 원칙을 자신에게 유리하게 형성하는 지배의 작동을 반영한다는 점에서 아무런 차이가 없어 보인다. 이러한 의미에서 부패는 규범적 범주가 아니라 차별적 기준으로 이익을 분배하는 경제와 주권의 작동을 설명하는 단어이다.

44 Mbembe. *On the Postcolony*. 91.

이런 점에서 음벰베는 정치를 다른 수단에 의한 전쟁으로 보는 푸코의 이해에 근접한다. 그러나 이러한 이해를 더 확장할 수도 있다. 여기에는 시민사회에서 수행되는 전쟁에 대한 개요를 제공하는 동시에 적어도 서구에서 상상된 것과 같은 정치 주권이 비인간 동물의 지배 경험과 맺는 공모성의 계보학적 추적을 제공하는 이중의 과정이 있다. 앞서 논했듯이 주권은 시민적 평화를 가장한 강력한 폭력 형태를 내재화할 수 있는 능력을 구성한다. 이 기능은 부분적으로는 법과 예외를 통해 수행되지만, 특히 전쟁을 벌일 권리의 사유화, 주권 권력의 분화를 통해 수행된다. 따라서 여성들이 성폭력과 관련하여 안전하거나 자신 있게 정의를 추구할 수 없는 경우, 지방 경찰국이 다국적기업으로부터 재정 지원을 받는 경우, 동물학대방지법이 실험실의 동물을 예외로 두는 경우, 이러한 각각의 경우에서 주권의 사유화는 강압적 힘을 행사할 권리를 중앙집권적 장치에서 사유화된 존재(남성, 민간 기업, 실험자 인간)로 이전시키고 있다. 주권적 권력의 사유화가 중앙집권적 독점화보다 반드시 더 좋거나 더 나쁘다고 할 수는 없다. 그러나 이 역학은 일상적 의미에서 행사되는 동물에 대한 상호주관적 및 "사적" 지배의 본성을 이해하는 데 중요하다. 인간이 비인간 동물에 대한 삶과 죽음의 권력을 얻게 되는 것은 바로 면밀하게 세분화되고 대중을 통해 전파되는 사적 주권의 양식, 즉 로크가 "사적 지배"라고 말한 것을 통해서이다. 이는 도축장에서 칼날을 만나는 동물, 실험시설에서 고통받는 동물, 교외 뒷마당에 묶여 있는 동물을 포함한 다양한 분야에 걸쳐 행사되는 개별화된 권력이자 개인적 특권이다. 전쟁을 벌일 권리는 법률과 주권적 예외를 통해 승인되거나 윤리와 규제에 의해 완화될 수도 그렇지 않을 수도 있다.

여기서 주목해야 할 것은 전쟁을 벌일 이러한 권리가 중앙집권적 장치의 기능에 의존하지 않는다는 점이다. 비인간 동물에 대한 인간 주권은 확산과 전파를 통해 작동한다.

실제로 동물에 대한 인간의 폭력이 국가 권위에 선행한다는 점을 다시 한번 강조할 필요가 있겠다. 국가 권위는 이미 존재하는 권리를 단지 유효하게 하고 안전하게 하는 데 그칠 뿐이다. 왜냐하면 앞서 로크를 참조하여 논의했듯이 비인간 동물에 대한 인간 주권의 계보학은 사유화된 폭력의 권리와 결부되어 있기 때문이다. 비인간 동물을 지배할 수 있는 사적 권리는 시민 정치적 의미의 국가 주권에 선행한다. 법은 국가의 도래 이전에 당연하게 여겨졌던 사유화된 폭력을 확인하고 승인하기 위해 등장할 뿐이다. "이러한 이성의 법은 사슴을 그것을 죽인 인디언의 것으로 만든다. 이전에는 모든 사람의 공통된 권리였지만 이제 그것에 자신의 노동을 부여한 사람의 재물이 된다."[45] 이렇게 보면, 동물에 대한 개별화된 폭력의 권리는 개인의 재산권과 유사하다. 그것은 국가 주권에 의해 제한되지만, 주권적 권력은 이 권리를 방해하지 않는다. 오히려 이 권리를 촉진하고 안전하게 하고 그 존속을 보장하는 것을 목표로 한다. 로크가 설명한 바와 같이, 동물에 대한 재산은 전유의 사적 투쟁에서 얻어진다. 즉, 국가의 역할은 이 승리로 인한 권리의 존속을 보장하는 것이다. 인간의 주권을 시민 정치적 국가와 같은 중앙집권적 통제장치를 통해 생각하는 것이 말이 되지 않는 것은 바로 이러한 이유에서이다. 국가는 안정, 허가, 통제 및 규제의 메커니즘을 제공하지만, 본

---

45 Locke. *Two Treatises of Government*. Second Treatise. 289. §30[『통치론』, 36쪽].

래의 "인간의 권리", 즉 동물을 사적으로 지배할 수 있는 권리, 지속적인 전쟁의 전리품을 구성할 권리를 확인하기 위해서 존재하기도 한다. 국가 주권은 동물에 대한 인간 주권의 실천을 안정화할 뿐이다.

격납 전쟁

해리 할로Harry Harlow의 붉은털원숭이 실험은 동물 보호에 관한 논란으로 유명하다.[46] 할로와 그의 동료들은 절망의 "구덩이" 또는 "우물"이라고 묘사한 특별한 실험을 했다. 그들은 생후 3개월 된 원숭이를 어미와 분리하여 최대 9개월 동안 격납 용기에 가두었다. 갇힌 원숭이들에게 우울증을 유발하도록 하기 위해 "수직 챔버 장치vertical chamber apparatus"가 특별히 설계되었다.

> 해리 할로가 만든 수직 챔버 장치는 원숭이에게 일체의 사회적 애착을 갖지 못하게 하여 우울증 행동을 유발하는, 근본적으로 다른 접근을 시도했다. 이 장치는 … 둥근 강철 바닥 위의 철망 플랫폼으로 아래쪽으로 경사진 측면을 가진 스테인리스 스틸 챔버이다. 인간의 우울증이 "절망의 우물에 가라앉은 무력감과 소망의 상실" 상태를 특징으로 한다면, 이 장치는 원숭이를 대상으로 그러한 우물을 재현하도록 고

---

46 피터 싱어가 『동물 해방』에서 펼친 논의를 참조하라. 또한 Charles S. Nicoll, Sharon M. Russell, and Audrey Lau, reply by Peter Singer. "'Animal Liberation:' An Exchange." *The New York Review of Books*. 5 Nov 1992도 보라.

안되었다. 유폐된 원숭이는 실내의 삼차원 공간을 자유롭게 움직일 수 있고 정상적으로 먹고 마시며 적정 체중을 유지하지만, 며칠이 지나면 장치의 한쪽 구석에 웅크린 자세로 꼼짝도 하지 않게 된다.[47]

고립 및 타자와의 단절이 가져오는 심각한 감정적 영향의 증거를 제공한 이 연구는 동시에 비인간 동물 생명에 대한 과학 실험의 논리, 즉 신체를 포획하고 고통스럽게 조작하기 위해 정밀하고 포괄적이며 지속적인 폭력 지배를 허용하는 논리도 보여준다. 여기서 **격납**은 폭력의 기술이다. 조이 소피아는 포위나 격납 체계가 종종 기술로 간과되는 경우가 많은데, "억류"를 수동적 활동이라기보다는 "복잡한 행동"[48]으로 간주해야 한다고 주장한다. 이러한 의미에서 할로의 "절망의 구덩이"를 포함하여, 격납고를 교묘한 육성 체계이자 ("공급" 과정의 연결고리로서) 다른 격납 기술로의 관문으로 볼 수 있다. 으레 우리는 격납 체계를 돌봄과 생계유지를 위한 본질상 "양육" 공간이라고 생각한다. 그러나 할로의 격납고는 집중된 폭력을 통해 잠재적 양육 공간을 전도시켜서 격납, 육성, 돌봄 간의 안정적 연관성을 파괴한다.[49]

47 H. F. Harlow, M. K. Harlow, S. J. Suomi. "From Thought to Therapy: Lessons from a Primate Laboratory." W.G. Van der Kloot, C. Walcott and B. Dane. *Readings in Behaviour.* 529-540. 537. 또한 Deborah Blum. *The Monkey Wars.* New York: Oxford University Press, 1994. 79-103; 그리고 Donna Haraway. *Primate Visions: Gender, Race and Nature in the World of Modern Science.* New York: Routledge, 1989. 242 등도 참조할 것.

48 Zoë Sofia. "Container Technologies." *Hypatia*, 15.2, 2000. 181-201, 191 참조.

49 일레인 스캐리는 이러한 전도를 고문의 특징 중 하나로 정의하는데, 여기서 시민사회의 일상용품은 무기로 바뀐다. "콘크리트 구조의 모든 측면이 고문 과정에 필연적으로 동화되는 것처럼, 방 안에 있는 가구들은 무기로 전환된다. 가장 일반적인 사례는 여러 국가의 고문 보고서에서 두드러지게 등장하는 욕조인데, 이는 수많은 예시 중 하나에 불과하

보통 우리는 전쟁을 격납의 부재와 연결시킨다. 즉, 전쟁 참가국들의 상상력과 대담함에 의해 그 경계가 제한되는, 무절제하고 자유분방한 유혈 사태로 보는 것이다. 국제 인도법은 전쟁에서 허용되는 행위에 제한을 두고자 노력해 왔지만, 20세기 전쟁의 역사가 증명하는 것처럼 (소이탄이나 지뢰의 개발부터 일상적인 민간인 학살에 이르기까지) 전쟁에서 무엇이 옳고 정당한지에 대한 제약은 대체로 존재하지 않는다. 그러나 격납은 대개 전쟁의 전술에 내재되어 있다. 예컨대, 손자는『손자병법』에서 훌륭한 장수는 적군의 대응을 강제하는 전략을 채택하지 그 반대의 것은 하지 않는다고 강조한다.[50] 군사 전략가는 무력을 사용하여 적군을 둘러싼 주변 환경을 변화시킴으로써 전투 중에 적군이 취할 수 있는 선택을 제한한다. 즉, 적의 결정을 삶과 죽음 사이의 선택에 가까울 정도로 점점 더 제한된 선택지 내로 **격납**시킨다. 삶을 계속 누리고자 하는 선택이 적군의 행동을 유도할 것이다. 이는 격납 전략이 단순히 그 대상을 격납고에 가두는 것을 목표로 하는 전략이 아님을 보여준다. 오히려 이 전략은 최종적으로 적군의 완전한 항복을 유도하기 위해 제한적 환경을 조성하는 것을 목표로 한다. 자포자기 상태에서 공격적으로 변한 적군을 포획하는 데 들어가는 잠재적 비용을 줄이고자 적군의 이

다. 예컨대, 필리핀의 계엄령 기간 동안 고문을 당했던 사람들은 의자, 간이침대, 서류 보관함, 침대에 몇 시간, 며칠, 어떤 경우는 몇 달 동안 같은 자세로 묶여 있거나 수갑에 채워진 채로 있었다. 고문자들은 이들을 '패밀리 사이즈 탄산음료 병'으로 구타하거나, 의자로 손을 짓이기거나, 머리를 '냉장고 문 모서리에 반복적으로 찧어 대거나', '서류 보관함 모서리에 박아 댔다.' 방은 그 구조와 내용물이라는 모든 측면에서 무기로 전환되고 탈전환되고 해체된다." Scarry. *Body in Pain*. 40–41[메이 옮김,『고통받는 몸: 세계를 창조하기와 파괴하기』, 오월의봄, 2018, 64쪽].

50   Sun Tzu. *The Art of War*. Sonshi.com, 1999-2011. at: sonshi.com/original-the-art-of-war-translation-not-giles.html.Chap.5. "Force"[홍원식 옮김,『손자병법대전』, 일중사, 2000, 186-189쪽].

동을 허용하는 것은 이러한 이유에서일 것이다. 가능한 선택지를 점차 제한하여 적을 지치게 하는 것이 더 낫다. 따라서 손자는 적군을 포위할 때 "출구를 남겨라. 궁지에 몰린 적을 압박하지 말라"[51]라고 충고한다. 아마도 이 원칙의 예외는 적군의 탈출을 완전히 불허하도록 격납하는 포위 공격일 것이다. 통상적으로 포위는 적군의 요새, 야영지, 도시와 같은 격납고의 성벽을 에워싸는 것을 의미한다. 포위는 무력을 사용하여 격납고를 봉쇄한다. 즉, 국경 바깥과의 연결망을 끊음으로써 격납고의 기능을 방해하고자 한다. 식량, 물, 자원, 통신의 공급이 두절됨에 따라 포위된 요새가 제공하는 편의 공간은 악화되기 시작한다. 격납 전략으로서의 포위는 내부의 생명(들)에게 편의를 제공하는 양육의 격납 공간을 전도시킨다. 반대로 포위는 자원의 연결망을 두절시키는 것을 목표로 하는 죽음의 격납고 자체로 나타난다.

격납을 전쟁의 도구적 전략으로 간주할 수도 있지만, 나는 그 이상으로 폭력적인 격납이 어떻게 군사 전쟁에서 볼 수 있는 공공연한 섬멸 형태에서 벗어나 보다 눈에 띄지 않는 작동 영역에서 기능할 수 있는지에 관심이 있다. 어떤 의미에서 이미 음벰베는 이 특수한 포위 형태를 식민지 점령 사례에 입각하여 설명했다.

> 포위 상태는 그 자체로 군사 제도이다. 그것은 외부의 적과 내부의 적을 구분하지 않는 살상 방식을 허용한다. 전체 인구가 주권자의 표적이 된다. 포위된 동네와 마을은 봉쇄되고 세계와 단절된다. 일상생활

---

51 Sun Tzu. *The Art of War.* Chap 7. sonshi.com/original-the-art-of-war-translation-not-giles.html 『손자병법대전』, 282-286쪽] 참조.

이 군사화된다. 지역 군 지휘관들에게 언제 누구를 사격할지 재량권을 행사할 자유가 주어진다. 영토 구획 간의 이동에는 공식 허가가 필요하다. 지역의 민간 기관들은 조직적으로 파괴된다. 포위된 인구는 수입 수단을 박탈당한다. 공공연한 처형에 눈에 보이지 않는 살인이 추가된다.[52]

이 같은 민간 구역 내의 격납은 이러한 격납고의 억류자들에게 내적 강제의 미시정치학적 환경을 조성하는 데 그치지 않는다. **더 나아가** 격납고 내부의 폭력을 은폐하고 시민 평화의 공간으로 보이게 하여 그 내부에 집중된 폭력을 보호한다. 이 격납고의 기만적인 아름다움은 그 운영이 매우 효과적이라서 명백한 폭력의 형태가 폭력으로 보이지 않게 한다. 다른 말로 하면, 격납고는 폭력으로 간주될 수 있었을 것을 다른 이름으로 명명하여 격납한다.

폭력적 격납의 한 예로 인간의 감옥을 들 수 있다. 이 장치는 결국 일련의 격납고들(즉, 감방들) 자체로, 요새화된 격납고에 봉쇄되어 시민 사회의 운영으로부터 차단된 것처럼 보인다. 감옥은 국가의 법적 폭력을 구획화하고 집중시킨다. 이러한 벽의 밀폐된 한계는 필연적으로 무기력과 잔인함을 낳으며 수감자들을 교화시킬 것으로 기대된다. 이것은 수감자를 포획하고 무한한 것처럼 여겨지는 시간 동안 무력을 행사하는 느린 폭력이다. 이는 신체를 해칠 필요 없이 단지 가능성을 절대적으로 격납함으로써 신체에 효과를 발생시키는 폭력이다. 즉, 도착적

52 Mbembe. "Necropolitics." 30.

방식으로 돌보는 폭력이다.[53] 중요한 것은 감옥에 관한 한, 이는 비밀스러운 폭력으로 은폐되어 조용히 작동하는 집중된 힘의 집합이라는 점이다. 이는 푸코가 『감시와 처벌』에서 설명한 처형대의 구경거리spectacle에서 규율 장치로의 역사적 전환의 일부이자 핵심이다. 푸코는 이것이 오늘날 우리가 처벌 자체보다 처벌에 선행하는 과정(즉 범죄, 체포, 재판, 판결)에 더 많은 관심을 갖게 되었음을 의미한다고 지적한다.

> 처벌은 … 형벌 과정에서 가장 비밀스러운 부분이 되는 경향이 있다. … 그 결과 재판은 그 행사와 결부된 폭력에 대해 더 이상 공적인 책임을 지지 않게 된다. 재판은 처형을 행하고 형벌을 내리지만, 그것은 그 힘에 대한 칭송이 아니라 묵인하지 않을 수 없지만 설명하기는 어려운 재판 자체의 요소로 간주된다.[54]

다시 말해, 감옥의 격납은 수감자를 시민사회에서 제거할 뿐 아니라 그 기능에 내재된 폭력을 시야에서 가리고 나아가 책임에서 제거하는 기능을 한다. 그리고 이것은 물론 감옥이 일반적으로 폭력의 장소로 인식되지 못한다는 사실을 설명한다. 감옥은 체포된 신체를 공격하기 위해 고안된 기구가 아니라 흔히 묘사되는 것처럼 갱생을 위한 선의의 기관으로 인식된다. 실제로 푸코가 『감시와 처벌』의 이 부분에서 암시하듯이 처벌의 폭력에서 벗어나 초점을 옮긴다는 것은 감옥 장치와 연

---

53 이렇게 말하지만, 나는 감옥을 돌봄의 격납고라고 칭하는 것이 "돌봄"이라는 단어의 통상적 의미를 거스르는 것임을 알고 있다. 이는 폭력적인 힘의 요람 안에 생물학적 신체를 가두는, 벌거벗은 존재를 촉진하는 돌봄일 뿐이다.

54 Foucault. *Discipline and Punish*. 9[『감시와 처벌』(번역 개정 2판), 36쪽].

관된 모든 종류의 폭력을 시야에서 가리고 책임에서 제거하는 역할을 할 것이다. 이러한 의미에서 폭력은 체계에 내재된 것이라기보다는 일탈로 취급된다.[55]

이를 확장하면, 처벌 기관으로서 감옥의 발달과 지난 세기 동안 고문 관행의 진화 사이에는 분명 연관성이 있다. 감옥은 근대 고문의 논리와 밀접한 관련이 있다. 신체를 격납하고 시야에서 감출 수 있는 권력은 근대적 고문에 그 효력을 제공한다. 이란의 고문에 대한 다리우스 레잘리의 연구는 이 점에서 중요한 공헌을 한다.[56] 레잘리는 근대 고문의 사례가 실제로 고전적 고문과 유사한 것처럼 보이지만, 오늘날의 고문은 분명 근대적 명령을 따르고 있다는 사실을 발견한다. 근대적 고문은 규율권력 장치 내에서 자행되는 제도적 관행이 되었다. 레잘리의 말을 인용하자면 "근대의 고문은 공적인 것이 아니라 사적인 것이다. 그것은 감옥이나 구치소 지하실에서 이루어진다."[57] 규율권력은 형벌 기구에서 고문을 완전히 제거한 것이 아니라 새로운 맥락을 다시 부

---

55 아마도 이것의 명백한 사례는 감옥 성폭력일 것이다. 이 분야의 연구 대부분이 시사하는 바에 따르면, 남성 수감자의 20-40퍼센트가 감옥에 있는 동안 강간당하며 많은 수감자들이 투옥된 내내 지속적으로 성폭력에 시달린다. 그러나 높은 성폭력 발생률이 (심지어 농담으로도) 잘 알려져 있음에도, 그것의 존재는 대중이나 정부가 성폭력과 투옥의 관계를 고심하도록 촉구하지 않는다. 실제로 한 논평자는 말한다. "그렇게 받아들여지는 것은 … [감옥의 성]폭력이 감옥 생활의 일부로서, 외부인은 모호하지만 어떤 기본적인 수준에서 이것이 처벌 규정의 적절한 요소라고 결론 내릴지 모른다." Robert Weisburg and David Mills. "Violence Silence: Why No One Really Cares About Prison Rape." *Slate*. 1st October 2003. slate.com/news-and-politics/2003/10/why-no-one-really-cares-about-prison-violence.html[2025년 1월 15일 접속 가능] 참조.

56 레잘리에 따르면 "푸코나 휴머니스트들 모두 다 고문을 특징짓는 성격은 물론이고 고문의 귀환에 대해서 만족스러운 설명을 내놓지 못했다." Rejali. *Torture & Modernity*. 15 참조.

57 Rejali. *Torture & Modernity*. 13.

여했다. 오늘날의 고문 기술자는 무한하고 고통스러운 삶을 지속할 수 있도록 하는 진화된 지식과 기술에 정통해 있다. 신체의 고문을 관리하는 제도적 장치는 공식 고문관(간수나 심문관 등)의 업무뿐 아니라 의학, 행정학, 심리학 전문가의 집중적이고 계획적인 배치를 필요로 한다. 고문 복합체의 고성능 공간의 이러한 발전의 근저에는 이 관행을 보이지 않는 곳에서 은밀하게 실행시킬 수 있는 능력이 있다. 과거의 고문이 처형대 위에서 완전히 공적으로 이루어졌던 반면, 오늘날의 고문은 비명 소리를 차단하는 두꺼운 벽 뒤에서 벌어지는 까닭에 처벌의 고통은 전혀 인지되지 않는다. 사람들은 밤새 사라지고 그 과정이 끝나면 시체도 사라진다. 그 사이에는 조용한 침묵이 흐를 뿐이다. 아마도 고문의 논리는 그 어느 때보다도 격납과 필연적으로 결부될 것이다.

제1장에서 논했듯이 티머시 패키릿은 격납과 분할이 산업화된 동물 도살의 지형학을 이해하는 열쇠가 된다고 본다. 이 도축 기계는 도살의 전체성 자체를 시야에서 감출 뿐 아니라 도살 공정의 각 단계를 세분화하기 때문에, 인간 노동자와 동물은 인접한 각 방에 깃든 (깨끗하거나 피투성이의) 공포를 거의 인지하지 못한다. "도살의 실상이 격리되어 있을 것으로 가장 기대하기 어려운 킬 플로어에서조차, 산업화된 도살 작업과의 즉각적이고 본능적인 만남은 공간의 세심한 분할에서 감각적 표현을 발견하는 노동 분업에 의해 중화된다."[58] 브뤼노 라투르는 네트워크나 집합체에서 인간과 비인간의 상호작용은 조직적으로 "블랙박스"의 체계로 형용될 수 있다고 주장한다.[59] 복잡한 조직화는 대개 그 운

---

58 Pachirat. *Every Twelve Seconds*. 84[『육식 제국』, 90쪽].

59 Latour. *Pandora's Hope*. 183-185[『판도라의 희망』, 292-295쪽].

영에서 몰개성적이다. 존재자들의 집합체는 통상 고장이 생겨 "블랙박스"가 "열릴" 때 비로소 그 모습을 드러낸다. 블랙박스를 열면 관계 네트워크 내 다양한 존재자들이 쏟아져 나오지만, 블랙박스에서 한 발짝 물러나면 하나의 구성 요소가 밀봉된 채 겉으로 보기에 단일한 것으로 조직되어 있을 뿐이다.[60] 블랙박스는 관계 네트워크를 위한 격납고이지만, 그 안에 연결된 것들에 대해서는 불투명한 격납고라는 점에 주목해야 한다. 물론 이러한 정의에 부합하는 관계 네트워크가 다수 존재하지만(관료제가 그 분명한 예시이다), 특히 감옥 장치가 블랙박스에 의거한다는 것을 알 수 있다. 그 작동 논리는 내부의 폭력을 은폐하는 것이다.[61]

할로의 실험으로 돌아가면, "절망의 구덩이"는 격납된 생명체의 신체에 전쟁을 내면화하도록 설계된 정밀한 메커니즘이라고 볼 수 있다. 할로가 붉은털원숭이를 대상으로 한 초기 실험은 이미 격리 기술이 명백하게 감옥의 성격을 갖고 있음을 보여준다. "정해진 기간 동안 해당 장치 내의 원숭이는 인간 또는 인간 이하subhuman의 어떤 동물과도 만날

---

60 Latour. *Pandora's Hope*, 183–185[『판도라의 희망』, 292-295쪽]. 라투르는 오버헤드 프로젝터OHP를 예로 든다. 우리가 외부에서 볼 때 이 장치는 내부 기능을 숨기고 있는 단순한 단일 상자이다. 우리는 OHP 안에서 어떤 네트워크가 작동하고 있는지 전혀 신경 쓸 필요가 없다. 전원을 켜면 그것은 작동하고, 우리는 그 이상 질문할 필요가 없다. 우리가 유일하게 그 내부성에 대해 의문을 제기하는 때는 아마도 그것이 고장 났을 때일 것이다. 기술자를 호출하고서야 우리는 그것이 서로 연결된 부분들로 이루어졌음을, 결국 그 자체로 세계임을 발견한다.

61 블랙박스는 아감벤이 기술하는 의미에서의 사회적, 정치적, 법적 예외 지대이기도 하다. 여기서 **예외**와 폭력의 격납고의 연관성 그리고 시민 공간과의 관계를 인식해야 한다. 폭력의 격납고는 배제되면서도 포함되는 공간이며 제거되는 동시에 포획되는 공간이다. 예외의 법적 권력은 감옥에서 수용소와 구치소에 이르기까지 폭력의 격납고에서 그 물리적 형태를 찾는다. 벌거벗은 생명은 이 폭력적이면서도 고성능인 공간에서 만들어 내는 새로운 존재자라고 할 수 있다.

수 없다."[62] 그러나 보다 극단적인 "수직 챔버 장치"를 사용한 이후의 실험은 전쟁의 기술을 더욱 완전히 완수하는 것처럼 보인다. 아주 간단히 말해 이 실험의 목표는 그 수감자를 깨뜨리는 것이다. 철망 천장으로 이루어진 단순한 "V"자형 장치는 움직임을 제한하고 탈출의 희망을 소멸시키는 것을 목표로 한다. 실험자들(해리 할로, 윌리엄 맥키니, 스티븐 수오미)은 이 장치의 설계를 "시적"인 용어로 묘사한다.

> 다소 특이해 보이는 이 장치는 시적으로 묘사되는 우울증의 특징들, "절망의 구덩이에 있다", "고독의 우물에 가라앉았다", "무기력과 절망"을 재현하기 위해 부분적으로 직관에 기초하여 설계되었다. 원숭이는 챔버 안에서 움직일 수 있지만, 이는 별로 도움이 되지 않는다. 챔버 속의 원숭이는 외부 세상과 연결되려는 노력을 곧 중단하고 절망에 빠져 포기할 것으로 가정되었다.[63]

이전에 시도된 사회적 격리 형태보다 피실험자가 "훨씬 더 짧은 시간 안에 정신병리학적 교란"을 일으키고 "이상 행동을 보인다"는 명백한 결과에도 불구하고, 실험자들은 "이상 행동을 유발하는 요인을 더 깊이 이해하면 인간에 대한 더 명확한 유비가 가능할 것"[64]이라며 결과

---

62   Harry F. Harlow, Robert O. Dodsworth and Margaret K. Harlow. "Total Social Isolation in Monkeys." *Proceedings of the National Academy of Sciences of the United States of America.* 54.1, 1965. 90-97. 90.

63   William T. McKinney, Stephen J. Suomi and Harry F. Harlow. "Vertical-chamber Confinement of Juvenile-Age Rhesus Monkeys. A Study in Experimental Psychopathology." *Archives of General Psychiatry.* 26.3, 1972. 223-228. 223.

64   McKinney, Suomi and Harlow. "Vertical-Chamber Confinement of Juvenile-Age Rhesus Monkeys." 227.

해석에 신중을 기할 것을 제안한다. 이러한 실험이 인간에게 가치 있는 정보를 제공할 수 있는지 여부는 인식론적으로 항상 의문의 여지가 있다. 그러나 전쟁의 이상적 본보기를 포획된 신체에 대한 완전히 격납되고 은밀하게 봉인된 공격으로 식별하기 위한 수단으로서, 이 실험은 전쟁이 **"적에게 우리의 의지에 따르도록 강요하는 폭력 행동"**이라는 클라우제비츠의 선언을 가장 효과적으로 요약한다고 할 수 있다. 실험자들은 절대적인 절망을 만들어 내는 것을 목표로 삼았고, 실험은 그 과정이 달성하고자 하는 인식론적 실재를 증명했다.

할로의 실험을 우리가 일반적으로 알고 있는 자애로운 격납 방식의 예외로 분리하는 것은 잘못일 것이다. 반대로 동물 지배 체계는 종의 유형이나 인간 효용과 관련된 본질적으로 차별적이고 자의적인 구별에 따라 비인간 동물의 삶을 다양한 강도로 제약하고 가능하게 하는 상호 연관된 부분들을 구성하는 것으로 지형학적으로 이해되어야 한다.[65] 대규모 도축을 위해 생명을 유지시키는 (집중 동물 사육시설CAFOs 같은) 집중 격납 형태는 막대한 자원을 소비하여 동물 신체를 생성하는 공급 체계와 연계될 뿐 아니라 도로, 철도 운송, 컨베이어 벨트, "곡선 울타리"를 통해 동물을 다음의 고성능 격납고, 즉 도살장으로 보내도록 공급망

65　따라서 "수직 챔버 장치"를 활용한 할로의 실험은 생명의 지형학적 배치에 관한 다른 실험과 쉽게 비교될 수 있다. 할로가 암컷과 수컷 원숭이가 자신의 움직임을 일부일처제를 강제하기 위해 조절하도록 설계한 "핵가족 장치"도 그중 하나다. Haraway. *Primate Visions*. 240-241을 참조하라. 덧붙여 푸코가 전염병에 대한 "내부" 대응의 출현이라고 식별한 격납과 사회 분할의 역할에도 주목하라. 푸코는 나병 환자가 배제를 통해 사망한 것은 전염병에 내면화, 포위, 감시, 규율의 과정으로 대처한 결과라고 말한다. "전염병은 인구의 공간적 분할과 세분화quadrillage가 극단으로 치닫는 순간으로, 더 이상 위험한 의사소통, 무질서한 공동체, 금지된 접촉은 나타날 수 없다. 전염병의 순간은 정치권력에 의한 인구의 철저한 분할 중 하나로, 그 미세 권력의 파급 효과는 끊임없이 개인 자신, 시간, 서식지, 지역화, 신체에까지 도달한다." Foucault. *Abnormal*. 47[『비정상인들』, 67쪽] 참조.

을 조절한다. 물류의 정확성과 재고 관리의 "적시"적 접근은 수익을 극대화한다. 실험실에는 수천 마리, 때로는 수십만 마리 쥐들이 격납되어 다양한 실험 절차에 기계처럼 투입되기 위해 사육된다. 실험 과정에서 죽지 않더라도 인간의 유용성이 다하면 죽임당하고 소각된다. 동물은 태어나서 죽을 때까지 격납고들을 전전하며 살아야 한다. 그러나 집중 동물 사육시설과 실험실의 사례는 모두 도시의 일상적 현실과는 동떨어져 있다. 전쟁의 격납 효과는 훨씬 더 가까이에서 느낄 수 있다. 교외의 가정 또한 사유화와 격납의 현장이다. 예컨대, 세계에서 반려동물 보유율이 가장 높은 국가 중 하나로 알려진 호주의 경우 약 63퍼센트의 가구가 반려동물을 키우고 있다. 전체 가구의 35.8퍼센트가 개를 키운다.[66] 동일한 보고에 따르면 새 800만 마리가 길러지고 있으며 2009년에는 1800만 마리가 넘는 관상어가 수입되었다.[67] 가정 내 격납 장치(뒷마당, 어항, 새장)는 동물의 위치와 이동을 규제하는 또 다른 형태의 격납과 연결된 것으로 이해되어야 한다. 사육장에서 시작된 생명은 펫 숍을 통해 재산 시장으로 연결되고 다시 교외 가정으로 보내진다. 각 단계에서 하나의 격납 장치는 밀폐된 순환 체계의 다른 장치로 공급되어 누출을 최소화한다. 야생동물 사냥꾼과 도시 보호소는 격납과 공급 체계에서 발생한 실패를 보완할 수 있는 수단을 제공한다. 후자는 좀 더 집중적일 뿐 또 다른 형태의 격납을 제공한다. 이러한 명백히 정연한 지형학 체계 안에 격납될 수 없는 동물은 가차 없이 말살된다. 거리를 순찰하고

---

66 Australian Companion Animal Council. *Contribution of the Pet Care Industry to the Australian Economy*, 2006. 17. 미국 가구의 반려견 보유율 40퍼센트에 견줄 만하다.

67 Australian Companion Animal Council. *Contribution of the Pet Care Industry to the Australian Economy*. 17.

길 잃은 동물을 격리하고 주인을 찾지 못하면 안락사한다. 분리된 도시 경관에 수반되는 이러한 명확한 통제는 아마도 제니퍼 월치가 유명한 논문 「동물정치공동체Zoöpolis」에서 다음과 같이 제안하는 배경이 되었을 것이다.

> … [필요한 것은] 인간의 건강과 복지라는 명목으로 합리주의적 도시 건설과 치안의 상호작용 및 인간과 동물의 근접성을 통해 타자(인간뿐 아니라 비인간까지)에 대한 통제와 지배를 현대적 기획의 일환으로 삼는 도시 계획에 대한 비판이다.[68]

서구의 도시 영역은 격납, 위임된 권위, 일상적 폭력 및 감시가 상호 연결된 형태인 "수용소 군도"(또는 푸코를 따라 "감옥 군도")를 재현한다. "거대한" 아파르트헤이트 체계는 정밀함에서는 뒤지지 않는 일상적인 "작은" 아파르트헤이트 체계를 버팀목으로 한다.

앞서 설명한 것처럼, 클라우제비츠는 "전쟁이란 다른 수단에 의해 계속되는 정치다"라는 유명한 선언을 했다. 푸코는 이를 전도시켜 자신의 말로 표현했다. "정치란 다른 수단에 의해 계속되는 전쟁이다." 시민성은 전쟁의 폭력을 정치에서 제거하는 것이 아니라 폭력을 무자비하게 격납하는 능력에 의존하여, 시민 공간 내에 매끄러운 평화적 연결성을 훼손하지 않는 방식으로 원활한 인식론적 지형을 구축하고자 한다. 이러한 의미에서 시민사회를 전쟁의 폭력에 대한 상호 동의된 격납으

---

68 Jennifer Wolch. "Zoöpolis." Jennifer Wolch and Jody Emel Eds. *Animal Geographies: Place, Politics and Identity in the Nature-Culture Borderlands*. London: Verso, 1998. 119-138. 127-128.

로 간주해도 좋을 것이다. 클라우제비츠(와 푸코)의 말을 다시 빌리자면,
어쩌면 "정치란 효과적으로 격납된 전쟁이다."

6.

반려 관계

오랜 수용 기간의 절반이 지났을 무렵, 보초들이 그를 쫓아내기 전까지 몇 주 동안 떠돌이 개 한 마리가 우리 삶에 들어왔다. 어느 날 감시하에 일을 마치고 돌아온 우리 포로들 앞에 그 개가 나타났다. 수용소 지역의 야생 길가에 사는 개였다. 하지만 우리는 그 개를 반려견에게나 붙일 법한 이국풍의 이름 바비Bobby라고 불렀다. 그는 아침 조회에 모습을 드러냈고 우리가 일을 마치고 돌아오기를 기다렸다가 펄쩍펄쩍 뛰거나 기뻐하며 짖기도 했다. 그에게 우리는 의심할 여지없이 사람이었다.

_ 에마뉘엘 레비나스, 「어떤 개의 이름, 혹은 자연권」[1]

호주 동부 경계 지역에 위치한 뉴사우스웨일스주의 1998년 반려동물법Companion Animals Act은 "반려동물에 대한 유효하고 책임감 있는 돌봄과 관리를 위해"[2] 가정 내 동물(특히 개)을 기르는 방법을 규제하고 있다(제3A절). 이 법안은 인간 시민사회 영역에서 개를 통제하는 포괄적인 틀을 제시한다. 마이크로칩에 의한 강제 식별 조항도 그중 하나로 개의 몸에 감시 장비를 설치하는 방법까지 구체적으로 지시하고 있다.[3] 또한

---

1   Emmanuel Levinas. "The Name of a Dog, or Natural Rights." Peter Atterton and Mathew Calarco Eds. *Animal Philosophy: Ethics and Identity.* New York: Continuum, 2004. 47-50. 49.

2   New South Wales. *Companion Animals Act 1998.*

3   이 법은 다음과 같이 명시하고 있다. "마이크로칩 이식은 피부 표면에 비스듬히 놓이는 방식으로 견갑골 사이 등뼈 피하에 이뤄져야 한다." *Companion Animals Regulation 1999.* Part 2, Clause 6(1).

이 법적 틀은 개 소유자에게 공공장소에서 개를 감독하고(제13절), 개의 배변을 막고(제20절), 일부 공공장소에서는 개의 출입을 금지할 책임(제14절)을 부과한다. 나아가 개 소유자에게 개의 공격을 부추기지 않을 책임(제16절)과 그와 관련하여 사람을 습격한 개를 억류할 권한(제17절)을 부여한다.[4] 이 법안은 "유해견"의 범주를 지정하여 "태생적으로 큰"(제21절(1)(a)[5]) 개, "일상적으로 머무르는 곳 이외의 (공공장소를 제외한) 토지에 반복적으로 배변하는"(제21절(1)(c)) 개, "일상적으로 머무르는 곳 이외의 어떤 대상에 반복적으로 실질적 손상을 입히는"(제21절(1)(f)) 개로 정의한다.[6] "위험견"도 지정하는데 "이유 없이 (유해 생물을 제외한) 사람이나 동물을 공격 내지 살해한"(제33절(1)(a)) 개로 정의한다.[7] 위험견은 "통제 명령"(제47절(1))의 대상이 되며 특정한 상황에서는 개의 "말살"이 법적으로 허용된다.[8] 여기에 "제한견"의 범주도 있어서 특정 품종의 판매, 수입, 번식은 엄격히 금지된다.[9] 제한 대상 개와 위험 대상 개에게는 강제적 불임시술이 요구된다.[10]

---

4   NSW. *Companion Animals Act 1998*.

5   도망 노예와 재산 개념화의 관계를 둘러싼 스티븐 베스트의 고찰은 이와 관련된다. Best. *The Fugitive's Properties* 참조.

6   유해견에는 다른 동물의 안녕을 위협하는 개도 포함되지만 "가축들을 몰고 관리하고 일을 시키고 지키는 과정에서 동물"이나 "해충"을 공격하거나 그것의 음성을 위협하는 경우는 유해한 것으로 간주되지 않는다는 점에 주목해야 한다. NSW. *Companion Animals Act 1998*.

7   NSW. *Companion Animals Act 1998*.

8   NSW. *Companion Animals Act 1998*.

9   NSW. *Companion Animals Act 1998*. Division 4와 5를 참조하라.

10   NSW. *Companion Animals Act 1998*. Division 4와 5 참조. Clare Palmer. "Killing in Animal Shelters." The Animal Studies Group. *Killing Animals*. Urbana and Chicago: University of Illinois Press, 2006. 182–184에 나온 반려동물 불임시술에 관한 클레어 파머의 논의를 보라.

이상의 조치는 매우 광범위하다. 여기에는 강제적 신체 개조, 감시 체제, 이동과 신체 기능에 대한 통제 등이 포함된다. 더불어 이 법안은 차별적이기도 하다. 특정 개를 범주화하도록 허용하며 일부 개는 이 제도의 결과로 생식 통제 및 죽음을 맞이할 수도 있다. 이 통제기구는 용인된 "반려 관계"를 가능하게 하기 위해 설계된 것 같다. 인간과 개의 공간 공유가 가능한 것은 인간과 동물의 규제되지 않은 우정에서 발생할 수 있는 일체의 의도되지 않는 결과, 특히 인간 유용성의 범주를 벗어나는 것에 강압적 제한 수단을 사용하는 한에서이다. 이러한 통제 조치는 매우 심각한 것이지만(대상에 대한 집중적인 적대감을 드러낸다고 해도 과언이 아니다) 동시에 일상적인 것처럼 보인다. 1998년 반려동물법은 여러 면에서 두드러지지 않는 법이다. 그 외견상의 평범한 시민성은 이 일련의 법이 인간과 동물 사이 우정을 촉진하기 위한 것이라고 믿도록 만들 수 있다. 그러나 자의적 통제 및 차별적 조항이 허용되고 어떤 검토 수단도 없이 제정되었다는 사실은 이미 그것이 자명하고 의문의 여지가 없는 진실(지배의 권리, 타자의 부자유를 누릴 자유)을 단지 확인하고 있을 뿐임을 보여준다. 중요한 것은 이 역학관계의 틀에서 (국가가 아니라) 개별 인간에게 동물에 대한 **사유화된** 지배 형태가 주어진다는 점이다. 개를 억제하고 타인에게 위험이 되는 것을 막고 마이크로칩 이식이나 불임시술 같은 신체에 대한 폭력적 개입이 포함된 관련 규정을 준수하는 것은 개 소유자의 몫이다. 따라서 국가 주권, 인간 주체, 비인간 "반려동물"의 상호작용을 재현하는 거시정치적, 미시정치적 통제장치를 통해 주권은 국가와 그 위임자 사이를 흐른다. 동물에 대한 인간의 주권 및 그 상정으로부터 파생되는 지배권은 복잡하게 규제되고 엄밀하게 보호되는 사유화된 폭력의 권리에 의존한다.

　이러한 맥락에서 동물과의 우정을 어떻게 상상할 수 있을까? 이 책에서 논의한 대로 우리가 본질적으로 동물과 전쟁을 벌이고 있다면, 이들은 우리가 교전하는 상대 혹은 교전하는 동시에 우정을 키우려는 상대와의 반려 관계 가능성을 어떻게 해석하고 어떻게 한정할까?

　도나 해러웨이의 『종과 종이 만날 때』는 인간과 비인간 동물이 "접촉 지대the contact zone"에서 서로를 능동적으로 구성하고 구성되는 상호작용을 탐구한다.[11] 해러웨이의 기획은 "행위자 네트워크actor network"와 과학기술 연구 전통(해러웨이는 그 기수 중 하나다)을 기반으로 네트워크화된 과정에서 다양한 비인간 행위자의 생산적 역할을 강조한다. 비인간 동물도 여기에 포함된다. 행위자 네트워크 기술 접근법은 상호의존성을 강조하며 인간과 비인간 행위자의 관계를 그들의 활발한 상호작용의 결과로 특징짓는다. 예컨대, 컴퓨터는 대개 인간 지시에 단순히 반응하는 수동적 장치로 간주된다. 그러나 컴퓨터 네트워크는 사회와 정치의 구성을 근본적으로 변화시켰다. 그것은 행동을 지시하고 생활공간을 바꾸고 새로운 공동체를 탄생시켰다. 컴퓨터는 인간을 바꾸었다. 인간의 작업 태도, 작업장에서 일어나는 재해, 인간이 일하고 사랑하고 소통하고 생각하는 방식을 변화시켰다. 해러웨이에 따르면 이러한 "하이브리드" 존재자의 딱 맞는 표상은 **사이보그**로, 이는 신기술의 실행 가능한 측면을 부각하고 이 과정의 거의 되돌릴 수 없는 측면을 그려 낸

11　Haraway. *When Species Meet*[최유미 옮김, 『종과 종이 만날 때』, 갈무리, 2022]. Haraway. *The Companion Species Manifesto*[황희선 옮김, 「반려종 선언: 개, 사람 그리고 소중한 타자성」, 『해러웨이 선언문』, 동문선, 2019]도 참조할 것.

다. 좋든 싫든 우리는 다른 인간이나 비인간 존재자들과 끊임없이 교류하고 합류하는 환경 속에 편입되어 있다.[12] 따라서 해러웨이는 「사이보그 선언」에서 말한다. "인간과 기계의 관계에서 누가 만들고 누가 만들어지는지는 명확하지 않다. … 기계와 유기체, 기술적인 것과 유기적인 것에 대한 우리의 공식적 지식에서 근본적인 존재론적 분리는 없다."[13] 마찬가지로 과학 실험에서의 영장류 이용을 다룬 해러웨이의 인상적인 연구에서 과학자와 "관찰되는" 영장류 간의 혼란한 상호관계를 발견할 수 있다. 영장류의 행동이 자연 질서에 관한 진실을 보여주는 것인지 아니면 단순히 영장류가 규범적 문자로 쓰여질 수 있음을 보여주는 것인지 결코 분명하지 않다. "영장류의 신체는 담론적 구성물이며, 따라서 문자 그대로의 실재이다. 그 반대가 아니다."[14]

---

12 Donna J. Haraway. "A Cyborg Manifesto: Science, Technology, and Socialist-Feminism in the Late Twentieth Century." *Simians, Cyborgs and Women: The Reinvention of Nature*. London: Free Association Books, 1991. 149–181[민경숙 옮김, 「사이보그 선언문: 20세기 말의 과학, 기술, 그리고 사회주의적-페미니즘」, 『유인원, 사이보그 그리고 여자: 자연의 재발명』, 동문선, 2002, 265-325쪽; 「사이보그 선언: 20세기 후반의 과학, 기술 그리고 사회주의 페미니즘」, 『해러웨이 선언문』, 17-112쪽] 참조.

13 Haraway. "A Cyborg Manifesto." 177–178[「사이보그 선언문: 20세기 말의 과학, 기술, 그리고 사회주의적-페미니즘」, 『유인원, 사이보그 그리고 여자: 자연의 재발명』, 318쪽; 「사이보그 선언: 20세기 후반의 과학, 기술 그리고 사회주의 페미니즘」, 『해러웨이 선언문』, 78쪽]. 또한 존 로는 포르투갈에서의 대형 범선의 발달과 타수 양성, 항해술의 혁신이 성공적인 식민지 개척에 기여했다고 논한다. John Law. "On the Methods of Long-distance Control: Vessels, Navigation and the Portuguese route to India." *Power, Action and Belief: A New Sociology of Knowledge?* London: Routledge and Kegan Paul, 1986. 234–263 참조.

14 Haraway. *Primate Visions*. 241. 앞서 해러웨이는 제2차 세계대전 이전의 심리생물학을 언급하면서 말한다. "영장류는 노동하고 증가하고 번성하여 지구를 채울 수 있는 풍부한 역량을 갖춘 존재로 인간 관리의 모델이 되었다. 이것이 영장류학의 핵심이라고 주장되는 힘이다(83)." 특히 이번 장의 해러웨이의 비판과 관련하여 흥미로운 것은 『종과 종이 만날 때』가 『영장류 시각』과 명확히 거리를 두고 있다는 점이다. 해러웨이는 자신의 초기 연구에 대해 다음과 같이 말한다. "『영장류 시각』을 썼을 때 나는 데리다가 그랬던 것과 같은

해러웨이는『종과 종이 만날 때』에서 인간과 동물이 상호작용하고 공간을 공유하며 정치적으로 소통하는 현실을 전제로 분석하면서, 윤리적 관계는 진행 중인 일련의 상호작용 속에서 능동으로 협상되어야 한다고 말한다. 이는 인간과 동물 관계의 현실과 동떨어져 이루어지는 추상적 분석에 의문을 제기한다는 것을 의미한다. 대신에 해러웨이는 고통과 착취를 인정하면서도 인간 행위자와 비인간 행위자가 네트워크를 공유하고 능동적으로 생산을 공동 형성하는 방식을 추적한다. 해러웨이는 말한다.

> … 우리는 겹겹이 영향을 주고받는 복잡성의 층들에서 서로를 공동 형성하는 종들의 매듭에 위치한다. 이러한 매듭 속에서만 응답과 존중이 가능하며, 실제로 동물과 인간은 진흙탕 같은 자신들의 역사로 끈적끈적해진 서로를 돌아본다.[15]

방식으로 호기심의 의무를 다하지 못했다. 동물들, 특히 급속한 탈식민화와 젠더 재배치가 일어나던 시기에 소위 제3세계의 다른 영장류에 관한 글을 쓸 때 서구의 철학적, 문학적, 정치적 유산이 가져온 결과에 너무 집중했다. 그런 나머지 이 책에 도움을 준 남녀를 불문한 많은 생물학자들과 인류학자의 급진적인 실천, 즉 동물에 대한 끊임없는 호기심을 갖고 낭만적인 환상이 아닌 엄정한 과학적 실천으로 다양한 동물과 소통하는 방법을 찾기 위한 노력들을 놓쳤다.『영장류 시각』의 정보를 제공한 많은 이들은 실제로 동물이 어떤 존재인지에 대해서 가장 관심을 가졌다. 그들의 급진적인 실천은 인류에 대한 올바른 연구는 인간이라는 전제에 대한 감명 깊은 거부에 있었다. 나 역시 대부분의 '나의' 과학자들이 말하는 과학철학과 과학사에 대한 관습적인 표현을 그들이 스스로 한 일에 대한 설명으로 착각하는 경우가 많았다. 그들은 과학에서 이야기풍의 관행이 어떻게 작동하는지, 사실과 허구가 어떻게 서로를 공동 형성하는지에 관한 나의 이해가 자신들이 어렵게 얻은 과학을 주관적인 스토리텔링으로 격하시킨 것이라고 오해하는 경향이 있었다. 우리는 서로가 서로에게 필요했지만 어떻게 응답해야 하는지 거의 아무것도 몰랐던 것 같다." Haraway. *When Species Meet*. 312 n29[『종과 종이 만날 때』, 387쪽 주29] 참조.

15 Haraway. *When Species Meet*. 42[『종과 종이 만날 때』, 59쪽].

해러웨이가 이 접근법에 경도되어 있음은 J. M. 쿳시의 작품에 나오는 두 가공의 인물, 동물권 활동가이자 학자인 엘리자베스 코스텔로와 동물 보호소 직원인 베브 쇼를 비교할 때 명료해진다.

쿳시의 『동물로 산다는 것』에 나오는 가상의 테너 강연자Tanner Lecturer 엘리자베스 코스텔로는 동물권의 급진적 언어를 구사한다. 주권 이성에 대한 열광적 헌신으로 무장한 그녀는 이 담론의 보편적 주장들에 주눅 들지 않고 극단적 잔혹성을 명명하는 데 자신의 모든 권력power을 사용한다. 그녀는 도살의 끔찍한 평등을 바로잡기 위해 비교역사학이라는 계몽주의 방식을 실천한다. 고기를 먹는 것은 홀로코스트와 같다. 육식은 홀로코스트이다. 엘리자베스 코스텔로가 『추락』에 등장하는 베브 쇼, 수많은 유기견과 유기묘를 죽음의 안식처로 인도하는 사랑의 봉사를 매일 수행하는 동물 보호사의 입장이라면 어떻게 행동했을까? 어쩌면 그 동물들은 단지 죽어 갈 뿐 그들에게 안식이란 없을지 모른다.[16]

16 Haraway. *When Species Meet*. 81[『종과 종이 만날 때』, 105쪽]. Haraway. The Companion Species Manifesto. 51–52[「반려종 선언」, 『해러웨이 선언문』, 179-181쪽]도 참조할 것. 확실히 주목할 필요가 있는 것은 해러웨이가 여기서 복수의 가정을 하고 있다는 점이다. 예컨대 "동물들과 협동"하면서 "급진적인 동물권"의 입장을 지지하는 것은 모순될 수밖에 없다. 많은 동물권 활동가들이 공장식 축산업, 실험시설, 보호구역, 수용소에서 (고통과 학대를 강조하기 위해 노력할 뿐 아니라 이 현장에서 동물들을 구조하기 위해) 동물들과 적극적으로 관계 맺는다는 사실은 해러웨이의 가정과는 배치되는 것처럼 보인다. 동물권 활동가는 의심의 여지없이 동물과 관련한 실천에 있어 어려운 윤리적 결정을 내린다. 이 "특권"은 동물 산업에 종사하는 사람들만의 것이 될 수 없다. 해러웨이의 작업에 대한 상세한 논의와 "비거니즘 폐지론"의 거부에 대해서는 Zipporah Weisberg. "The Broken Promises of Monsters: Haraway, Animals and the Humanist Legacy." *Journal for Critical Animal Studies*. 7.2, 2009 참조.

해러웨이는 인간과 비인간 동물이 직접 상호작용하는 일상적 관계를 맺는다고 주장하며 이를 토대로 윤리적 기획을 형성한다. 해러웨이는 "인간은 책임감 있게 죽이는 법을 배워야 한다"라고 주장한다. 그 바탕에는 "역사적으로 상황 속에 처해 있으며 마음을 가진 신체"를 "첫 (모계) 출산의 장소뿐만 아니라 충만한 삶과 그 모든 기획, 실패와 성취의 현장으로 포용한 페미니즘의 통찰"이 있다고 논한다.[17]

해러웨이의 개입에서 중요한 대목은 "어질리티agility 훈련"에서 인간과 동물이 담당하는 역할을 분석한 것이다. 어질리티는 인간과 개가 짝을 맺어 협력하여 다른 짝들에 맞서 장애물 코스를 완주하는 스포츠이다. 이는 경마와 유사하지만 인간과 개가 떨어져 상호작용한다는 점이 다르다.[18] 해러웨이는 이 스포츠와 개인적으로 관련이 있는데, 어질리티 경기에 자신의 개(카엔Cayenne)와 함께 참여했다. 해러웨이는 스포츠를 상호연관성과 상호 학습 및 발달의 장으로 규정하고 어질리티 훈련을 "권력, 지식과 기술, 도덕에 관한 질문으로 가득 찬 접촉 지대에서 역사적으로 위치된 복수 종들의 주체를 변화시키는 만남이며 종을 초월한 협력에 의해 노동인 동시에 놀이인 발명을 행할 기회"[19]라고 기술한다. 해러웨이는 어질리티 훈련을 분석하며 자연과 문화의 상호작용을 둘러싼 규범적 상정에 기초한 동물의 가축화 비판에 이의를 제기한다. 그러한 상정이 결국 인간과 동물이 상호작용하는(해야 할) 방식과 관련하여 도덕적·윤리적 판단을 형성한다는 것이다. 예컨대 해러웨이에 따르면

---

17   Haraway. *When Species Meet.* 81[『종과 종이 만날 때』, 106쪽].

18   Haraway. *When Species Meet.* 208-209[『종과 종이 만날 때』, 259-260쪽].

19   Haraway. *When Species Meet.* 205[『종과 종이 만날 때』, 256쪽].

가축화가 "비자연적"이라거나 또는 "재앙"이라는 견해는 "자연과 인간을 분리하는 일종의 원죄"[20]로 기능하고, 비인간 동물을 본질적으로 도구나 인간의 통제를 받는 수용체로 기계적으로 전제하는 담론에 기여한다. 여기서 동물은 인간과의 호혜적 관계에서 아무것도 얻지 못하고 아무런 공헌도 하지 않는 존재로 상정된다. 이러한 가축화에 대한 비판은 동물들이 "자기 자신"으로 있을 수 있는 가장 적절하고 자연스러운 장소를 인간의 개입에서 자유로운 공간이라고 전제함으로써 자연/문화의 자의적 구분을 구체화한다. "이런 틀에서는 인간의 지배에 종속되지 않고 가능한 한 분리된 전통적인 서구적 의미의 야생동물만이 자기 자신으로 있을 수 있다."[21]

해러웨이는 이러한 도식에 의지하기보다는 다른 방식으로 가축화 및 훈련 체제를 탐구하여 규율 체제가 새로운 주체를 동화시키는 방식을 이해하고자 한다. 이러한 체제는 인간과 동물 모두를 훈련하며 양자는 서로를 공동 형성하기 때문에, 해러웨이가 보기에 인간과 동물의 관계는 일방적인 지배 형태가 아니며 동물은 단순히 무력한 도구이거나 본질적으로 자연의 "야생" 공간에 속하는 존재라고 할 수 없다. 따라서 해러웨이는 "서로 얽히고 함께하기 전에 경계와 본성이 정해져 있는 소유욕 강한 인간이나 동물 개체"[22]란 있을 수 없다고 한다. 중요한 것은 해러웨이의 분석에서 **도구성**(특정한 목적을 위해 다른 존재를 기능적 의미로 작용하게 하는 과정(칸트식으로 말하면 다른 사람을 목적이 아닌 수단으로

---

20 Haraway. *When Species Meet*. 206[『종과 종이 만날 때』, 257쪽].

21 Haraway. *When Species Meet*. 207[『종과 종이 만날 때』, 257-258쪽].

22 Haraway. *When Species Meet*. 208[『종과 종이 만날 때』, 259쪽].

대하는 것))은 그 자체로는 문제가 아니며 결합된 생산성의 장소로서 분석을 필요로 하는 것이라는 점이다. "함께 훈련한다는 것은 참가자들을 도구적 관계 및 권력 구조의 복잡함 속으로 집어넣는 것이다."[23]

따라서 해러웨이의 재정의에 따르면, 훈련은 참가자의 신체와 활동을 흥미로운 방식으로 변경하는 실천으로, 훈련하는 자와 훈련받는 자라는 하향식 규율성 도식에 반드시 부합할 필요는 없는 것이다. 어질리티의 특성상 경쟁에서 승리를 목표로 하므로 훈련 체제는 집중적일 수밖에 없다. 그러나 해러웨이에 따르면 이 영역에서는 "긍정적 강화"를 사용하는 훈련 방식이 일반적인 것으로, "다른 방식으로 훈련하는 것은 비난의 대상이 될 수 있다. 설사 개를 거칠게 교정하지 못하도록 코스를 감시하는 심판의 눈을 피하게 되더라도 말이다."[24] 동물 훈련이 "인간의 통제에 대한 강력한 증거이자 사육 개들의 퇴화의 징후"라는 비판에 맞서, 해러웨이는 훈련이 "포획된 동물의 삶을 개선"하며 "훈련(교육)에 관여하는 것은 인간에게와 마찬가지로 동물에게도 재미가 있다"[25]라는 또 다른 견해를 제시한다. 동물 훈련이 (야생 또는 사육) 동물의 "자연스러운" 방식에 반한다는 견해와 달리, 해러웨이에 따르면 훈련은 인간과 동물 모두에게 흥미로운 공간을 열 수 있는데 그것이 규범과 예상을 초월하기 때문이다. "훈련에는 계산, 방법, 규율, 과학이 필요하지만, 훈련은 내부 작용하는 모든 파트너에게 아직은 가능하다고 알려져 있지 않지만 가능할 수도 있는 무언가를 열어 주기 위한 것이다. 훈련은

---

23 Haraway. *When Species Meet*. 207[『종과 종이 만날 때』, 258쪽].

24 Haraway. *When Species Meet*. 210[『종과 종이 만날 때』, 262쪽].

25 Haraway. *When Species Meet*. 222[『종과 종이 만날 때』, 276-277쪽].

분류학에 의해 훈련되지 않은 차이에 관한 것이거나 또는 그런 것일 수 있다."[26] 이 분석에는 자유에 대한 흥미로우면서도 도전적인 개념화가 포함되어 있다. 해러웨이는 계몽주의가 중시하는 개인의 자율성으로부터 자유 개념을 분리하고, 동물과 우리의 관계에서 우리가 윤리적으로 관심을 쏟아야 하는 지점은 동물의 도구적 이용이 아니라 동물을 이용(및 죽음)의 대상으로 삼음으로 인해 인간의 책임을 그 등식에서 제거하는 태도라고 논한다. 따라서 해러웨이의 관점에서는 책임의 거부를 수반하는 이용의 거부가 아니라 책임감 있는 도구적 사용이 동물에 대한 진정한 윤리적 참여의 장을 이룬다.

『종과 종이 만날 때』에서 해러웨이가 동물 기반 실험을 묘사한 낸시 파머의 소설을 인용하는 부분은 주목할 만하다.

> … 노동 시간 동안 기니피그들은 좁은 바구니에 넣어져 있었고, 그 위에는 체체파리가 가득한 철망 케이지가 놓여 있었으며, 털이 깎인 기니피그의 피부에는 기생충을 옮기는 체체파리를 박멸할 수 있는 독극물이 칠해져 있었다.[27]

이 소설의 등장인물로 동물을 돌보는 바바 조셉은 동물 케이지에 자신의 팔을 넣고 체체파리에게 피를 빨린다. "고통을 주는 것은 사악한 일이지요. 하지만 내가 고통을 나눈다면, 신이 나를 용서해 주실지도

---

26 Haraway. *When Species Meet*. 223[『종과 종이 만날 때』, 277-278쪽].

27 Haraway. *When Species Meet*. 69[『종과 종이 만날 때』, 91쪽].

모릅니다."[28] 고통의 나눔이라는 이 각본에서 해러웨이를 매료시킨 것은 가공의 인물 바바 조셉이 체체파리가 일으키는 아픔이 존재하지 않는다거나 중요하지 않다고 자임하지도, 기니피그를 풀어 주며 고통의 필요성을 부인하지도 않는다는 점이다. 그 대신 바바 조셉은 중간 지대에서 가해진 고통에 대해서 "책임"을 진다. "바바 조셉의 물린 팔은 모든 고통을 종식시키겠다거나 고통을 일으키지 않겠다는 영웅적 환상의 결실이 아니라 누구도 부인할 수 없는 도구적 관계에서 위험을 감수한 결과이다."[29] 여기서 부분적으로 해러웨이가 의도한 것은 동물에 대한 책임을 인간에게 돌리는 시도로, 동물실험을 그 필요성을 근거로 정당화하거나 도덕적으로 옳지 않다는 근거로 전면 부정하는 현 담론에는 존재하지 않는 것이다. 따라서 해러웨이는 묻는다.

실험동물을 희생자 또는 인간에 대한 타자로 취급하거나 간주하지 않는다면, 실험동물의 고통과 죽음을 희생과 연관시키지 않는다면 어떻게 될까? 실험동물이 기계적 대체물이 아니라 상당한 정도로 자유가 없는 파트너라면 인간과 다른 유기체들, 서로 간의 차이점과 유사점이 실험실의 작업에 결정적이며 실제로 실험실의 작업에 의해서 부분적으로 구성되는 것이라면 어떻게 될까?[30]

---

28 Nancy Farmer in Haraway. *When Species Meet.* 69[『종과 종이 만날 때』, 91쪽].

29 Haraway. *When Species Meet.* 70[『종과 종이 만날 때』, 92쪽].

30 Haraway. *When Species Meet.* 73[『종과 종이 만날 때』, 94쪽]. 이어서 해러웨이는 말한다. "문제는 실제로 인간이 단지 반응만 하는 것이 아니라 스스로 응답하는 타자를 죽일 필요에 대해 면죄부를 얻지 못한다는 점을 이해하는 것이다. 노동이라는 관용적인 말에서 동물은 노동하는 존재이지 단순한 노동 대상이 아니다(80[104쪽])."

여기서 해러웨이가 실험실 동물을 생각하는 방식은 유의할 만하다. 해러웨이에 따르면 이 실험실 동물은 실험자의 손에 의해 시험에 부쳐지는 무력한 대상이 아니라 상호관계 네트워크 내에서 타자의 행동을 형성하고 생산하는 행위자이다. 따라서 해러웨이는 "부자유"라는 절대적 개념에 이의를 제기하며 "상당한 정도로 자유가 없는"[31], "자유의 정도"[32] 같은 표현을 제안한다. 해러웨이가 자신의 틀에서 동물을 "피해자"가 아닌 "노동자"로 위치시키는 것은 이러한 이유일 것이다. 그 목적은 동물을 다양한 도구적 관계로 이루어진 생산과정에 관여하는 능동적 행위자로 규정하는 것이다.

> 사람이나 동물에 대한 휴머니즘의 안락함 없이 동물을 노동자로 진지하게 받아들이는 것은 아마도 새로운 것으로, 살육 기계에 제동을 거는 데 도움이 될지도 모른다. 내 귓가에 울리는 포스트 휴머니즘의 속삭임은 동물들이 실험실에서 노동하고는 있지만 그들 자신이 설계한 조건에서 일하는 것은 아니라는 점을 상기시킨다, 마르크스주의 휴머니즘은 다른 휴머니즘의 공식과 마찬가지로 사람이나 다른 동물들에 대해 생각하는 데 도움이 되지 않는다. 무엇보다 내 인생이나 내가 속한 공동체의 마르크스주의 페미니즘은 그 모든 두께의 마음을 가진 신체가 부정되지 않는다면, 자유를 필요의 반대로 정의할 수 없다는 것을 상기시켜 준다. 그러한 부정은 노동과 필요를 다른 이들에게 떠넘김으로써 비로소 자유가 찾아온다는 환상 속에서 살 수 없는 여

---

31 Haraway. *When Species Meet*. 72[『종과 종이 만날 때』, 94쪽].

32 Haraway. *When Species Meet*. 73[『종과 종이 만날 때』, 95쪽].

성, 피식민자, "타자들"의 목록에 있는 모든 이들처럼 신체를 속박당한 자들에게 끔찍한 결과를 가져온다. 도구적 관계는 재평가되고 재고되고 다른 방식으로 체험되어야 한다.[33]

여기서 해러웨이는 자유를 필요의 반대로 정의할 수 없다고 주장한다. 그보다 자유는 도구적 관계의 영역 내에서 맥락에 따라 고려되어야 하며, 도구적 관계가 반드시 "부자유"의 원천은 아니라는 것이다. "서로 사용하는 관계에 있다는 것이 부자유와 침해로 정의되는 것은 아니다. 이러한 관계는 결코 대칭적일('동등할' 또는 계산 가능할) 수 없다."[34] 이 과정에서 행위자들은 동등한 위치에 있지 않고 서로를 도구적으로 이용하기 때문에, 절대적인 자유의 범주는 환상이다. 이러한 의미에서 "노동"은 구성 요소 역할을 하는 모든 이들에게 필수적인 것이 된다. 생산은 행위자와 도구 또는 도구화되는 무력한 물질 간의 주체-대상의 관계가 아니며 여러 행위자들의 결합으로 특징지을 수 있기 때문이다.

물론 이러한 접근 방식은 제4장에서 논했던 로크의 재산론에 도전장을 던진다. 신체 및 그 재산과의 관계를 둘러싼 전통적인 계몽주의 시각에서 보면, 우리는 자기 신체의 생득적 재산권을 가지기 때문에 스스로를 도구화하여 자신의 노동력을 시장에 팔 수 있다. 자본주의는 개념상 적어도 그 자유주의 수사법에서 자신의 신체를 "자유롭게" 팔 수 있다는 관념을 필요로 한다. (신체에 대한 소유권이 없는 노예제하의 관계와

---

33 Haraway. *When Species Meet*. 73[『종과 종이 만날 때』, 95-96쪽]. Clark. "Labourers or Lab Tools?"도 참조하라.

34 Haraway. *When Species Meet*. 74[『종과 종이 만날 때』, 97쪽].

는 달리) 자본주의 노동 생산에서 우리는 스스로의 신체를 "소유"한다. 이러한 자유는 우리가 다양한 형태로 생산관계에 참여하는 것을 가능하게 하지만, 그 관계 자체는 엄밀한 의미에서 "자유"롭다고 말하기 어렵다. 이를 마르크스가 『자본』에서 노동자의 독특한 "자유"를 식별하는 구절에서도 인상적으로 포착할 수 있다.

> 그러므로 화폐가 자본으로 전환되기 위해서 화폐의 소유자는 상품 시장에서 자유로운 노동자를 발견해야 한다. 이 노동자는 이중의 의미에서 자유롭다. 한편으로는 자유로운 개인으로서 자신의 노동력을 자신의 상품으로 처분할 수 있다는 의미에서, 다른 한편으로는 판매할 다른 어떤 상품도 가지고 있지 않다는 의미에서. 즉, 자신의 노동력을 실현하는 데 필요한 모든 대상으로부터 분리되어 있다는 의미에서 자유롭다.[35]

이러한 자유는 소외이며 소외는 결국 일종의 부자유이다. 이러한 시각에서 보면 구속 및 필요로부터의 자유로서 경험되는 자기 신체의 소유권이란 자유주의 경제의 환상으로, 생산과정에 묶여 있는 다양한 신체가 그 관계로부터 "자유롭게" 될 전망이 희박하다는 점을 부정하는 것이다. 다르게 말하면, 우리는 상호관계와 상호의존적 세계 속에 살고 있으며 (언어 및 돌봄 노동을 포함한) 복합적 공유 경제로부터 결코 스스로를 분리할 수 없다. 이러한 맥락에서, 동물들이 자기 신체에 대한 재

---

35 Marx. *Capital*. Vol. 1. 272-273[『자본』, I-1, 253쪽].

산권을 결여하고 있다는 점이 인간의 지배를 이해하는 중요한 요소라는 게리 프란시온의 주장을 어떻게 해석할 수 있을까? 해러웨이라면 틀림없이 비인간(또는 인간) 동물이 재산권을 주장할 수 있는 능력은 그 자체로 생산과정의 분석과는 무관하며, 오히려 그것은 이원론에 빠져 자신의 신체를 포함한 제약으로부터의 해방이라는 특정한 자유 관념을 재정립한다고 볼 것이다. 이는 해러웨이가 제약으로부터 자유를 중시하지 않았다는 것이 아니라 자유를 도구적 관계의 맥락에서 이해해야 한다고 생각했음을 의미한다. "내가 '부자유'라고 말할 때 의미하는 것은 살상을 포함한 신체적, 정신적인 실제 아픔이 종종 도구적 장치에 의해 직접적으로 야기되며 그 고통은 대칭적으로 만들어지지 않는다는 점이다."[36] 이는 정치적 과제를 (규범적으로 정의된 목적으로서의 자유보다는) 자유의 정도의 증대에 해당하는 것을 성취하는 것으로 바꾸고, 비대칭성, 고통, "자유" 자체에 이의를 제기하며 도구적 관행을 개선하는 데 초점을 맞추게 한다.

> 따라서 나의 관심을 끄는 것은 이러한 물음들이다. 어떻게 하면 실험실의 다종다양한 노동 관행이 모든 노동자들에게 덜 치명적이고, 덜 고통스럽고, 더 자유로운 것이 될 수 있을까? 어떻게 하면 지구의 생명들 사이에서 책임을 다할 수 있을까? 노동 자체는 항상 도구적 관계에 고유한 것으로, 문제가 되지 않는다. 비대칭적인 고통과 죽음이야말로 항상 절박한 문제이다. 그리고 비모방적인 행복이 문제이다.[37]

36 Haraway. *When Species Meet.* 74[『종과 종이 만날 때』, 97쪽].

37 Haraway. *When Species Meet.* 77[『종과 종이 만날 때』, 100-101쪽].

즉, 필요와 제약의 대립항으로서 자유를 정의하는 자유주의적 휴머니즘에 대한 애착에서 벗어나 도구성 그 자체가 문제라는 세계관에 의문을 제기한다면, 고통과 죽음에 대한 비판적 인식이 과제로 삼아야 할 것은 현재 관행의 개선을 검토하고 책임지는 것이 될 것이다.

나는 자유를 단지 필요의 대립으로 자리매김하는 시각을 피하고자 하는 해러웨이의 우려에 공감하고, 도구적 관계가 그 자체로 문제는 아니라는 견해에 동의한다. 하지만 해러웨이의 분석에는 몇 가지 의문이 남는다. 해러웨이의 기획이 내가 이 책에서 전개한 틀과 배치되는 것은 틀림없다. 만일 동물이 인간 노동자와 마찬가지로 공동 생산과정 속의 노동자라면, 적의 행동을 우리의 의지에 따라 굴복시키고자 하는 전쟁에 대해 말할 수는 없을 것이다. 더불어 내가 제5장에서 제시한 분석과 관련하여, 해러웨이의 틀은 인간의 주권이라고 할 만한 지배 영역에서 폭력의 위임과 사유화를 논하는 것을 불가능하게 만든다. 『종과 종이 만날 때』에서는 하향식 지배 체계를 고려하지 않는 것처럼 보이기 때문이다. 실제로 해러웨이의 분석에서 "폭력"이라는 단어가 눈에 띄게 등장하지 않는 것은 시사적이다.[38] 그것은 폭력이라는 말이 이미 불가역적인

---

38 실제로 "폭력"이라는 단어가 해러웨이의 글에 거의 나타나지 않는 듯 보이는 것은 흥미롭다. 내가 확인한 결과, 이 단어는 동물 취급에 관한 데리다의 논의를 요약할 때 두 번 (Haraway. *When Species Meet.* 78[『종과 종이 만날 때』, 102쪽]), 캐럴 J. 애덤스의 입장을 요약할 때 한 번(346, n15[415쪽 주 15]) 등장한다. "폭력적"이라는 말은 특히 개의 "비폭력적" 훈련 관행의 논의와 관련하여 좀 더 사용되는 듯하다(예를 들어 64[84쪽]). 이것이 해러웨이가 폭력에 관심이 없다는 것을 의미하지는 않는다. 『종과 종이 만날 때』는 폭력을 비폭력과 관련하여 어떻게 볼 것인지, 그것이 윤리적으로 무엇을 의미하는지에 대한 오랜 고찰을 담은 것이기 때문이다. 그러나 동물권 담론에서 벗어나 동물과 우리의 관계를 재구성하려는 해러웨이의 관심이 "폭력"이라는 단어의 사용 자체를 철회하는 결과를 초래한 것은 의아한 일이다. 하기야 수사학적으로는 이해할 만한 것이, "폭력"이라는 단어는 "상당한 정도로 자유가 없는 관계"라는 개념의 가능성을 처음부터 차단하고 있기 때문이다.

일방향의 비대칭 관계를 가정하고 있기 때문일 것이다. 즉, 폭력은 의지를 굽히지 않으려는 신체의 저항에 맞서는 싸움의 형태로, "정도"를 고려하지 못할 지점까지 "자유"를 지우려는 움직임을 말하는 것이다. 해러웨이가 암시하듯, 폭력 개념은 이미 그것과 관련하여 자유를 구성하고 있으며 이는『종과 종이 만날 때』에서 제시하려는 종류의 분석을 방해할 것이다.

그러나 인간의 지배가 다방면에 걸쳐 관계성을 형성하는 공동 생산의 현장에서 동물이 "노동자"일 수 있다는 견해를 견지하기란 어려워 보인다.『종과 종이 만날 때』에서 묘사하는 (매우 현실적인) 가공의 실험에서 기니피그들은 구속되고 대상화되며, 이들의 저항에도 불구하고 인간이 지휘하는 과학 탐구를 위해 끝나지 않을 것 같은 고문을 당하는데, 이를 "노동"하는 행위자들의 공동 생산의 현장으로 상상하기는 어렵다. 서론에서 논했듯, 우리는 생산과정을 포획되고 포섭된 동물들의 창조적 저항으로부터 만들어진 것으로 볼 수 있다. 즉, 이 과정은 "잉여" 추출을 위해 폭력의 양식을 적용시킨 것이다. 실제로 실험자에게 "보상"이 주어지고 가치가 실현되는 순간은 고통을 겪는 동물의 신체가 저항하면서도 실험자가 확인하고 싶어 하는 진실을 보여주는 순간이다. 동물들은 당연히 (죽음보다 삶을 선호하는 의지, 아픔을 피하고자 하는 의지로) 이 과정에 저항하지만, 이 과정에서 그들 신체의 상호작용(성장, 움직임, 반응, 약화)은 인간의 이익을 위해 수확된다. 아마도 이러한 "고역"을 노동으로 개념화할 수 있을지도 모르겠다. 그러나 이 관계의 본질이 폭력적이라고 이해하는 것을 막을 수는 없을 것이다. 오히려 이 분석을 의미 있게 만들고 싶다면 이 교환과 "고역"을 다름 아닌 폭력의 프리즘을 통해 파악하고, 그 폭력의 역학 및 그것이 "자유"에 대해 갖는 의미를 정직하게 추적해야 한다. 또한 저항을 이해해야 한다. 이 경우 "노동자"는 저항의 주체로 개념화되고 이들의 생산성은 폭력의 과정에 대한 저항의 맥락에서 이해되어야 한다. "폭력"이라는 단어가 인간 주체들 간의 통상적 용법 이상의 것을 의미하려면 이 같은 사례에도 공정하게 이 단어를 사용해야 하는 것은 당연하다. 나아가 이러한 형태의 폭력이 "고문"에 해당한다고 말할 수 있다. 여기서 사용하는 "고문"이라는 말은 현대 국제법이 지난 10년간 검토해 온 "고문"의 의미 범위를 근거로 한다. 여기서의 관건은 "고문이 아닌" 일부 형태의 폭력을 사용할 권리가 제정되어 있다는 점, 고문을 정의할 권리가 주권적 지배 및 통제의 기획과 매우 명확하게 연계되어 있다는 점이다.[39] 단순히 "자유"가 어떤 식으로든 폭력과 관계가 있어야 하기 때문이라면, 우리는 확실히 이러한 정의적definitional 문제를 인식해야 한다. 여기서 악명 높은 제이 S. 바이비Jay S. Bybee 2002년 8월 1일 각서의 예에 주목해 보는 것이 적절하겠다. 이 각

---

39 「고문 및 그 밖의 잔혹한, 비인도적인 또는 굴욕적인 대우나 처벌의 방지에 관한 협약」이 고문의 정의를 둘러싸고 애매한 경계를 두고 있는 점은 주목할 만하다. 제1조는 고문을 다음과 같이 정의한다. "이 협약의 목적상 '고문'이라 함은 공무원이나 그 밖의 공무 수행자가 직접 또는 이러한 자의 교사, 동의, 묵인 아래 어떤 개인이나 제3자로부터 정보나 자백을 얻어 내기 위한 목적으로, 개인이나 제3자가 실행하였거나 실행한 혐의가 있는 행위에 대하여 처벌을 하기 위한 목적으로, 개인이나 제3자를 협박, 강요할 목적으로 또는 모든 종류의 차별에 기초한 이유로, 개인에게 고의로 극심한 신체적, 정신적 고통을 가하는 행위를 말한다. 다만, 합법적 제재 조치로부터 초래된 것이거나 이에 내재하거나 이에 부수되는 고통은 고문에 포함되지 아니한다." 이 한정(고문은 "극심한" 고통만을 포함하며 고문은 "공무원"에 의해 수행되어야 하고 "합법적 제재"를 포함하지 않는다)은 이미 고문의 적용 가능성을 다양한 행위로 제한하는 방식으로 고문에 경계를 두고 있다. 물론 이는 일반적 의미에서 "인권" 조약에 해당하는데, 항상 (암묵적으로가 아니라) 명시적으로 "인간"이 비인간 동물보다 대우받을 가치가 있다는 규범을 만들어 낸다(인간은 인간이기 때문에 '권리'를 얻는다).

서는 관타나모 수감자 아부 주바이다Abu Zubaydah를 (다른 조치 중에서도) 독침 곤충과 함께 독방에 넣는 고문 기술에 대한 미국중앙정보국(이하, CIA)의 요청에 관한 논의를 담고 있다.[40] 폭력은 적어도 주관적인 반응에서 극심한 부자유의 경험으로 "독침 곤충과 함께 독방에 넣는" 것은 설사 고문은 아닐지라도 폭력의 정의를 충분히 충족시킬 수 있으며, 이를 바바 조셉의 가공의 사례를 이해하고 틀을 지우는 데 적용할 수 있음은 비약이 아닐 것이다.[41] 이 책에서 논해 왔듯이 우리와 동물의 관계에서 지속적인 과제는 널리 퍼져 있는 진실 체계를 통해 "폭력이 아닌 것"으로 간주되는 인식론적 폭력을 어떻게 풀어낼 수 있는가이다.

이것이 자유가 관계적이지 않고 절대적이라는 뜻은 아니다. 아마도 해러웨이와 유사한 틀을 따라, 자유가 필요의 반대로 정의될 수는 없으며 (서론에서 말한 바와 같이) 제도적 장치 내에 제한된 위치에 놓인 자를 생산성의 관계 네트워크 속의 행위자로 보아야 한다고 말할 수 있을지도 모르겠다. 고문당하는 자도 어쩌면 저항의 형태로 고문 관행을 형성하는 것이며, 고문자가 (역설적으로 여겨질지라도) 스스로 가하는 고통에 책임지는 것이 더 낫다고 논할 수 있을지도 모른다. 그러나 신체와 고통을 규정하는 이 관행의 도식 내에 행위자를 위치시키는 더 넓은 지

---

40 Office of the Assistant Attorney General. "Memorandum for John Rizzo, Acting General Counsel of the Central Intelligence Agency: Interrogation of al Qaeda Operative." August 1, 2002. 미국에서 승인된 고문 기술을 생명정치적 폭력의 맥락에서 소상하게 논한 문헌으로 Pugliese. *State Violence and the Execution of Law*를 참조하라.

41 Office of the Assistant Attorney General. "Memorandum for John Rizzo." 2 참조. [이후에 번복된] 메모에 따르면 이 기술의 사용은 단지 조건부로 승인되었다. 미국 CIA는 수형자들에게 그 곤충이 극심한 고통이나 죽음을 수반하는 독침을 갖고 있지 않다는 사실을 말해 주어야 한다고 통보받았다(14).

배와 폭력의 틀을 인정하지 않고서는, 이런 종류의 분석이 전개되는 데 한계가 있는 것 같다.[42] 이 용어("폭력", "고문" 등)의 의미에 대한 인도주의적 수사에 매몰될 필요 없이, 폭력을 폭력으로 고문을 고문으로 명명할 권리를 누가 갖느냐의 과정에 이미 지배관계가 각인돼 있음을 인식할 수 있다. 그리고 나는 이 과정이 동물과 대비하여 인간을 정의하고 서로를 해칠 가능성을 규정하는 것과 동일한 개념적 지평에서 작동한다고 본다. 여기서도 폭력의 명명 그 자체가 동물에 대한 전쟁의 인식론적 폭력의 일면을 이룬다. 이러한 의미에서 인간이나 다른 동물을 "살해가능한" 것으로 만드는 일에는 공포가 따르며, 살해로부터의 자유가 가능하다는 믿음에는 문제가 있다고 보는 해러웨이에 나는 진심으로 동의한다. 그러나 여기서 바로 인간이 책임감 있게 살해할(해를 가할) 필요가 있다는 것을 유일한 귀결로 도출할 수는 없는데, 그것은 폭력을 통한 인간의 지배권 상정을 그대로 내버려두는 것이기 때문이다. 궁극적으로 우리가 도전해야 하는 것은 바로 이 지배권이다. 이 권리는 우리의 관계를 미리 규정하고 우리가 "자연"적인 것에 이의를 제기하고자 하는 순간에조차 자연스러운 상정인 듯 나타난다. 내가 이미 지적했듯이 동물에 대한 폭력과 관련하여 인간의 자유를 이해하기 위한 보다 강력한 틀을 타인의 부자유를 누릴 자유로서 주권을 이해하는 푸코의 논의가 제공한다. 푸코의 공식은 전쟁이란 적을 우리의 의지에 굴복시키는 과정이라는 클라우제비츠의 견해와 그 과정에 의해 전쟁에서 승리한 자

---

42 지포라 와이스버그는 이렇게 말한다. "따라서 해러웨이가 기술하는 고통의 공유에 기초한 윤리는 여기서도 역시 어떤 구체적인 윤리-정치적 변화를 위한 조건을 만드는 시도라기보다는 담론적 행사에 좀 더 가까워 보인다." Weisberg. "The Broken Promises of Monsters." 40 참조.

의 쾌락과 자유가 정의되고 연결된다는 사실 모두를 표현한다. 타인의 부자유로 경험되는 자유라는 시각은 우리가 참여하고 있는 전쟁의 관계적 윤곽을 파악하는 데 유용하다. 이는 평화롭게 보이는 관계를 새롭게 해석하고 이해하며 도구적 관계에 따른 명백한 혜택을 분석할 수 있게 해 준다.

『종과 종이 만날 때』의 다른 부분에서 해러웨이는 TV 프로그램 「감방의 개들Cell Dog」을 비평하며 (인간) 교도소 교정 체계에서 인간과 동물의 관계를 분석한다. 여기서 해러웨이는 훈련 중인 수형자에게 개를 배치하여 치료와 교정을 돕는 미국의 재소자 프로그램을 다룬다.

> 개 훈련사의 지도로 수형자들은 개를 가족의 반려견으로 키우기 위한 기본적인 복종 훈련과 때로는 보조견이나 치료견으로 키우기 위한 고차원적 기술을 배운다. 화면은 감옥 내의 개들이 자발적이고 능동적인 복종하는 주체가 되어 바깥 생활을 준비하는 모습을 보여준다. 개들은 수형자의 제자가 되고 감방의 동료가 되는 행위 자체에서 분명 수형자의 대리이자 모델이다.[43]

해러웨이는 개 훈련 프로그램이 강압적으로 이루어진다는 점을 인정한다. 훈련 체제를 따르지 않은 개들은 생사 결정에 직면하게 된다. "합격하지 못한 개에게 죽음이 기다리고 있다는 것은 이 프로그램에서 여러 번 반복되는 주제로, 이것이 개 교사들에게 어떤 가르침을 줄지 짐

---

43 Haraway. *When Species Meet.* 63-64[『종과 종이 만날 때』, 83-84쪽].

작하기 어렵지 않다."[44] 또한 이 폭력은 수감된 인간과 개 모두의 상황을 규정한다. "감옥 산업 복합체에서 삶과 죽음은 중대한 문제이다. 감옥 개혁 담론이 이보다 투명했던 적은 없었다."[45] 여기서 자유는 전적으로 관계적이라는 것을 알 수 있다. 필요로부터의 명백한 자유는 없다. 제약의 절대적 제거로서의 자유 또한 없다. 여기서 자유는 인간과 동물 수감자 모두에게 폭력적 규율성과 상호관계성의 빽빽한 분위기에 사로잡혀 있다. 그러나 "감방의 개들"이 누릴 수 있는 자유와 수형자가 누릴 수 있는 자유 사이에는 확실한 차이가 있다. 개들에게 자유는 인간의 지배가 계속되는 가운데 좁은 범위 안에서만 경험될 수 있다. 따라서 동물 보호소의 죽음의 위협을 피해 감옥의 훈련 프로그램으로 옮겨지는 자유든 수형자의 지배를 "졸업"하여 가정집의 "자유로운 개인"하의 통제로 변형되는 자유든, 이 자유는 항상 동물의 계속되는 부자유 및 죽음과 결부된 자유를 누리는 인간의 특권에 의해 조건 지어진다. 이런 의미에서 미국의 교도소 체계가 게토를 대체하는 사회적 통제 수단이라는 로익 바캉의 해석[46]은 "감방의 개들"(또는 동물 보호소에 있는 개들)을 이해하는 데도 유용하게 응용될 수 있다. 두 경우 모두 감옥은 서로 다른 사회 통제 양태의 치환일 뿐이며 하나의 격납고가 다른 격납고와 교환된 것에 지나지 않는다.[47] 주목할 만한 것은 개들이 자의적인 "안락사"라는 생사

44   Haraway. *When Species Meet*. 64[『종과 종이 만날 때』, 84쪽].

45   Haraway. *When Species Meet*. 64[『종과 종이 만날 때』, 84쪽].

46   Loïc Wacquant. "Deadly Symbiosis: When Ghetto and Prison Meet and Mesh." *Punishment and Society*. Vol. 3(1); 95-134 참조.

47   이러한 맥락에서 최근 군사 분쟁 지역의 반려동물들이 겪는 어려움을 그린 대중 논픽션과 분쟁 지역에서 동물을 "구출"하는 군인들의 노력이 관심을 끌고 있다는 점을 언급하고

의 위협으로부터 결코 자유로울 수 없다는 점이다. 개들은 섹슈얼리티, 생식, 사회성에 대한 인간의 통제로부터 결코 "자유"로울 수 없다. 인간 운영자의 일상적 통제와 교도소나 가정집에 존재하는 장벽이나 울타리에 의한 끈질긴 포위로부터 결코 자유로울 수 없다. 반면에 인간 수형자들은 자신이 통제하는 동물에 대한 자유를 갖는다. 물론 수형자의 자유

자 한다. 일례로 크리스틴 설리번의 『시나몬 구하기』는 "실종된 군견과 그 군견을 집으로 데려오기 위한 필사적인 임무라는 놀라운 실화"(Christine Sullivan. *Saving Cinnamon: The Amazing True Story of a Missing Military Puppy and the Desperate Mission to Bring Her Home*. Sydney: Hachette, 2009 참조)를 그리고 있다. 여기서 볼 수 있는 것은 인간의 자비로운 동물 지배 서사가 군사주의 담론 및 인간 집단에 대한 폭력을 지지하기 위해 고안된 선전 활동과 완벽한 대칭을 이루는 모습이다. 시나몬은 레비나스의 개 "바비"처럼 해군 예비역 마크 페퍼와 친구가 되어 "전쟁터에서 군인에게 요구되는 잔혹성 속에서 그에게 인간성을 자각시켰다(28)." 시나몬은 주변 전쟁의 지정학적 형세를 따라 인종적으로 구성된 적대적인 세계 속에서 살도록 배치된다. "군인이든 민간인이든 할 것 없이 아프가니스탄 사람들 대부분은 시나몬이 기지에 있는 것을 좋아하지 않았고, 시나몬이 지나갈 때 돌을 던지거나 발로 차는 경우가 많았다(26; 39, 144도 참조할 것)." (서구 생활을 경험하지 못했다고 추정할 수 있는) 일부 개들은 불평등하게 태어난다. "데이브는 시나몬이 살아온 삶을 생각하며 고민했다. 왜 개들은 태어난 곳 때문에 불행해지는가. 이것은 공평하지 않다(54)." (내가 즉각적으로 궁금한 것은 개들의 기회 불평등에 대한 이러한 우려가 공장식 농장에서 죽기 위해 사육되거나 실험자들의 손에서 고통받는 다른 동물 종들뿐 아니라 서구의 글로벌 경제 및 군사적 공모로 인한 심각한 경제적 박탈, 극단적으로 열악한 건강 상태, 전쟁과 국가 테러에 의한 지속적인 불안정 속에서 태어나는 다른 인간들에게까지 확장되는가이다.) 이 장면은 아프가니스탄에서 "탈출"한 시나몬이 "구출"되어 미국에서 "두 번째 기회(44)"를 얻는 흐름으로 이어진다. "시나몬은 사랑스럽고 진짜 집이 필요했다(44)." 이처럼 새로운 이용 대상을 향한 인간의 욕망은 복지에 대한 공공연한 관심과 만나 "시나몬 구하기"라는 노력을 낳았다. "시나몬을 집으로 데려온 것은 멋진 일이었고 시나몬과 가족이 되는 것은 즐거운 일이었다. 데이브는 시나몬이 미국에서 좋은 삶을 살게 되리라는 것을 알았다(34)." 내가 묻고 싶은 것은 이것이다. 정확히 시나몬은 무엇으로부터 구조된 것일까? 오랜 시간이 걸린 서양으로의 여정과 결과적으로 미국 교외에서 유폐 생활("시나몬을 집으로 데려가기"[235]의 임무)을 하게 된 것을 구출이라고 할 수 있는가. 혹은 단지 하나의 적대적 재산 관계에서 다른 것으로 옮겨진 것 아닌가. 아마도 『시나몬 구하기』는 복지주의적 응답을 나타낸 것일 텐데, 이를 (자스비르 K. 푸아의 『호모내셔널리즘』을 따라 말하자면) 일종의 "생물-국가주의"라고도 이해할 수 있다. 이 현상을 결론에서도 간략하게 다룰 것이다. 미국의 전쟁 활동에서 반려동물의 생명정치에 대한 보다 깊은 논의로는 Ryan Hediger. "Dogs of War: The Biopolitics of Loving and Leaving the U.S. Canine Forces in Vietnam." *Animal Studies Journal*. 2.1, 2013. 55-73을 참조하라.

가 항상 관계적인 것은 틀림없다. 감방으로부터의 자유는 단순히 임금 노동에 얽매일 자유이거나 무임금 빈곤의 불안정성일 수밖에 없다. 이 모든 자유는 권위주의 국가가 제정하는 지속적인 제약과 행위를 형성하고 일탈을 처벌할 규율성 및 규범화 양식에 의해 형성된다. 그러나 수형자들이 동물 훈련 프로그램을 통해 교정되고 자유를 얻느냐에 관계없이, 그들에게 동물의 부자유를 누릴 권리가 주어지는 것에는 변함이 없다. 이는 "돌보는" 동물의 운명을 전유하고 통제할 권리로, 여기에는 훈련 기술이 실패할 경우 동물의 생사에 대한 책임도 포함된다. 인간 신체가 제한되고 "자유롭지 못한" 것처럼 보이는 감옥 복합체의 중추에서 조차 다른 동물의 부자유를 누릴 인간의 자유의 권리는 여전히 흔들리지 않는다. 실제로 그것은 "치료"에 도움이 된다고 널리 여겨지고 있다.

여기서 도구성을 문제적인 것으로 볼 필요는 없다. 우리 모두는 "의존성"과 권력의 불평등성 및 일시성의 가변적 형태를 특징으로 하는 관계 속에 묶여 있다. 그러나 도구성은 폭력의 운영과 관행의 전체 영역을 형성하는 조직적인 주권 폭력(지배의 권리)과 연결될 수 있다. 이 도구성이 개별 인간 행위자에게 위임되고 집중될 경우 이는 사유화된 형태의 주권으로 작동하며, 전체 권력 영역을 총괄하여 바라보았을 때 대규모 폭력적 지배관계의 체계를 가능하게 할 수 있다. 여기에는 제5장에서 논한 가부장제(여성에 대한 남성의 조직적·개별적 폭력 행위가 그 토대를 이룬다)나 죽음정치의 인종적 식민지화(국가권력이 경찰, 군대, 민병대와 같은 자의적 행위자의 손으로 분산됨으로써 촉진된다)와 같은 형태도 포함된다. 이와 같은 사유화된 도구성이 동물에 대해서는 어떤 지배 양상으로 나타날까? 해러웨이는 말한다.

카엔과 나는 분명 모국어가 다르다. 아무리 내가 식민주의와 가축화의 과장된 유비를 받아들이지 않는다고 해도, 카엔의 생사가 나의 무능한 손에 얼마만큼이나 좌우되는지 잘 알고 있다.[48]

이 글에서는 명백한 망설임이 느껴지며, 이는 인간과 동물의 관계를 특징짓는 조직적 지배 형식을 명명하는 것을 불필요하게 회피하는 것처럼 보인다. 이 특정한 폭력 관계의 양식을 명명하고 이해하는 것은 동물과의 일상적인 상호 연결을 요약하고 초과하는 일련의 교류를 파악하는 방법이다. 또한 우리 자신이 전쟁으로 특징지을 수 있는 이 대규모 관계성의 일부임을 정면으로 받아들이는 방법이다. 앞서 지적했듯이 복합적으로 공동 형성하는 상호관계성을 인정하는 것과 비대칭적 권력과 결부된 조직적 폭력 및 도구성의 보다 넓은 틀을 인정하는 것이 양립 불가능할 필요는 없다. 클레어 파머는 상호작용적 관계부터 절대적 지배 형태까지 반려동물 소유가 포괄할 수 있는 권력관계의 스펙트럼을 조명했다.

인간과 동물의 "일반적인 권력관계"가 바람직한 동물 규율을 분명하게 불러오지 못할 경우, 동물을 "저항할 수 없는 사물"로 만드는 지배 조치가 취해지곤 한다.[49]

---

48 Haraway. *When Species Meet*. 216[『종과 종이 만날 때』, 269쪽]. 같은 맥락으로 Haraway. *The Companion Species Manifesto*. 51[「반려종 선언」, 『해러웨이 선언』, 179쪽]도 참조할 것.

49 Palmer. "Taming the Wild Profusion of Existing Things?" 358.

파머는 더 나아간다. "그러나 인간과 동물 사이의 구조적 불평등성의 본성상 대부분의 경우 동물의 '사물화'에 의존할 가능성이 높다."[50] 동물의 생명을 도구화하는 특정한 방식은 인간 주권의 특징이다.[51] 개인의 행동은 인간의 유용성을 충족시키기 위해 반려동물을 특정한 방식으로 제약하는 제도적 형태의 폭력과 함께 작동한다. 인식론적 폭력은 우리가 이러한 관계를 거의 자기성찰의 순간도 없이 "우정"이라는 가장 아래 명명할 수 있게 한다. 물론 주권적 특권 위에 구축되는 이 폭력적 관계성이 지배 체계의 포위에 저항하여 우정을 새롭게 하고 친밀감과 유대감을 발전시킬 가능성을 배제하는 것은 분명 아니다. 이 상호작용의 현실에서 인간과 동물은 감정적으로 친밀하고 상호 의존적이며 공동 형성하는 관계를 누리고 있다. 그 관계가 인간과 동물 모두에게 제약과 가능, 좌절과 기쁨을 주는 경험임은 의심의 여지가 없다. 그러나 동물과의 전쟁은 이러한 우정의 조건을 규정하고 인간과 비인간 동물의 반려 관계에 의문을 제기하게 만든다. 다음 장에서는 주권 자체에 초점을 맞춰 주권이 어떻게 정의되는지, 동물과의 관계를 사고할 때 주권이 어떤 의미를 가질 수 있는지 살펴보고자 한다.

---

50 Palmer. "Taming the Wild Profusion of Existing Things?" 358.

51 마르크스가 말한 것처럼 "노동 도구의 사용과 제작은 맹아적으로 특정 동물 종에게서도 발견되지만 특히 인간 노동과정의 특징이다." Marx. *Capital*. Vol. 1. 286[『자본』, I-1, 268쪽] 참조.

4부

주권

역량

주권의 본질은 없다. 주권은 정치의 다양한 영역을 경험적으로 재현하고
이해할 수 있게 만드는 것이기 때문이다. 우리가 주권 개념이 경험적 존재
의 세계에 나타난 것을 가리켜야 한다고 요구하기 시작하는 순간, 이 개념
자체에 대한 우리의 이해는 정치 담론에서 의미 있게 사용되는 물과 같은
선을 전제하지 않으면 안 된다.

_ 젠스 바르텔슨, 『주권의 계보학』[1]

지금까지 인간과 동물의 관계가 다른 생물에 대한 주권적 지배 형
태를 유지하기 위한 적대적 관계를 반영한다는 견해를 제시했다. 이 책
은 이러한 지배의 특성, 즉 그 뚜렷한 생명정치적 본성, 전쟁 수행에
수반되는 형태의 통치성, 면역 체계, 우리의 독특한 관계를 뒷받침하는
재산 및 상품 교환, 사유화된 지배양식을 통한 주권의 실천을 설명하고
자 했다. 나는 다른 동물에 대한 인간의 주권이 본질적으로 자의적이라
고 주장했다. 인간이 스스로 선언한 주권은 인간의 합리성이나 영리함,
특별한 도덕적 가치 덕분에 얻게 된 것이 아니다. 오히려 제4장에서 존
로크를 탐구하며 논한 바와 같이, 인간의 권한은 다른 동물을 전유하기
위해 폭력을 사용한 데서 비롯되었으며, 이 과정에서 사후적으로 다른

---

1   Bartelson. *A Genealogy of Sovereignty*. 51.

생명체에 비해 이른바 "우월성"이 있다고 주장하게 된 것이다. 중요한 것은 이러한 관점에서는 동물도 동등하게 주권적 "권리"를 주장할 수 있다는 점이다. 그러한 요구 일체를 차단하는 상호주관적·제도적·인식론적 폭력 체제만 아니라면 말이다. 이러한 관점을 제8장에서 데리다의 주권관을 탐구할 때 더 확장시킬 것인데, 이미 주장했듯이 이는 이 책에서 제시한 로크에 대한 해석과 일치한다.

인간이 주권을 주장할 수 있는 유일한 종이 아닐 수도 있다는 점을 인정하는 것은 어떻게 동물의 주권을 개념화할 수 있는가?라는 질문을 열어젖히는 듯하다. 이번 장에서는 동물에게도 주권적 권리가 있다는 견해를 제시하는 자유주의 정치 이론의 최근 연구들(로버트 E. 구딘, 캐럴 페이트먼, 로이 페이트먼의 연구, 수 도널드슨과 윌 킴리카의 연구)에 초점을 맞추고자 한다. 곧 살펴보겠지만, 일부 동물에게 주권적 권리를 부여할 것을 주장하는 이 저자들의 정당성을 뒷받침하는 것은 동물의 역량 및 영토와의 관계에 대한 개념화이다. 그러나 내 생각에 이러한 설명은 주권에 대한 불필요하게 제한적인 관점에 기대고 있으며 이 책의 초점인 주권, 즉 동물에 대한 인간의 지배권에 도전할 능력 자체가 없는 것처럼 보인다. 이번 장에서는 이러한 접근법의 전망 및 약점을 검토할 것이다.

영장류 주권

1997년, 로버트 E. 구딘, 캐럴 페이트먼, 로이 페이트먼은 「영장류 주권」이라는 제목의 논문에서 동물 주권이 어떤 모습일지에 대한 도발적인 구상을 제시했다.[2] 이 논문은 1993년 유인원 프로젝트의 일환으로 발표되었던 "유인원 선언"을 바탕으로 침팬지, 고릴라, 오랑우탄에게 "평등한 공동체" 및 생명, 자유, 고문으로부터 자유에 대한 기본권을 확장할 것을 제안한다. 구딘, 페이트먼, 페이트먼은 (시민적·정치적 권리에 관한 국제 규약 및 경제적·사회적 및 문화적 권리에 관한 국제 규약 제1조에 포함된 것과 같은) 인권선언에서 파생된 공동체의 자결권 형태가 집단의 주권 형태로 확장된다고 주장한다. 근대 주권의 진화는 자유와 재산에 대한 개인의 권리 출현과 밀접한 관련이 있다. 이러한 권리에서 자결권의 형태가 생겨났다. "'인권'은 국민(국가)에 자결권을 부여했다."[3] 개인의 권리는 상호 불간섭의 원칙("내가 누릴 권리는 타인의 간섭을 받아서는 안 되며, 그 역도 마찬가지이다")에 의존한다. 구딘, 페이트먼, 페이트먼은 이 원칙을 국가 간의 평화와 안정을 규제하기 위해 국가의 자결권과 불간섭권을 대외적으로 부여한 베스트팔렌 체제를 통한 근대 국민국가의 출현과 연결시킨다.[4]

그러나 구딘, 페이트먼, 페이트먼은 주권을 정적인 형태로 취급하지 않고 국민국가의 주권이 진화하고 있음을 관찰한다. 이들은 세계화하는 경제가 국민국가에 대한 이해의 방향을 바꾸고 있고 민주화의 형태가 주권의 본질에 도전하고 있다고 본다.[5] 이러한 민주화에 따라 누가

2 Robert E. Goodin, Carole Pateman and Roy Pateman. "Simian Sovereignty." *Political Theory*. 25. 6, 1997. 821-849.

3 Goodin, Pateman and Pateman. "Simian Sovereignty." 826.

4 저자들이 지적하듯, 이러한 자결권과 상호 불간섭의 원칙에 힘입은 평화 및 안보 임무는 유엔 헌장의 토대를 이룬다. Goodin, Pateman and Pateman. "Simian Sovereignty." 827.

5 Goodin, Pateman and Pateman. "Simian Sovereignty." 829.

권리를 갖는지의 문제 역시 변화했다. 역사적으로 개인의 "인권"은 특히 젠더와 인종을 포함한 사회적 구별에 따라 항상 편파적인 기준으로 구성되었다. 예컨대 여성은 처음에는 이러한 권리에서 제외되었고, 식민지 주민은 이 권리에 접근하기에는 너무 "원시적"이라고 간주되어 배제되었다. 그러나 주권, 국가, 시민권의 본성이 진화함에 따라 이전에는 배제되었던 집단까지 포함되어 나가기 시작했다. 구딘, 페이트먼, 페이트먼은 인간과 비인간의 경계를 둘러싼 최근의 질문이 주권의 의미 변화 및 시민권 범주의 확장과 맞물려 비인간 (영장류) 승인을 고려할 수 있는 여지가 생겼다고 지적한다.

> 그렇다면 이제 누가 주권적 특권을 주장할 수 있는지, 그 특권 아래 무엇을 확실하게 요구할 수 있는지 더 이상 예전만큼 명확하지 않다. 국가의 수가 증가하고 국경이 흐려지는 것과 동시에 "주권"은 해체되고 있다. 여기에 "인간"과 "유인원"의 관계와 의미를 둘러싼 논란도 불거지고 있다. 이로 인해 국제사회에서 "주권자"의 지위에 대한 다른 종류의 주장 및 다양한 주창자에게 새로운 기회가 허락되고 있다.[6]

구딘, 페이트먼, 페이트먼이 유인원의 기본권을 위한 역량을 인정해야 한다고 주장하는 근거는 평등한 역량의 논증과 관련된다. 첫째, 최근 인간/동물, 문명/미개, 자연/문화와 같은 구분을 둘러싼 이론적 의문이 점차 증가하면서 인간과 비인간 유인원의 안이한 분리를 곤란하게 만들고 있다. 둘째, 유인원이 인간 유인원과 유사한 복잡한 사회질서를

---

6   Goodin, Pateman and Pateman. "Simian Sovereignty." 830.

가지고 있음을 입증할 수 있다. 셋째, 비인간 유인원과 인간 유인원이 위상학적, 유전학적으로 크게 다르지 않음을 보여주는 과학적 증거가 제시되면서 인간(즉, 인간 유인원)의 예외적인 이성적 능력에 대한 주장을 더 이상 지속할 수 없게 되었다.[7]

도덕적 동등성은 주권의 권리로 이어진다. 구딘, 페이트먼, 페이트먼은 이 주장을 오늘날의 국가 주권 체계 형성에 고유한 것으로 여겨지는 합리성 안에 배치한다. 이들은 베스트팔렌 체제의 논리를 일관적으로 적용하면 유인원 역시 주권 보유자로 인정받을 수 있을 것이라 주장한다.

> 아이러니하게도 베스트팔렌 질서의 주권 논리를 액면 그대로 받아들인다면 유인원의 상당수는 이미 특정 영토에 대한 권한 구조라는 주권의 전통적 시험을 사실상 통과했을 것이다. 그 세부 사항이 정확히 무엇인지, 우리가 그것을 완전히 이해하고 있는지 여부와 관계없이 그러한 권한 구조는 존재한다. 우리가 그들의 작업 처리 방식을 도덕적으로 승인하는지 여부와도 관계가 없다. 베스트팔렌 체제의 요점은 단순히 기존의 권한의 자리 및 기존의 주권자를 외부의 공격으로부터 보호하는 것이다.[8]

---

7   역량에 기초한 차별화에 의거하지 않는 비인간 동물의 승인에 관한 윤리적 논의에 대해서는 Ralph R. Acampora. *Corporal Compassion: Animal Ethics and Philosophy of Body*. Pittsburgh: University of Pittsburgh Press, 2006을 참조할 것. 또한 Tyler. *ciferae*을 보라.

8   Goodin, Pateman and Pateman. "Simian Sovereignty." 833. 물론 이러한 지적은 베스트팔렌 체제가 합리적 법적 권력 분할의 산물로 "동질적" 국민들에게 권력을 분배하는 데 진정한 이해관계가 있었다는 극단적 낙관론을 반영하는 것으로 보인다.

저자들은 이러한 베스트팔렌 체제의 역사적, 논리적 간과를 인식하고 이를 바로잡고자 "유인원을 위한 국제적으로 보호되는 자치 영토"[9]를 주장한다. 따라서 구딘, 페이트먼, 페이트먼은 "유인원 거주 구역"의 실현 가능한 대안을 구상하는데, 여기에는 유인원이 보호국 내에서 자유롭게 생활하고 다른 국가가 외부 안보를 유지할 책임을 지는 신탁통치 방식이 포함된다.

> … 적어도 오늘날 우리가 영토에 기반을 둔 세계 공동체에 부여하는 것과 동일한 종류의 내부 자결권과 외부 침략 금지의 보장을 영토에 기반을 둔 다른 유인원의 공동체에게 부여하자는 것이다.[10]

어떤 측면에서 구딘, 페이트먼, 페이트먼의 제안은 자결권, 인간의 도덕적 인식, 주권 사이의 전통적 관계를 어떻게 전환하고 어지럽힐 수 있는지 실험하고 비인간 동물의 지위와 자격을 고려할 수 있는 대안을 제시한다는 점에서 주목할 만하다. 그러나 이들이 제시하는 관점은 한계를 안고 있다. 한 가지 문제는 구딘, 페이트먼, 페이트먼이 베스트팔렌의 경험에서 직접 진화한 특정한 주권 개념에 기대고 있다는 점이다.

---

9   Goodin, Pateman and Pateman. "Simian Sovereignty." 840.

10 Goodin, Pateman and Pateman. "Simian Sovereignty." 843. 심지어 승인된 "국민들"에게 제공되는 보호와 관련하여 국제 체제에서 실제로 이를 어떻게 보장했는지 확실하지 않다. 유엔 헌장의 보호 조항에도 불구하고 그리고 로마 법령 이후 "침략 범죄"까지 포함하는 최근의 발전에도 불구하고, 강대국이 면책특권으로 한 국민의 자결권을 침해하거나 적어도 강대국의 이익에 따라 자결권 침해를 (직접적으로 또는 방관하며) 지원할 수 있다는 증거가 충분히 존재한다. 이는 자결권에 대한 국제 체제의 승인에 일관되게 적용되는 합리성이 있다면 유인원에게도 이러한 권리를 인정해야 한다는 구딘, 페이트먼, 페이트먼의 제안을 무색하게 만든다.

보통 국제관계 정치 이론가들은 17세기 중반에 일련의 조약을 통해 구축된 베스트팔렌 평화가 국민국가 체계와 그 안의 주권의 역할을 근본적으로 형성하는 계기가 되었다고 본다. 이러한 일련의 조약은 인구와 국경을 연결하는 상호 연관된 영토 체계를 구축하고 일련의 대내외적 관계를 확립함으로써 영국, 프랑스, 독일, 스페인, 네덜란드, 스위스를 국민국가로서 공고히 하는 길을 열었다. 이 조약의 목적은 30년 전쟁 이후 안정을 확립하고 (신성로마제국과는 다른) 자치국의 합법성을 부여하는 것이었다. 이러한 외관상의 안정과 관련하여 주목할 만한 몇 가지 특징이 있다. 첫째, 베스트팔렌 체제의 "평화"는 확실히 전쟁의 부재를 특징으로 하지 않았다. 오히려 전쟁은 (특히 스웨덴과 덴마크에서) 계속되었다. 그러나 개인 민병대에 접근할 수 있는 군주나 교황이 전쟁을 벌인다기보다는 주권국가가 국민과 그 안보의 이름으로 전쟁을 수행했다. 둘째, 베스트팔렌 체제는 모든 "국민들"을 위한 주권적 권리를 창출하지 않았다. 베스트팔렌 주권 모델이 낳은 "평화"는 차별적인 성격을 지녔다. 유럽 국가들은 자결권과 불간섭에 따른 자유를 평등하게 주장했던 반면, "비유럽 국가는 이러한 주권을 결여하고 있었다."[11] 이러한 질서(유럽의 주권국가들, 주권이 없는 다른 곳의 사람들)가 만들어 낸 안정

11 Antony Anghie. "The Evolution of International Law: Colonial and Postcolonial Realities." *Third World Quarterly*. 27:5, 2006. 739-753. 740. 앤터니 앵기는 말한다. "나의 주장은 식민주의가 제3세계를 억압할 목적으로 명시적으로 고안된 국제법의 원칙을 형성했을 뿐만 아니라 표면적으로 중립적인 주권의 원칙을 포함한 국제법의 기반 자체를 근본부터 형성했다는 것이다. 식민주의의 공식적 종식은 매우 중요하지만, 그것이 식민 지배관계의 종식을 초래하지는 않았다. 오히려 제3세계 사회의 관점에서 보면 식민주의는 신식민주의로 대체되었을 뿐이다. 제3세계 국가들은 경제적으로 서구에 의존하고 있었기 때문에 국제 체제에서 종속적인 역할을 계속 수행했으며, 국제 경제법의 규정은 이러한 상태를 계속 보장했다(748-749)."

은 정복의 임무를 드러냈다. 예컨대, 네덜란드가 아시아로 식민지를 계속 확장하는 것을 정당화하는 논리가 세워졌다. 셋째, 베스트팔렌 체제는 "평화"의 개념을 영토에 대한 안보와 연결시켰다. 평화와 안정은 합의된 국경으로 이루어진 국제적 체계 내에 포함된 영토에서 특정 인구가 거주지를 찾고 합법적 통치를 받는다는 구상과 연관되었다.[12]

영장류 주권 모델을 정확히 베스트팔렌적 이해의 틀 속에 위치시키기 때문에 구딘, 페이트먼, 페이트먼은 당연히 주권을 거주 구역의 영토를 찾는 것과 동일시하며, 그 결과 평화, 안보, 영토 안정은 상호 연결된 개념이 된다. 그러나 동물의 주권을 생각할 때 왜 베스트팔렌 체제를 따라 영토권과 주권이 연결될 필요가 있는지 명확하지 않다. 한 가지 분명한 반론은 주권적 권리가 철새와 같은 일부 동물들의 경우 단일 "거주 구역"과 명확하게 연결되지 않을 수 있다는 것이다. 확실히 구딘, 페이트먼, 페이트먼의 수사학적 전략은 (아마도 피터 싱어와 마찬가지로) 인간의 정치 문제의 권리 요건과 **어떤** 동물의 불포함 사이의 논리적 불일치를 지적하고, 결과적으로 그러한 동물을 계속 배제하는 것은 논리적으로 일관성이 없음을 주장하는 것이다. 유인원은 영토를 차지하는 방식이 인간과 유사하다. 따라서 유인원은 주권 승인을 위한 능력 시험을 충족한다. "유인원의 상당수는 이미 특정 영토에 대한 권한 구조라는 주권의 전통적 시험을 사실상 통과했을 것이다." 이러한 접근 방식은 논리적으로는 일관성이 있지만 주권을 이해하는 방식에는 아무런 이의를

---

12 베스트팔렌 모델은 임마누엘 칸트의 세계시민주의와 결합하여 유엔 헌장을 설계하는 데 중요한 요소로 작용한 것으로 보인다. 유엔 헌장은 주권의 평등, 영토권, 불간섭 및 자결권의 원칙과 체제의 안정 유지를 통한 국제 평화 및 안보 유지의 의무를 통합하고 있다.

제기하지 못한다. 여기서 주권은 인구, 영토, 안보의 일련의 상관관계를 포함하는 국민국가라는 제한된 조건 속에서만 이해될 수 있다. 이러한 접근 방식은 누가 주권의 역량을 가진 것으로 승인될 수 있는지 의문을 제기할 수 없게 한다. 물론 또 다른 동물들("특정 영토에 대한 권한 구조"를 가지고 있지 않다고 간주되는 동물들)이 주권적 권리에서 배제되어야 하는 이유는 분명하지 않다. 특히 우리가 "특정 영토에 대한 권한 구조"를 가진 존재자들을 승인하는 것은 이들이 영토에서 "동류들"과 함께하는 뚜렷한 인간적 방식을 취한다는 암호로 여기는 것이라고 합리적으로 의심할 수 있기 때문이다. 제8장에서 논하겠지만, 주권이 항상 역량과 무관한 권리의 주장이라면(즉 정당화 없이 도래하는 힘이며 실제로 "우세한" 방식으로 자기 정당화되는 것이라면), 주권적 권리를 누가 갖고 누가 갖지 않는지를 둘러싼 구별 및 논의는 사전 정당화 없이 이 권리를 주장해 온 자들에 의한 주권의 행사라고 볼 수 있다.

바로 이 지점에서 도널드슨과 킴리카로 전환하기에 앞서 역량에 대해 더 자세히 생각해 보고자 한다. 역량 접근법은 최근 사회정의 논의에서 중요한 이론으로 특히 아마르티아 센이 처음 논의한 이후[13] 마사 누스바움이 이 개념을 발전시켰다.[14] 역량 접근법의 주요 혁신은 자유주의 기반의 계약론, 공리주의, 자유주의의 관점을 넘어서 사회적, 정치적 맥락에서 개인 잠재력의 번영을 바탕으로 정의를 적용해야 한다고 주

---

13 Amartya Sen. "Equality of What?" *The Tanner Lecture on Human Values*. Delivered at Stanford University, 1979. 그리고 Amartya Sen. *Commodities and Capabilities*. New Dehli: Oxford University Press, 1999 참조.

14 가령 Martha C. Nussbaum. *Women and Human Development: The Capabilities Approach*. Cambridge: Cambridge University Press, 2001 참조.

장하는 것이다. 역량 접근법은 (계약 접근법에 따라) 재화의 재분배 양식을 바꾸거나 (공리주의적 접근법에 따라) 쾌락과 고통을 재분배하거나 (인권 및 자유주의 접근법에 따라) 기본적 "권리"를 보호하는 것으로 제한된 정의 구상을 넘어서, 각 개인에게 기본적 형태의 잠재성에 대한 요구가 있다는 점을 인식함으로써 혁신을 달성한다. 센이 보기에 역량이란 다음과 같은 것이다.

> ··· [역량은] 효용이나 기본재primary goods, 또는 이 두 가지의 조합으로는 충분히 파악되지 않는다. 기본재는 재화와 관련된다는 점에서 물신주의적 문제를 갖고 있으며 재화의 목록이 권리, 자유, 기회, 소득, 부, 자기 존중의 사회적 기반을 포괄하는 넓고 광범위한 방식으로 명시되어 있지만, 그것은 인간에게 어떤 영향을 미치는지보다는 여전히 좋은 것들에만 관심을 기울인다. 반면에 효용은 이러한 것들이 인간에게 어떤 영향을 미치는지에 관심을 갖지만, 여기서 사용되는 지표는 개인의 역량이 아닌 개인의 정신적 반응에 초점이 맞춰져 있다. 기본재와 효용이 조합된 목록에도 여전히 빠진 것이 있다. ··· 나는 문제가 되는 것은 기본 역량의 형태로 필요를 해석하는 것이라고 생각한다. 이러한 필요와 이해관계에 대한 해석은 종종 평등의 요구에 내포되어 있다. 나는 이러한 유형의 평등을 "기본 역량의 평등"이라고 부를 것이다.[15]

---

15 Sen. "Equality of What?" 나는 여기서 강의 일부분을 생략했다. "장애인의 불이익을 제거하거나 실질적으로 줄이기 위해 자원을 투입해야 한다고 주장한다면 (비용이 많이 들기 때문에) 한계효용 논의가 없음에도, (그는 매우 만족하기 때문에) 총효용 논의가 없음에도, (다른 사람들이 가진 재화를 그가 가지고 있기 때문에) 기본재 박탈이 없음에도 불구

마사 누스바움은 정의의 주장을 제기하기 위한 방법으로 역량 접근법을 비인간 동물에게로 확장한다.[16] 마찬가지로, 누스바움은 계약론의 관점(사회계약에 참여할 수 있는 이성적 행위자를 전제한다는 점에서 한계가 있다)과 공리주의의 정의에 대한 관점(고통의 회피나 쾌락이 선이라는 제한된 관점에 의해 제약받거나, 평준화되고 몰개성화될 수밖에 없는 선호도를 평가하고 집계하는 난관에 직면한다)을 거부하고, 역량 접근법이 모든 생명체들의 번영 조건을 고려할 수 있다고 주장한다. 역량 접근법은 "각 개체가 그 종류에 따라 그 자체로 번영하는 것을 보고자 한다."[17]

그러나 각 동물이 어떤 종류의 존재인지, 번영하기 위해 무엇이 필요한지 이해하고 판단해야 할 때, 상황은 성가시게 된다. 누스바움이 말했듯, 우리가 번영시키길 원하는 이들의 내면세계에 반드시 접근할 수 있는 것은 아니기 때문에 상상력을 발휘하는 단계가 필요하다. "역량 접근법은 그 오류 가능성에도 불구하고 공감적 상상을 사용하여 이 영역에서의 우리의 도덕적 판단을 확장하고 구체화한다."[18] 그러나 누스바움이 타자에 관한 원칙을 정할 때 "자신의 이른바 독특한 특징을 자랑하지 않고" 오히려 "각각의 필요와 존엄성을 가진 다양한 동물 생명을

하고 그 사례는 다른 것에 근거해야 한다." 센이 이 접근법에 도달하는 과정에서 "장애인"의 사례가 중요하다는 점에 주목해야 한다.

16   Martha C. Nussbaum. *Frontiers of Justice: Disability, Nationality, Species Membership*. Cambridge: Harvard University Press, 2006 참조. 또한 Martha C. Nussbaum. "Beyond 'Compassion and Humanity.'" Cass R. Sunstein and Martha C. Nussbaum Eds. *Animal Rights: Current Debates and New Directions*. Oxford: Oxford University Press, 2004. 299-320도 보라.

17   Nussbaum. *Frontiers of Justice*. 349.

18   Nussbaum. *Frontiers of Justice*. 355.

포함하는 상호 연결된 세계"[19]를 인식하고자 하는 겸손한 인간 의사 결정자들의 공동체를 시도할지라도, 상상력을 발휘하는 단계는 어쩌면 당연하게도 타자에 대해 결정하는 인간의 "우월성"과 특권을 내포하고 암묵적으로 승인하는 일련의 도덕적 판단으로 이어질 것이다. 도덕철학자들에게 이제는 익숙한 단골 기반(즉 지적장애 인간과 유인원 간의 구별)으로 돌아가면, 누스바움은 장애를 가진 아이와 침팬지는 비교할 수 없다고 설명할 것이다. 왜냐하면 각 존재자는 서로 다른 맥락에서 고유한 번영 형태를 가질 것이기 때문이다. 안타깝게도 이러한 차별화된 맥락은 "종의 규범species norm"으로 표현될 수 있을 것이다. 누스바움은 핵심 대목에서 다음과 같이 말한다.

> 요컨대, (정당하게 평가된) 종의 규범은 특정 생물이 번영할 수 있는 적절한 기회를 가지고 있는지 판단하기 위한 적절한 지표가 무엇인지 알려 준다. 동일한 것이 비인간 동물에게도 적용된다. 각각의 경우에 필요한 것은 중심 역량의 종별 특수성에 대한 설명이며(여기에는 개와 인간의 전통적 관계와 같은 종들 사이의 특수한 관계도 포함될 수 있다), 특정한 장애물이 있더라도 해당 종의 구성원들을 그 규범에 맞게 하려는 노력이다.[20]

언뜻 보기에 누스바움의 틀은 제1장에서 다룬 내재적 서열을 배제한 아리스토텔레스 풍의 동물학처럼, 인간의 이용 특권에 의해 형성된

---

19 Nussbaum. *Frontiers of Justice*. 356.

20 Nussbaum. *Frontiers of Justice*. 365.

관점이 아니라 개별 동물의 삶과 세계에 대한 인식의 가능성을 제시하는 것 같다. 그러나 자세히 살펴보면 누스바움의 제안은 단순히 좀 더 온정적인 계층화인 것으로 보인다. 서론에서 논한 바와 같이 범주로서의 장애는 인간 종의 규범에 대한 생명정치적 개념화, 즉 "규범적" 인간의 모습뿐 아니라 그 타자(비인간 타자)가 무엇을 구성하는 것으로 상상될 수 있는지를 결정한다. 이러한 범주화는 사회적, 정치적으로 구성된다. 다른 인간과 함께 사는 인간 공동체가 침팬지의 생활세계로 대체될 수 없는 것은 사실이지만(아마도 인간은 침팬지처럼 번영할 수 없고 침팬지 역시 인간처럼 번영할 수 없다), 각각의 세계(인간의 세계와 유인원의 세계)가 "종의 규범"을 반영할 수 있다고 전제하면, 특정한 생활 방식과 관계성을 자연화하여 정치 활동에서 효과적으로 제거하고 지배 체계를 숨기는 일련의 위험한 가정들이 열리게 된다. 장애인의 경우, 인간 종의 규범이라는 가정은 일부 인간을 사회적, 정치적으로 배제하고 주변화하고 "장애인"으로 명명하는 세계를 자연화한다. 장애인의 번영은 단순히 그 개인의 상황을 종의 규범에 맞게 조정하도록 요구하는 것이 아니다. 그보다 더 근본적인 정치적 과제는 상호주관적·제도적·인식론적 폭력을 통해 "장애인"을 만들고자 공모하는 종의 규범을 해체하는 것이다.

비인간 동물에 대한 종의 규범의 구성과 관련해서도 유사한 문제가 있다. 실제로 내가 언급한 위험은 "중심 역량의 종별 특수성"에 "개와 인간의 전통적 관계와 같은 종들 사이의 특수한 관계"도 포함되어야 한다고 주장하는 위의 누스바움의 인용문에 함축되어 있다. 역량을 평가할 때 "전통적" 지배 체계에 의해 생성된 관계를 고려할 것을 제안하고 이를 "종의 규범"으로 명명하는 것은 현명하지 않은 것 같다. 예컨대, 남성과 여성 간의 가부장적 관계는 맥락에 따라 변화하지만 어느 점에서나 "전통적"이다. 그럼에도 이러한 관계가 인간의 "종의 규범"에 대해 알려 주는 바가 있다고 주장하는 것은 심각한 문제가 될 수 있다. 그러나 여기서 누스바움은 "종의 규범"에 대한 이러한 해석을 정당화하는 것으로 보인다. 누스바움은 사육 동물이 "자유로워"질 수 있다는 견해를 거부하며, 사육 동물은 "수천 년에 걸쳐 인간과 공생하면서 진화해 왔기 때문에"[21] 야생으로 돌아갈 능력이 결핍되어 있는 경우가 많다고 지적한다. 그 대신 가부장적 형태의 지속적 통제를 정당화한다. "다른 종이 추구할 수 있는 다양한 종류의 번영에 매우 민감한 일종의 가부장주의"[22] 말이다. 이 온정적인 지배 형태는 그 자격이 보장되는 경우 동물에 대한 통제를 정당화되게끔 만든다.

> 물론 그러한 동물을 인간이 이용하고 통제할 수 있는 단순한 대상처럼 취급해서는 안 된다. 이들의 고유한 번영과 목적을 항상 고려해야 한다. 그러나 그렇다고 해서 그저 인간의 통제 없이 동물을 도망가도록 놔둬야 한다는 말은 아니다. 도덕적으로 현명한 대안은 동물을 신중한 후견자를 필요로 하는 동반자로 간주하되, 후견자를 통해 행사될지라도 독자적인 권리 자격을 부여하는 것이다. 즉, 오늘날의 어린이나 정신장애인을 대우하듯이 동물을 대할 수 있다. 인간 후견자를 통해 행사될지라도 동물은 여러 가지 권리를 가지며, 그런 의미에서

21 Nussbaum. *Frontiers of Justice*. 376.

22 Nussbaum. *Frontiers of Justice*. 375.

'단순한 재산'과는 거리가 멀다(이러한 방식으로 권리가 정당하게 보호되는 한, 매매를 통해 후견권을 교환하는 것은 나쁜 일이 아닌 것 같다).[23]

동물을 재산으로 소유하는 것이 동물의 번영에 영향을 미치지 않을 수 있다는 놀라운 주장(인간을 재산으로 소유하는 것도 동일한 논리로 정당화될 수 있다고 주장할 수 있을까?)은 차치하더라도, 누스바움의 역량 논리에서 파생된 불안한 하강을 추적해 볼 수 있다. 그 하강은 개별 동물의 고유한 번영 요구를 인식할 수 있다는 전망에서 시작하여, 다른 동물에 대한 인간의 주권을 결코 더 깊은 비판적 시선 아래 두지 않는 온정적인 통제 형태를 거쳐, 결국 동물의 운명을 결정할 수 있는 인간의 지속적 특권에 도달한다. 다시 한번 말하지만, 이 경우에도 주권은 윤리에 선행하는 것으로 보인다. 역량 접근법을 동물에게 적용할 때의 문제는 다양한 생물의 가정된 역량에 의존하여 위계적 관계의 정당화로 향하게 된다는 점이다. 생물들이 저마다의 방식으로 번영하기를 원하지 않는다

---

23 Nussbaum. *Frontiers of Justice*. 376-377. 지적장애인의 권리에 대한 누스바움의 개념화가 현행 국제법의 방향과 완전히 맞지 않는다는 점에 주목해야 한다. 국제법은 장애인을 위한 후견인 및 기타 대리에 의한 의사결정 제도를 의사결정 체제 지원으로 대체할 것을 촉구하고 있다. United Nations Committee on the Rights of Persons with Disabilities. *Draft General Comment on Article 12 of the Convention- Equal Recognition before the Law*. September 2013 참조. 장애인에 대한 후견인 제도가 전 세계에서 급격한 변화를 겪고 있다는 사실은 사람들이 자신의 삶에 대해 어떤 결정을 내릴 수 있는지에 대한 자연화된 가정이 지속적으로 정치적 논쟁의 대상이 되고 있다는 것을 보여준다. 이러한 정치 논쟁에서 유엔 기구가 결코 급진적이지 않다는 점을 강조해야 한다. 후견인 제도가 현재 유엔 및 기타 기구에서 제도적 차원에서 재검토되고 있다는 사실은 장애인들이 수십 년 동안 누가 결정권을 갖는지에 대한 개념화에 저항하고 전환을 시도해 온 성과라고 할 수 있다. 아마도 여기에 무엇이 규범화된 "인간"을 구성하는지에 대한 종의 규범 자체를 둘러싼 정치적 논쟁이 뒤따를 것이다.

는 뜻이 아니다. 이러한 측면에서는 역량 접근법에 본질적인 문제가 없다고 생각한다. 그러나 동물에게 "정당한 자격"을 부여하기 위해 각각의 역량에 대한 판단이 필요하다면 누가 판단할 것인지, 왜 판단할 것인지의 문제는 매우 중요해 보인다. 특히 판단자의 판단을 허용하는 정치적 과정을 이해하는 것은 분석에 매우 중요하다. 역량 접근법이 인간이 역량을 결정하는 동시에 그 경계를 순찰할 때, 톰 레건의 표현을 빌리자면 개에게 마땅히 받아야 할 것보다 더 많은 것을 주지 않을 때, 인간이 설정한 위계관계를 고착화할 뿐이라는 것은 놀라운 일이 아니기 때문이다. 아래에서 도널드슨과 킴리카의 동물정치공동체Zoopolis(이하 주폴리스로 표기) 제안과 관련하여 살펴보겠지만, 이들의 논의에서도 동일한 정치적 문제가 발견된다. 특히 우리가 수천 년 동안 지배권을 유지해 온 동물에 대해 어떻게 정치적으로 응답할 것인지 생각해야 한다면, 동물과의 관계 및 응답을 근본적으로 어떻게 형성할 것인지 고찰하는 것은 단순한 문제가 아니다. 그럼에도 이러한 논의의 출발점은 분명 인간의 주권이 되어야 하고, 그 종착점은 분명 동물 주권의 가능성을 상상하는 것이 되어야 한다. 동물 주권의 승인이 인간 자신의 주권적 권리를 박탈하는 것이 될지라도 말이다.

시민권, 야생동물의 자치권, 거주권

수 도널드슨과 윌 킴리카의 『주폴리스』는 동물에 대한 조직적 폭력 없이 인간 사회를 구축할 수 있다는 구상에 착수하는, 여러 면에서 주목할 만한 정치 이론서이다. 도널드슨과 킴리카의 출발점은 동물과 인간의 관계를 사고하는 새로운 틀을 제공하는 것이다. 이들은 동물의 **소극적** 권리(고통과 죽음으로부터의 자유, 이동의 권리 등 동물권 접근법에서 일반적으로 제시하는 권리)를 보호할 뿐 아니라, 이러한 권리를 **적극적** 의무로 보완하고 동물과의 지속적인 일상적 상호작용에 대한 인식을 제공하고자 한다. 이러한 점에서 이 책은 동물에 대한 폭력에 대응하는 방법을 정치적으로 개념화하는 돌파구를 제시한다.

『주폴리스』에서 제안하는 정치 모델의 핵심에 놓인 것은 다름 아닌 주권인 것 같다. 도널드슨과 킴리카는 **내부, 외부, 경계**로 구성된 사실상 주권의 "삼자" 모델을 제시함으로써 이를 수행한다. 인간 공동체 **내부**에 의존적인 동물은 **시민권**citizenship을 갖는 존재로 개념화된다. 인간의 영역 외부에서 자신의 영토적 경계가 있는 공동체에 속한 동물은 **자치권**sovereign right을 가진 것으로 상상된다. 반면 인간 공동체와의 **경계**에 있는 동물은 **거주권**denizenship의 자격을 가진 것으로 상정된다. 주권은 인간 정치 공동체와 관련하여 (내부, 외부, 경계의) 세 가지 다른 생활양식을 모두 매개한다고 할 수 있는데, 이 새로운 지구 공동체에 사는 존재자들의 정치적 지위가 (인간이든 인간이 아니든) 주권과의 관계로 결정되기 때문이다. 즉, 존재자들은 시민권을 통해 주권에 속하거나 참여한다. 그렇지 않다면 타자의 공동체의 일원으로 완전한 자치권을 보유한다. 마지막으로 영토적 경계가 있는 정치 공동체에 속하지 않아도 기존의 주권 공동체에 의해 기본권 보호를 받는다.

시민권과 관련하여 도널드슨과 킴리카는 현대 시민권 이론을 확장하여 동물이 어떻게 정치 공동체의 공식적인 성원 자격을 부여받을 수

있을지를 고민한다. 인권이 모든 인간에게 근본적인 보호를 제공하고
자 하는 반면, 시민권은 정치 공동체의 성원 자격으로 인해 발생하는 보
다 충실한 보호를 제공한다는 점에 주목한다. "우리는 일반적으로 특정
공동체와의 관계에 의존하지 않는 보편적 인권과 특정 공동체의 성원
자격에 의존하는 시민권을 구별한다.[24] 도널드슨과 킴리카는 인권과 시
민권 사이의 이러한 구별을 받아들여 인권이 지역에 관계없이 발생하
는 반면, 시민권은 공동체의 자결권과 관련되며 본질적으로 영토와 연
결되어 있다고 주장한다.

> 경계가 있는 시민권에 주의를 기울이는 것이 단지 실용적이어서만은
> 아니다. 시민권에는 국가 정체성, 문화, 자결권의 가치를 포함한 강력
> 한 도덕적 가치들이 얽혀 있다. 많은 이들이 스스로를 국가 정체성, 언
> 어, 역사를 반영하는 방식으로 그들과 그들이 속한 경계 있는 영토를
> 통치할 권리가 있는 집단의 구성원으로 인식한다. 국민 자치 정부에 대
> 한 이러한 열망은 특정 공동체 및 특정 영토에 대한 깊은 애착을 반영
> 하며, 이러한 애착은 정당하며 존중받을 가치가 있다.[25]

24 Donaldson and Kymlicka. *Zoopolis*. 52[박창희 옮김, 『주폴리스: 동물 권리를 위한 정치 이
    론』, 프레스탁, 2024, 108쪽]. 인권과 시민권의 구별에 관해서는 Arendt. *The Origins of
    Totalitarianism*[이진우·박미애 옮김, 『전체주의의 기원』, 한길사, 2006(전 2권)], 특히 제9
    장 「국민국가의 몰락과 인권의 종말」을 참조하라. 또한 Giorgio Agamben. *Means Without
    End: Notes on Politics*. Minneapolis/London: University of Minnesota Press, 2000[김상운·양창
    렬 옮김, 『목적 없는 수단: 정치에 관한 11개의 노트』, 난장, 2009]도 보라.

25 Donaldson and Kymlicka. *Zoopolis*. 53[『주폴리스』, 110쪽]. 도널드슨과 킴리카는 이어서 다
    음과 같이 말한다. "실제로 사람을 존중한다는 것이 의미하는 바의 일부는 특정 개인과
    공동체, 영토, 생활방식, 협력, 자치 구조에 대한 애착을 포함하여 도덕적으로 중요한 애
    착과 관계를 발전시킬 수 있는 그들의 역량을 존중한다는 것이다. 경계가 있는 시민권은
    그러한 애착을 표현하고 가능하게 한다(53[110-111쪽])."

즉, 이러한 관점에서 시민권은 주권의 하위 집합으로, 성원 자격 체계를 통해 개인과 주권국가를 연결하는 관계를 설명한다.

도널드슨과 킴리카가 이러한 시민권을 수동적인 성원권 상태나 단순한 법적 범주로 생각하지 않는다는 것은 확실하다. 반대로 이들은 시민권은 단순한 국가 성원 자격 이상으로, 지배와 권한을 합법화하는 대중 주권의 형태에 대한 개인의 참여를 넘어선다고 제안한다. 오히려 시민권은 시민이 "법을 형성할 권리와 책임을 지는 것"[26]으로 이해되는 능동적인 정치적 행위성의 공간을 포괄한다. 그러나 저자들이 지적하듯이 시민권에 대한 후자의 관점은 보통 동물을 그 범주에서 배제하는 이유가 된다. 대개 능동적 시민권은 시민이 폴리스에 참여하기 위해 특정 속성을 소유할 것이라는 점을 전제하기 때문이다. 실제로 도널드슨과 킴리카는 동물이 시민으로 인정받지 못하는 것은 "시민권의 본성을 둘러싼 몰이해에 근거한다"라고 지적한다.

> 시민권에는 여러 가지 기능이 있으며 원칙적으로 그 모든 기능은 동물에게도 적용될 수 있다. 시민권은 개인을 영토에 할당하고, 주권자인 국민에게 성원권을 할당하며, (보조적이고 종속적인 행위성을 포함하여) 다양한 형태의 정치적 행위성을 가능하게 한다. 시민권의 이러한 세 가지 기능 모두를 동물에게 적용하는 것은 개념적으로 일관성이 있을 뿐 아니라 우리는 … 그것이 우리의 도덕적 의무를 설명할 수 있는 유일하게 일관된 방법이라고 생각한다.[27]

---

26 Donaldson and Kymlicka. *Zoopolis.* 56[『주폴리스』, 117쪽].

27 Donaldson and Kymlicka. *Zoopolis.* 61[『주폴리스』, 126쪽].

도널드슨과 킴리카는 시민권의 세 가지 요소(영토의 할당, 주권자의 성원권, 정치적 행위성)를 규준으로 삼고서, 동물 시민에게 시민권이 권리 및 의무와 관련하여 어떻게 기능할 수 있는지를 여러 차원에서 설명한다. 이들은 정치적 성원권을 사육 동물에게 확장해야 할 정당성과 의무가 인간이 동물에게 대규모 포획, 노예제, 죽음을 부과해 온 오랜 역사적 불의에서 비롯된다고 주장한다. "이러한 동물을 인간 사회로 끌어들여 (적어도 가까운 미래까지) 다른 실존 형태의 가능성을 빼앗은 이상, 우리는 동물을 공정한 조건으로 인간의 사회적, 정치적 배치에 포함시켜야 할 의무가 있다."[28] 도널드슨과 킴리카는 인간 어린아이와 마찬가지로 동물 시민도 인간과 동물이 혼합된 사회에 적응할 수 있도록 하는 기본적인 사회화의 권리를 가지고 있다고 말한다.[29] 나아가 시민권은 이동의 자유도 함축하고 있다. "현재 사육 동물에 대한 우리의 대우는 … 감금과 제약을 해서는 안 된다는 지극히 자명한 전제를 위반"[30]하고, 위해로부터 사육 동물을 보호해야 할 인간의 의무를 저버리고 있다.[31] 도널드슨과 킴리카는 "사육 동물의 훈련 대부분이 착취적"[32]이라며, 시민권을 사육 동물에게 확장하면 동물 제품의 사용에 제한이 생기고 동물

---

28 Donaldson and Kymlicka. *Zoopolis*. 101[『주폴리스』, 193쪽].

29 Donaldson and Kymlicka. *Zoopolis*. 125[『주폴리스』, 236쪽]. 도널드슨과 킴리카는 비인간 동물이 이러한 교육의 역할에 참여할 수 있다는 것을 인정하는 듯하지만("개는 단지 다른 개로부터 배울 뿐만 아니라 인간으로부터도, 어쩌면 고양이부터도 배울 수 있을 것이다"), 인간 생활에 대한 적응을 이끄는 동물의 사회화에는 인간의 무언의 역할이 있는 것으로 보인다.

30 Donaldson and Kymlicka. *Zoopolis*. 129[『주폴리스』, 244쪽].

31 Donaldson and Kymlicka. *Zoopolis*. 132-134[『주폴리스』, 249-252쪽].

32 Donaldson and Kymlicka. *Zoopolis*. 141[『주폴리스』, 265쪽].

노동의 사용을 규제할 수 있다고 말한다. 시민권은 의료 돌봄과 개입에 대한 권리도 확장할 것이며 도널드슨과 킴리카는 이것이 "동물 건강보험 기획을 통해 실현"[33]될 수 있을 것이라고 주장한다. 이들에 따르면 정치적 대표성은 동물을 위한 변호를 통해 촉진될 것이다. "다양한 수준의 제도적 개혁"의 요청은 단지 "입법 과정에서의 대표성에 그치지 않고 예를 들어 지방의 토지 계획 결정이나 다양한 직종과 공공 서비스(치안, 응급 서비스, 의료, 법률, 도시 설계, 사회 서비스 등)를 위한 위원회에서 동물의 대표성을 요구할 것이다."[34] 성, 생식, 영양의 분야에서도 이러한 시민권 모델에 따라 동물의 자율성은 증진될 것으로, 몇 가지 위험 부담이 있다 해도 "적어도 가까운 미래에 인간은 사육 동물의 이해관계에 맞게 어느 정도 번식을 통제할 필요가 있으며"[35](이에 대해서는 다시 언급하고 비판적 질문을 제기할 것이다), 개와 고양이를 위한 채식 위주의 식단이 선호될 것이다.[36]

참여적 정치의 포함이 사육 동물에 초점이 맞췄다면, 도널드슨과 킴리카는 야생동물에 대해서는 자치권의 승인을 제안하며 "야생동물의 번영이 공동체의 번영과 분리될 수 없음을 인식하고, 공동체 간의 공정한 상호작용이라는 관점에서 야생동물의 권리를 재구성하는 자치권

---

33 Donaldson and Kymlicka. *Zoopolis*. 143[『주폴리스』, 267쪽].

34 Donaldson and Kymlicka. *Zoopolis*. 154[『주폴리스』, 287쪽].

35 Donaldson and Kymlicka. *Zoopolis*. 148[『주폴리스』, 277쪽].

36 Donaldson and Kymlicka. *Zoopolis*. 152[『주폴리스』, 283쪽]. 저자들은 고양이와 관련하여 다음과 같이 말한다. "인간이 고양이를 반려동물로 삼으려면, 고양이의 식단 및 그들이 인간과 동물 사회의 구성원이 되기에 필요한 다른 제약들을 둘러싼 특정한 수준의 도덕적 복잡성을 다뤄야만 한다(152[283-284쪽])."

이론"[37]을 전개한다. 나는 이 제안이 기존의 자치권 이론을 비약적으로 확장한다고 본다. 기존 이론은 공동체 ("국민") 내에 규범적으로 정의된 권한 구조를 기대하기 때문에 비인간 동물을 승인하는 능력에 한계가 있다.[38] 앞서 살펴본 대로 이러한 한계는 구딘, 페이트먼, 페이트먼의 모델에도 적용된다. 이러한 접근 방식과 달리, 도널드슨과 킴리카는 공동체의 자치권을 보장하는 도덕적 목적을 반영하기 위해 주권에 대한 우리의 기존 이해를 수정해야 할 강력한 근거가 있다고 주장한다. 이들은 자치권을 확립하는 다른 역량, 즉 "자율성에 대한 이해관계"를 제안한다.

특정 공동체의 자치권을 인정할 수 있을지의 여부와 그 방법을 평가할 때 중요한 것은 그 공동체가 보유한 법적 제도가 아니라 그 공동체가 자율성에 대한 이해관계를 갖는지 여부이다. 이는 결국 공동체의 번영이 영토에서 사회 조직 및 자기 제어 양식을 유지할 수 있는 능력과 관련되는지 여부에 달려 있다.[39]

도널드슨과 킴리카는 계속한다.

---

37   Donaldson and Kymlicka. *Zoopolis.* 167[『주폴리스』, 312쪽].

38   이것은 (기존의) 주권적 권리를 승인받고자 하는 원주민들이 직면한 어려움 중 하나다. 호주를 예로 들면 "원주민 토지 소유 권리"를 통한 토지권을 인정받기 위해 원주민은 토지, 전통적 관습, 법률과의 지속적인 연관성을 입증해야 한다. 토지에 대한 원주민 권리의 승인을 둘러싼 인종주의적 논리에 대해서는 Aileen Moreton Robinson. "The Possessive Logic of Patriarchal White Sovereignty: The High Court and the Yorta decision." *Borderlands e-Journal.* 3.2, 2004를 참조하라.

39   Donaldson and Kymlicka. *Zoopolis.* 173[『주폴리스』, 323쪽].

자치권을 위해 어떤 종류의 능력이 필요한가? 우리는 (인간과 마찬가지로) 야생동물에게도 자치권의 핵심은 공동체가 직면한 문제에 대응하고 개별 구성원이 성장하고 번영할 사회적 맥락을 제공할 수 있는 능력이 있다고 생각한다. 동물이 신체적 충동, 환경의 변화, 기회, 도전에 대해 본능적인 수준에서 반응하는 것처럼, 이러한 능력은 때로는 '기계적이고 자동적'이다. 그러나 (옐로스톤 공원의 곰이 미니밴 지붕 위로 뛰어올라 문을 여는 법을 배우고 다른 곰들에게 이 배움을 전수하는 경우처럼) 이 능력은 때로는 의식적으로 학습되기도 한다.[40]

이 모델에서 야생동물은 자신의 문제를 스스로 관리할 수 있는 능력을 갖추고 있다는 점에서 자치권을 부여받는다.[41] 야생동물에게 자치권을 부여한다 해서 선언된 주권 공동체에 인간이 간섭할 수 없는 것은 아니다. 도널드슨과 킴리카에 따르면, 외부의 약탈적 위협이나 내부의 자연재해나 기근에 대한 보호의 측면에서 안전을 제공하는 것("주권은 전멸, 착취, 동화 등 외부의 위협에 대한 보호의 형태를 띤다"[42])과 같은 유익

---

40   Donaldson and Kymlicka. *Zoopolis*. 175[『주폴리스』, 326쪽].

41   이러한 능력에는 분명 주목해야 할 몇 가지 측면이 있다. 공동체를 육성하는 능력은 주권을 얻는 데 필요한 역량으로 여겨지며 도널드슨과 킴리카는 이것이 "자연적"이고 "사회적" 반응의 결과로 발생할 수 있다고 말한다("동물은 신체적 충동, 환경의 변화, 기회, 도전에 대해 본능적인 수준에서 반응한다"). 제6장에서 자연과 문화의 구분이 작동하는 방식에 대해 해러웨이가 주목한 점을 논의한 내용을 여기에도 적용할 수 있을 것이다. 이 지점에서 주목해야 할 것은 도널드슨과 킴리카의 모델에서 사육 동물은 인간과 의존관계에 있으므로 이러한 능력을 결여하고 있다고 가정된다는 점이다.

42   Donaldson and Kymlicka. *Zoopolis*. 180[『주폴리스』, 335쪽]. 이러한 주권관은 생명정치와 면역성을 동일시하는 에스포지토의 관점과 주권을 "보호해야 할 책임"으로 정의하는 현대 국제관계 모델과 같은 최근의 동향과 일치한다. Gareth Evans. *The Responsibility to Protect: Ending Mass Atrocity Crimes Once and For All*. Washington: Brookings Institution Press, 2008 참조.

한 간섭도 있다. 또한 도널드슨과 킴리카의 모델에서 영토가 중요한 것은 사실이지만(이 점은 다시 다룰 것이다), 자치권은 별개의 분리된 공동체를 수반하지 않는다.

> … 우리가 특정 영토를 하나의 자치권의 다종 공동체로 보든 일련의 중첩된 자치권 공동체로 보든, 중요한 것은 영토가 외부적으로 이방인의 지배나 약탈로부터 보호받고, 내부적으로 그 자체의 자율적 경로를 따라 진화할 수 있다는 점이다.[43]

그러나 도널드슨과 킴리카의 모델에서 자치권 공동체의 정치적 대표성은 잠재적 문제로 인식된다. "야생동물은 인간의 간섭으로부터 스스로를 물리적으로 방어할 수 있는 위치에 있지 않다. 야생동물은 외교 협상이나 국제기구에서 대표를 세울 수 없고, 자치권의 이해관계를 보호하기 위해 책임을 위임하는 것에 대해 집단적 결정을 내릴 수도 없다."[44] 그래서 제안된 것이 "동물 자치권의 원칙에 헌신하는 인간에 의한 일종의 대표 위임제"[45]이다.

적어도 베스트팔렌 국민국가 체제 내의 정치 대표성과 안보의 측면에서 도널드슨과 킴리카는 구딘, 페이트먼, 페이트먼과 유사한 입장

---

43 Donaldson and Kymlicka. *Zoopolis*. 191[『주폴리스』, 354쪽]. 특히 북방긴수염고래의 이동에 대한 저자들의 논의를 참조할 것(189[350-351쪽]).

44 Donaldson and Kymlicka. *Zoopolis*. 209[『주폴리스』, 385쪽].

45 Donaldson and Kymlicka. *Zoopolis*. 209[『주폴리스』, 385쪽].

에 도달한다.[46] 그러나 이들의 접근법 사이에는 몇 가지 중대한 차이점이 있다. 전자의 모델은 적어도 보다 포괄적이라는 의미에서 후자의 모델의 발전형이다. 구딘, 페이트먼, 페이트먼은 유인원이 주요 기능 및 "지능"의 영역에서 인간과 차별화되지 않는다는 이유로 유인원의 주권역량을 정당화하며 유인원이 현행 국제법에서 이해되는 "국민"의 규준을 충족한다고 주장한다.[47] 위에서 논한 바와 같이, 유인원은 특히 유사한 사회질서를 가지고 있다는 점에서 인간과 매우 비슷하므로 주권적권리를 가질 수 있다는 것이다.[48] 이러한 의미에서 구딘, 페이트먼, 페이트먼은 주권을 이해할 때 좀 더 보수적인 접근법을 사용하여 정치 공동체를 구성하는 인간과 유사한 역량을 직접적으로 증명할 수 있는 비인간 동물에게 주권적 권리로의 접근 자격을 한정한다. 이는 (유인원뿐 아니라) 보다 광범위한 존재자들의 자치권의 역량을 인정하는 도널드슨과 킴리카의 『주폴리스』와 다르다. 여기서 혁신은 "국민"이라는 공동체의 구성원이 가진 개별 역량이 아니라 정치 공동체라는 범주를 구성하는 요소에 초점을 맞춘다는 것이다. 이처럼 도널드슨과 킴리카는 인간 공동체와 개별 구성원의 유사성에 엄격하게 의거하는 것이 아니라 "자

---

46 구딘, 페이트먼, 페이트먼에 대한 도널드슨과 킴리카의 언급을 참조하라. Donaldson and Kymlicka. *Zoopolis.* 209[『주폴리스』, 385-386쪽].

47 유엔의 시민적·정치적 권리에 관한 국제 규약 및 경제적·사회적 및 문화적 권리에 관한 국제 규약의 공통 제1조 제1항은 다음과 같다. "모든 사람은 자결권을 가진다. 이 권리에 기초하여 모든 사람은 그들의 정치적 지위를 자유롭게 결정하고 또한 그들의 경제적, 사회적 및 문화적 발전을 자유로이 추구한다." 제1조 제2항은 말한다. "모든 사람은 호혜의 원칙에 입각한 국제적 경제협력으로부터 발생하는 의무 및 국제법상의 의무를 위반하지 아니하는 한, 그들 자신의 목적을 위하여 그들의 천연의 부와 자원을 자유로이 처분할 수 있다. 어떠한 경우에도 사람은 그들의 생존수단을 박탈당하지 아니한다."

48 Goodin, Pateman and Pateman. "Simian Sovereignty." 833.

율성에 대한 이해관계를 갖는" 집단의 역량을 바탕으로 한 새로운 규준을 만들었다. 이는 "결국 공동체의 번영이 영토에서 사회 조직 및 자기 제어 양식을 유지할 수 있는 능력과 관련되는지 여부에 달려 있다."[49] 도널드슨과 킴리카는 주권에 대해 역량 시험에 합격한 개체만이 얻을 수 있는 지위가 아니라 종에 구애받지 않는 수준의 정치 공동체 기능을 통해 접근하기 때문에 구딘, 페이트먼, 페이트먼이 제시한 모델의 아마도 불가피했을 종 선택을 피하고 다양한 동물 주권을 포함할 수 있는 더 넓은 시야를 갖게 되었다. 이러한 의미에서 도널드슨과 킴리카의 접근법은 구딘, 페이트먼, 페이트먼의 방식보다 잠재적으로 더 광범위한 동물 주권을 포괄하는 더 넓은 주권의 관점을 제시했다는 점에서 의미 있는 혁신이다. 이 접근법은 또한 베스트팔렌 주권 체제하에서 오직 인간의 것으로만 간주되는 역량을 근거로 인간에게 주권 형태를 부여함으로써 자결권에 접근할 수 있는 이들을 본질적으로 제한한다는 우려를 부분적으로나마 해결했다.

그러나 내가 도널드슨과 킴리카의 접근법에 대해 지속적으로 제기하는 문제는 결정을 내리는 인간의 주권적 특권과 관련이 있다. 앞서 누스바움의 역량 접근법과 관련하여 논한 것처럼, 이 접근법이 동물에게 적용되면 다양한 동물의 역량에 대한 인간의 판단이 요청되고 동물의 번영이라는 명목으로 지속적인 형태의 가부장주의가 정당화된다. 도널드슨과 킴리카의 제안도 이와 같은 문제에서 자유롭지 않다. 예컨대 도널드슨과 킴리카에게 묻고 싶은 한 가지 질문은 이것이다. 누가 시

49 Donaldson and Kymlicka. *Zoopolis*. 173[『주폴리스』, 323쪽].

민권과 자치권을 결정하며 누가 그러한 정치적 지위를 규제하는가? 제시된 모델은 여전히 인간이 이러한 범주의 차이를 규정하고 정치적 지위의 경계에 서서 적격성과 자격을 결정하는 데 의존하는 것으로 보인다. 이러한 의미에서 도널드슨과 킴리카 모델의 이면에는 결정을 내릴 수 있는 인간의 특권이 남아 있다. 따라서 우리는 "인간은 좋든 싫든 동물에 대한 지배권을 갖는다"[50]라는 존 웹스터의 생각에 명확한 이의를 제기할 수 없다. 나는 이러한 종류의 반박에 한계가 있다는 것을 인정한다. 도널드슨과 킴리카가 구딘, 페이트먼, 페이트먼과 마찬가지로 기존의 자유주의적 정치 개념을 활용하여 그 개념에 비인간 주체를 실천적으로 포함하고자 개혁을 시도하는 것은 틀림없다. 그리고 이들이 제안하는 모델이 이미 이 개념의 한계를 뛰어넘고 있는 것도 사실이다. 그러나 동물에 대한 조직적 폭력에 맞서 비인간 동물을 인간 공동체에 포함하려는 모든 시도는 반드시 급진적이어야 하며, 자유주의 정치의 통상적인 휴머니즘적 개념화를 깨뜨려야 한다. 우리는 의아하다. 왜 도널드슨과 킴리카는 더 나아갈 수 없었는가? 왜 그들은 비판적 문제를 제기할 수 있는 기존 정치 구조의 요소들(시민권, 국민국가, 베스트팔렌 체제)을 재생산하는가? 왜 (주요 의사결정과 관련하여) 인간의 지속적인 지배 형태를 승인된 채로 남겨두는가?

이러한 문제는 도널드슨과 킴리카가 사육 동물의 섹슈얼리티와 생식의 규제를 논하는 대목에서 확실히 드러난다. 이제 그들 모델의 이러한 측면으로 눈을 돌려야 한다. 도널드슨과 킴리카는 인간이 "사육 동

---

50 Webster. *Animal Welfare*. 3.

물의 성과 생식 생활(사육 동물이 성관계를 **할 수 있는지, 해도 되는지, 언제 어떻게 누구와** 할 것인지)에 대한 막대한 통제력을 행사"[51]한다는 점을 인정한다. 그러나 도널드슨과 킴리카는 성, 섹슈얼리티, 생식의 규제 자체를 반대하지 않으며 섹슈얼리티와 생식에 대한 규제는 인간 사회나 "야생"에서도 발생하므로 이러한 조절은 정당화될 수 있다고 주장한다. 이들은 인간 사회에서도 아동 보호나 합의되지 않는 성관계로부터 개인의 보호,[52] 예컨대 "선천적 기형의 경우 임신중절을 위한 선별적 낙태"[53]와 같은 생식과 선택에 대한 개입 등 다양한 이유로 섹슈얼리티를 규제한다고 주장한다. 도널드슨과 킴리카에 따르면 인간 사회에서 규제는 사회적 실천과 규범을 통해 개인에 의해 주도되지만 이러한 통제는 국가의 개입 형태로 뒷받침되기도 한다. "일반적으로 우리는 성관계와 그 결과의 수용과 관련하여 개인에게 자기 규제 및 책임감을 기대한다. 개인이 그렇게 할 수 없을 때 국가가 개입한다."[54] 도널드슨과 킴리카는 이러한 통제의 목적은 인구의 지속가능성과 아동 보호에 있다고 한다.

---

51 Donaldson and Kymlicka. *Zoopolis*. 144[『주폴리스』, 270쪽].

52 여기서 섹슈얼리티와 합의를 연결하는 도널드슨과 킴리카의 정식화가 가부장제가 섹슈얼리티를 동의된 폭력으로 구성한다는 매키넌 및 다른 이들의 비판을 반영하고 있다는 점에 주목해야 한다. 도널드슨과 킴리카는 말한다. "성관계에는 합의가 있어야 한다. 성관계를 할 수 있는 자유는 절대적인 것이 아니라 기꺼이 동의하는 상대에 달려 있다(144[『주폴리스』, 271쪽])." [가부장제의] 이러한 구조는 합의되지 않는 성관계도 (폭력이 아닌) 성관계라는 것을 암시한다. 이와는 다른 개념화에서는 성관계가 항상 상대, 즉 타자와의 협상 과정이며 이 협상이 실패할 때 폭력으로 변질된다고 주장한다. 이 관점은 성관계 및 섹슈얼리티를 금지, 규범, 법률을 통해 규제해야 할 충동이 아니라 폭력 자체에 대립하는 생산적이고 창조적인 과정으로 파악한다.

53 Donaldson and Kymlicka. *Zoopolis*. 145[『주폴리스』, 271쪽].

54 Donaldson and Kymlicka. *Zoopolis*. 145[『주폴리스』, 271쪽].

"인간은 생식을 자기 규제하여 (이론적으로) 지속 가능한 수준을 초과하지 않는 인구수와 자신이 낳은 아이를 돌볼 (개인과 집단의) 능력을 보장할 수 있다."[55] 이 두 목적은 야생동물의 "본성"에도 실제로 반영되어 있다고 한다. 도널드슨과 킴리카는 늑대를 예로 들어 말한다. 이 동물은 "성행위와 생식 행위를 엄격하게 통제"하고 이를 자기 규제의 형태로까지 확장한다.[56] 일부 경건한 늑대는 "평생 성관계를 하지 않고 살아간다."[57] 그러나 다른 동물의 경우는 자기 규제 형태 이외의 외적 강제로 개체 수를 제한한다.

> 일부 종은 거의 모든 성체 암컷이 짝짓기를 하고 새끼를 낳는다. 종종 엄청난 수의 새끼들이 태어나지만, 성체는 새끼를 돌보는 데 노력을 거의 기울이지 않는다. 개체 수는 포식, 노출, 질병, 기아에 의해 조절된다.[58]

도널드슨과 킴리카는 인간 사회와 야생동물 사회 모두에서 (자기 규제 규범, 법, "본성"을 통한) 성과 생식 규제의 "필연성"을 확립한 후, 반

---

55 Donaldson and Kymlicka. *Zoopolis.* 145[『주폴리스』, 272쪽].

56 Donaldson and Kymlicka. *Zoopolis.* 145[『주폴리스』, 271쪽].

57 Donaldson and Kymlicka. *Zoopolis.* 145[『주폴리스』, 272쪽].

58 Donaldson and Kymlicka. *Zoopolis.* 145[『주폴리스』, 272쪽]. 여기서 "돌봄"이 번식량과 관련하여 위치하는 방식과 이 과정에서 암컷에게 주된 책임을 부과하는 방식(수컷은 아마도 새끼의 "잉여" 생산에 책임이 없는 것 같다)에 주목해야 한다. 여기서 암컷 종은 마치 제한 없이 제멋대로 새끼를 낳고 보살핌을 게을리하는 것으로 구성되는데, 이는 도널드슨과 킴리카가 말한 '우두머리' 수컷을 따라 무리를 위해 "평생 성관계를 하지 않고 살아가는" 경건한 수컷 늑대와는 대조되는 형태라고 할 수 있다.

대로 사육화 과정에 있는 동물은 성과 생식을 효과적으로 규제할 수 있는 상황에서 벗어나 있다고 주장한다. 사육 동물이 자기 규제나 포식과 같은 외부 통제를 통해 개체 수를 조절하지 못한다는 것은 도널드슨과 킴리카에게 인간의 개입이 필요하다는 것을 의미한다. "이것은 인간이 단순히 방관자로 머물 구실이 되지 않는다."[59] 따라서 인간은 결정할 수 있고, 결정을 내려야만 한다.

> 사육 동물이 유의미한 행위성을 행사할 수 없는 한, 인간은 동물의 이해관계에 따라 행동해야 할 책임이 있다. 공동체의 성원으로서 사육 동물은 필요한 경우 가부장적 보호를 포함하여 보호받을 자격이 있다. 더욱이 그들은 내적으로 자기 규제를 하지 않는 한, 사회생활의 제약(예컨대, 타자의 기본권과 협동 체제의 지속 가능성을 보호하기 위해 부과되는 규제)을 받는다.[60]

사육 동물의 성과 생식 규제에 대한 도널드슨과 킴리카의 논의는 많은 부분에서 위험하고 문제적이다. 이는 "지속 가능한 수준을 초과하지 않는 인구수"와 "자신이 낳은 아이를 돌볼 능력"을 보장하기 위한 성과 생식 규제의 규범화 및/또는 자연화가 개체 수 조절이나 아동의 안전 이외의 다양한 목적으로 성, 섹슈얼리티, 생식을 실질적으로 통제하고 있는 사태를 간과하고 있는 것으로 보인다. 여기에는 성행위가 이루어지는 방식, 시기, 장소, 상대에 대한 대규모 규제 및 이를 통한 섹스와

---

59 Donaldson and Kymlicka. *Zoopolis*. 146[『주폴리스』, 274쪽].

60 Donaldson and Kymlicka. *Zoopolis*. 146[『주폴리스』, 274쪽].

젠더의 정체성의 규범화가 포함된다. 이는 확실히 도널드슨과 킴리카가 호모 섹슈얼이나 퀴어 섹슈얼리티의 사회적 규제에 관련된 문제에는 주의를 기울이지 않는다는 것을 말해 준다. 실제로 인간에게나 동물에게나 섹슈얼리티와 생식을 마치 동일하고 치환 가능한 것처럼 결합하여 논의하는 것은 암묵적으로 호모 섹슈얼의 실천을 비정상으로 규정하고 성적 쾌락을 생식의 목적에만 맞추는 것이다. 이 모든 것을 통해 무엇이 동물의 쾌락을 구성하는지, 동물이 무엇을 욕망하는지, 그것이 생식기인지 아닌지를 이해하는 과제(동물이 스스로 개인적, 집단적 통제를 행사할 수 있는 미래를 위해 분명 중요한 질문)는 마치 성과 섹슈얼리티 규제의 문제와는 전혀 관련이 없는 것처럼 밀려나게 된다.[61]

　　도널드슨과 킴리카가 개체 수 조정을 명시적으로 검토하는 부분에서 생식에 관해 결정을 내리는 인간의 특권은 더욱 명백한 생명정치적 주권 규제 형태를 띠기 시작한다. 이들은 인간이 사육 동물의 생식 과정

61　이는 도널드슨과 킴리카의 개인의 권리, 섹슈얼리티, 생식에 관한 논의에서 명료하게 드러난다. "일반적으로 우리는 성관계와 그 결과의 수용과 관련하여 개인에게 자기 규제 및 책임감을 기대한다. 개인이 그렇게 할 수 없을 때 국가가 개입한다(예컨대, 아동을 보호하기 위해, 뜻하지 않게 에이즈 바이러스에 감염되는 사태를 막기 위해, 원치 않는 성폭력으로부터 보호하기 위해). 이처럼 '(상대와) 성관계할 권리'란 존재하지 않으며 오히려 성적 강압이나 부당한 성적 규제로부터 자유로울 권리가 존재한다. 또한 대부분 사람들이 '가족을 가질 권리'(유엔 세계인권선언에 명문화된 권리)를 주장하지만, 이 권리 역시 상대(또는 기증자나 입양자)의 의지에 의해 좌우된다(145[『주폴리스』, 271쪽])." 도널드슨과 킴리카는 성적 쾌락의 권리 자체에 대해 의문을 제기하는데 이는 쾌락과 관련하여 권리와 주권을 개념화하는 방식에 대한 더 일반적인 문제를 시사하는 것으로 보인다(예를 들면 Françoise Girard. "United Nations-Negotiating Sexual Rights and Sexual Orientation at the un." Richard Parker, Rosalind Petchesky and Robert Sember Eds. *Sex Politics: Reports From the Front Lines*. Sexuality Policy Watch. 2004. 311-358). 나는 이전에 디어드레 테드먼슨과 함께 쾌락에 대한 규제를 (합법화된 권위, 폭력, 인종/종 구분에 이어) 주권의 "네 번째 기둥"으로 간주해야 한다고 주장했다. Deirdre Tedmanson and Dinesh Joseph Wadiwel. "The Governmentality of New Race/Pleasure Wars?" *Culture and Organisation*. 16.1, 2009. 7-22 참조.

에 개입해 온 결과 오늘날과 같은 개체 수가 만들어졌다는 사실을 인정한다. "동물이 현재와 같은 개체 수로 존재하는 유일한 이유는 인간이 동물을 착취하기 위해 집중적으로 번식시켰기 때문이다."[62] 미래에 사육화 관계가 종식되면 개체 규모는 감소될 것이라는 주장도 있다(예컨대 닭이 식용으로 번식되는 일은 없어질 것이기 때문이다). 도널드슨과 킴리카는 이 미래의 시나리오에서 개체 수 통제가 다른 목표를 달성할 수 있을 것이라고 주장한다.

> 아마도 우리는 (a) 생태학적으로 지속 가능하고 (b) 사회적으로 지속 가능한(즉 사육 동물을 돌봐야 하는 인간의 의무와 동물이 인간과 동물의 공동 사회에 참여하는 방식 사이에 일종의 균형이 이루어지는) 개체 규모를 지향해야 할 것이다. 인간이 생태적 또는 사회적 붕괴로 인한 피해를 막고 지속 가능한 방식으로 동물의 개체 수를 규제하는 것은 사육 동물의 이익에 부합한다.[63]

도널드슨과 킴리카는 개체 수 조절이 반드시 신체의 온전함의 침해를 수반하지 않으며, 비침습적 기술도 생각할 수 있다고 지적한다. 그들은 이렇게 말한다.

> … 사육 동물의 번식률을 조절할 수 있는 비교적 비침습적인 방법에는 출산 제한 백신, 일시적인 공간 격리, 무정란 등 여러 가지가 있다.

---

62 Donaldson and Kymlicka. *Zoopolis*. 147[『주폴리스』, 275쪽].

63 Donaldson and Kymlicka. *Zoopolis*. 147[『주폴리스』, 275쪽].

게다가 가능한 한 동물에게 가족을 이룰 기회를 준 다음, 만일 그들이 원한다면 출산 제한 조치를 부과할 수 있다.[64]

정말로 "인간이 동물의 개체 수를 규제하는 것이 사육 동물에게 이익"[65]이 되는가? 클레어 파머가 지적한 것처럼 생식 통제가 지배받는 동물의 "이익"에 진정으로 부합한다면, 정당한 가부장주의라고도 할 수 있다. 그러나 파머가 보기에 "동물 불임시술의 경우, 도구주의가 아닌 가부장주의 지배와 결합하는 경우는 거의 없다."[66] 또한 정당한 가부장주의와 도구주의를 구분하고 인간의 이익이 동물의 이익을 능가하는 지점을 결정하는 것은 언제나 어려운 일이다. 이 문제는 동물의 개체 수 규모가 인간 인구의 지속가능성에 도전하는 경우, 결정을 내릴 수 있는 인간의 생명정치적 특권이 (비인간 인구보다) 인간 인구의 지속가능성을 보장할 것으로 예상되는 경우 명백해진다.[67] 당연히 이는 인간의 효용을

---

64 Donaldson and Kymlicka. *Zoopolis*. 147[『주폴리스』, 275쪽].

65 Donaldson and Kymlicka. *Zoopolis*. 147[『주폴리스』, 275쪽].

66 Palmer. "Killing in Animal Shelters." 183. 파머는 이렇게 말한다. "반려동물의 '중성화'는 동물복지 단체에서 많이 권장하는 절차이다. 이들 단체는 '원치 않는 새끼', 즉 인간이 원하지 않는 새끼를 낳는 것을 방지할 수 있다고 주장한다. 이는 그 자체로 일종의 권력관계를 드러낸다. 물론 수컷과 암컷 동물을 '중성화'하고 '난소 제거' 시술을 하는 것은 단순히 불임으로 만드는 것이 아니다. 만일 불임을 원한다면 단순히 수컷 고양이에게 정관 절제술을 받게 하면 될 것이다. 오히려 이 과정은 동물 신체를 탈성화하고 특정한 행동 변화(평온함, 온순함, 덜 떠돌아다니는 경향, 영역화(와 가구에 오줌을 누는 것과 같은 부수적인 습관)의 완화)를 일으키도록 설계된 훨씬 더 광범위한 작업이다. 중성화와 난소 제거는 가정 환경에서 동물의 섹슈얼리티의 흔적을 지운다. 동물의 섹슈얼리티는 (인간과의 관계에서 숨겨져 있는 것의 끊임없는 상기, 반려동물이 유아가 아닌 포유류라는 것의 상기, 공격적인 표현이나 행동의 원인 등) 여러 이유로 골칫거리가 될 수 있다." Palmer. "Taming the Wild Profusion of Existing Things?" 357 참조.

67 서론에서 나는 인간과 동물 생명의 이해관계 사이에서 선택해야 하는 극한 상황에서 인간

넘어선 동물과의 미래를 어떻게 상상할 수 있을지에 대해 제기되는 어려운 문제이다. 그렇지만 인간의 결정권을 어떻게 박탈하고 의문을 제기할 것인지를 과제로 삼아야 한다는 것은 틀림없다. 여기서 제안된 방안은 불편하게도 인간의 지배를 재구성하는 것처럼 보이지만, 단지 좀 더 자비로운 형태일 뿐 종의 차이는 여전히 차별적 논리와 폭력의 사용을 정당화한다. 따라서 이러한 틀은 종의 포괄성과 관련하여 현행 모델을 넘어선다고 하더라도 생명정치적 주권 형태를 노골적으로 따르고 있다고 볼 수 있다.

우리는 주권에 대한 이러한 생명정치적 개념화(정치적 지위를 표현할 때 여전히 종의 규범과 폭력 양식에 의존한다)를 도널드슨과 킴리카가 설정한 자치권, 영토, 정치 성원의 자격 조건 사이의 관계에서 이해할 수 있다. 앞서 논한 것처럼, 도널드슨과 킴리카의 모델에서 자치권의 역량은 베스트팔렌 체제가 전제한 것과는 달리 잠재적으로 다양한 비인간 타자를 포함할 수 있다. 이 모델은 자치권의 역량이 중첩되고 영토의 혼합적 이용을 인식한다는 점에서 더 많은 유연성이 있으며, 이는 "자치권이 단일하고 절대적이어야만 한다는 관념을 버려야 한다"[68]라는 약속을 보여준다. 그러나 주권의 생명정치적 본성은 그대로 남아 있다. 도널드슨과 킴리카는 암묵적으로 인구와 영토의 관계를 표현하는 자치권에

의 생존이 항상 동물의 자기보존 의지보다 우선시되는 톰 레건의 구명보트 사례를 다루었다. 여기서 도널드슨과 킴리카가 제안한 생식 규제 형태가 극단적인 생존 상황에서 인간 인구가 동물 개체 규모보다 우선시되는 구명보트 사례의 변형처럼 보일 수 있다는 것은 섬뜩한 일이다. 물론 이것은 생명정치의 전형적인 사례다. 이러한 경우, 동물 개체 수를 문자 그대로 규제할 결정은 인간 인구의 안전화에 기초할 것이다.

68 Donaldson and Kymlicka. *Zoopolis*. 190[『주폴리스』, 352-353쪽].

대한 관점을 제시하는데, 여기서 영토는 인구의 생명을 육성하고 조장하는 것으로 간주된다. 도널드슨과 킴리카는 말한다.

> 공동체, 특히 대부분의 동물 공동체는 이를 유지할 수 있는 토지 기반 없이는 자율적인 자기 규제는 고사하고 생태학적으로 생존할 수 없으므로, 자치권은 영토와 중요하게 연결된다. 그러나 자치권을 반드시 특정 영토에 대한 배타적인 통제권으로 정의할 필요는 없다. 오히려 자치권은 자율적이고 자기 규제적인 공동체가 되기 위해 필요한 접근 및 통제의 범위나 본성으로 정의할 수 있다.[69]

인구의 생물학적 생명과 영토가 명백히 연결된다는 점에서, 자치권에 대한 이러한 구상은 틀림없이 생명정치적이라고 할 수 있다. 이러한 형태의 자치권은 (영토와 인구에 대한 권력을 발생시키는) 칼에 의한 통치라는 단순한 특권을 종의 자율성과 충족에 필요한 것을 기반으로 종 공동체에 영토에 대한 접근권을 부여하는 주권 모델로 대체한다.

"벌거벗은" 생명정치적 주권이 반드시 문제인 것은 아니다. 그러나 앞서 섹슈얼리티와 생식 규제에 관련하여 논한 바와 같이 특히 생명정치가 본성상 인간과 동물의 경쟁으로 구성되는 경우라면, 정치의 생명정치적 결정에 도전하지 않고 어떻게 인간과 동물 간의 적대감에서 벗어날 수 있는지 과제가 남게 된다. 이는 도널드슨과 킴리카의 시민권에 대한 논의 및 이러한 형태의 시민적, 정치적 포함을 달성한 이들이 가

---

69 Donaldson and Kymlicka. *Zoopolis*. 190[『주폴리스』, 353쪽].

질 수 있는 권리와 관련하여 이해할 수 있다. 시민권은 주권 영역의 일부로, 선언된 영토와 물질적 신체 사이의 혈연적 연결을 나타낸다. 이러한 의미에서 시민권은 신체와 주권자를 연결하는 사슬이다. 실제로 홉스가 개인과 왕의 연결로 시민법을 상상한 것과 동일한 방식으로 시민권을 정의할 수 있다. "상호 협약에 의해 그들은 인공적인 사슬의 한쪽 끝은 자신들이 주권적 권력을 부여한 사람, 즉 합의체의 입술에 연결하고 다른 한쪽 끝은 그들 자신의 귀에 연결하였다."[70] 적어도 어떤 형태로든 시민권은 폴리스의 성원 자격에 대한 문자 그대로 혈연적 연결로 기능하는 한(따라서 시민권의 적격성을 결정하기 위해 혈통주의jus sanguinis(혈통이나 가족적 연결)와 출생지주의jus soli(영토적 연결) 원칙이 적용된다), 명백히 생명정치적 개념이다. 게다가 능동적 정치 참여의 모델에 의존하는 시민권 개념에서도 시민과 비시민 사이의 내부 및 외부 관계는 정의되어 있으며 이는 시민권에 대한 넓고 포괄적인 개념화조차도 여전히 예외를 전제로 하고 있음을 보여준다. 간단히 말해, 시민과 비시민을 구별하는 위계적이고 배타적인 논리가 이미 마련되어 있지 않다면, 즉 시민이 아닌 자에 대비하여 시민에게 주어질 권리가 정의되는 배제 구역을 결정하는 논리가 이미 존재하지 않는다면 정치 공동체의 성원(즉, 시민)이라는 범주는 필요하지 않을 것이다. 이처럼 시민권 개념은 동시에 누가 폴리스에서 배제될 것인지의 선언이기도 하다. 한나 아렌트는 이를 인권과 시민권의 구별과 관련하여 논하며, 시민권의 상실은 최소한의 인권 보장에도 불구하고 세계의 상실을 의미한다고 말한다.

---

70 Hobbes. *Leviathan*. 140[『리바이어던』, 제1권, 282쪽].

공동의 세계 밖에서 살도록 강요당한 사람들의 존재로부터 발생하는 가장 큰 위험은 문명의 한가운데서 그들이 자연적으로 주어진 것, 단순한 차별화로 도로 던져졌다는 것이다. 그들은 공동체의 시민이라는 점에서 오는 것, 엄청난 차이의 평등화를 결여하고 있다. 그들은 더 이상 인간이 만든 세상에 참여하지 못하기 때문에, 동물이 특정한 동물 종에 속하는 것과 동일한 방식으로 이제 인간 종에 속하기 시작한다.[71]

이러한 분립에 대한 한 가지 대응책은 계속 확장되고 있는 존재자들에게 시민권을 부여하는 것이다. 또 다른 접근법은 공동체를 구성하는 수단으로서의 시민권을 완전히 포기하는 것이다. 제1장에서 설명했던 주권, 생명권력, 예외 사이의 긴밀한 연결성을 상기해 보자. 적어도 아감벤의 개념에서 주권은 바로 예외에 대한 결정에서 발생한다. 이 결정은 포함되는 자와 배제되는 자를 나누며, 아감벤이 언급했듯이 정의상 생명정치적이다. 만일 아감벤이 논하는 바와 같이 생명정치가 인간과 동물의 구별(진정한 갈등의 이동 지대)의 표현이라면, 내부와 외부의 관계에 따라 시민권을 규정하는 모든 정치 성원 모델은 이미 생명정치적이며, 정치 성원의 자격 조건이 바뀔 수 있다 해도 이미 인간과 동물 간의 경계를 다시 기술하는 것에 불과하다. 따라서 다른 "동류들"을 포함하기 위해 시민권을 넓힐 수도 있지만, 정치 공동체가 그 정의상 내부와 외부의 관계(정치 공동체에 속한 자와 그렇지 않은 자의 관계)에 기초하

---

71 Arendt. *The Origins of Totalitarianism*. 302[『전체주의의 기원』, 제1권, 541쪽].

고 있다는 사실은 인간과 동물의 경계, 권리를 소유한 자와 그렇지 않은 자의 경계를 이미 재구성하고 있다. 이것은 결국 제1장에서 다룬 아리스토텔레스의 고전적 폴리스 개념의 특징으로, 폴리스와 관련하여 경계를 설정하고 성원 자격을 설정하는 데서 인간, 동물, 야만인의 구별이 발생하는 것이다. "국가는 자연의 산물이며, 인간은 본성적으로 정치적 동물이다. 그리고 단지 우연에 의해서가 아니라 본성적으로 국가를 갖지 못한 사람은 좀 모자라는 사람이거나 인간 이상의 사람이다."[72] 시민권에 의존하는 것은 인간과 동물의 갈등을 단순히 재개하거나 복원하고, 역량 및 종의 번영에 대한 잠재적으로 자의적인 결정에 기초하여 선을 긋는다는 점에서 위험하다.

이러한 위험은 도널드슨과 킴리카가 **거주권**(주권 및 정치 성원 자격의 삼자 모델에서 세 번째 요소)이라는 임시적 용어에 의존하여 (사육 동물처럼) 기존 국민국가에 충성하거나 의존하지 않으면서도 (야생동물처럼) 독자적인 자치권을 소유하지도 않는 "경계 동물"을 기술하는 데서 잘 드러난다. 도널드슨과 킴리카에 따르면 이러한 경계 동물은 일반적으로 생존을 위해 인간에 의존하지만 특정한 형태의 돌봄이나 생명의 육성을 필요로 하지 않는다.

> 경계 동물은 인간 공동체와는 다른 틈새를 차지하고 있다. 이들은 인간의 활동으로 인한 환경 변화에 적응해 왔으며 이러한 의미에서 그들은 인간을 필요로 하거나 적어도 인간에게서 이익을 얻는다. 그러나 경계 동물이 인간의 정착지와 그 정착지가 제공하는 자원에 의존

---

72 Aristotle. *Politics*. 446 [1253a][김재홍 옮김, 『정치학』, 길, 33-34쪽].

하는 가운데 이러한 의존성은 점점 일반화되어 인간 정착지에 대한 의존도는 더욱 커졌다. 이러한 맥락에서 이들은 기본적으로 개별 인간으로부터 독립적으로 생활하며 자력으로 삶을 영위한다.[73]

도널드슨과 킴리카는 경계 동물을 "기회성 동물opportunists", "틈새 전문 동물niche specialists", "유입된 외래종introduced exotics", "야성 동물feral animals"로 분류한다. "기회성 동물"은 인간이 만든 환경에 적응한 종으로 "회색 다람쥐, 너구리, 청둥오리, 갈매기, 까마귀, 박쥐, 사슴, 여우, 매 외 다수"[74]가 포함된다. 기회성 동물은 "불특정한 형태로 인간에게 의존"하는 존재로 정의된다. 도널드슨과 킴리카가 주장하기를, 이들은 "인간의 정착지에서 살지만 특정 인간(들)과의 관계에 의존하지 않으면서도 대부분 인간 활동의 변화에 적응할 수 있다."[75] "틈새 전문 동물"은 이보다 유연성이 떨어지는 동물 집단으로 인간이 만든 특정한 환경에 적응해 왔다. 도널드슨과 킴리카는 여우와 쥐의 서식 환경을 조성한 산울타리를 예로 든다. (산울타리 제거와 같은) 인간 환경의 변화는 이러한 동물들의 삶을 위협한다. "유입된 외래종"은 원래 살던 곳이 아닌 다른 환경에 들어와 그 영토의 "토종"과 경합하게 된 동물을 가리킨다. 도널드슨과 킴리카는 토끼와 수수두꺼비의 예를 들며 이들이 기존 생태계에 잠재적으로 미칠 수 있는 영향 때문에 박멸 운동의 표적이 되었다고 지적한다. 도널드슨과 킴리카가 설명하는 경계 동물의 마지막 범주는 "야성 동물"

---

73 Donaldson and Kymlicka. *Zoopolis*. 218[『주폴리스』, 402쪽].

74 Donaldson and Kymlicka. *Zoopolis*. 219[『주폴리스』, 403쪽].

75 Donaldson and Kymlicka. *Zoopolis*. 220[『주폴리스』, 405쪽].

로, 옛 사육 동물이나 이제 더는 인간의 통제 아래 있지 않은 그 후손으로 이해된다. "탈출하거나 유기된 고양이와 개를 쉽게 떠올릴 수 있다. 하지만 야성 농장 동물 또한 매우 많으며, 특히 호주의 경우 (돼지, 말, 소, 염소, 버팔로, 낙타 등) 야성 동물의 수가 수백만 마리에 이른다."[76]

왜 이 동물들은 "경계" 동물로 정의되며 "사육 동물"로서의 시민권이나 "국민"으로서의 자치권을 부여받지 못하는 것일까? 그 답은 영토와의 관계에 있다. 이러한 "경계" 동물들(기회성 동물, 틈새 전문 동물, 외래종, 야성 동물)은 완전한 의미의 시민권이나 자치권을 부여하는 것과는 다르게 보이는 영토와의 관계를 통해 정의된다. 이 경계 동물들은 국민국가의 자연적(또는 인간이 만든) 경계를 신뢰하지 않기 때문에, 인간이 만든 공간을 공유하면서도 인간 공동체에 충성이나 연결을 표명하지 않기 때문에, 이동성 동물이고 명확하게 구획된 자치권의 영토를 가지고 있지 않기 때문에, 인간이 만든 서식지에 의존할 수 있기 때문에 영구 방문자로서 임시 성원 자격을 부여받을 뿐이다. 이 동물들에게 거주권을 할당하는 것의 효과는 완전한 성원 자격의 (기존 인간 공동체의 구성원이 되거나 독자적인 자치권을 소유할) 권리의 부정이다. 왜냐하면 이들은 독자적인 영토를 소유한 것으로 간주되지 않으며 사실상 모국이 없는 집단으로 개념화되기 때문이다. 이러한 의미에서 도널드슨과 킴리카는 언뜻 베스트팔렌을 넘어서는 주권 개념을 제공한 듯 보이지만, 단지 이 모델을 재정립한 것에 불과하다.

경계로 구분된 국민국가의 공동체 체계는 모든 사람이 각자의 공

---

76 Donaldson and Kymlicka. *Zoopolis*. 224[『주폴리스』, 412-413쪽].

동체 내에 권리를 얻을 수 있고, 공동체 간의 상대적인 물질적 불평등이 최소화되며, 이동의 자유와 국적의 권리가 유연성과 선택권을 허용하는 방식으로 작동할 수 있다. 그러나 우리는 우리가 사는 세상이 그러한 세계시민주의에 입각한 글로벌 체제 구상과는 거리가 멀다는 것을 잘 알고 있다. 실제로 전 세계 노동시장의 계층화와 국경을 넘어 임금, 안전, 기회의 극심한 불평등의 현실이 지속되는 모습은 국민국가 체계가 인구 집단 간의 자의적 차별화를 허용하는 구분의 조작과 공모하고 있으며, 글로벌 자본주의가 이를 뒷받침하는 착취적 순환 형태를 지속한다는 점을 강조해 줄 뿐이다. 국민이 아닌 자, 영토의 외부인, 거주민이 시민권을 부여받은 자들과 동등한 권리를 요구하는 순간, 베스트팔렌의 주권의 개념화는 시험대에 오르게 된다. 한나 아렌트가 말한 것처럼 국경 바깥에 사는 자는 항상 국가라는 구축물의 응집성을 위협하며 "그 국경 내에 다른 민족이 살고 있더라도 그들을 위한 별도의 법은 필요하지 않으며, 단지 최근에 수립된 승계 국가에서만 타협과 예외로서 인권의 일시적인 집행이 필요하다"[77]라는 가정을 시험에 들게 한다. 아렌트는 이어서 "무국적자들의 등장은 이러한 환상에 종지부를 찍었다"[78]라고 강조한다.

주권이 영토든 역량이든 둘 모두든, 자기 확신적인 자연화된 기반 위에 기초하는 순간 문제가 발생한다. 지금까지 주장했고 제8장에서 확장하는 바와 같이, 주권은 그 어떤 것에도 근거한다고 볼 수 없다. 그것은 항상 어둠 속의 단정이고, 잠재력에 대한 선언이며, 어리석음에 근거

---

77   Arendt. *The Origins of Totalitarianism.* 276[『전체주의의 기원』, 1권, 502쪽].

78   Arendt. *The Origins of Totalitarianism.* 276[『전체주의의 기원』, 1권, 502쪽].

한 행동이다. 다른 동물에 대해 지배권을 요구하는 인간의 주장을 검토해 보면 이 주장에서 그 어떤 근거도 찾을 수 없다는 것을 즉시 알아차릴 수 있다. 동물과의 전쟁이 부당한 것은 이러한 주권의 상정이 항상 일방적이라는 데 있다. 인간은 항상 확립된 근거 없이 명시적이건 암묵적이건 자신의 지배권을 선언하는 위치에 있어 왔으며 바로 이 선언을 통해 배제하는 동물의 동일한 요구를 부정해 왔다. 이처럼 주권의 결정은 인식론적 폭력을 행사하여 그 주장의 본래의 근거 없음을 흐릿하게 만든다. 우리는 (인간이든 비인간이든) 존재나 집단이 주권을 인정받을 수 있는 조건을 묻는 대신에 주권이 어떻게 정치적 주장으로 발생하는지, 우월성이라는 외관상의 "진리", 즉 그 자체로 우월한 역량이라는 신화를 확립하는 측면에서 주권의 효과는 무엇인지를 물어야 한다. 이 문제를 다음 장에서 다룰 것이다.

8.
어리석음의 폭력

흰고래가 그의 눈앞에서 헤엄쳐 오는 모습은 모든 악의적인 힘들의 편집광적 화신과도 같았다. 이는 예민한 사람이라면 심장과 폐가 반만 남은 채로 살아갈 때까지 그 장기들을 뜯어 먹히는 것처럼 느낄 만한 것이었다. 태초부터 존재해 근대 기독교도들조차 이 세계의 절반을 그 지배에 귀속시키고, 고대 동방의 오피스파가 악마상을 만들어 숭배한 그 불가해한 악의, 에이해브는 그들처럼 그것을 엎드려 숭배하지 않았다. 오히려 그 악의를 그 혐오스러운 흰고래에게 미친 듯이 덮어씌우고는 만신창이의 몸으로 고래와 맞섰다. 미치게 하고 괴롭게 하는 모든 것, 매사에 풍파를 일으키는 것, 악의를 품은 모든 진실, 힘줄을 끊고 뇌를 굳게 하는 모든 것, 삶과 사상 속에 미묘하게 존재하는 모든 악마 숭배 사상. 이 모든 악은 미치광이 에이해브가 보기에 모비 딕 속에 인격을 드러내 실제로 공격할 수 있는 것이 되었다. 그는 아담 이래 전 인류가 느꼈던 모든 분노와 증오의 합을 고래의 흰 혹 위에 쌓아 올린 다음, 자신의 가슴이 박격포라도 되는 듯 그 위로 뜨거운 심장의 포탄을 터뜨렸다.

_ 허먼 멜빌, 『모비 딕』[1]

---

1 Herman Melville. *Moby Dick*. Mineola: Dover Publications, 2003. 154[황유원 옮김, 『일러스트 모비 딕』, 문학동네, 2019, 304-306쪽].

만약 젠스 바르텔슨의 주장대로 "주권의 본질은 없다"[2]라면, 또 만약 주권이 특정 가능한 일련의 자연화된 기반이나 "인민"의 역량에서 기원하지 않는다면, 우리는 주권을 어떻게 이해해야 할까? 이 책은 주권을 다툼에서 생기는 특정한 지배양식으로 이해했다. 나는 푸코를 따라 주권은 제도·관행·법률·지식을 통해 지배 양상을 고정하고 다른 수단에 의한 전쟁을 지속시킨다고 주장했다. 이러한 넓은 정의에 따라 전쟁과 명확하게 결부시키는 주권에 대한 이해는 베스트팔렌 구상의 영토적, 제도적 제한을 넘어 주권을 하나의 관계로 파악하여, 다른 동물에 대한 인간의 주권 주장에까지 확장될 수 있다. 이 주권 주장이야말로 국민국가의 국경을 넘어 작동된다는 점에서 진정으로 세계시민주의적이라고 할 만하다. 이러한 분석을 통해 나는 지배가 (인간 또는 비인간의) 우월성에 의해 정당화된다는 일반적 이해를 전도시켜야 한다고 논했다. 오히려 제4장에서 존 로크와 관련하여 분명히 확인한 것처럼 인간은 더 지성적이지도, 더 이성적이지도, 더 도덕적이지도 않다. 반대로 인간은 동물을 지배하고 전유하며, 이 지배의 과정을 통해 전유를 마친 후에 편리하게도 스스로를 우월한 존재로 명명한다. 이번 장은 이러한 분석을 마무리하기 위해 자크 데리다의 마지막 강의를 읽는다. 나는 데리다의 이 강의가 내가 여기서 논해 온 주권론의 궤도와 정확하게 맞아떨어진다고 본다. 이제 동물성과 주권에 관한 데리다의 해석을 살피고, 다른 동물에 대한 인간의 주권을 재검토하는 방법을 모색하는 동시에 동물 주권의 작동을 인간의 지배에 맞선 저항 양식으로 고찰하고자 한다.

---

2   Bartelson. *A Genealogy of Sovereignty*. 51.

데리다의 짐승

대륙 철학의 전통이 비인간 동물에 대한 인간의 폭력을 다룰 때 대체로 양가적이었던 것[3]과 달리, 데리다는 후기 작업에서 명확하게 비인간 동물에 대한 폭력과 지배를 이야기한다.[4] 이는 『동물, 그러니까 나인 동물』과 영어 제목 『짐승과 주권자』(두 권으로 이하 『짐승 1』, 『짐승 2』로 표기)로 출판된 2000-2004년 마지막 강의에서 확인할 수 있다. 『짐승과 주권자』는 동물성과 주권을 다룬다는 점에서 이 책과 직접 관련이 있다. 『짐승 1』과 『짐승 2』는 서로 연결되어 있지만 미묘하게 다른 주권 해석을 보여주므로, 아래의 분석에서는 양자를 분리하여 다룰 것이다.[5]

"인간은 다른 인간에게 늑대다Homo homini lupus est"라는 오래된 격언은 토머스 홉스가 『시민론』 서문에서 인용한 것으로 유명하다. 여기서

---

3 가령 Peter Singer. "Preface." Peter Atterton and Matthew Calarco Eds. *Animal Philosophy*. xi–xiii 참조. 또한 Matthew Calarco. *Zoographies: The Question of the Animal from Heidegger to Derrida*. London: Continuum, 2004도 보라.

4 지금까지 두 편의 중요 문헌이 출판되어 영어권 독자들에게 이 작업에 대한 통찰을 제공하고 있다. 1997년 데리다가 진행한 10시간 세미나 단편을 포함한 『동물, 그러니까 나인 동물』과 최근 간행된 2002-2004년의 데리다의 마지막 강의 『짐승과 주권자』가 그것이다.

5 데리다의 저작은 대개 다층적이며 유희적이다. 『짐승 1』과 『짐승 2』도 이 전통에서 예외는 아니다. 두 권에서 데리다가 중심 주제에 접근하는 방식은 아마도 전형적이라 할 수 있는데, 언뜻 이질적인 것 같은 산문과 운문 작품에 대한 비판적인 텍스트 분석을 통해 문제의 측면들을 밝히는 것이다. 『짐승 1』은 서구 근대 철학의 규범을 대표하는 사상가들의 문헌을 분석하는데, 데리다의 작품에서 친숙한 대화자들은 하이데거, 슈미트, 라캉부터 덜 익숙한 방문자 질 들뢰즈, 아감벤까지 포함된다. 데리다는 문학과 문학 이론(예컨대, 파울 첼란, 폴 발레리, D. H. 로렌스)을 포함하여 엄밀한 철학의 범위 바깥의 작품을 탐구하기도 한다. 데리다의 저서 대부분과 마찬가지로 선행 저작의 주제와 겹치는 중요한 교차점이 있다. 최근의 윤리-정치적 개입과 관련된 환대, 증여, 우애, 전쟁이나 초기 저작과 관련된 흔적이나 차이와 같은 개념이 그것이다.

그는 풍자적으로 말한다.

> 모든 왕은 탐욕스러운 야수에 속하는 것으로 판단된다. 그러나 아프
> 리카인, 아시아인, 마케도니아인, 아카이아인의 많은 피정복 민족들
> 까지 멀고도 광대한 세계에 로마는 허울 좋은 동맹을 맺으며 그 민족
> 들이 로마로 귀화하도록 강요했고 정복자 로마의 독수리 문장과 함
> 께 승리의 기념비를 세웠다. 당시에 그런 로마 사람들은 어떤 종류의
> 육식동물이었던가?[6]

주권자와 인민들의 포식적 관계는 『짐승 1』의 관심사 중 하나로,
데리다는 주권 개념이 특히 늑대의 비유를 통해 동물성과 연결되는
방식을 탐구한다. 데리다가 첫 번째 세미나에서 지적했듯이 늑대와 주
권은 사법 영역 바깥에 존재한다는 공통된 조건을 공유한다. "주권자
와 짐승은 법 밖에 있음을 공통점으로 갖는 듯합니다."[7] 이 접점은 『호
모 사케르』를 저술한 아감벤 등 다른 논자들도 지적하는 것이지만,[8] 데
리다는 나아가 이 공통 관계의 차원을 괴롭히며 주권자와 짐승의 관
계가 갖는 상징적으로 젠더화된 차원[9], 늑대와 주권자의 잠행[10] 및 포

---

6   Thomas Hobbes. *De Cive: Philosophicall Rudiments Concerning Government and Society*. London: J. G. for R. Royston, 1651[이준호 옮김, 『시민론: 정부와 사회에 관한 철학적 기초』, 서광사, 2013], 특히 "Preface"[「독자를 위한 저자의 서문」, 17-29쪽] 참조.

7   Derrida. *The Beast and the Sovereign Vol. 1.* 17, D38.

8   특히 Agamben, *Homo Sacer.* 104–111[『호모 사케르』, 213-226쪽] 참조.

9   Derrida. *The Beast and the Sovereign Vol. 1.* 1, D20; 9, D28-29.

10   Derrida. *The Beast and the Sovereign Vol. 1.* 10, D30.

획[11]의 역량, 불량배로서의 늑대와 주권자[12]를 논한다. 마지막 주제와 관련해 데리다는『짐승 1』의 첫머리에서 현대 주권 행사에서 일상화된 스펙터클을 말하며, 노엄 촘스키의『불량국가』를 통해 세계 전쟁과 테러를 논하고,[13] "국제 테러리즘"을 작동시키는 시각 매체의 역할을 다룬다.[14] 이와 관련해 서구 주권 개념을 확립했다고 여겨지는 사상가들, 토머스 홉스, 니콜로 마키아벨리, 장 보댕, 카를 슈미트 등에 대한 분석도 곁들인다. 여기서 특히 주목할 만한 것은 홉스에 대한 데리다의 논평이다. 이 논평은 "응답"과 동물성에 관한 그의 선행 저작[15]과 연결되는데, 여기서 데리다는 주권자와 동물이 무응답이라는 상징적 특성을 공유한다고 논한다. 주권자는 "그가 그 중단의 권리[le droit]를 갖는 법[le droit] 위에 있습니다. 주권자는 대표자들의 의회에 나와 또는 법정에 나와 응답할 필요가 없으며, 법이 통과된 후에도 사면을 하거나 말거나 합니다. … 주권자는 응답하지 않을 권리를 갖는 것입니다."[16]

---

11   Derrida. *The Beast and the Sovereign Vol. 1*. 11-12, D31-32.

12   Derrida. *The Beast and the Sovereign Vol. 1*. 22, D45.

13   Derrida. *The Beast and the Sovereign Vol. 1*. 22, 19–20, D41-42; 88–89, D130. 이와 관련해서 Noam Chomsky. *Rogue States: The Rule of Force in World Affairs*. Cambridge, ma: South End Press, 2000[장영준 옮김,『불량국가: 미국의 세계 지배와 힘의 논리』, 두레, 2001]도 참조하라. 여기서 데리다가 거의 무례하다고 할 만하게 촘스키를 활용한 것에 주목할 만하다. 촘스키는 명백한 휴머니즘적 접근을 취하여 푸코와 유명한 논쟁을 하기도 했고, 포스트 구조주의에 관해서도 공식적 견해를 밝히며 자신과 데리다가 완전히 다른 세계에서 활동한다고 말했기 때문이다. Noam Chomsky. "Rationality/Science." *Z Magazine: Z Papers Special Issue*. 1995. chomsky.info/1995____02/[2025년 1월 20일 접속 확인] 참조.

14   Derrida. *The Beast and the Sovereign Vol. 1*. 36-37, D64-65.

15   Derrida. *The Animal That Therefore I Am*. 119-140.

16   Derrida. *The Beast and the Sovereign Vol. 1*. 36-37, 57, D91. 데리다는 "여우"로서의 군주를 논하는 마키아벨리를 분석할 때도 주권과 무책임성을 결부시킨다. 교활함을 이용해 권력

『짐승 1』에서 자크 라캉을 분석한 대목은 동물에 대한 인간의 폭력을 사고하는 데 많은 재료를 제공해 준다. 여기에는 잔학성에 대한 논의, 인간 본성과의 연관성, 동물에 대한 인간의 취급과의 명백한 비연관성이라는 쟁점이 포함된다. "나는 동물 그 **자체**에 대해서는 결코 잔학하지 못합니다."[17] 이 맥락에서 우리와 비슷한 존재("우리의 동류")를 인정할 뿐 근본적인 타자는 인정하지 않는 윤리적 고려의 빈곤함에 대한 논평도 있다. 이는 환대[18]나 우애[19]의 물음을 둘러싼 윤리에 대한 보다 최근의 데리다의 도전과도 명확하게 연결된다. 그러나 여기서 주목할 가치가 있는 것은 『짐승 1』이 인간과 비인간의 구별을 타협 없이 거부하는 급진적인 윤리를 명시적으로 요청하는 듯 보인다는 점이다.

> 윤리의 원리, 또 더 근본적으로는 제가 예전에 법과 대립시킨, 또는 법과 구별 지은 바 있었던 가장 어려운 의미의 정의의 원리는 아마도 전혀 닮지 않고 전혀 다른 자[le plus dissemblable, 가장 '동류'답지 않은 자], 정확히는 괴기하게 다른 자, 인정할 수 없는 타자에 대해 나의 책임을 약속할 의무가 아닐까요? 다소간 생략법을 써서 말하면 '인정할 수 없음[méconnaissable]'이라는 사실은 윤리의 시작, 법의 시작입니다.

과 지배를 유지하면서도 존경받을 만한 모습을 만드는 능력이라는 점에서 그러하다. "군주는 여우가 되어야 하는데 왜냐하면 여우처럼 교활하기 위해서만이 아니라 자신이 아닌 것을 자신인 척, 자신인 것을 자신이 아닌 척하기 위해서이기도 하다는 것입니다(91, D132-133)."

17 Derrida, *The Beast and the Sovereign Vol. 1.* 108, D154.

18 Jacques Derrida and Anne Dufourmantelle. *Of Hospitality.* Stanford: Stanford Uni versity Press, 2000[남수인 옮김, 『환대에 대하여』, 동문선, 2004].

19 Jacques Derrida. *Politics of Friendship.* New York: Verso, 1997.

인간다움의 시작은 아닙니다. 인정할 수 있는 것이 있고 동류가 있는 한 윤리는 잠들게 마련입니다. 독단적 잠에 빠지는 것이지요. 윤리가 인간들 가운데서 인간적인 채로 있는 한, 윤리는 독단적이게 되고 자기도취에 빠지며 계속 사고에 다다르지 못하게 되는 것입니다. 윤리가 그토록 많이 이야기하는 인간에 대해서조차 말이죠.[20]

물론 이 견해는 오직 인간과의 공통항에 따라 동물을 도덕적으로 인정하는 입장과 근본적으로 다르다. 나는 이러한 이유로 제7장에서 구딘, 페이트먼, 페이트먼이 주창한 유인원의 주권 승인에 의문을 제기했다. 다른 것을 인정하지 않는 인식론으로 인해 윤리학이 실패하면, 폭력이 뒤따른다. 여기서 데리다는 이러한 조건을 충족시키지 못하는 것은 "산업용 도살장이나 더할 나위 없이 끔찍한 축산 시설, 투우장, 해부실, 실험실, 조련장, 훈련 시설, 서커스, 동물쇼, 동물원"[21]에서의 잔학성을 인식하지 못하는 윤리적 실패라고 냉정하게 말한다.

데리다는 질 들뢰즈의 『차이와 반복』에 나오는 구절을 분석하는 부분에서 주권 개념을 재검토한다. 『짐승과 주권자』("la bête…")라는 제목은 프랑스어 단어 bête를 둘러싼 일련의 말장난과 깊은 관련이 있다. 이 단어는 "짐승", "피조물", "개", "벌레" 등을 나타내는 명사이자 "어리석다", "우둔하다"라는 뜻을 가진 형용사로 풍부한 의미 연관을 갖는다.[22] 데리

---

20 Derrida. *The Beast and the Sovereign Vol. 1.* 108, D155.

21 Derrida. *The Beast and the Sovereign Vol. 1.* 109, D156.

22 이 "bête"라는 단어나 그 관련어(bêta, bêtise, bêtement, abêtir 등)로 눈을 돌리는 대목에서 독자들은 데리다의 생생한 재개념화를 경험하고 그 주제(즉 "짐승"과 "주권자")의 핵심을 재검토할 기회를 얻는다. Derrida. *The Beast and the Sovereign Vol. 1.* 164, D223 참조.

다는 단어 "bêtise[어리석음]"을 탐구하며 "어리석음은 단순한 실수가 아니라" 설명할 수 없는 판단 오류를 나타낸다고 말한다. "자신이 어리석지 않다고 생각하면서도 뜻밖에 어리석은 일을 하고 있었음에 놀라게 되는 것입니다."[23] 여기서 bêtise[어리석음]의 관념 및 그 번역과 정의의 어려움을 길게 고찰하고 아비탈 로넬Avital Ronnell의 독해를 살피는 것은 주권이 그 작동에서 어리석음을 내포한다는 것을 보여주기 위함이다. 결정의 특권은 알려진 진실을 인정하는 것이 아니라 지식을 거스르는 판단의 형태로 작동하기 때문에, 이성과 힘은 서로를 따른다. 따라서 데리다는 말한다. "어리석음은 항상 승리하며, 여기서 논하고 있는 전쟁에서 항상 승자의 편에 있습니다."[24] 데리다는 이를 데카르트적 전통 속에 위치시킨 다음, (어리석음의 권리로서) 주권의 정의적 조건 및 동물에 대한 인간 주권의 정의적 측면 모두를 어리석음이라고 지적한다. 그것은 다른 짐승에 비한 지적 우월성을 선언하는 동시에 **스스로를** 짐승이 아닌 것, 다른 짐승 이상의 것으로 선언하는 어리석음이다.[25]

여기서 데리다가 보여주는 견해는 대단히 통찰력이 있고 유용하다. 주권과 어리석음의 연결은 주권 개념을 기발하고 유익한 방식으로 재검토할 수 있는 기회를 제공한다. 어리석음은 주권적 특권의 완고함을 정확하게 보여준다. 그것은 "진실"을 거스르고 행동할 권리, 반대로 우월성을 진실로 구성할 권리이며 판단할 권리에 내재된 (어떤 근거도 없이) 형편없는 판단을 내릴 권리이다. 인간에 의한 주권적 의사결정의 장

23 Derrida. *The Beast and the Sovereign Vol. 1.* 149, D205.

24 Derrida. *The Beast and the Sovereign Vol. 1.* 183, D248-249.

25 Derrida. *The Beast and the Sovereign Vol. 1.* 183, D248.

을 바라보는 것만으로 이러한 기술의 정확성은 검증된다. 존재하지 않은 대량살상무기 제거를 위한 선제공격으로서의 전쟁 선언부터 "비전투원"의 구금, 고문을 사법적 면책하는 "블랙" 구역의 자의적 설정(국제인권법이나 국제 인도법에 어긋나는 행동), 식민지 주민들이 요구하는 주권에 대한 체계적 부정과 말살까지, 이들 일체의 현상은 고의적 어리석음의 실례라고 칭하기에 적합하다. 그러나 그러한 검증 영역 외에도(거기에 포함되기는 하지만), 어리석음으로 인간이 다른 동물에게 행사하는 주권적 특권 또한 잘 설명할 수 있다는 점에 주목해야 한다. (지성, 이성, 의사소통, 발성, 정치 등 무엇을 근거로 삼든) 동물에 대해 인간이 주장하는 우월성이 아무런 일관적이거나 증명 가능한 "과학적" 또는 "철학적" 기반을 갖지 않는다는 것을 달리 어떻게 설명할 수 있을까? 아마도 이 우월성 주장을 설명하는 유일한 방법은 그것을 일종의 어리석음으로 상상하는 것일 것이다. "황소고집pig-headed"의 어리석음은 바로 그것이 행사될 때 주권 자체에 내재된 어리석음의 권리를 확인시켜 준다.

『짐승 2』는 이 주제들을 더 확장하지만, 여기서 좀 더 초점을 맞추고 집중하는 주제는 주권적 폭력의 역학이다. 이 연속 강의에서 데리다는 하이데거의 『형이상학의 근본개념들』을 대니얼 디포의 『로빈슨 크루소』와 결부시켜 독해한다.[26] 데리다가 주목하는 것은 하이데거가 형이상학 강의에서 정식화한 "세 개의 테제"([1.] 돌(물질적 객체)은 **세계의 없음 속에** 존재한다. [2.] 동물은 **세계의 빈곤 속에** 존재한다. [3.] 인간은 **세계의**

---

26 두 책은 묘하게도 비교가 된다. 실제로 데리다는 강의에서 디포와 하이데거가 "이색적인 짝"을 이룬다고 지적한다(31, D61).

형성 속에 존재한다."[27])이다. 이는 존재자들 간에 계층적 구분을 두고 인간에게 다른 존재자들과 공유하지 않는 세계와의 관계를 부여한 것이다.[28] 나는 제1장에서 이 강의와 권태의 문제를 연결한 아감벤의 독해를 다루었다. 데리다는 여기서 특별히 권태에 초점을 맞추기보다는 하이데거가 인간, 동물, 물질적 존재를 구별하는 방식과 특히 이 구별을 가능하게 하는 힘 또는 Walten[지배]에 대해 여러 질문을 던진다. 로빈슨 크루소의 고독한 형상과 근대 철학의 계몽주의적 "인간"의 고독한 형상을 연결하는 데리다의 비평은 이 비교를 즉각적으로 흥미롭게 만든다. 이처럼 데리다는 로빈슨 크루소를 데카르트주의와 연관시킬 뿐[29] 아니라 주권 자체와도 연관시킨다.

> 주권자는 유일하고 불가분하며 예외적이라는 의미에서 혼자이며,
> 슈미트가 말했듯이 (이것이 슈미트의 주권자에 대한 정의입니다만)
> 예외를 결정하고 권리를 중지할 예외적 권리를 가진 예외적 존재입
> 니다. 따라서 작년에 말했듯이 주권자는 짐승이나 늑대인간처럼 법
> 바깥에, 법 위에, 자기 방식대로 서 있습니다. 주권자는 주권을 행사
> 할 수 있는 유일한 사람입니다. 주권은 공유될 수도 분할될 수도 없습

---

27 Martin Heidegger. *The Fundamental Concepts of Metaphysics*. Bloomington: Indiana up, 1995. 177[이기상·강태성 옮김, 『형이상학의 근본개념들: 세계-유한성-고독. 1929/30년 겨울 학기 프라이부르크 대학 강의록』, 까치, 2001, 298-299쪽].

28 동물에 관한 하이데거의 철학적 고찰을 자세히 분석한 것으로 Matthew Calarco. "Heidegger's Zoontology." Peter Atterton and Matthew Calarco Eds. *Animal Philosophy: Ethics and Identity*. New York: Continuum, 2004. 18–30을 참조하라. 또한 Calarco. *Zoographies*도 보라.

29 Derrida. *The Beast and the Sovereign Vol. 2.* 53 D89.

니다. 주권자는 혼자(주권자)이거나 존재하지 않습니다.[30]

이러한 주권은 즉각적으로 위계적 분리를 함축한다. 로빈슨은 자신의 "동류"로 간주하지 않는 자들을 도덕적 인정 가능성에서 제거한다. 따라서 로빈슨이 섬의 주권자인 것은 다른 인간("야만인")이나 다른 동물들("야생 생물들")과 같은 타자들에게 둘러싸여 있음에도 자신을 혼자라고 선언하기 때문이다.[31] 여기서 주권은 비상호성의 선언, 인정하지 않음을 통한 타자성의 부정의 형태를 취한다. 데리다는 말한다.

> … 이 책[로빈슨 크루소]은 … 로빈슨과 수많은 짐승들 간의 긴 토론입니다. 그리고 그 토론의 무대는 불가분하게도 고독한 주권의 무대, (노예, 야만인, 짐승, 말하지 않은 것(요점은 바로 언급하지 않는 것이므로), 말하지 않은 여성에 대한 자기의) 지배권 주장의 무대입니다.[32]

여기서 동물의 부재가 삶과 죽음의 차원 모두에서 주권자 로빈슨의 고독을 구성한다는 점에 주목해야 한다. 데리다가 하이데거를 언급하면서 상기시킨 것처럼, 현존재(하이데거가 인간에게만 할당한 존재론적 실존 양식)만이 죽음에 대해 특정한 관계를 가지며, 이는 현존재 자신과의 관계를 나타낸다. 하이데거의 말로 하면 "가능성의 예기anticipation로서 죽음을 향한 존재는 먼저 이 가능성을 가능하게 하고 그것을 가능성

---

30 Derrida. *The Beast and the Sovereign Vol. 2.* 8, D30.

31 Derrida. *The Beast and the Sovereign Vol. 2.* 4, D24-25 참조.

32 Derrida. *The Beast and the Sovereign Vol. 2.* 28, D55-56.

8. 어리석음의 폭력   387

으로서 풀어낸다."[33] 따라서 하이데거의 틀에서는 오직 인간만이 죽을 수 있으며 동물의 생명은 단지 소멸할 뿐이다.[34] 이 지점에서 동물은 인간의 방식으로 죽을 수 없다는 가정과 비인간 동물의 대규모 죽음에 대한 인간의 정치적 불가지론의 연결고리를 알아채지 못하기란 어렵다. 동물은 인간과 같은 방식으로 죽지 않으며, 동물에게 죽음이 갖는 의미는 인간의 의미와 다르다는 가정은 근본적인 검증을 거치지 않은 채 널리 반복돼 왔다. 이 정식은 이미 우리가 제3장에서 다룬 것으로 동물은 희생물로 바쳐지지 않으면서 희생될 권리가 있다(동물은 인간적 의미의 신성한 죽음을 구성하지 않고 죽을 수 있다는 것의 다른 표현)는 것이다. 이것은 물론 동물의 죽음은 중요하지 않다고 가정하고 있다는 점에서 수십억 동물들의 도살을 정당화하기 위한 작은 걸음이다. 이는 인정하지 않음에 의해 침묵당하는 대량학살이다.[35] 데리다는 동물이 죽음에 대한 역량이 없다는 주장의 실천적 함축을 깊이 탐구하지는 않지만, 하이데거 정식의 불쾌한 지점을 지적한다.

---

33 Heidegger. *Being and Time.* 307, H262[이기상 옮김, 『존재와 시간』, 까치, 1998, 350쪽].

34 Derrida. *The Beast and the Sovereign Vol. 2.* 115–116. D174. 『존재와 시간』에도 유사한 구별이 나타난다는 점은 주목할 만하다. "현존재에서 더 이상 현존재가 아님으로의 전환을 더 이상 세계내존재가 아님으로 특징지었을 때, 현존재가 죽는다는 의미에서 세계 밖으로 나가는 것과 단순히 살아 있는 것[des Nu-rleben-den]이 세계 밖으로 나가는 것을 구별해야 한다. 우리의 용법상 한 생명체의 끝남을 "소멸"[Verenden]이라고 표현한다. 이 차이는 현존재가 가질 수 있는 끝남을 생명의 끝남과 구별할 때에만 이해할 수 있다." Heidegger. *Being and Time.* 284, H240-241[『존재와 시간』, 323쪽].

35 또한 톰 레건의 구명보트 사례에서 볼 수 있듯이 인간의 특권이 가정되면 동물의 죽음은 실질적으로 평가절하되어 도덕적 틀이 위태로워진다는 사실에 주목해야 한다. 이전에는 전혀 고려되지 않았던 동물의 권리를 부여하기 위한 틀 역시 이 위험을 면하지 못한다.

나는 동물성이 생명에 의해, 생명이 죽음의 가능성에 의해 정의되며 그럼에도 동물이 엄밀한 의미의 죽음을 맞이하는 것은 부정되는 이 기묘하고 불합리한 추론을 붙들고 있습니다. 그러나 내가 보기에 더 문제가 되는 것은 하이데거가 고유한 의미의 죽음을 인간 **현존재**에 귀속시키고, 고유한 의미의 죽음에 대한 접근 또는 관계를 죽음 자체에 귀속시키는 자신감입니다. 더 정확하고 풍부하게 입증하겠지만, 동물에게 이른바 결여된 것은 실제로 경험 **그 자체**입니다…. 결여된 것은 이른바 실체에 대한 접근이 아니라 실체 그 자체에 대한 접근, 즉 존재와 존재자의 미묘한 차이로, 그 원천은 앞에서 보듯이 일종의 Walten[지배]이라고밖에 할 수 없습니다. 미묘한 차이, 존재자와 존재자 사이의 이러한 차이, **그 자체**에 의존하는 차이는 정의상 존재가 아니기 때문입니다. 그것은 어떤 의미에서 아무것도 아닌 것, 있지도 않은 것이라고 할 수 있습니다. 하지만 그것은 지배합니다.[36]

데리다가 『짐승 2』에서 상당 부분을 할애하여 분석하는 이 Walten[지배]의 문제는 주권 개념의 재검토 및 비인간 동물의 주권 역량을 위한 다양한 전망을 제공한다. 여기서 데리다는 하이데거가 Walten이라는 단어를 사용한 것에 주목하는데, 이는 지배하거나 우위에 서는 것을 의미하지만 데리다가 자주 지적하듯이 명확한 정의를 갖지는 않는다.[37] Walten

---

36 Derrida. *The Beast and the Sovereign Vol. 2.* 116, D175.

37 데리다는 묻는다. "이 (명사이자 동사인) Walten[지배/지배하다]은 무엇을 의미할까요? 존재론적 차이의 사건, 기원, 권력, 힘, 원천, 운동, 과정, 의미 (원하는 것은 무엇이든) 등등, 존재론적 차이의 존재론적 차이 되기 또는 존재의 발생과 존재자의 도래를 마치 한꺼번에 말하는 것 같은 Walten은 어떤 의미일까요? Walten은 무엇일까요? 왜 눈에 띄지 않는 이 말일까요? 이 질문을 곰곰이 생각해 볼까요?" Derrida. *The Beast and the Sovereign Vol. 2.* 256, D355.

의 연관어도 중요하다. Gewalt는 폭력과 함께 "강제력"을 뜻하며 waltet
나 verwaltete는 "관리" 내지 통치에 관련된다.[38] 데리다는 하이데거의 저
작에 입각해 이 단어들을 쫓고 지배와 주권 간의 모호하지만 분명한 연
관성을 이론화한다. "『존재와 시간』 이후 하이데거의 저작"에서 등장하
는 용어는 "의심의 여지없이 … 특히 존재와 존재자의 차이, **그 자체**에
관한 한, 최종심의 주권, 제1심과 최종심에서 모든 것을 결정하는 막강
한 힘에 호소"[39]하는 것 같다고, 데리다는 말한다.

여기서 데리다의 관점이 지닌 중요성과 이 책에서의 주권 해석과의
연관성을 알아차려야 한다. 주권이란 지배할 권리나 역량이 아니라 일
종의 폭력으로, 그 주장에 의해 본래라면 구별되지 않았을 자들 간의 자

---

38 발터 벤야민의 「폭력 비판론」("Zur Kritik der Gewalt")에 대한 데리다의 분석이 여기서 중
    요할 것 같다. Jacques Derrida. "Force of Law: The Mystical Foundation of Authority." *Decon-
    struction and the Possibility of Justice*. Drucilla Cornell, Michel Rosenfeld and David Gray Carl-
    son Eds. New York: Routledge, 1992. 3–67[진태원 옮김, 『법의 힘』, 문학과지성사, 2004],
    특히 36[84쪽] 참조.

39 Derrida. *The Beast and the Sovereign Vol. 2*. 278, D382. 데리다는 로빈슨 크루소와 관련하여
    그와 다른 인물들 간의 신학-정치학적 주권 관계를 논한다. "그의 독자적인 인간적이고
    로빈슨적인 주권은 신의 주권과 그 이미지를 따릅니다. 그리고 야만인이나 여성이나 짐
    승과의 관계는 거들먹거리고 아래로 향하는 수직적인 관계, 우월한 주인과 노예, 다른 주
    권자와 복종적 주체(복종하거나 복종시킬 수 있는, 지배하거나 지배당할 수 있는, 필요하
    면 폭력에 의해 그렇게 되는) 관계가 됩니다(278, D381)." 데리다는 하이데거에 관련하여
    말한다. "… 말하는 권력, 죽는 권력, 존재자와 그 자체로 관계 맺는 권력을 박탈당하고 세
    계가 빈곤한 동물에 비해, 현존재는 부정할 수 없이 탁월합니다. … Weltbildend[세계형성
    적]인 인간, logos apophantikos[아포판시스로서의 로고스]가 가능한 인간의 권력을 하이
    데거는 명확하게 신학-정치학적 주권의 형상 안에서 정의하지 않았지만 이 Vermögen[능
    력], Vermögen으로서의 Verhalten[행동], 세계와 존재자 그 자체의 전체성을 형성하는 능
    력과 권력의 가치는 암암리에 모종의 주권을 생각하게 만들며, 기본적으로 인간이 동
    물에게 던지는 시각은 많은 점에서, 마치 불변의 총량처럼, 로빈슨과 데카르트에서 칸
    트, 라캉에 이르는 다른 많은 사람들의 시선과 닮았습니다. 근본적으로 디포에서 하이
    데거를 거쳐 라캉에 이르는 이 모든 사람은 같은 세계에 속하며, 동물을 다양한 권력(발
    화, 죽음, 기표, 진실과 거짓, 기타)의 결여에 의해 인간으로부터 떼어내는 것입니다(278,
    D381-382)."

의적이며 실제로 "어리석은" 구분을 통치한다는 해석. 바로 이러한 이유에서 주권은 항상 초과의 형태로, 일종의 부조리로 도래하는 것이다. 데리다는 묻는다.

> 주권의 초과 가능성이 있을까요? 아니면 이 가설이 부조리할까요? 의미에 앞서, 언어와 의미의 법칙에 앞서, 의미의 모든 책임을 초과하는 것은 주권 그 자체처럼 부조리합니다. 의미와 법은 주권자에 앞서 나타나도록 소환되는 것이지 그 반대가 아닙니다.[40]

확실히 트라시마코스는 동반자를 찾은 것 같다. 여기서 초과는 지배의 의미를 풀어내 보려 할 때 중요한데, 주권적 폭력이 항상 순간을 초과하여 과거, 현재, 미래를 지배하기 때문이다. 주권은 과거에 대해 주장함(창립, 합법화, 상존하는 권위)을 통해 현재에 그 힘을 확립하는 동시에 강압적 잠재력을 통해 미래를 좌우한다. 즉, 나는 왕이다. 나를 따르라. 이는 주권 특유의 공포이고 위협이며 내재성이며 역사이다. 따라서 주권은 이 순간에 이미 그 이상의 것이며 이미 폭력의 초과를 내포하고 있다. 따라서 데리다는 말한다. "폭력적인 것, 압도적인 힘을 가진 것, 그러므로 지극히 폭력적이고 우세하게 폭력적인 것은 그 자체로 우세한 힘인 지배를 구성하는 본질적 특징입니다."[41]

---

40 Derrida. *The Beast and the Sovereign Vol. 2.* 279, D383.

41 Derrida. *The Beast and the Sovereign Vol. 2.* 286, D391-392. 데리다는 계속해서 말한다. "walten[지배]은 분출될 때 그 자체로an sich halten 압도적인 힘을 유지할 수 있지만kann [underlined] es seine überwaltigende Macht an sich halten, 그것을 억제함으로써 Walten은 한층 끔찍하며 멀고 무해한 것[inofensif](harmlos)이 됩니다."

폭력의 이러한 특징은 어떻게 인간이 "존재와 존재자"를 구별하는 주권적 폭력을 주장하게 되었는지 이해하는 데 중요하다. 데리다는 모든 존재자가 폭력을 행사한다고 말한다.[42] 모든 존재자는 잠재력, 능력, 힘의 조짐이 보이는 분야에서 분투한다. "이 '초과'의 과잉결정, 정확하게는 전투에서 승리하는 우세라는 의미에서 선재하는 능력, 초월하는 능력의 과잉, 여분, über[능가]의 과잉 평가를 보면, 존재자인 것과 지배하는 것은 동일해 보입니다."[43] 인간의 지배와 존재자들의 지배의 차이는 이 폭력과 맺는 상대적이고 특정한 관계에 있다. 인간은 이 폭력을 자신들의 것이라고 주장한다. 인간은 그것을 체현할(그것에 "장악"될) 뿐 아니라 그것에 "포위된다."[44] 하이데거는 이것이야말로 세계에서 현존재의 소외와 그 Unheimlichkeit[섬뜩함]의 핵심이라고 논한다. 즉, 현존재는 폭력에 의해 점령되고, 자신의 존재에서 이 폭력을 행사하고, 그것을 자신의 것이라고 주장하는 과정에서 자신의 본질이 다른 존재자들에 비한 우월성이 아니라 공유된 비차별적 폭력에 있다는 사실을 "망각한다."

42 이러한 지적과 음식에 관한 데리다의 견해의 접점은 주목할 만하다. 특히 Jacques Derrida. "Eating Well, or the Calculation of the Subject." Eduardo Cadava, Peter Connor, and Jean Luc Nancy Eds. *Who Comes After the Subject?* London and New York: Routledge, 1991. 96–119 참조. 또한 1990년 대담에서 데리다의 논평도 유의하기 바란다. "성경의 계명 '살인하지 말라 Thou shalt not kill'는 인간에게 적용되는 말로 동물은 제외됩니다. 우리 문화는 희생의 구조를 바탕으로 합니다. 우리는 모두 (실재 또는 상징계적) 육식에 휘말려 있습니다. 예전에 저는 서구의 남근 "로고스중심주의"에 대해 말했습니다. 이제 '육식'이라는 접두사를 추가하여 '육식남근로고스중심주의carnophallogocentrism'로 이를 확장하고 싶습니다. 우리는 모두 (채식주의자일 뿐 아니라) 상징계적 의미에서 육식동물입니다." Jacques Derrida in Daniel Birnbaum and Anders Olsson. "An Interview with Jacques Derrida on the Limits of Digestion." *E-Flux.* 2. 01/2009. e-flux.com/journal/02/68495/an-interview-with-jacques-derrida-on-the-limits-of-digestion/[2025년 1월 20일 접속 확인] 참조.

43 Derrida. *The Beast and the Sovereign Vol. 2.* 287, D392.

44 Derrida. *The Beast and the Sovereign Vol. 2.* 288, D393-394.

인간은 이 Walten[지배]의 Gewalt[폭력]에 포위되고 장악되어 durchwalten[완전히 지배]되는데, 이 사실을 망각하고 인간에게 주체, 주도권, 언어의 발명, 이해력 등을 부여합니다. 이것이 바로 인간이 역설적으로 자신의 본질에 대해 낯선 자가 되는 이유입니다. 인간은 자신이야말로 이러한 권력의 저자이자 주인이자 소유자이며 발명가라고 믿기 때문에 자신이 애초에 장악되고, 포위되었고, 그것을 떠맡아야 한다는 사실을 무시합니다. 그 결과 근본적으로 자신의 Unheimlichkeit[섬뜩함]에 대한 (이것이 전체 이야기입니다) 이방인이 되는 것입니다.[45]

이는 "본질"상 인간과 동물을 분리하는 것은 그 구분을 낳는 폭력적 힘 외에는 아무것도 없음을 말해 준다. 동시에 이 힘은 인간을 지식을 가진 저자라는 폭력적 주체의 지위에, 동물을 단순히 정복당하는 자의 위치에 둔다. 따라서 우리는 데리다의 하이데거 해석과 로크의 동물의 재산 관계에 대한 논의가 기이하게도 교차하는 지점에 도달하게 되었다. 두 견해 모두에서 인간의 우월성은 다른 동물에 대한 인간의 지배를 뒷받침하지 않는다. 우월성이란 없으며 오직 힘만이 존재한다. 그러므로 이러한 구별은 역량이나 권리에 기초하지 않는다. 그보다는 맹목적이고 초과적인 주권의 주장에 근거한다.

이 모든 것은 Vermögen[능력], 권력, 인간이 마음대로 사용할 수 있는 기능에 의존하지 않고 인간을 장악하는 힘이나 폭력Gewalten을 길들이고 결합하는Bändigen und Fügen 것으로 구성되며, 그 덕분에 존재자

---

45   Derrida. *The Beast and the Sovereign Vol. 2*. 288, D394.

는 **그 자체로** 발견됩니다. 이 존재자의 Erschlossenheit[개시성], 존재자 자체의 개방성이야말로 인간이 정복bewältigen해야 하는 Gewalt[폭력]이며, 이 Gewalt-tätigkeit[난폭성]에 의해 인간은 다른 존재자들 가운데서 역사적인geschichtlich 자신일 수 있는 것입니다. 왜냐하면 이 모든 것은 동물이나 다른 생명 형태에는 주어지지 않고 현존재와 존재에게만 부여된 역사성에 관한 것이기 때문입니다. 인간의 (또한 동물의 것이 아닌) 역사성은 이 Walten[지배]의 Gewalt[폭력]이 침입하여 존재자 그 자체를 나타나게 하는 가운데 폭력에 의해 인간이 장악되는 곳에서만 존재합니다.[46]

여기서 "인간" 존재와 "동물" 존재의 관계는 결국 힘만이 중재자인 갈등 관계라는 데리다의 견해와 생명정치의 본질은 인간과 동물의 갈등이라는 아감벤의 통찰이 기묘하게 연결된다는 것을 깨닫지 않을 수 없다. 데리다는 스스로 생명정치 개념과 거리를 두었지만,[47] 아감벤이

---

46 Derrida. *The Beast and the Sovereign Vol. 2.* 289, D395.

47 『짐승 1』에는 푸코의 생명정치 통념에 따라 주권을 분석하는 정치 이론의 한 분야 내에 이 작업을 어떻게 위치시킬 것인지와 관련하여 분명한 긴장이 존재한다. 이 긴장은 데리다의 생각을 돋보이게 하는 푸코의 부재하는 현존으로 인해 더욱 고조된다. 예컨대 정신병원과 동물원 간의 연관성을 논하는 제11강에서 푸코가 완전히 부재한다는 점은 데리다가 푸코의 주권 및 권력과의 관계에 대한 생각에 대해 어떤 식으로든 은밀하게 답하고 있다는 점을 강조하는 듯 보인다. 푸코의 생명정치 통념은 푸코 자체에 대한 면밀한 독서를 통해서가 아니라 아감벤이 『호모 사케르』에서 이 개념을 사용한 것에 대한 비판을 통해 집중적으로 분석된다. 데리다가 『짐승 1』 세미나에서 아감벤의 저작에 내리는 평가는 신랄하다 해도 과언이 아니다. 세미나 초반에 데리다는 아감벤의 스타일, 특히 정치와 주권 모두의 기원이나 기반을 찾고 명명하는, 다소 기사도적인 경향을 공격한다. 따라서 데리다는 아감벤이 "주권자 행세"를 하고 있다고 비난한다. "스스로를 주권자로 상정하는 자 또는 주권자로서 권력을 잡기를 바라는 자는 항상 다음과 같은 것을 말하거나 암시합니다. 즉, 설사 내가 어떤 행위나 말의 처음이 아닐지라도 나는 그 처음이 누구인지 알고 인정한 처음 또는 유

보는 주권이 생명정치와 불가분의 관계에 있는 한, 두 사상가가 여기서 공통의 합의 지점, 적어도 합의의 일종에 이른 것은 분명해 보인다.

일한 자이다. 또 이렇게 덧붙일 수 있겠습니다. 만약 주권자라는 것이 존재한다면 주권자란 곧 거의 항상 거짓인 경우가 많다고 해도, 게다가 거짓임을 누구도 의심하지 않는 경우가 있다고 해도 자신이 처음이라는 점을, 또는 누가 처음인지 아는 처음이라는 점을 적어도 얼마간의 시간 동안은 믿게 만드는 데 성공한 자라고 말입니다(92, D135)." 아감벤에 대한 이 유희적이지만 의심할 여지없이 단적인 의견은 데리다가 생명정치 개념을 논의하는 데 긴 시간을 할애하는 제12강까지 다시는 언급되지 않는다. 데리다는 "푸코, 아니 여기서 더 정확하게는 아감벤(326, D433)"을 문제 삼으며『호모 사케르』에서 나타난 조에와 비오스의 구분이 명료하지 않다고 지적한다. "저는 예컨대 비오스와 조에의 구분이 믿을 만하고 효과적이며 충분히 가다듬은 도구라고 생각하지 않습니다(326, D434)." 이 주장을 뒷받침하기 위해 데리다는 아리스토텔레스로 돌아가 인간이 정치적 동물이라는 고대 사상가들의 정식에서 조에와 비오스는 대체로 구별할 수 없는 개념이기 때문에 정치가 곧 생명정치라는 아감벤(또는 푸코)의 주장에는 아무것도 참신한 것이 없다고 논한다. 실제로 푸코와 아감벤이 생명정치를 정식화할 때 아리스토텔레스의 정치적 동물을 인용한다는 점을 고려하면, 그들은 (적어도 어느 정도) 이 개념이 독창성이지 않다는 것을 인식하고 있었을 것이다. 데리다는 이를 확장하여 이렇게 말한다. "사실 마치 무의식처럼 아무것도 포기하지 않는 아감벤은 두 가지 모두에서 처음이 되고자 합니다. 처음으로 보고 예고한 자이면서 처음으로 환기한 자, 그는 놀랍고 새로운 사태, 그 자신이 '근대성의 결정적 사건'이라고 부른 것을 처음으로 예고한 자이자 동시에 아득히 먼 옛날부터 항상 그래 왔던 것을 처음으로 환기한 자가 되기를 바란다는 것입니다(330, D439)." 나는 데리다가 아감벤의 모순(생명정치가 근본적인 것인 동시에 근대에 나타난 것이라는 점)을 지적한 것은 옳다고 생각하지만 데리다가 생명정치 및 주권과의 관련성을 논외로 내몬 것은 성급하다고 여기지 않을 수 없다고 본다. 데리다가 생명정치에 대한 자신의 관심을 청중에게 자주 호소하는 것은 사실이다. "여기서 저의 유보는 … 생명체와 정치적인 것의 관계가 드러내는 어떤 종별성이라고 부를 수 있는 것에 대해 제가 전혀 관심이 없음을 의미하지 않습니다(326, D434)." 하지만 데리다는『짐승 1』에서 이러한 관심을 생물학적 삶과 정치가 주권 안에서 어떻게 맞물릴 수 있는지에 대한 유의미한 분석을 통해 실제로 보여주지 않는다. 이 분석은 인간과 동물의 관계를 밝히는 것뿐만 아니라 (백인이나 인종화와 같은) "생물학적" 차이의 다른 요소들이 어떻게 정치적 개입에 침투하고 폭력적 실천을 형성하는지 살펴보는 데서도 중요해 보인다. 게다가 데리다와 아감벤(나아가 푸코)의 차이는 본질적으로 방법론에서 비롯된 것이 분명하다. 푸코와 아감벤의 계보학적 접근법은 사건의 시간적 표시를 근본적인 것으로("문턱"으로) 간주한다. 이는 "공시적·통시적 대안을 포기하고 … 결정적·기반적 사건이라는 생각을 포기(333, D442)"하는 데리다의 목표와 상충되는 접근법이다. 따라서 데리다는 마지막 강의에서 사건의 번역 문제로 돌아가 주장한다. "실로 이러한 번역의 작업 속에서 작용하는 것은 서구 세계의 전체 역사입니다(339, D450)."

모비 딕

데리다가 지배와 인간과 동물의 관계 사이에서 찾아낸 특수한 연결고리를 이해하기 위해 허먼 멜빌의 소설『모비 딕』으로 눈을 돌리고자 한다. 나는 이 작품이『로빈슨 크루소』와 평행하는 서사 구조를 보이며 데리다의 분석을 더 깊게 이해하는 길을 제공한다고 본다.『모비 딕』은 흰 향유고래를 찾아 대적하고자 하는 선장 에이해브의 외골수적 원정을 그리고 있다. 이 소설의 기조를 이루는 것은 갈등으로, 이 경우에는 문자 그대로 "인간"과 "동물" 사이의 갈등이다. 소설에는 사냥감을 찾아 벌이는 포경선의 폭력부터 멜빌이 바다의 특징이라고 묘사한 일반화된 폭력까지 어떤 영원한 폭력이 스며들어 있다.『모비 딕』곳곳에서 존재 일반의 막강한 힘에 대한 표현을 발견할 수 있다.

> 바다의 교활함을 생각해 보라. 그 가장 끔찍한 생명체들이 물속을 미끄러지듯 유영하지만 대부분 눈에 띄지 않으며 무척이나 아름다운 담청색 아래 숨어 있지 않은가. 또한 여러 종류의 상어가 우아하게 장식된 형태를 지닌 것처럼 가장 무자비한 종족이 악마적인 광채와 아름다움을 띠고 있다는 점을 생각해 보라. 또한 바다에서 벌어지는 보편적인 약육강식을 한번 생각해 보라. 바다의 모든 생명체들은 서로를 잡아먹으며 세상이 시작된 이래로 영원한 전쟁을 계속하고 있다.[48]

---

48 Melville. *Moby Dick*. 227[『일러스트 모비 딕』, 436-437쪽].

이것은 존재에서 기인하는 일종의 보편적 폭력의 표현, 자기보존을 위한 의지의 경합에서 생겨나는 열의의 표현이다. 이 폭력은 겉보기의 고요함 이면에 숨겨져 있다. 이는 과잉, "전투에서 승리하는 우세라는 의미에서 선재하는 능력, 초월하는 능력의 과잉"의 표현이기도 하다.

또한 여기서 인간이 이 보편적 폭력에 사로잡혀 지배를 지시된 폭력의 단일한 형태에 집중하는 순간을 발견할 수 있다. 에이해브 선장의 강박은 흰고래를 맞닥뜨린 후 발생한다. "모비 딕은 풀베기꾼이 들판에서 풀을 베듯 에이해브의 다리를 잘라 버렸다. 터번을 두른 튀르키예인이나 베네치아나 말레이의 용병도 그보다 더 악랄하게 에이해브를 공격할 수는 없었을 것이다."[49] 이 공격이 바로 전투원들의 전쟁의 형태를 띤다는 점은 중요한데, 이 장면은 동등한 자들을 정복하려는 투쟁의 가능성을 담고 있기 때문이다. 멜빌은 이후 에이해브가 외골수적 강박에 사로잡히게 되는 전말을 일종의 "광기"로의 전락으로 묘사하고 "편집광적"이라는 말로 반복적으로 표현한다.

> 에이해브의 이러한 편집광이 그의 신체가 절단되는 바로 그 순간에 생겨났을 것 같지는 않다. 손에 칼을 든 채 그 괴물을 향해 돌진할 때는 갑작스럽게 치밀어 오른 격렬한 신체적 적의에 휩쓸렸을 뿐이며, 그 일격에 자신이 찢겼을 때도 신체적 고통으로 괴로워했을 뿐이지 그 이상은 아니었을 것이다. 그러나 이 격돌로 인해 집으로 돌아갈 수밖에 없게 되었을 때, 며칠과 몇 주 동안 에이해브가 하나의 해먹에 그의 고통과 함께 누워 한겨울의 그 음산하고 황량한 파타고니아 곶

---

49   Melville. *Moby Dick*. 154[『일러스트 모비 딕』, 304쪽].

을 돌았을 때, 그의 찢어진 신체와 상처 입은 영혼에서 흘러나온 피가 한데 섞여 들어 그를 미치게 만들었다. 그 만남이 있은 후 귀향길에 올랐을 때에야 비로소 그가 편집광에 사로잡혔다는 것은, 항해 중에 그가 이따금 미치광이처럼 날뛰었다는 사실에서 거의 확실해 보인다. 다리 한쪽을 잃었지만 여전히 그의 이집트인다운 가슴에는 그런 활기찬 생명력이 숨어 있었고 그 생명력이 정신착란으로 인해 더욱 심해진 탓에, 해먹에 누워 발작을 일으키는 그를 그의 동료들은 항해하는 내내 단단히 묶어 놓을 수밖에 없었다. 구속복이 입혀진 에이해브는 광풍의 진동에 몸이 휘둘렸다. 그러나 비교적 잔잔한 위도에 이른 배가 보조 돛을 펼치고 평온한 열대 지방을 가로질러 갔을 때, 누가 보아도 노인의 정신착란은 케이프 혼의 파도와 함께 사라진 것으로 여겨졌다. 그는 어두운 소굴 속에서 축복받은 빛과 공기 속으로 나왔다. 그는 창백하긴 했으나 다부진 표정으로 다시 냉정한 명령을 내렸기 때문에 선원들은 이제 무서운 광기가 사라졌다는 생각에 신께 감사드렸다. 하지만 그때도 에이해브는 숨겨진 자기 속에서 사납게 날뛰고 있었다. 인간의 광기란 교활하고 가장 음흉한 것일 때가 있다. 광기가 사라졌다고 생각될 때 사실은 보다 교묘한 형태로 모습을 바꾼 데 지나지 않을 수 있는 것이다. 에이해브의 넘치는 광기는 가라앉지 않고 오히려 점점 더 깊어져 갔다. 그것은 저 고귀한 북유럽 바이킹처럼 고원 협곡을 좁지만 헤아릴 수 없을 정도의 깊이로 흐르는 허드슨강을 연상케 했다. 좁게 흐르는 편집광 속에 에이해브의 광대한 광기는 한 치도 사라지지 않은 채 그대로 남아 있었고, 그의 천부적인 위대한 지성 또한 한 치도 시들지 않은 채 광기 속에 그대로 남아 있었다. 살아 있는 행위자였던 그는 이제 살아 있는 도구가 되었다. 다소 격렬한 비유가 허용된다면, 그의 특별한 광기가 그의 일반적인 정신을 휩쓸고 끌고 간 다음, 모든 집중 포를 자신의 광기 어린 표적으로 돌렸다고 하겠다. 따라서 에이해브는 자신의 힘을 잃기는커녕 이제 제정신으로 하나의 온당한 대상을 상대했을 때 가졌던 것보다 천 배나 강한 잠재력으로 하나의 목표를 노릴 수 있게 되었다.[50]

에이해브의 변신이 갖는 의미는 데리다가 말한 폭력의 역학, 즉 "존재자 그 자체를 나타나게 하는 가운데 폭력에 의해 인간이 장악되는" 침입을 연상시키지 않을 수 없다. 에이해브의 "편집광"은 곧바로 그를 강타하지는 않았다. 실제로 흰고래와의 첫 싸움은 단순히 "신체적 적의"에 의한 것으로 묘사되며, 이 적의는 세상 전반의 일반화된 폭력과 구분되거나 분리되지 않는다고 볼 수 있다. "바다에서 벌어지는 보편적인 약육강식[은] … 세상이 시작된 이래로 영원한 전쟁을 계속하고 있다." 에이해브에게 변화를 일으킨 것은 이 폭력이 그의 온몸에 흐르며 지배의 욕망으로 집중되고 유일해진 것이다. 멜빌의 서술에 따르면 에이해브를 사로잡은 "편집광"은 심상치 않은 광기도 아니고 "이성" 없는 광기도 아니다. 오히려 편집광적 분노는 에이해브의 지성과 함께 계산된 폭력을 형성하여 에이해브 자신을 무기로 바꾼다. "살아 있는 행위자였던 그는 이제 살아 있는 도구가 되었다." 여기서 에이해브의 "잠재력"이란 그가 가진 직접적으로 도구화된 폭력이다. 즉, "제정신으로 하나의

50   Melville. *Moby Dick*. 155[『일러스트 모비 딕』, 306-307쪽].

온당한 대상을 상대했을 때 가졌던 것보다 천 배나 강한 잠재력"을 가진 힘이다.

여기서 배가 바위에 상륙하는 것처럼 우리는 주권이 힘의 행사에서 출현하는 순간을 맞닥뜨리게 된다. 이로 인해 방향도 특정한 목표도 없었던 폭력은 확고하고 집중된 목표를 향해 도구화된다. "지성"은 이 시점에 탄생하여 권력과 결부되어 특정한 표적에 행사되는 잠재력이 된다. "지성" 내지 "합리성"의 순간은 역량이나 내재된 능력과는 무관하다. 오히려 그것은 우세하게 되는 힘의 경험으로, 우세함 속에서는 누가 힘을 휘두를지에 대한 도구적 논리(전략)가 드러난다. 주권은 스스로의 힘뿐 아니라 스스로의 합리성 또한 자기 정당화한다. 인간은 스스로를 예외적으로 지성적이라고 선언하지만, 오직 스스로가 거머쥔 법의 힘을 통해서만 그러하다. 이는 "주권자는 예외를 결정하는 자이다"라는 슈미트의 말과 완전하고 정확하게 부합한다. 여기서 데리다(와 멜빌)가 동물에 대한 인간의 폭력을 이해하는 방식과 칼 스틸이 『인간을 만드는 방법』[51]에서 제시한 주장 사이의 강한 공명을 발견할 수 있다. 스틸은 중세시대 동물에 대한 폭력을 고찰하며 폭력과 지식의 협력에 의해 합리적 자기 정당화가 만들어지는 순환논법을 쫓는다.

> … 인간은 스스로를 다른 동물들과 구별하기 위해 자신만이 반성적
> 인 언어, 이성, 문화 그리고 무엇보다도 불멸의 영혼과 부활 가능한
> 신체를 가졌다고 주장한다. 인간이 이러한 자질들이 자신에게, 오직
> 자신에게만 해당한다고 주장하는 것은 타자들에 대한 폭력 행위를

---

51 Karl Steel. *How to Make a Human.*

통해서이며, 타자들은 이러한 폭력을 **일상적으로** 당함으로써 동물로 칭해진다.[52]

여기서 나의 논의와 관련하여 강조하고 싶은 중요한 것은 지성이 오직 폭력 이후에만 도래한다는 사실이다. 폭력을 통해 인간이 우세해 진 후에야 비로소 이 폭력은 "합리적"인 것으로 권위를 인정받는다. 스틸이 말한 것처럼 "지배가 먼저 오고 인간이 그 뒤를 따른다."[53]

아마도 이를 이해하는 또 다른 방법은 『모비 딕』에서 신화화된 흰 고래의 불안정한 "행위자성"에 주목하는 것이리라. 모비 딕이 이성적인 행위자인지 아닌지는 분명치 않은데, 소설에서는 이 고래를 단순히 "말 못 하는 동물"로 보는 동시에 이성적이고 계산적인 정신을 가진 "리바 이어던"으로 다루며 오락가락하기 때문이다. 실제로 멜빌은 소설의 여 러 부분에서 흰고래에게 의문스러운 지성을 부여한다. 즉, "보통의" 동 물의 것으로 간주될 수 있는 것 이상의 도구적 합리성을 가지고 있는 것으로 묘사된다.

그 고래의 추격에 동참했다가 사망한 이들도 이미 여럿이었다. 물론 비슷한 재앙들은 육지에서 화제가 되지 않았을 뿐 포경업계에서는 결코 드문 일이 아니었다. 하지만 대개 흰고래의 극악무도한 흉포함 을 생각해 보면 그가 일으킨 온갖 절단이나 사망이 전적으로 지성이

---

52 Steel. *How to Make a Human.* 21.

53 Steel. *How to Make a Human.* 89.

없는 행위자가 저지른 짓이라고 치부할 수는 없었다.[54]

    멜빌이 이 문장("지성이 없는 행위자가 저지른 짓이라고 치부할 수는 없었다")에서 사용한 이중부정은 여기서 초점이 되는 불안을 완벽하게 포착하고 있다. 아마도 흰고래는 주권자처럼 이성적일 것이다. 그러나 주권은 주어지지 않았다. 모비 딕이 에이해브 같은 변화를 거쳤는지, 즉 편집광적 폭력이 그 신체를 도구로 변형시켰는지 본문상에 명확하게 드러나지 않는다. 사실 이 명확함의 부재야말로 소설에 흐르는 공포와 임박한 파멸의 요소를 제공한다. "Walten[지배]은 분출될 때 그 자체로an sich halten 압도적인 힘을 유지할 수 있지만 … 그것을 억제함으로써 Walten은 한층 끔찍하며 멀고 무해한 것[inofensif](harmlos)이 됩니다."[55] 이러한 불안정성은 "불량" 동물(더 이상 인간을 두려워하지 않고 오히려 적극적으로 인간을 사냥하고 습격하는 동물)의 위협이 오랫동안 지속된 대중적 상상의 소재였다는 점을 떠올리게 한다. 그것은 불량 동물의 위협에 대한 인간의 대응뿐 아니라 동물이 지속적인 인간 공포의 원천이 되는 소위 "괴수 영화"를 통해서 대중의 상상에도 영향을 미쳤다.[56] 여기서 "지성"은 불량 동물의 위협을 이해하는 열쇠인데 "인간과 같은 폭력"을 가할 수 있는 동물의 잠재적 역량(사고하고 계획을 세우고 전략을 짜고 추적

---

54   Melville. *Moby Dick*. 154[『일러스트 모비 딕』, 303쪽].

55   Derrida. *The Beast and the Sovereign Vol. 2*. 286, D391-392.

56   여기서 또한 인간을 향한 동물의 저항 및 복수 행위를 다룬 최근의 저작에 주목할 수 있다. 가령 Hribal, *Fear of the Animal Planet*을 참조하라. 또한 John Valliant. *The Tiger: A True Story of Vengeance and Survival*. New York: Vintage Departures, 2011도 보라. 후자의 작품에 관심을 갖도록 해 준 수 도널드슨에게 감사를 표한다.

하고 괴롭히는 역량)이 그에 대한 공포와 연관되어 있기 때문이다. "흰고래의 극악무도한 흉포함을 생각해 보면, 그가 일으킨 온갖 절단이나 사망을 전적으로 지성이 없는 행위자가 저지른 짓이라고 치부할 수 없었다." 주권에서와 마찬가지로 불량 동물에서도 이성과 폭력의 힘은 결부된다. 따라서 에이해브는 미쳐 있는 동시에 이성적이라고 표현된다. "그의 찢어진 신체와 상처 입은 영혼에서 흘러나온 피가 한데 섞여" 들었다. 선장의 비이성적인 편집광을 정의하는 것은 그의 전제된 이성이다. 그 힘은 이성과 비이성의 요소를 하나로 묶는 데서 온다.

여기서 다음과 같이 물어야 한다. "누가 왕이 될 것인가?" "누가 힘과 이성을 함께 결합시킬 것인가?" "누가 주권자가 될 것인가?" 불량 동물에 대한 공포는 바로 이 불량 동물이 인간 폭력에 저항하고 그 자체로 도구적으로 해석될 수 있는 폭력을 행사함으로써 주권자가 될 수 있다는 데 있다. "불량 동물"에 대해 흔히 볼 수 있는 냉소적 반응은 비인간 동물이 폭력에 사로잡혀 도구적 목적을 가지고 폭력을 행사할 수 있다고 상상하는 것이 우스꽝스럽다는 것이다. 나는 여기서 놀라워해야 할 것은 불량 동물이 아니라 거의 보편적인 인간의 오만함이라고 본다. 이는 필경 명명하는 권력이다.[57] 주권 권력을 가질 수 있는 동물을 불량 동물로 명명하는 것은 이 동물을 예외적이고 의심스러운 것(심지어 터무니없는 것)으로, 확실히 어떤 규범에서 벗어난 것으로 선언하는 것이다. 칼

---

57 데리다는 말한다. "문제가 되는 것은 인간의 특징입니다만, 그것은 인간에게 있어 명명, 언어(Nennen, Sprache), 이해(Verstehen), Stimmung[기분], 열정 또는 동물에게 부정된 많은 것들을 구축하는 것(Bauen)으로 귀결됩니다. 이 모든 것은 바다, 대지, 동물과 마찬가지로 überwältigenden Gewaltigen[압도적 폭력]에 속합니다." Derrida. *The Beast and the Sovereign Vol. 2.* 287, D393.

스틸이 육식동물은 인간이 주장하는 주권적 권리를 불안정하게 만든다는 점에서 인간 지배 서사에 모종의 위협을 가한다고 말한 것은 우연이 아닐 것이다. 중세 시대에 있던 "인간" 손에 죽지 않은 동물에 대한 불안감과 부패한 고기 섭취 금지에 대해 언급하며 스틸은 말한다.

> 부패한 고기 법률을 통해 동물의 폭력을 단속하려는 것은 인간과 동물의 범주, 즉 절대적 정체성이 아니라 지배와 피지배의 구조적 범주의 우발성을 목격하고 이에 대응하려는 시도이다.[58]

여기서 핵심은 역전 가능성이다. 인간의 주권이 물질적으로 행사되고 인식론적으로 제정된 '우월성'을 뒤흔들 수 있는 잠재적 동물 저항의 위협에 대한 지속적인 폭력[59]을 전제로 하기 때문이다.

누가 주권을 갖는가? 누가 명명할 수 있는가? 데리다는 『짐승과 주권자』 말미에 주권자의 생사의 권력과 관련하여 명확하게 이러한 질문(즉 누가 생사의 권력을 갖는지, 누가 명명의 권리를 갖는지)을 던진다.

> 이 세미나가 던진 질문은 여전히 남아 있습니다. 즉, 누가 죽을 수 있는지를 아는 것입니다. 이 권력은 누구에게 부여되거나 부정될까요? 죽을 수 있고, 죽음을 통해 Walten[지배]의 극도의super 주권 또는 초월적hyper 주권에 좌절을 가할 수 있는 것은 누구일까요?[60]

---

58 Steel. *How to Make a Human*. 89.

59 Steel. *How to Make a Human*. 203 참조.

60 Derrida. *The Beast and the Sovereign Vol. 2*. 290, D397.

우리는 더 나아가 명시적으로 물을 수 있다. 만일 동물이 인간에 대한 생사의 권력을 주장한다면 어떻게 될 것인가? 만일 우리가 지금까지 논해 온 이 전쟁에서 동물이 승리한다면 어떤 일이 벌어질 것인가? 아마도『모비 딕』의 마지막 페이지에서 그 실마리를 찾을 수 있을 것 같다. 실제로 에이해브는 흰고래의 권능 앞에서 최후를 맞이하는 이 마지막 장면에서 묻는다. 죽음이란 무엇인가. 주권을 내준다는 것은 무엇을 의미하는가.

나는 태양에게서 등을 돌린다. 왜 이러나, 타시테고! 자네의 망치질 소리를 들려주오. 오! 나의 불굴의 세 첨탑이여. 견고한 용골이여. 오직 신만이 해칠 수 있는 선체여. 굳건한 갑판이여. 거만한 키여. 북극성을 가리키는 뱃머리여. 영광스러운 죽음의 배여! 그렇다면 너희는 나 없이 멸망해야 하는 것이냐? 내게는 가장 보잘것없는 난파선 선장의 마지막 희미한 자존심조차 허락되지 않는단 말인가? 오오, 고독한 삶에 찾아오는 고독한 죽음! 오오, 이제 나의 지고의 위대함이 나의 지고의 비탄 속에 깃들어 있음을 느낀다. 오! 송두리째 지나가 버린 내 삶의 거센 파도여. 아득히 먼 대양의 끝에서 밀려와 집채만 한 파도와도 같은 나의 이 죽음을 더욱 높이 일게 해다오! 모든 것을 파괴하지만 정복하지 않는 고래여, 나는 최후까지 너와 싸울 것이다. 지옥의 심장에서 너를 찌를 것이다. 오로지 증오만으로 내 마지막 숨을 너에게 뱉어낼 것이다. 모든 관과 묘를 하나의 커다란 웅덩이에 가라앉혀 보거라! 그 둘 다 내 것일 리 없으니, 나는 너에게 묶여 있지만 여전히 너를 쫓으면서 산산이 부서질 것이다. 이 빌어먹을 고래여! 자,

이 창을 받아라!⁶¹

이 말을 마지막으로 에이해브는 모비 딕에게로 끌려 들어간다. 마지막 대사는 여러 측면에서 양가적이다. 에이해브는 죽음에 직면해 있으며, 직접 인정할 수 없지만 "모든 것을 파괴하지만 정복하지 않는 고래"가 이제 곧 자신을 능가할 것이라는 점에서 자신과 동등한 존재가 될 수 있기 때문이다. 에이해브가 고래 앞에 내주지 않으려고 한 것은 그의 죽음이었지만, 죽음은 항상 다가올 것이었다.

이것이야말로 우리가 참여하고 있는 전쟁에 대한 우리의 기이한 집착이 아닐 수 없다. 우리는 죽음에 직면하여 이 싸움을 그만두고 생존하기보다는 우리의 편집광을 고수하고자 한다. 우리는 흔들림 없이 동물과의 전쟁에 집중하고 집착한다. 물론 이는 (동물을 먹고 동물을 실험하며 동물을 사냥하는 것에 대한) 대안이 있음에도 우리가 이 전쟁을 계속하려는 이유이기도 한데, 이러한 쾌락이 없는 삶은 상상할 수조차 없기 때문이다. 이러한 의미에서 "고기를 먹는 것은 도덕적인가" 또는 "동물을 실험하는 것은 도덕적인가"라는 윤리적 물음보다 더 긴급하게 답변해야 할 것은 본질상 정치적 물음일 것이다. 즉, "왜 우리는 이 손으로 동물을 죽이고 고통을 준다는 사실을 알면서도 그 살해와 가해에 강박적으로 집착하는가?" 또는 "왜 우리는 동물을 죽이거나 해치지 않는 세상을 상상할 수 없는가?" 에이해브의 마지막 혈떡임("자, 이 창을 받아라!")은 규범적으로 수행되지 않은 채 남았다. 한편으로 이는 에이해브가 물

---

61 Melville. *Moby Dick*. 450–451[『일러스트 모비 딕』, 878-879쪽].

질적·상징적으로 묶여 있던 고래를 정복하기 위한, 최후의 발악이자 마지막 시도이다. 그러나 다른 한편으로 에이해브가 자신의 운명이 고래와 물질적으로 묶여 있다는 것을 깨닫고 낙관주의가 무너지는 순간 창은 던져진다. 창은 던져지는 것을 원하지 않은 채 던져진다. "발사"되기보다는 "놓아지는" 것이다. 우리는 동물을 향한 폭력의 집착을 "내려놓을" 수 있을까? 항복이란 어떤 모습일까? 동물의 권리를 위해 인간의 권리를 포기하는 사격 중지는 우리 자신과의 관계를 어떻게 변화시킬까? 이는 계속되는 전쟁에서 벗어나는 다른 길을 알려 준다. 그것은 바로, 근본적인 무장해제이다.

결론

휴전

그때는 전선 전체에서 프랑스군과 독일군과 영국군이 자발적으로 참호를 이탈해 무인 지대에서 만났다. 그들은 그곳에서 담배와 술과 음식과 사진과 주소를 교환했다. 심지어 랭커셔 퓨질리어 2대대의 한 중대는 작센의 어떤 부대와 축구 시합을 했고 3대 2로 승리했다.

_ 존 엘리스, 『참호에 갇힌 제1차 세계대전』[1]

이 책의 목적은 이론적 관점에서 우리가 인간과 동물의 관계에 대해 이해하는 방식에 이의를 제기하고, 이 관계를 특징짓는 폭력을 인식하고 극복하기 위한 틀을 제시하는 것이었다. 이 책에서 시도한 바는 다음과 같다.

1. 인간과 동물의 관계를 전쟁의 관점에서 파악한다. 인간은 자신의 효용과 이익을 위해 상상할 수 없는 규모로 동물들을 죽이고 고통스럽게 만든다. 이 지속적인 교전은 전쟁이란 **"적에게 우리의 의지에 따르도록 강요하는 폭력 행동"**이라는 클라우제비츠의 정식과 정확히 일치한다. 푸코에 근거해 보면 이 전쟁을 평화라는 형태로

---

1   John Ellis. *Eye-Deep in Hell: Trench Warfare in World War 1*. Baltimore: The John Hopkins University Press, 1989. 172[정병선 옮김, 『참호에 갇힌 제1차 세계대전: 트렌치코트에 낭만은 없었다』, 마티, 2009, 251쪽]. 또한 Alan Lloyd. *The War in the Trenches*. London: Book Club Associates, 1976. 33 참조.

암호화된 싸움으로 이해할 수 있다. 우리의 제도적 배치는 이 전쟁의 존재를 은폐한다. 인식론적 폭력은 조직적으로 전쟁을 평화로 치환하기 때문에 인간의 지배에 저항하는 존재자들에 대한 노골적인 적대행위는 "평화"와 구별할 수 없는 것으로 이해된다.

2. 동물과의 전쟁을 뚜렷하게 생명정치적인 특성을 지닌 것으로 이해한다. 인간과 동물의 전쟁은 적어도 두 가지 측면에서 생명정치적이다. 첫째, 정치 영역 자체가 인간과 동물 간의 지속적, 폭력적 분리를 통해 구축된다. 우리가 정치나 정치적 주체를 구성하고 정치 영역의 성원을 고려하는 방식에는 인간과 동물 간의 폭력적 이분법이 전제되어 있다. 둘째, 동물에 대한 인간 폭력의 메커니즘은 특성상 분명히 생명정치적이다. 인간의 조직적인 동물 이용(대표적으로는 식품 생산과 실험)은 인간 효용의 극대화를 위해 생명체를 생사의 문턱에 두는 정밀한 기술과 통제를 필요로 한다. 아감벤이 생명정치적 주권은 벌거벗은 생명의 생산을 목표로 한다고 했을 때, 우리는 주저함 없이 이 벌거벗은 생명을 체현하는 구성적 주체로 생산되는 것이란 바로 동물이라고 말할 수 있다. 벌거벗은 생명의 생산은 상호 연관된 강력한 폭력 관리의 장을 필요로 한다. 동물 집중 사육 시설, 산업적 도살장, 실험시설 등이 그것이다. 나는 푸코가 생명정치적 지배의 진화(통치성)와 동일시한 인구 관리를 인간의 동물 지배의 계보학과 연관하여 이해해야 한다고 말했다. 오늘날의 통치는 인간 인구의 삶을 육성하는 정책이 진화한 모습이 아니다. 오히려 통치성은 인간의 동물 지배 체계가 현대에 이르러 다

른 인간을 통치하기 위한 일련의 정교하고 결합된 기술 집합으로 등장한 것이다. 그것의 극단적인 형태로 20세기 이후 등장한 인간에 대한 유례없는 폭력의 현장(수용소, 구금 시설, 고문 시설)은 도살장과 구별할 수 없는 양상을 띠기 시작했다.

3. 동물과의 전쟁이 지속적이고 일상적인 정복 행위를 수반함을 인식한다. 나는 로베르토 에스포지토에 입각하여 생명정치가 면역의 형태로 작동한다고 논했다. 다만 나는 에스포지토와 달리 인간이 추구하는 주권적 면역화의 주된 형태가 동물로부터의 면역이라는 사실을 강조했다. 인간은 재산으로서의 동물과의 관계에서 주권적 면역의 형태를 찾고 정치 영역의 공유를 요구하는 비인간의 오염으로부터 자신을 보호한다. 인간은 동물을 배타적 재산의 형태로 이용하고 소비할 권리를 주장하는데, 이 폭력적 관계성은 인간이 스스로 설정한 차별적 지위, 즉 **희생물로 바쳐지지 않는 희생**을 말 그대로 "보증한다." 여기서 핵심은 재산이다. 로크에 대한 치밀한 독해를 통해 게리 프란시온의 분석을 확장할 수 있다. 재산은 일상의 전유 형태를 재현하므로, 인간은 동물에 대한 지배권을 주장할 수 있다. 중요한 것은 이러한 지배가 미리 존재하는 우월성의 형태를 바탕으로 한 것이 아니라 인간의 자기보존 주장이 다른 동물의 것보다 우세하게 된 데서 유래한다는 점이다. 이러한 전유는 시장 체계에 길을 내주고 지배의 가치를 남김없이 통과시킨다. 동물에 대한 폭력에서 오는 인간의 쾌락은 "공짜 선물"처럼 제공된다. 이 동물과의 전쟁에서 일상적인 재산 지배의 형태는 사적 영역에

서 동물과 우리의 일상적 관계를 개념화하는 실마리를 제공한다. 나는 강간에 대한 급진 페미니즘의 분석을 바탕으로 동물에 대한 개별적 폭력 행위가 더 큰 전쟁의 일환으로 이해될 수 있다고 주장했다. 더 나아가 아실 음벰베에 입각해 주권을 **사유화된** 것으로 개념화할 수 있음을 지적했다. 이는 지배를 개별적으로 안전화하고 비인간 동물 생명을 격납하는 역량을 통해 작동하는 전쟁이다. 그러나 이러한 주권은 (홉스의 개념에서처럼) 중앙 집중된 권위에 의해 위임되는 것이 아니라 오히려 이미 존재하는 "인간의 권리"로 승인되는 것일 뿐이다. 인간이 주장하는 동물을 지배할 권리는 이미 존재하는 것으로, 다른 인간에 대한 인간의 주권에 의해 유지된다. 이는 변두리 뒷마당에 있는 동물과 같은 이른바 "반려동물"에 대해 인간이 생사의 권력을 주장하는 데서 명확히 볼 수 있다. 이 전쟁의 맥락에서 권력은 적대를 외관상의 우정으로 대체하며 관계성의 형태들을 인식론적으로 조직한다. 바로 이러한 견지에서만, 인간의 주권을 우연이나 자연적인 것 또는 자비로운 보호자의 행위가 아니라 계산된 지속적인 교전의 형태로 평가할 수 있다.

4. 동물에 대한 인간의 주권을 개념화하고 동물의 주권을 작동시킨다. 나는 푸코의 관점을 바탕으로 동물과 인간의 전쟁이 인간 효용에 이바지하는 지속적 전투를 내면화하는 주권 양식으로 개념화될 수 있음을 주장했다. 이 주권적 합의 아래, 이 전쟁에서 평화는 적대를 은폐한다. 폭력은 평화롭게 보이는 방식으로 안정화된다. 동물에 대한 인간의 주권이 동물 주권의 가능성을 담론적으로 지워

버리는 것이라면, 그 전략적 대응으로 동물 주권을 개념화하는 것을 생각할 수 있다. 나는 동물 주권에 대한 최근의 두 가지 제안, 구딘, 페이트먼, 페이트먼이 주창한 영장류 주권과 도널드슨과 킴리카가 제안한 시민권, 자치권, 거주권의 삼자 모델을 검토했다. 그리고 두 접근 방식 모두에서 결함을 발견했다. 그 결함 중 일부는 거기서 사용된 자유주의 주권 모델의 한계(주권적 권리는 "역량"이 있는 자들에게만 인정된다는 믿음 및 영토에 대한 애착) 때문이며, 일부는 그 제안에 내포된 위험성(예컨대, 생식 및 섹슈얼리티 통제를 결정할 수 있는 인간의 권리의 지속적인 보존) 때문이다. 나는 이와는 다른 접근법으로 데리다의 『짐승과 주권자』에서의 주권론을 검토하여 주권은 본질적으로 근거가 없는 것이라고 말했다. 즉, 주권은 내용을 결여하고 있으며 주권을 주장하는 자들의 아무런 본질적 역량에도 기반하고 있지 않다. 반대로 주권은 일종의 어리석음을 행할 권리("진실"을 거스르고 행동할 권리, 반대로 우월성을 진실로 구성할 권리)로 작동한다. 더구나 이 권리는 지배할 수 있는 역량에 근거하여 획득되는 것이 아니라 단지 폭력에 입각하여 구축되는 것에 불과하다. 인간이 동물에 대한 주권을 주장하는 것은 인간이 힘으로 동물을 이겼기 때문이지 실제로 역량 면에서 어떤 "우월성"을 지녔기 때문이 아니다. 내가 주장했듯이 동물 주권은 두 가지 전선에서 시작해야 한다. 동물에게 "어리석음"을 행할 권리(즉 역량이나 확립된 "진실"에 관계없이 스스로를 결정할 권리)를 인정하는 것. 인간의 주권을 무장해제하는 것(즉 인간의 지배권 주장을 뒷받침하는 폭력을 제거하는 것).

마침내 어떻게 앞으로 나아갈 것인가에 대한 일련의 문제들만이 남았다. 우리는 어떻게 평화의 장을 이룰 수 있는가? 휴전은 가능한가? 이 결론 장에서는 앞으로 나아가기 위한 자원을 제공할 수 있는 두 가지 길을 제안할 것이다. 첫째, 동물과의 전쟁에 대한 응답으로 "대항품행"의 관념을 탐구한다. 둘째, **휴전**의 가능성을 탐구한다.

푸코는 1978년 3월 1일 강의에서 대항품행이라는 관념을 제시한다. 나는 이 강의가 저항의 문제를 둘러싼 푸코의 해석에서 중요한 전환을 알려 주는 것으로, 저항의 문제 및 저항과 주체성의 관계를 재구성하는 후속 시도 중 하나라고 본다.[2] 여기서 푸코는 개인이 제도나 지식 체계에 편입된 자신의 품행의 조직화 양식에 맞서 어떻게 저항 내지 반역하는지 이해하고자 한다. 제2장에서 다뤘던 사목 권력 모델에 대항하는 운동에 대해 언급하며 푸코는 말한다.

> 말하자면 이것들은 다른 형태의 품행을 목표로 하는 운동입니다. 다른 인도자conducteurs나 다른 목자에 의해 다른 절차나 방법으로 다른 목적이나 구원을 위해 다른 형태로 인도되기를 바란다는 것입니다. 또한 가능하다면, 다른 사람의 지시를 피해 각자가 자신의 품행의 길을 정하는 운동이기도 합니다. 다른 말로 하면, 저는 품행의 거부, 반역, 저항 형태에 나타난 특수성이 사목의 역사적 특이성에 대응하는 것인지 알고 싶습니다. 정치적 주권이 행사하는 권력에 맞서는 저항이 있고, 경제 착취의 형태를 취하는 권력에 맞서는 의도적인 저항 내

---

2 아래에서 논하겠지만, 푸코는 1984년 강의에서 권력에 대한 저항의 문제를 재구성하기 위해 지식·통치성·주체성의 관계를 다른 형태로 개념화했다.

지 거부가 있는 것처럼, 품행으로서의 권력에 대항하는 저항의 형태도 다양하지 않을까요?[3]

이 대목은 단지 동물을 괴롭히거나 죽일 뿐 아니라 상호주관적·제도적·인식론적 영역에 걸쳐 인간의 품행을 명령하는 체계인 동물과의 전쟁에 항거하는 방법을 생각해 볼 때 가치가 있는 것 같다. 동물과의 전쟁의 종식은 단순히 겨울 궁전을 습격하듯이 동물에 대한 인간 주권에 맞서는 것만을 포함하지 않는다. 예컨대, 동물 사유제를 법적으로 금지하는 것과 같은 권력의 경제체제의 종식만을 의미하지 않는다. 반대로 우리는 인간의 조직화, 생활, 지식 등 상상할 수 있는 거의 모든 측면에 깊이 박혀 있는 일련의 폭력을 다루고 있다. 즉, 저항은 우리의 품행에 맞서야 한다. 우리가 어떻게 통치되는지, 우리 자신을 어떻게 통치하는지, 우리 자신에 대해 무엇을 알고 있는지, 타자에 대해 무엇을 알고 있는지 등에 맞서야 한다. 여기서 중요한 것은 우리가 스스로를 인도하고 공동체에서 작업하는 방식이 동물과의 전쟁에서 평화의 영역을 어지럽히거나 제정한다는 사실을 전략적으로 이해하는 것이다. 이는 폭력의 제도적 재생산에 개입할 뿐만 아니라 동물 주권의 승인이 가능할 수 있는 새로운 진리 집합을 새기는 일이다.

1978년 3월 1일 강의에서 푸코가 제시한 대항품행의 예시 중 하나는 **탈영**이다.

탈영은 17-18세기의 모든 군대에서 극히 평범한 관행이었습니다. 그

---

3 Foucault. *Security, Territory, Population.* 194–195[『안전, 영토, 인구』, 269-270쪽].

러나 전쟁을 벌이는 것이 단순한 전문직도 심지어 일반적인 법도 아

니게 되어 한 나라의 선량한 시민 각자의 윤리나 행동이 되었을 때,

군인이 된다는 것이 공공의 양심이나 권위의 지도 아래 엄격한 규율

속에서 이끌어지는 정치적·도덕적 품행, 공공의 대의와 구원을 위한

헌신의 형태가 되었을 때, 따라서 군인이 된다는 것이 더 이상 운명이

나 직업이 아니라 하나의 품행 형태가 되었을 때, 낡은 탈영-위반뿐

만 아니라 탈영-불복종이라고 부를 수 있는 다른 형태의 탈영이 발생

하게 됩니다. 군인이 되어 이 직업과 활동에 시간을 보내기를 거부하

는 것, 무기를 들기를 거부하는 것은 일종의 품행 내지 도덕적 대항

품행이 되며, 시민 교육이나 사회적 가치의 거부, 국가나 국가에 의한

구원과 의무적 관계의 거부, 국가의 현실적 정치제도의 거부, 다른 사

람이나 우리 자신의 죽음과의 관계의 거부로 나타납니다.[4]

4　Foucault. *Security, Territory, Population.* 198[『안전, 영토, 인구』, 279-280쪽]. 푸코가 제시한 다른 예시에도 주목해야 한다. 이 맥락에서 유용한 두 번째 예시는 "비밀결사"이다. 푸코의 분석에 따르면 18세기에 발달한 종교적 반체제 집단은 점점 더 정치화되었다. "… [비밀결사는] 정치 요소의 비중이 점점 커지고 보다 명확한 정치 목표나 음모, 정치적·사회적 혁명을 담당하게 되는데, 거기에는 항상 다른 형태의 품행을 요구하는 측면이 있습니다. 즉, 사회의 명시적·가시적·공식적 통치성이 제시하는 것과는 다른 목표를 향해 다른 인물들에 의해 다른 방식으로 인도되기를 요구하는 것입니다. 비밀스러운 특성은 이런 정치 행동의 필수적인 차원임에 틀림없지만, 동시에 그것은 알려지지 않은 통솔자나 특수한 복종 형식으로 이루어진 다른 품행 형태로서 대안적 통치 방침의 가능성을 내포하고 제공하는 것입니다(198-199[280-281쪽])." 푸코가 제시한 세 번째 예는 의학적 "진실"에 대한 저항이다. "특정한 치료법이나 백신 접종 같은 예방 조치에 대한 거부, 특정한 유형의 의학적 합리성에 대한 거부입니다. 이것은 전기, 자기, 약초, 전통 의학을 사용하는 의료 관행을 포함해 모종의 의학적 이단을 구성하려는 시도입니다(199[282쪽])." 이 마지막 예에서 연상되는 것은 의료 종사자나 가족 구성원의 충고를 거스르고 제한된 식단을 추구하는 현대의 비건 실천가들이다. 이들은 동물 제품의 소비 없이는 삶이 가능하지 않다고 주장하는 과학과 전통의 지배적 진실에 맞선다. 비건 실천가들은 "당신은 동물 제품을 소비하지 않음으로써 스스로 아프게 만들고 죽인다는 것을 모르나요?"라는 질문에 끊임없이 시달린다. 그러면 그들은 대답한다. "그렇지 않은데요. 우리는 그 진실을 의심합니다!" 또는 "상관없는데요!"

탈영은 오늘날 대항품행의 실천 사례이자 동물과의 전쟁에 저항하는 가능한 전략 방안처럼 보인다. 무기를 들기를 거부함으로써 동물과의 전쟁에서 벗어나는 것은 저항의 수단으로 삼을 수 있는 대항품행의 한 형태임에 틀림없다. 이러한 실천 요소들을 비거니즘에서 볼 수 있다. 비거니즘에서 개인들은 동물성 식품의 기호와 조리에서 손을 떼고 동물성 제품의 착용과 소비를 거부함으로써 동물과의 전쟁의 폭력에서 벗어난다. 이러한 실천은 단순히 일련의 정치적 신념을 반영하는 것이 아니라 다양한 수준의 품행에 걸쳐 작동한다는 점에서 독특하다. 비거니즘 실천가들은 보통 지배적 규범에 반하여 자신의 생활과 소비 방식을 실질적으로 수정한다. 식습관 및 여타의 선택들로 인해 종종 사회적 고립 형태에 직면하기도 한다. 지식 체계와 접할 때마다 빗발치는 저항과 마주하고 과학자, 의사, 선의의 가족과 친구들로부터 동물 제품을 소비하지 않으면 잠재적 위험에 노출된다는 우려를 듣는다. 실제로 이러한 요소를 감안하면, 나는 비거니즘이 (제도나 진실 체계를 뒤흔들려고 하는 한) 현대적 대항품행 모델의 모범 사례로 형상화될 수 있다고 본다.

그러나 확실히 이 전략은 내적 한계를 안고 있다. 물론 그 한계 중하나는 자신을 동물과의 전쟁의 폭력으로부터 완전히 떼어 놓는 것이 가능하고, 이 전략이 유효한 행동 수단이 될 수 있다고 보는 환상이다. 서론에서 주장한 것처럼, 비거니즘 실천을 통한 탈영은 이 전쟁이 낳는 특권으로부터 주체를 떼어 놓지 않는다. 내가 개인적으로 동물 제품을 소비하지 않는다고 해도, 나는 여전히 동물과의 전쟁의 수혜자이기 때문이다. 이러한 의미에서 비거니즘만을 전략으로 취하는 노선은 자기

중심적인 개인적 금욕주의(일종의 청교도주의[5])가 될 위험이 있을 뿐 동물과의 전쟁을 구성하는 조직적 관행을 어지럽히는 효과적인 수단이 되지 못한다.[6] 실제로 대안적 식습관에 대한 지식 및 실천이 증가했음에도 불구하고 세계 1인당 육류 소비량이 점점 더 늘어나고 있다는 사실은 잘 알려져 있다.[7] 그러나 동물과의 전쟁에서 이러한 탈영 전략이 아무런 전술적 이점을 갖지 않는다고 주장하려는 것은 아니다. 푸코가 지적한 것처럼 탈영은 권위를 부여받은 통치 체제의 품행 형태에 도전할 때 반란 행위가 된다. 동물과의 전쟁으로부터의 탈영은 인간 주권 및 그것이 구성하는 진실 질서와 폭력에 도전하는 급진적 가능성을 갖는다. 즉, 이 대항품행은 "탈영-불복종"의 양식이 된다. 필연적으로 탈영 불복종은 단지 상호주관적·제도적 폭력뿐만 아니라 통치 질서의 인식론적 폭력 또한 어지럽힌다. 그것은 지배 체계의 조건하에서 상상 내지 용인할 수 없는 새로운 진실 집합의 창조로 향한다. 동물과의 전쟁의 인식론적 폭력이 낳는 하나의 문제는 동물을 죽이지 않는 생활이 즐겁지 않거나 실제로 살 가치가 없다고 여겨진다는 것이다. 비거니즘의 금욕적 방식(동물성 제품 소비로부터 자신을 "정화"하려는 개인적 행동을 동물 착취를 해체하는 정치적 기획의 핵심으로 여긴다)이 인간의 삶이 동물을 죽이는 것을 필요로 한다는 "진실"에 반드시 도전하는 것은 아니다. 이러한 비거

---

5 여기서 "청교도"라는 용어는 정확한 역사적 의미보다는 대중적인 의미로, 스스로 쾌락에 저항하고 억제하도록 조직하는 금욕주의를 가리킨다.

6 푸코의 『안전, 영토, 인구』 1978년 3월 1일 강의 중 개인의 종교적 금욕주의에 대한 언급을 참조하라.

7 United Nations Food and Agriculture Organisation. *World Agriculture: Towards 2015/2030*. London: Earthscan, 2003. 159.

니즘의 금욕적 방식은 자기희생 모델에 의존하기 때문에, 동물을 죽이지 않는 삶이 "대의"를 위해 일련의 쾌락을 버린다는 것을 의미한다는 인식을 긍정해 버릴 위험이 있다. 이것은 매슈 칼라르코가 말하는 "윤리적 순수성"이라는 환상을 낳는데, 이 환상은 최종 상태로서의 "선한 양심"에 대한 믿음을 목표로 이상화한다.[8] 대안적 공동체들에서 나타나는 내면화된 감시 및 규율 문화(소위 "비건 경찰")는 이 문제를 악화시킨다. 동물에 대한 폭력의 종식이라는 더 넓은 목표 대신에 외양상 완벽한 "학대에 반대하는cruelty-free" 자아를 구축하겠다는 잠정적 목표에 초점을 맞추게 하기 때문이다. 아마도 우리 모두 탈영이 자기 희생을 수반한다거나 동물과의 전쟁의 종식을 위해 "학대에 반대하는" 주체성 구성에 초점을 맞춰야 한다는 관념에 종지부를 찍을 필요가 있지 않을까? 우리가 탐구해야 할 것은 아마도 동물과의 전쟁에서 탈영하기 위한 개인과 공동체의 사적 실천이 상상도 할 수 없는 새로운 기쁨을 창조할 수 있는 방식일 것이다.[9] 전쟁은 결국 은밀한 전술적 평화의 기쁨, 장군들 코앞 참호 한가운데서 만끽하는 거룩한 기쁨의 가능성을 열어 줄 것이다.[10] 아마도 우리가 추구해야 할 것은 정체성의 한 형태로서가 아니라

---

8   Calaraco. *Zoographies*. 136.

9   푸코, 채식주의vegetarianism, 쾌락에 관한 클로이 테일러의 논의를 참조하라. Chloë Taylor. "Foucault and the Ethics of Eating." *Foucault Studies*. 9. 2010. 테일러는 이렇게 말한다. "동물 해방운동은 푸코의 충고를 참조하는 것이 좋을 것 같다. 푸코에 따르면 해방운동은 일반적으로 공리주의나 의무론의 도덕적 입론에만 기대기보다는 윤리-미학적 전술을 취해야 한다(83)."

10 미셸 푸코는 1981년 잡지 『게 피에Gay Pied』와의 인터뷰에서 다음과 같이 말했다. "동성애 문제가 지향하는 것은 우정의 발전입니다(Michel Foucault. "Friendship as a Way of Life." *The Essential Works of Foucault 1954-1984, Volume One-Ethics: Subjectivity and Truth*. Paul Rabinow Ed. New York: The New Press, 1997. 135-140)." 여기서 푸코는 제도적 규범이 결여된

동물과의 전쟁에 대한 저항의 형태로 상황적으로 자리매김하는 불완전한 관행으로서의 비거니즘이 아닐까?

이 모든 것을 감안하면, 개인의 행동이 어떻게 상호주관적·제도적·인식론적 폭력을 변화시킬 수 있는지 재고할 필요가 있다. 서론에서 언급했듯이 푸코는 후기 강의에서 **주체성, 지식, 통치성**의 "순환" 관계의 선명한 모습을 그려 낸다. 이러한 점에서 흥미로운 것은 1982-1983년과 1983-1984년 강의이다.[11] 푸코의 분석 방식이 지배의 기능에서 통치성의 양식으로, 주체성의 구성에서 개인의 자기 형성 방식으로, 진실과 지식이 구성되는 방식에 대한 물음에서 진리검증(또는 "진실을 말하기") 과정을 추적하는 시도로 점진적으로 전환되는 경위를 설명하기 때문이다. 푸코의 권력 담론 내의 유혹은 주체성을 말소함으로써 폭력 체제에 저항할 수 있는 방법을 사고할 가능성을 제거하는 것이다. 이 문제가 특히 들어맞는 것은 인식론적 폭력에 어떻게 저항할 수 있을지를 생각할 때인 것 같다. 만일 "진실"이 주체의 지위와 "저항"의 조건을 구성한다면, 진실 체계의 조건 "바깥에서" 저항을 개념화하는 것은 불가능해 보

관계를 상상하기 어렵다는 점을 지적하며, 우정은 성문화된 행위들 사이에서 창조 과정으로 발전하는 윤리적 관계라고 주장한다. "그들은 용어나 편리한 어휘 없이 서로와 대면합니다. … 그들은 하나부터 열까지, 아직 형태가 없는 관계, 우정을 발명해야 합니다. 서로에게 기쁨을 줄 수 있는 모든 것의 총합 말입니다(136)." 동일한 인터뷰에서 푸코는 이성애 규범적 관계에서 다른 남성과 함께 사는 남성들에게 보다 개방적인 관계를 위한 제도적 기회가 주어지는 경우는 드물다고 지적한다. "남성들끼리의 생활이 용인될 뿐 아니라 엄격하게 요구됐던 것은 19세기 이후의 제한된 기간, 아주 단순하게도 전쟁 기간뿐이었습니다(139)." 나는 우정에 관한 푸코의 관점이 기존의 제도적 규범을 넘어 비인간 동물들과의 우정을 생각하는 틀을 제공한다고 본다.

11 특히 Michel Foucault. *The Government of Self and Others: Lectures at the Collège de France 1982–1983*. New York: Palgrave Macmillan, 2010. 4–6; and Michel Foucault. *The Courage of Truth: Lectures at the Collège de France 1983–1984*. New York: Palgrave MacMillan, 2011. 8–9 참조.

일 것이다. 간단히 말해, 만일 모든 사람이 우리가 동물과 평화로운 관계에 있다고 믿는다면, 어떻게 우리를 둘러싼 전쟁의 존재를 알릴 수 있겠는가? 1984년 2월 1일 강의에서 푸코는 주체성이 사라져야 한다는 생각을 단도직입적으로 거부한다. 반대로 주체성, 특히 권력의 상호주관적 "경험"을 이해하기 위해 분석의 축을 전환한다.

> 오히려 관련된 것은 세 개의 구별된 요소들 간의 복잡한 관계에 대한 분석으로, 이 요소들은 다른 요소들로 환원되거나 흡수될 수 없지만 서로를 구성하는 관계에 있습니다. 이 세 요소들이란 다음과 같습니다. 진리검증의 특정한 양식으로 고찰되는 지식 형태, 실질적이고 침입적인 권력의 발산으로서가 아니라 사람들의 품행이 통치되는 절차적 측면에서 고찰되는 권력관계, 마지막으로 자기 실천을 통한 주체 형성의 양식입니다. 이 삼중의 (지식 획득의 주제에서 진리검증의 주제로, 지배의 주제에서 통치성의 주제로, 개인의 주제에서 자기 실천의 주제로의) 이론적 전환을 수행함으로써, 우리는 진실, 권력, 주체의 관계를 각각 다른 것으로 환원하지 않고 고찰할 수 있을 것 같습니다.[12]

여기서 푸코가 보이는 굴절("삼중의 이론적 전환")은 내가 동물과의 전쟁을 구성한다고 말한 세 가지 형태의 폭력, 즉 상호주관적·제도적·

---

12 Foucault. *The Courage of Truth.* 9. 푸코는 이 대목을 다음과 같은 중요한 설명으로 시작한다. "진리검증 양식, 통치성의 기술, 자기 실천을 연결하는 것은 기본적으로 제가 늘 시도해 왔던 것입니다. … 그리고 여러분도 알다시피 이 삼자의 관계를 분석하는 것이 관건인 이상, 이러한 종류의 탐구가 지식을 권력으로 환원하려는 시도라든가, 구조 속에서 지식을 권력의 덮개로 만들려는 시도라든가, 거기에는 주체의 자리가 없다든가 하는 것은 순진하고 단순한 캐리커처라는 사실을 알 수 있을 것입니다(8)."

인식론적 폭력에 맞서는 방법을 제공한다. 상호주관적 또는 개인적 차원에서는 인간이 동물과의 전쟁에서 어떻게 주체로서 자기를 구성하는지가 문제가 된다. 여기에는 진실과 권력이 어떻게 자기를 구성하는지라는 소극적 의미뿐 아니라 자기 실천이 어떻게 진실 체제 및 품행의 통치 양식과 상호작용하는지라는 적극적 의미의 문제도 포함된다. 단적으로 말하자면 동물과의 전쟁이 우리에게 제복, 무기, 훈련을 제공한다고 해도, 우리가 그러한 폭력의 자원에 관해 어떻게 스스로를 인도할 것인지는 여전히 문제가 된다. 제도적 차원에서는 인간의 이익을 위해 동물의 가해와 살해를 합법화하는 권위 체계(주권)가 인간과 동물 모두의 품행을 명령하고, 인간의 우월성이라는 외견상의 진실을 재생산한다. 그러나 집단적, 개인적 품행의 형태들이 어떻게 이 권위 구조를 뒤흔들 수 있는지, 진실 체제가 어떻게 이 권위를 지탱하거나 무너뜨릴 수 있는지, 전술적으로 무엇을 해야 제도적 관계를 바꾸고 동물을 죽이고 괴롭혀야 한다는 조직적 필요성을 실추시킬 수 있는지 여전히 과제로 남아 있다. 마지막으로 인식론적 폭력의 차원에서는 진실 체제가 어떻게 동물과의 전쟁을 돕고 확산시키는 자원을 지속적으로 제공하는지, 더불어 저항을 위한 자원은 어떻게 생산할 수 있는지, 지배적인 진실 집합에 맞서 새로운 진리를 창조하기 위해 어디서 어떻게 목소리를 내야 하는지 (즉 이러한 경우에 진리검증은 어떻게 가능한지) 이해하는 것이 과제로 남는다. 나는 마지막 과제(인식론적 폭력에 맞서는 것)야말로 핵심이라고 생각한다. 캐리 울프가 유인원 기획에 관해 지적한 바와 같이 "높은 서열"로 보이는 존재에게 잠정적 권리를 부여하는 시도는 "인간"을 우월적 존재로 만드는 기획을 존속시킬 뿐이므로[13] 필요한 것은 항상 인간을 우월자로 규정하는 진실 질서에 도전하는 것이다. 만일 주권이 어리석음(특별한 근거가 없는 우월성 주장)을 가능하게 한다면, 우리의 과제는 이러한 주장을 재생산, 확산하는 메커니즘에 초점을 맞추고 왜 인간에게는 어리석음의 권리를 주장하는 것이 허용되고 동물에게는 그렇지 않은지를 끈질기게 묻는 것이다. 다만 이 인식론적 물음을 제기할 때 내가 꼽은 세 형태의 폭력이 상호작용하며 순환관계에서 작동하는 방식을 염두에 두어야 한다. 따라서 제도적 폭력이나 인식론적 폭력에 주의를 기울이지 않고 단순히 개인의 실천에 초점을 맞추거나, 그 물질적 효과를 인식하지 않고 인식론적 물음에 집중하는 일은 없어야 한다.

　　최근의 한 동물 옹호 운동의 사례는 앞으로의 과제가 지닌 복잡성을 보여준다. 2011년 3월, 한 동물 옹호 단체가 호주에서 수출된 살아 있는 소를 사들인 인도네시아의 도살장을 조사하였다. 일반 대중에게 공개된 영상 기록에는 도살에 앞서 "눈을 도려내거나 걷어차고 꼬리를 비틀고 자르는 등" 소를 학대하는 모습이 담겼다.[14] 첫 보도는 전례 없는 대중적 반향을 불러일으켰다. 이 사건은 오랜 시간 전체 언론을 장악했고, 전국적으로 대중의 거리 시위를 촉발했으며, 인도네시아로의 생물 수출 금지와 호주 정부의 검토 및 관행과 규제의 변화를 이끌었다(마지막의 대응은 예상대로 미약했지만 말이다).[15]

13　Wolfe. *Before the Law*. 11-12.

14　Animals Australia and RSPCA. "Live Exports to Indonesia." Factsheet. banliveexport.com/documents/FactSheet-cases.pdf[2025년 1월 23일 접속 불가].

15　호주 정부는 수송과 수출 목적지의 복지 기준에 대해 감사하고 정밀 조사하는 새로운 절차를 만들었다. 생물 수출 금지는 정치적으로 지속되기 어렵다는 것이 증명되었다.

이 운동은 성공을 거두었고 지금도 계속되고 있지만, 나는 이것이 동물과의 전쟁에서 구조적 변화를 위한 정치적 지형을 생각하는 데 과제를 제시한다고 본다. 왜냐하면 생물 수출의 문제는 진실과 권력이 순환관계에서 작동하는 방식, 예컨대 이 경우에는 인종이나 국민성 등 다른 정치적 논쟁의 장과 얽혀 있는 실태를 예증하고 있기 때문이다. 내가 궁금한 것은 이것이다. 적어도 호주의 경우, 그렇게 많은 대중적 관심이 왜 생물 수출 목적지의 도살 조건에 집중되었는가? 이 경우 왜 인도네시아가 지목되었는가? 다른 산업화된 도축 시설에서도 죽음을 앞둔 동물이 열악한 처우를 받고 있다는 동물옹호론자들의 증거가 무수히 많으며, 호주의 시설도 예외가 아니다. 여기에는 동물의 구속과 살해에 이용되는 방법, 죽음에 앞서 사용되는 격납 기술, 도살 공정의 일환을 이루는 수송 형태(그 자체가 죽음과 고통을 낳는다), 축산, 도살에 불가결한 생사의 총체적 통치성에 동반되는 번식, 영양, 규제 방법이 포함된다. 그러나 옹호론자들의 노력과는 달리, **호주** 시설 내에 있는 동물에 대한 처우가 조직적 문제로 이해되는 경우는 드물다. (2012년에 있었던 처리 시설에서 산 채로 양의 가죽을 벗긴 사건과 같은) 극심한 학대의 명백한 증거가 입증되는 경우에도, 이는 보통 일탈로 치부되거나 (조직적 차원이 아닌) 개인적 차원의 범죄성의 결과로 취급된다.[16] (2012년 뉴사우스

---

16 2012년 2월, 호주 뉴사우스웨일스의 동물 해방 단체는 시드니에 있는 도살장에서 "의식이 있음이 분명한 양들이 매달려진 채 가죽이 벗겨지고, 한 남성이 살아 있는 돼지 머리를 쇠막대기로 여러 차례 세게 후려치는" 영상을 발견했다. Jen Rosenberg and Ben Cubby. "Covert Evidence of Cruelty Halts Abbatoir." *Sydney Morning Herald*. Feubary 10, 2012 참조. 뉴사우스웨일스 제1차 산업부 장관은 이에 대해 "단발성으로 그친 일인지도 모른다"라고 논평했다. Josephine Tovey. "Cruelty Video: 'Rogue' Abattoir Checked Four Times in a Year." *Sydney Morning Herald*. February 10, 2012를 보라. 2012년 11월, 동물복지 단체 애니멀스 오스트레일리아는 돼지들이 기절 처리 장비로 눈과 귀가 찔리고 한 마리는 대형 망치로 맞아 죽는 장

웨일스의 붉은 고기 도축장 보고[17]와 같은) 호주 시설에서의 조직적 폭력이 공식 발표되었을 때조차도 정부나 사회는 인도네시아로의 생물 수출에 관해 분명히 드러냈던 수준의 우려를 보이지 않았다. 그렇다면 왜 다른 나라에서의 동물 취급 쟁점이 호주 대중의 관심을 끄는 것일까? 항간의 논의에서 나타난 노골적인 국민주의적 언사가 단서를 준다. 생물 수출 반대 운동 내에서 반복적으로 나타난 것은 "호주"의 소들이 비서구 타자들의 손에 도살되고 있다는 우려였다. 이러한 우려의 인종화된 요소를 부정할 수는 없을 것이다. 가야트리 스피박은 "백인종 남자가 황인종 남자에게서 황인종 여자를 구해 주고 있다"[18]라는 표현을 사용해 어떻게 서구 제국주의의 가치가 페미니즘 관심사를 통해 외견상 논리적이고 부정하기 어려운 진실로 만들어지는지를 보여주었다. 우리는 여기서 스피박의 문장을 유용한 형태로 다시 쓸 수 있다. "백인종이 황인종에게서 백인종 동물을 구해 주고 있다." 이는 비서구 도살장의 동물에 대해 대중이 우려를 분출하는 모습을 묘사하기에 적합하다. "백인종이

면을 폭로했다. Animals Australia. "Final Moments." Animals Australia. animalsaustralia.org/ investigations/final-moments/[2025년 1월 23일 접속 확인] 참조. 관계자들은 기소되었지만 도살장 소유주에 대한 실질적인 기소는 취하되었다. Chris McLennen. "Abattoir Charges Dropped." *Weekly Times Now*. April 16, 2013을 보라. 2013년에는 또 다른 사례로 칠면조들이 발로 차이고 짓밟히고 죽기 전에 다리가 찢기는 장면이 보도되었다. 하지만 정부는 이러한 관행이 업계에서 일상적이거나 횡행하고 있다는 지적을 외면했고, 관련 식품 당국도 "이 사례는 동물복지 보호를 위해 마련한 제도의 실패가 아닌 개인에 관한 문제로 보인다"라고 말했다. New South Wales Food Authority. nsw Food Authority response to animal cruelty allegations at an Inghams Tahmoor processing facility. nsw Food Authority. 21 March 2012 참조.

17 이 보고에서 조사된 모든 도살장에서 복지 조치 위반이 확인됐다. 기절 처리 기술의 남용이나 도살장 직원들의 부적격성과 관련된 문제도 포함되었다. Kelly Burke. "Multiple Deficiencies Uncovered in nsw Abattoirs." *Sydney Morning Herald*. May 18, 2012.

18 Spivak. "Can the Subaltern Speak?" 297[「서발턴은 말할 수 있는가?」(초판본), 『서발턴은 말할 수 있는가?』, 463쪽].

황인종에게서 백인종 동물을 구해 주고 있다"라는 말은 호주인들은 "그들의" 동물을 문명화된 방식으로 죽이지만 비서구 타자는 그렇지 않다는 것을 "진실"로 확립한다.

크게 의견이 갈릴 수 있는 정치적 쟁점(즉, 동물복지)이 단결의 명분이 되었다는 사실은 반대자여야 할 이들을 공동의 대의로 향하게 하는 인종화된 담론의 놀라운 방식을 보여준다. 여기서 "공동의 대의"가 도살 자체에 대한 반발인지 의심스럽다. 인도네시아로의 생물 수출에 대한 대중 매체의 관심은 동물 **자체**에 대한 걱정보다는 인종과 국가에 대한 우려를 반영한다. 동물복지에 대한 관심에 인종화된 요소가 포함되지 않았다면, 해외**와 마찬가지로** 호주에서도 동물의 취급을 둘러싼 대중 행동이 벌어졌을 것이기 때문이다. 여기서 권력(이 경우에는 인종화된 권력)은 국민국가의 국경을 넘어 동물복지에 "관심"을 쏟는 특수한 주체성을 입증하고자 하는 진실 체제를 구성한다. 동물복지에 대한 관심은 백인 주체성의 표현으로 이해되어 일종의 "생물-국가주의critter-nationalism"가 형성된다.[19] 이 국가주의는 호주인의 정체성은 동물복지 및

---

19 나는 자스비르 K. 푸아가 논한 (호모내셔널리즘과 "핑크워싱") 도식, 즉 국민 형성이라는 이름으로 동성애자들의 권리를 이용하는 실태에 대한 비판을 이러한 맥락에서 언급하고 싶다. Jasbir K. Puar. *Terrorist Assemblages: Homonationalism in Queer Times*. Durham: Duke University Press, 2007; and Jasbir Puar and Maya Mikdashi. "Pinkwatching and Pinkwashing: Interpenetration and Its Discontents." *Jadaliyya*. August 9, 2012. jadaliyya.com/pages/index/6774/ pinkwatching-and-pinkwashin[2025년 1월 23일 접속 확인] 참조. 관련해서 Amie Breeze Harper. "Race as a 'Feeble Matter' in Veganism: Interrogating Whiteness, Geopolitical Privilege, and Consumption Philosophy of 'Cruelty-Free' Products." *Journal for Critical Animal Studies*. 8.3, 2010. 5-27도 보라. A. 브리즈 하퍼는 인종화와 동물 옹호 운동의 언어 사이의 불온한 공명을 논하고 일부 비건 공동체에서 발견되는 두드러진 백인의 인종 지배와 특수한 윤리적 백인 주체성의 동화를 촉구하는 비거니즘의 역할을 논한다. 하퍼는 일부 비건 제품 생산에 수반되는 "학대의 조건" 덕분에 "일부 미국의 비건이 현대적 윤리를 실천할 수 있는 것(14)"이라고 지적한다. 하퍼의 작업 외에도 인종 정치와 동물 옹호의 상호 영향

학대 반대의 수행과 결부시키는 반면, 비서구 수출 시장은 조직적 학대를 반영하는 전통문화의 규범이나 관습과 결부시킨다. 따라서 호주에서의 학대의 증거는 항상 단순한 일탈로 이해될 것인 반면에 해외에서의 학대의 증거는 조직적 학대의 "진실"만을 확인할 것이다.

이 모든 것은 동물에 대한 폭력에 이목을 집중시키고자 노력하는 동물옹호론자에게 과제를 준다. 옹호론자들이 발판을 마련하려면 이 권력-진실 관계에 대해 말해야만 한다. 그 외 다른 이야기는 인식될 수 없을 것이기 때문이다. 권력-진실 순환의 본성상 주체, 기존의 "지식", 통치 양식이 맺는 관계 바깥에서 "진실"을 말하기란 불가능해 보인다. 동물 도살 상황은 국내나 해외나 실질적으로 다르지 않다고 지적하는 옹호론자의 목소리는 "들리지" 않는데, 그 말은 제도적 권력을 통해 들리는 형태가 되도록 인종적으로 암호화되지 않기 때문이다. 호주의 동물 학대는 항상 정상이 아닌 예외로 구성될 것이다. 마찬가지로 공동체의 관심사가 인종의 경계를 따라 구성되는 방식을 지적하며 논쟁의 인종화된 본성을 다루는 정치 활동가들의 목소리는 들릴 가능성이 없으

을 탐구하는 연구는 늘어나고 있으며, 주목되는 성과로 클레어 진 킴의 논문이 있다. 가령 Claire Jean Kim. "Multiculturalism Goes Imperial: Immigrants, Animals, and the Suppression of Moral Dialogue." *Du Bois Review*. 4:1 2007. 1-17; and Claire Jean Kim. "Slaying the Beast: Reflections on Race, Culture and Species." *Kalfou: A Journal of Comparative and Relational Ethnic Studies*. 1.1, 2010. 57-74을 참조하라. 또한 Will Kymlicka and Sue Donaldson. "Animal Rights Multiculturalism and the Left." *Journal of Social Philosophy*. 45.1, 2014. 116–135; Maneesha Deckha. "Toward A Postcolonial Posthumanist Feminist Theory: Centralizing Race and Culture in Feminist Work on Nonhuman Animals." *Hypatia: Journal of Feminist Philosophy*. 27:3, 2012. 527–545; Lindgren Johnson. "To 'Admit All Cattle without Distinction': Reconstructing Slaughter in the Slaughterhouse Cases and the New Orleans Crescent City Slaughterhouse." Paula Lee Ed. *Meat, Modernity and the Rise of the Slaughterhouse*. Lebanon: University of New Hampshire Press, 2008. 198–215도 보라.

며, 더 나쁘게는 이들이 동물복지에는 신경을 쓰지 않는다고 간주될 것이다(동물복지에 대한 관심과 비서구 도살장의 관행에 대한 관심 사이의 연결이 담론에 의해 근본적으로 구조화되어 있기 때문이다). 이러한 질서에서 개혁을 위한 유일한 견인력으로 "장려되는" 것은 옹호론자들이 계속해서 다른 나라들, 특히 비서구 국가들로 수출된 호주 동물들의 취급을 조명하는 것이다. 따라서 동물복지에 관심을 표명하는 것은 세계화된 산업적 동물 도살 관행과 인종화된 윤리적 주체성을 연결하는 지정학적 신식민주의 질서 내에 스스로를 자리매김하는 길이 된다.

진실-권력 순환의 인종화된 요소는 이러한 작동의 한 층위일 뿐이다. 생물 수출 논란이 보여주듯이 인간과 동물의 관계를 둘러싼 "진실"이 구성되는 방식은 이 논쟁에서 인간의 주체적 지위 및 인간 폭력의 대상인 동물의 주체적 지위가 구축되는 데 근본적 요소이다. "불필요한 고통"이나 "인도적 살해"와 같은 개념이 어떤 의미인지 담론적으로 풀어내는 일의 어려움을 생각해 보라. 언론이 주목한 인도네시아 도살장에서의 관행이 극도로 노골적인 폭력적 취급의 형태를 증언하고 재현한다는 것에는 의문의 여지가 없다. 그러나 이것은 어느 도살장에서든 어느 도축 과정에서든 마찬가지이다. 도축은 육류를 생산하는 모든 공장식 축산에서 행해진다. "인도적 도축 형식"("문명화된" 도축 방식)이 있다는 생각은 이미 모순적이다. 이는 진실, 주권, 주체성의 관계 속에서만 작동할 수 있는 모순으로, 어떤 도축 형태는 "인도적"인 것으로 간주되는 반면 다른 형태는 야만적이고 비문명적인 것으로 간주되는 우아한 구조가 만들어진다. 이 구조는 다양한 층위에 의해 조정되며 인종화도 그중 하나이다. 또한 피오나 프로빈랩시가 지적했듯이 볼트 총에 의한 기절 처리를 비롯한 "인도적" 도축 방식의 특성을 말하는 것은 이 도축 공정이 (다른 것에 비해) 본질적으로 비폭력적이라는 환상을 낳는 데 일조할 뿐이다.

> 동물의 기절 처리에 대한 지나친 강조, 어쩌면 그 고집에서 보이는 불안감은 ⋯ 동물에 대한 폭력을 목격했을 때의 충격뿐만 아니라 무감각한 무관심과 **우리가 모르는 것이 좋을 것**에 관해 무지한 상태에 머물고 싶은 욕망 또한 나타낸다. 우리가 모르는 것이 좋을 것이란 기절하지 않은 소들이 죽음에 맞서 몸부림치고 살고자 하는 이해관계와 욕망을 표현한다는 사실이다.[20]

내가 동물과의 전쟁이라고 명명해야 한다고 주장하는 것들을 고찰하는 데 있어 이러한 일견 논리적인 진실-권력의 순환을 탐색하는 것은 어려운 작업이다. 생물 수출 도살이나 서론에서 기술한 내걸린 생명을 이용한 산업화된 도살의 기계화된 죽음의 예에서 알 수 있듯이 서구가 주장하는 "인도적 도축 형식"에 대한 독점권(그 용어를 정의하고 결과적으로 주체성을 구성하는 것)은 진실 논쟁에서 염두에 두어야 하는 이 권력 형태의 또 다른 특징이다. 동물과의 전쟁에서 행동은 또 다른 형태의 인식론적 폭력을 발생시키지 않도록 신중하게 검토되어야 한다.

그렇다면, 정치적 과제는 (상호주관적·제도적·인식론적) 영역 모두에 걸쳐 어떻게 근본적 무장해제를 실현할 것인가이다. 공격 중단이란 어

---

20   Piona Probyn-Rapsey. "Stunning Australia." *Humanimalia*. 4:2, 2013. 84-100. 87.

떤 모습일까? 1983년, 안드레아 드워킨은 미국 미네소타에서 열린 전국 남성 변화를 위한 중서부 지역대회에서 "500여 명의 남성과 드문 여성 청중"을 향해 연설했다.[21] 드워킨은 청중들에게 진실을 말할 기회가 주어졌다고 회고했다. "페미니스트의 꿈이 실현된 것이었습니다. 당신이라면 남성 500명에게 무슨 말을 할 것인가요?"[22] 여기서 드워킨은 청중에게 주목할 만한 호소를 한다.

> 그리고 저는 유예의 하루, 휴식의 하루, 새로운 시체가 쌓이지 않는 하루, 오래된 시체에 새로운 고뇌가 더해지지 않는 하루를 바랍니다. 그런 하루를 달라고 여러분에게 부탁하는 바입니다. 이보다 작은 부탁이 있을까요? 아주 작은 일입니다. 이보다 작은 제안이 있을까요? 아주 작은 일입니다. 심지어 전쟁 중에도 휴전의 나날이 있습니다. 일어나서 휴전을 조직하세요. 하루만 남성의 편이 되는 것을 중단하세요. 제가 바라는 것은 강간이 일어나지 않는 24시간의 휴전입니다.[23]

드워킨이 전쟁의 종식으로서 "협정"이 아닌 "휴전"을 요구하고 있는 것은 의미심장해 보인다. 전쟁은 적대자들이 서로에 대한 공격을 중단할 때 종식된다. 전쟁 후 공식적인 전투 중단은 때때로 평화의 조건에 합의하는 문서 형식의 협정으로 나타나는 것이 사실이다. 그러나 전쟁과 정치권력의 관계를 파악한 푸코의 논리에 따르면, 협정이 미래의 평

---

21 Dworkin. "Take Back the Day."

22 Dworkin. "Take Back the Day."

23 Dworkin. "Take Back the Day."

등한 관계를 보장한다고 가정할 수 없다. 협정은 안전과 승인(평화의 조건)을 가져오기도 하지만, 또한 이를 지배의 지속적 수단이라는 부정적인 의미로 파악할 수도 있다. 왜냐하면 합의란 종종 승자에게 권리를 부여하면서 이 권리 아래 패배한 "적"에게 제한된 자유를 "양보"로서 부여하기 때문이다. 보통 이러한 양보는 승자가 누리는 실익(전리품)이 지속되도록 구체적으로 설정된다. 협정은 힘의 위협을 전제로 하는 문서로, 다시 교전이 발생하면 더 강한 편에 의한 섬멸 폭력의 위협이 촉발되곤 한다. 전쟁 후 완전한 패배를 당한 편은 대개 제한된 생존조건을 수용하도록 강제되어 배상금을 지불하고 승자가 깔아놓은 법에 순응해야 한다. 이는 삶이냐 불온한 죽음의 현실이냐 사이의 단순한 선택이다. 이미 소개한 푸코의 말대로 "죽음보다 삶을 바라는 의지, 바로 이것이 주권을 정초하는 것입니다."[24]

그러나 **휴전**은 정전과는 다른 형태를 취한다. 휴전은 그 취약성과 제한된 일시성 때문에 협정에 비해 더 약한 형태처럼 보인다. 휴전에 의한 공격 중단은 힘의 뒷받침 없이 단순한 신뢰에 기초한 합의에 의존하기 때문에 언제든지 파기될 수 있다. 휴전은 적대의 완전한 종식을 알리는 것이 아니다. 그보다는 적대행위를 멈추는 공간을 만들 뿐, 다시 전쟁이 개시되지 않는다는 보증은 없다. 협정이 전쟁의 종식 및 다른 수단에 의한 (배상금, 착취의 지속, 조용한 정복을 통한) 지배의 시작을 나타낸다면, 휴전은 항상 조건부이고 언제든 깨질 수 있는 평화를 가져온다. 휴전은 아직 전쟁이 끝나지 않았다는 현실을 분명히 인식한다. 바로 이러

---

24 Foucault. *Society Must be Defended.* 95[『"사회를 보호해야 한다"』121쪽].

한 이유 때문에 휴전은 잠재성을 지니고 있다. 휴전은 비록 그 자체로는 약속을 이행할 역량이 없지만, 평등의 여지를 열어 준다. 드워킨은 계속 말한다.

그리고 그날, 그 휴전의 날, 한 명의 여성도 강간당하지 않는 날, 우리 는 진정한 평등의 실천을 시작할 것입니다. 그날이 오기 전에는 그것 을 시작할 수 없었습니다. 그날 이전에 그것은 아무것도 아니었기 때 문에 아무것도 의미하지 않았습니다. 그것은 현실이 아니고 진실이 아니었습니다. 그러나 그날이 되면 그것은 현실이 됩니다. 그리고 강간 대신 우리는 (남성과 여성 모두) 인생에서 처음으로 자유를 경 험하기 시작할 것입니다.[25]

휴전의 전망을 말하는 드워킨의 그 신중함에 주목하는 것이 중요 하다. 휴전은 "권력에서의 평등"도 아니고 폭력 수단의 공평한 배분도 아니다. 그러나 휴전은 비록 순간일지라도 전쟁 당사자들 간의 민주적 평화를 이룰 수 있는 기회의 전망을 가져올 수 있다.[26] 이러한 맥락에서 나는 데리다가 말한 형제애와 우애의 구별을 언급하고 싶다. 형제애가 정치 공동체, 즉 폴리스와의 형제적 유대를 가리킨다면 우애는 유대나

---

25 Dworkin. "Take Back the Day."

26 이는 민주주의를 항상 기회주의적이고 자발적인 것으로 보는 시각과 일치한다. 예를 들 어 Nicholas Xenos. "Momentary Democracy." Aryeh Botwinick and William E. Connolly Eds. *Democracy and Vision: Sheldon Wolin and the Vicissitudes of the Political.* Princeton and Oxford: Princeton University Press, 2001. 또한 Sheldon Wolin. "Fugitive Democracy." *Constellations.* 1.1, 1994. 11–25. 23도 참조하라.

빚 없이 가까워질 가능성을, "아무것도 약속하지 않고 약속되거나 약속 중인 것"[27]을 의미한다. 다시 말해 휴전은 빚 없는 우애, 친구가 될 이유가 없어 보이는 우애, 어쩌면 전쟁 속에서 유일하게 있을 수 있는 우애, 그러나 무기를 내려놓는 호혜적이고 순수한 (이론적이지 않은) 헌신을 통해 작동하는 우애의 공간을 열 수 있다. 또 중요한 것은 휴전의 결과로 나타날 수 있는 무장해제가 기존의 지배 형태를 단순히 재생산하는 것이 아니라 적어도 이 특정한 대치 전선에서 전쟁을 끝낼 수 있는 지속적인 관계를 구축하는 필수적인 토대라는 점이다. 즉, 휴전은 최종적인 답은 아니지만, 역사적이고 잠재적으로 계속되는 전쟁의 현실에서 작동할 수 있는 다른 종류의 우애, 다른 정치의 토대를 제시하는 새로운 충성을 고려하는 한 가지 방법이다. 드워킨이 말한 "진정한 평등의 실천"은 바로 여기서 시작된다. 이것은 안정된 상태로서의 실천이 아니라 혼란스럽고 난항을 겪을 수밖에 없는 협상과 재협상의 과정으로서의 실천이다.

드워킨의 일시적 휴전 개념에 착안하여 나는 묻는다. 하루, 단 하루 동물을 죽이는 것을 중단하도록 요구하는 것에 전략적 의의가 있지 않을까? 동물옹호론자들이 전략적으로 하루간의 휴전 운동을 했을 때 동물을 죽이지 않는 하루, 모든 도살장이 문을 닫는 하루는 어떤 모습일까? 이 생각이 매력적인 까닭은 (예컨대 "하루 동안 비건 되기 또는 채식하기" 운동을 통해) 소비자나 육류 소비에 초점을 맞추는 것과는 다르게, 하루 휴전을 요청하는 것은 동물의 도축, 생산 과정에 실질적 개입하여

---

27   Derrida. *Politics of Friendship*. 298.

모든 조건이 같다면 죽임당하는 동물의 수를 줄일 수 있다는 점 때문이다. 따라서 이 개입은 명백히 제도적 차원에서 기능하여 조직적 폭력의 실천을 흔드는 것을 목표로 하는 것이지, 단순히 상호주관적 차원에서 개인이 식단 선택을 통해 제도적 폭력에 윤리적으로 대응하는 것이 아니다. 하지만 제도적 폭력이 핵심이라고 해도, 이 개입은 대량 살상의 제도적 폭력과 관련된 상호주관적 실천에도 영향을 미칠 것이다. 이는 단지 도축을 수행하는 노동자의 업무와 관련될 뿐 아니라 육류 공급 감소에 따라 시장과 소비자에게도 세계적 영향력을 행사할 것이다.[28] 또한 휴전을 목표로 하는 이 기획은 인식론적 폭력을 직접 방해할 수 있는 역량도 지니고 있다. 특히 나를 흥미롭게 하는 것은 바로 이 전망이다. 소비의 현장이 아닌 도축의 생산 현장에 초점을 맞추면, 동물에 대한 조직적 폭력을 뒷받침하는 정상화의 진실을 바꿀 수 있을지 모른다. 동물과의 전쟁에서 하루의 휴전, 도축이 없는 하루를 원한다고 말하면 "인도적" 도축 역시 폭력이며, 이 폭력에 대해 상상할 수 있는 최소한의 "윤리적" 대응은 동물에게 유예를 주는 것이라는 사실을 강조할 수 있다. "이보다 작은 제안이 있을까요? 아주 작은 일입니다." 따라서 하루의 휴전은 죽음이 곧 동물로부터 가치가 추출되는 순간이 되는 공정을 방해할 수 있다. 이러한 상품화에 맞서 휴전은 동물이 살아 있는 자신의

---

28 당연히 이 전략은 사고실험으로서도 매우 야심 차 보인다. 어떤 활동 단체가 세계 일각의 도살 시설에서 휴전을 실현한다 하더라도, 세계화된 공급망을 통해 다른 지역에서 부족량을 채우기 위해 증산이 이뤄지는 사태를 어떻게 막을 수 있을까? 또한 자본주의 생산과정과 시장이 자본 도피와 같은 막무가내 방식으로 노동자의 일자리를 위협하며 이 운동을 사보타주하는 행위를 어떻게 막을 수 있을까? 여기서도 운동을 구성하는 방식에서 있을 수 있는 인종화된 요소에 유의해야 한다. 예컨대 서구 활동가들이 하루 휴전을 시작했지만 비서구 활동가들이 이를 전략으로 채택하지 않았을 때, 개입하고자 하는 오리엔탈리즘 담론의 형태를 어떻게 막을 수 있을까?

삶의 가치에 이해관계를 갖고 있음을 강조함으로써 동물들에게 생사의 등가성을 부과하는 과정에 개입할 수 있다. 이 부과된 등가성은 동물이 삶의 지속에 이해관계를 갖지 않음을 전제로 하기 때문이다. 이러한 전략은 동물 산업 복합체의 외견상의 진실을 흔들고, 동물옹호론자들의 시선을 개인적 윤리에 대한 강박적 집중에서 조직적 폭력에 대한 제도적·인식론적 차원의 항의로 향하게 만든다.

휴전을 달성하기 위해서는 어떤 전략이 필요할까? 나는 다른 영역에서 이루어지고 있는 대안적 형태의 조직화에 주목하고 싶다. 이러한 조직화는 연대를 구축하는 데 초점을 맞추고, 제도적 폭력의 방향을 새로운 표적으로 돌림으로써 단지 하나의 서열을 다른 것으로 대체할 뿐인 개혁을 피한다. 특히 여기서 주목할 만한 것은 딘 스페이드가 보여주는 전망으로, 국가폭력이라는 공통의 경험을 통해 일견 이질적인 집단을 연결하는 연대 정치의 필요성을 주장하는 논의이다. 스페이드는 미등록 이민자 단속과 이것이 트랜스 이민자에게 미치는 영향에 관한 실비아 리베라 법률 프로젝트의 연구를 언급하며 말한다.

> 반이민 정서가 이러한 정책의 주된 동기가 되었지만, 일부 비이민 취약 인구 또한 그 피해를 입었으며 공동 투쟁과 집단 분석의 장에서 변화를 요구하고 있다. 이민 정책, 빈곤, 불법화, 주거 불안정 등 삶의 기회의 극심한 불평등에 영향을 받는 집단들이 연합하여 일한다면, 우리는 누군가의 호소가 다른 취약한 인구를 희생양으로 삼게 되는 사태를 피할 수 있다.[29]

---

29 Spade. *Normal Life*. 159.

스페이드는 계속하여 정치적 변혁 요구는 항상 보다 넓은 맥락에서 다방면의 폭력들을 인식해야 한다고 지적한다.

> 항상 작업이 어떻게 이루어지고 있는지, 그것이 더 넓은 신자유주의적 경향(감시, 빈곤층 유기, 불법화, 선택권)과 어떻게 상호작용하는지, 트랜스젠더의 생존에 어떤 영향을 미칠 수 있는지 관심을 기울여야 한다.[30]

이러한 관점을 바탕으로 동물과의 전쟁의 휴전을 형성하는 데 필요한 다른 형태의 정치를 상상할 수 있을까? 물론 도축 과정에 직접 관여하는 노동자들에게 초점을 맞추는 것도 한 가지 전략이 될 수 있다. 도축장 직원들이 마주하는 노동 조건에 대한 관심이 늘면서 업계에 만연한 저임금·불안정 노동의 이용 및 높은 상해와 외상 비율이 조명되고 있다. 실제로 국제인권감시기구는 "육류 및 가금류 산업 고용에는 뿌리박힌 조직적 인권 침해가 존재한다"[31]라고 말한다. 동물옹호론자들과 도축장 노동자들 사이에 일시적 연대가 이루어지기도 한다.[32] 도축장 안

---

30 Spade. *Normal Life*. 160. 스페이드는 계속해서 말한다. "법 개혁은 이러한 분석을 바탕으로 권력과 통제에 대한 보다 넓은 이해 속에 맥락화되고 포함과 인정이 아닌 변화의 요구로 연결되어야 한다."

31 Human Rights Watch. *Blood, Sweat and Fear: Worker's Rights in u.s. Meat and Poultry Plants.* New York: Human Rights Watch, 2004. 2.

32 예컨대 호주 육류산업직원연합과 동물복지 단체 애니멀스 오스트레일리아와 같은 서로 다른 단체들은 함께 생물 수출의 폐지를 공공연히 지지해 왔다. 하지만 아마도 이 연대의 산업적 초점은 이러한 업무 형태나 동물 도축을 끝내는 것이 아니라 "호주의 일자리"를 지키는 데 있었을 것이다. 호주에서의 연대의 역사에 대한 보다 자세한 논의는 다음을 참조하라. Gonzalo Villanueva. "Mainstream Crusade: How the Animal Rights Movement

에서의 극심한 학대나 복지 기준 위반에 대한 많은 정보는 불안해하는 노동자들 자신으로부터 비롯되었음이 분명하다. 동물을 죽이지 않는 하루의 휴전을 달성하기 위해 동물 산업 복합체 중심부에서 일하는 이민자, 불안정 노동자, 그 지역사회를 포함한 도축장 직원들을 명시적으로 조직해야 할까? 이 운동이 도축 과정에서 노동자들이 경험하는 폭력 및 도축의 폭력 모두에 초점을 맞추어야 할까? 우리가 노동자들에게 다른 일자리를 제공할 수는 없으므로 노동자들은 휴전 이후 다시 도축장으로 돌아가야 할 텐데, 그렇다면 이 운동의 메시지를 어떻게 구성해야 할까? 이러한 종류의 연대를 유지하기 위해서는 어떤 형태의 대안적 정치 활동이 요구될까? 휴전을 달성하기 위해 특정한 활동 양식을 버리고 새로운 형태를 고안해야 한다는 것에는 의심의 여지가 없다. 확실한 것은 우리가 개별적 형태의 소비 윤리에 대한 강박적 집중을 중단하고, 동물 도축 생산과정에 현실적으로 개입하여 동물의 죽음을 줄이기 위한 장기적인 전략적 문제를 고민해야 한다는 것이다. 나는 여기서 어떻게 나아가야 하는지 일련의 간단한 답을 제시할 수 있다고 장담하지 않겠다. 하지만 동물과의 전쟁의 상호주관적·제도적·인식론적 폭력에 진정으로 도전하고 휴전을 요구하고자 한다면, 오늘날 우리가 마주하고 있는 지배적인 활동 양식과는 다른 종류의 정치적 전략이 필요한 것은 분명하다.

동물과의 전쟁 너머의 세계가 어떤 모습일지 상상하는 작업은 휴전의 평화가 찾아왔을 때에야 비로소 가능하다. 드워킨이 "진정한 평등의

Boomed." *The Conversation*. November 7, 2012. theconversation.com/mainstream-crusade-how-the-animal-rights-movement –boomed-10087[2025년 1월 23일 접속 확인].

실천"을 시작할 수 있는 휴전을 제안한 것은 큰 의미가 있다. 여기서 그가 동일성의 형태로서 평등을 주장하지 않기 때문이다. 드워킨은 휴전이 실질적으로 물질적 평등을 가져온다고 주장하지 않는다. 그보다는 휴전이 실천으로서의 평등을 위한 작업에 착수할 공간을 열어 준다고 본다. 이는 단순히 존재들 간 차이의 인식 및 수용이라는 의미로 이해되는 타자성을 뛰어넘는다. 그 대신 드워킨의 휴전이 시도하는 것은 기존의 폭력적 관계에 의해 미리 규정될 필요가 없는 새로운 종류의 윤리적 관계를 위한 공간의 창출이다. 켈리 올리버는 『동물의 가르침』에서 인간이 스스로 인간성을 구축하고자 할 때 동물들과의 차이에 의존하는 방식을 검토한다. "동물은 인간에게 인간이 되는 법을 가르치는 기능을 한다."[33] 올리버는 의존관계가 존재자들의 차이를 특징지을 때 어떻게 이 존재자들 간의 윤리를 구성할 것인지 과제를 제시한다.

> 이 시점에서 우리에게 필요한 것은 차이 혹은 타자성의 윤리라고 생각한다. 그러나 여기서 나는 차이의 윤리 또한 동물을 고려하는 데 충분하지 않다고 본다. 타자성의 철학의 최근 동향이 어떤 징후라면, 인간의 동물에 대한 의존을 인정하지 않고도 또는 윤리적 고려의 틀에 동물을 포함하지 않고도 차이에 대해 인식할 수 있다. 우리는 동물과 인간의 관계를 검토하지 않고도 동일성이나 차이에 대해 말할 수 있다. 아마도 그렇다면, 우리는 동일성의 윤리에서 벗어나 차이의 윤리를 거쳐 관계성과 응답성의 윤리를 향해 나아가야 할 필요가 있을 것이다. 동물 윤리는 관계와 응답 능력에 초점을 맞추어 동일성과 차이를

---

33 Oliver. *Animal Lessons*. 21.

재고할 것을 요구한다.[34]

여기서 올리버가 말하는 문제는 내가 서론에서 제기한 문제와 형태는 다르지만 동일한 것으로 보인다. 즉, 우리가 주권에 비추어 윤리를 구성하거나 주권 이후에 윤리를 구성했을 때 그것이 불러오는 위험성의 문제 말이다. 올리버가 지적한 대로, 인간과 동물 간의 차이의 윤리를 강조하고 구축하려고 할 때 인간과 동물의 의존관계 혹은 나의 표현으로 인간이 동물에게 주권을 행사하는 근본적 관계를 놓치는 것은 위험하다. 실제로 올리버가 "**인간 및 인간성**이 **동물** 및 **동물성**에 의존한다는 사실을 인정하면, 자율적이고 자기 주권적인 인간의 자기 인식은 무너진다"[35]라고 말한 것은 우연이 아니다.

다만 주권이 여전히 동물과의 전쟁을 끝내는 정치적 도구로서 유용한지의 지점에서 아마도 나와 올리버의 시각이 다른 것 같다. 올리버는 『동물의 가르침』에서 묻는다. "자기중심적이고 배타적이며 지배적인 개체성, 정체성, 주권의 통념을 벗어난 '방목의' 윤리를 상상할 수 있을까?"[36] 나는 이 책에서 동물과의 전쟁이 인간의 권리와 쾌락을 동물의 끊임없는 불쾌감 및 동물에 대한 조직적 폭력을 바탕으로 구성한다고 주장해 왔다. 이러한 의미에서 정체성과 개체성은 폭력과의 접점에서 조망되어야 한다. 주권 또한 인간 우월성의 체제를 어리석게 세우는 근

---

34   Oliver. *Animal Lessons*. 21.

35   Oliver. *Animal Lessons*. 21.

36   Oliver. *Animal Lessons*. 305. 이에 앞서 올리버는 데리다와 관련하여 "주권 없는 무조건성 (137)"을 언급한다.

거 없는 폭력 체제로 이해되고 도전받아야 한다. 목표로 삼아야 하는 것은 인간 주권의 무장해제(동물에 대한 인간의 상호주관적·제도적·인식론적 폭력을 약화시키고 그 근원을 제거하고자 하는 지속적인 노력)이다. 앞서 논한 대항품행과 휴전은 인간 주권을 재고하기 위한 (단지) 두 가지 예시일 따름이다. 다만 휴전은 동물 주권의 가능성에 대한 승인 및 응답성과 관련이 있다. 이미 살펴본 것처럼 자유주의적 동물 주권 구상에 관한 한 가지 유혹은 주권을 오로지 정치적 자유주의 전통 안에서 상상하고 주권을 "국민"에 속하는 것으로, "역량이 있는" 존재에게 부여되는 것으로, 영토와의 연결고리를 보여줄 수 있는 것으로 생각하는 것이다. 이 한계적 개념화는 누가 주권을 보유하고 주권이 어떤 모습인지 결정하는 권리를 통해 인간과 유사하다고 생각되는 존재들(예컨대 영장류)에게만 주권적 권리를 부여하기 쉬운데, 이는 인간 주권을 온전하게 남겨두는 것이다. 다시 말해, 이러한 형태의 주권은 승리한 편이 항복의 조건을 결정하는 협정 아래 부여되는 일련의 권리와 다르지 않아 보인다. 그러나 전혀 다른 주권을 발명하는 것이 불가능할 이유는 없다. 그런 의미에서 나는 주권 개념에 여전히 관심이 있다. 동물과의 전쟁, 우리가 인간이 스스로를 바라보는 관점에 의해, 인간이 유지하는 제도 및 정치적 관계에 의해, 인간이 자신과 타자에 대해 말하는 이야기에 의해 형성되는 이 전쟁을 끝장내고자 한다면, 기본적인 정치 개념을 근본부터 다시 구상하는 것이 필요하며, 주권도 예외는 아닐 것이다.[37] 서론에서 언급했듯

---

37 여기서 주권을 집합체로 다루는 것이 가능한지 고찰할 수 있다. 즉, 주권을 고정된 합법화나 권위로 간주하는 것이 아니라 맥락에 따라 구성되는 유동적이고 유연한 합법화 체제로서 주장하는 것이다. 이는 현시점에서 주권은 어떻게 주장되었는지, 동시에 주권은 어떻게 다시 구상될 수 있는지 이해하기 위한 분석적 도구를 제공할 수 있다. 집힙체 이론

이 주권에 대한 재작업은 이미 시작되었다. 예컨대 서구화된 정치 주권 개념에 대한 원주민들의 비판이 이에 해당한다. 바로 이것이 내가 주권을 재작업할 수 있는 공간을 창조하기 위해 "휴전" 개념을 탐구하는 까닭이다. 휴전의 가치는 바로 (휴전 중에 일종의 주권을 보유하고 있다고 인정받은) 이전의 적들과 어떻게 함께 살아갈 것인지 협상을 시작하게 하는 데 있다. 휴전의 평화는 한쪽 편의 승리를 통해 보장되는 것이 아니므로, 조건은 여전히 논쟁의 여지를 남긴다. 여기서 협상은 동일성이나 인지할 수 있는 차이가 아니라 불가지성을 근거로 진행된다.[38] 우리는 적을 알지 못하고 적이 어떤 위협을 가하는지, 우애가 어떤 모습으로 나타날 수 있는지 알지 못한다. 우리는 단지 휴전의 공간에서 서로 주권을 호소하고 있다는 것만을 안 채 적과 대면한다. 이 "어리석음"이 교환되는 공간은 또 다른 출발점을 제시한다. 평등은 타자에 대한 지식을 바탕으로 하는 것이 아니다. 평등은 적이 우리와 동등할 것이며 우리가 접근할 수 없는 독자적인 이성과 행동을 갖추고 있을 것이라고 가정함을 통해서만 도래한다. 이것이 진정한 평등의 실천을 위한 출발점이다.

데리다가 논했듯이 주권은 우세한 폭력에 근거할 뿐이며, 이는 우세해진 후 우월성의 주장을 성립한다. 그 과정에 내재된 인식론적 폭력

에 대한 자스비르 K. 푸아의 고찰이 여기서 유용할 것이다. Jasbir K. Puar. "'I Would Rather be a Cyborg than a Goddess': Becoming-Intersectional in Assemblage Theory." *philoSOPHIA-A Journal of Continental Feminism.* 2.1, 2012. 49-66 참조.

38 뤼스 이리가레는 묻는다. "평화적인 공존? 나는 이 말이 무엇을 의미하는지 모르겠다. 나는 평화적 공존 같은 것은 없다고 생각한다. 이것은 권력과 전쟁이라는 경제의 미끼이다. 오히려 묻고 싶은 것은 이것이다. 마치 '동일성'의 욕망밖에 있을 수 없다는 듯이 모든 것이 배치되고 기능한다고 할지라도, 왜 '타자성'에 대한 욕망은 없는가?" Luce Irigaray. "Questions." *This Sex Which Is Not One.* Ithaca: Cornell University Press, 1985. 119–169[이은민 옮김, 『하나이지 않은 성』, 동문선, 2000, 157-219쪽], 특히 130[171쪽] 참조.

은 타자의 폭력의 역량을 지워 버리고 이 타자가 언젠가 우리에게 승리할 가능성 또한 지워 버린다. 인간의 동물 이용에 기초하는 인식론이 동물이 자신의 삶에 별다른 이해관계나 자기보존 의지를 갖지 않으며, 인간의 이용에 저항하지 않을 것임을 전제한다는 점이 중요하다. 니콜 슈킨과 켈리 올리버는 인간의 지배하에 있는 동물이 인간에게 폭력을 되돌려줄 수 있는 역량을 가진다고 지적한다. 슈킨은 소해면상뇌증BSE, 즉 광우병의 공포가 인간이 휘두른 폭력을 되돌려 자본의 내부 파괴적 논리를 순환시켰다고 지적한다.[39] 올리버는 사자 조련사 로이 혼Roy Horn 이 백호랑이에게 "반격"당한 경위를 다룬다.[40] 최근의 연구들은 동물이 적극적으로 인간의 이용에 저항하는 사례를 탐구하는데, 제이슨 라이벌이 서술한 공공연한 동물 저항의 역사[41]나 트레이시 와켄틴이 조사한 고래의 저항성처럼 감금에 맞선 동물 저항의 상세한 연구[42]가 그 예이다. 그러나 나는 여기서 기록의 보고를 더 확장하여 동물의 저항이라는 "진실"을 어떻게 파악할 것인지, 이 정치 행위자를 억누르고 침묵시키기 위해 강력한 생산체제가 어떻게 적극적으로 작동하는지 개념화할수 있다고 본다. 이 책을 시작했던 시나리오(인간의 산업화된 도축에 맞서 죽음 직전까지 저항하는 닭들의 이야기)로 돌아가면, 동물과의 전쟁의 인식론적 폭력을 해체하는 기획은 공장식 축산, 실험실, 경주장, 교외의

---

39 특히 "Postscript" in Shukin. *Animal Capital*. 225–232 참조.

40 Oliver. *Animal Lessons*. 2.

41 Hribal. *Fear of the Animal Planet*.

42 Traci Warkentin. "Whale agency: Affordances and Acts of Resistance in Captive Environments." Sarah E. McFarland and Ryan Hediger Eds. *Animals and Agency: An Interdisciplinary Exploration*. Leiden: Brill, 2009. 23-44.

뒷마당 등 모든 격전지에서 인간의 주권에 맞선 동물의 저항을 찾아가 서술하는 데서 시작된다. 이러한 저항은 동물이 인간에게 폭력을 되돌려주고 인간 주권의 오만함을 이겨 내려는 실례, 진정으로 동물 주권의 실례임에 틀림없다. 이를 서술하는 것은 인식론적 폭력을 와해시키고 인간의 무장해제의 전망을 손짓하는 것이 될 수 있다.

"자, 이 창을 받아라!"

한 어린 양이 맑은 물이 흐르는 개울에서 목을 축이고 있었다. 그때 몹시 배고픈 늑대 한 마리가 불쑥 나타났다. "네 놈이 건방지게 감히 내 물을 흐려 놓다니!" 격노한 늑대가 말했다. "늑대 님, 제발 노여워하지 마세요. 제가 늑대 님이 계신 곳보다 스무 걸음쯤 떨어진 저 아래쪽에서 물을 마실게요. 그러면 늑대 님의 물을 흐리지 않을 수 있으니까요." "그래도 너는 물을 더럽힌 것이다. 그리고 네가 작년에 나에 대해 비방한 것을 알고 있어." "그때 저는 태어나지도 않았는데 제가 어떻게 그럴 수가 있겠어요?" 새끼 양이 대답했다. "그게 네가 아니라면 너의 형일 것이다." "전 형이 없는 걸요." "그러면 너의 식구 중 하나일 것이다. 아무튼 너희, 네 목동들, 네 개들이 나를 가만 놓아두지 않으니까. 다들 나한테 그랬어. 내가 복수해야 한다고." 그 말이 끝나자마자 늑대는 어린 양을 숲속 깊은 곳으로 끌고 가 잡아먹어 버렸다.[1]

라퐁텐의 우화 「늑대와 새끼 양」 이야기이다. 늑대는 어린 양을 잡아먹기 위해 여러 말들을 늘어놓는다. 양이 개울물을 흐려 놓았다거나, 작년에 자신을 비방했다거나, 양의 식구가 잘못을 저질렀다거나. 하지만 이것들은 모두 다 근거 없는 소리다. 더 이상 할 말이 없어진 늑대는 아무런 절차 없이 어린 양을 잡아먹어 버린다. 주목할 만한 것

---

1 장 드 라퐁텐, 『라퐁텐 그림 우화: 지혜로운 영혼을 위한 240가지 이야기』, 박명숙 옮김, 시공사, 2004, 38-39쪽.

은 라퐁텐이 이 이야기에 앞서 제시한 문장이다. "가장 강한 자의 이유가 항상 가장 좋다. 잠시 후에 보여주겠음." 늑대가 어린 양을 잡아먹기 위해 제시한 이유가 합당할 수 있는 것은 늑대가 강한 자이기 때문이다. 늑대는 양을 잡아먹음으로써 자신의 이유가 합당하다는 것을 증명한다. 다른 말로 하면, 이유의 합당함은 힘의 강함 이후에 도래하는 것이다.

　데리다는 『짐승과 주권자』에서 이 우화를 언급하며 프랑스어의 독특한 관용어 "avoir raison de"를 분석한다.[2] 이 관용어 다음에 동사가 오면 "(동사)인 이유가 있다, (동사)하는 것은 옳다"라는 뜻이지만, 명사가 오면 "(명사)를 이기다"라는 뜻이 된다. 이성이라는 뜻의 단어 raison은 "이유를 갖는다", 세력 관계에서 "이기다"의 의미로 미끄러진다. 합당한 이유란 곧 사투에서 이기는 것으로 이는 "잠시 후에 보여주겠음"이다. 물론 "잠시 후에 보여주겠음"은 가장 강한 자의 이유가 항상 가장 좋다는 교훈과 그 교훈이 드러난 우화를 연결하기 위해 라퐁텐이 제시한 문장이다. 하지만 raison의 속성을 보여준다고 해석할 수도 있다. 이성 또는 이유는 오직 잠시 후에, 사후에, 후행적으로만, 힘의 대결에서 이긴 후에만 입증할 수 있다. 늑대가 양을 잡아먹어도 되는 이유? 그것은 잠시 후에 보여주겠음. 강한 늑대가 어린 양을 잡아먹고 나면 그 이유는 이제 합당해질 테니까 말이다. 그렇다면 이렇게 말할 수도 있겠다. 인간은 수천 년 동안 동물을 감금하고, 사육하고, 도살하고, 재산으로 삼고, 실험해 왔다. 인간이 동물에게 이러한 지배를 행사해도 되는 이유? 그것은 잠시 후에 보여주겠음.

2　Derrida. *The Beast and the Sovereign Vol. 1*. 6-7, D26.

I.

디네시 J. 와디웰의 『동물과의 전쟁』은 여기서 출발한다. 인간은 동물에게 다름 아닌 '주권'을 행사하고 있다. 여기서 주권은 국가나 성문화된 법질서에 국한된 것이 아니라 그 자체의 무력과 합리성을 자기 정당화하는 지배양식의 의미로 쓰였다. 그런데 이 주권에는 아무런 근거가 없다. 인간은 자신만이 고유하게 **이성**, 언어, 문화, 영혼을 지녔다는 점에서 동물에 비한 우월성을 주장하지만, 이는 동물 지배의 합당한 **이유**라기보다는 세력 관계에서 인간이 동물을 **이기고** 난 뒤 인간 스스로 선언한 것이다. 인간은 스스로를 동물이 아닌 것, 동물 이상의 것으로 선언하지만, 이는 일관적이지도 않고 아무런 증명 가능한 과학적 또는 철학적 기반을 갖지 않는다. 이렇듯 진실을 거스르고 행동할 권리, 근거도 없이 형편없는 판단을 내릴 권리를 어떻게 설명할 수 있을까? 와디웰은 데리다를 따라 이를 '어리석음'이라 칭한다. 데리다는 어리석음이야말로 "인간 자신을 고유화하는 고유한 것, 스스로를 제시하는 고유한 것"[3]이라고 말한다. 이렇게 보면 주권은 인간 우월성의 체제를 어리석게 세우는 근거 없는 폭력 체제나 다름없는 것이다.

와디웰은 인간의 동물 지배의 연원을 인간의 걸맞은 자격과 능력이 아닌 단순한 우발성으로 설명한다. 더불어 근거 없이 전제된 인간 주권을 문제 삼지 않고 전개되었던 지금까지의 동물 윤리, 동물권, 동물철학 담론을 해체한다. 와디웰의 주장대로 인간의 동물 지배가 인간의 역량이 아니라 힘에 의한 어리석은 주권의 주장일 뿐이라면, 그 주권을

---

3 Derrida. *The Beast and the Sovereign Vol. 1.* 139, D192.

와해시키면 안 될 이유는 무엇인가? 또한 반대로 동물에게 그러한 주권을 내주지 않아야 할 이유는 무엇인가? 따라서 이 책 전반에서 진행되는 것은 인간과 동물의 관계를 근본부터 재고하고, 완전히 새로운 토양에서 다시 시작할 길을 모색하는 것이다.

Ⅱ.

와디웰은 인간과 동물이 '전쟁'을 벌이고 있다고 선언한다. 전쟁은 모든 논의를 관통하는 핵심 키워드이다. 하필 전쟁이라고 표현한 것은 단순히 과장된 어휘를 선택한 것이 아니며, 와디웰의 관점과 다른 동물 연구의 차별성을 보여준다.

지금까지의 동물 담론은 여러 물결을 거치며 발전했다. 동물을 '윤리적' 고려 대상에 포함하려는 시도는 "동물은 고통을 느낄 수 있는가?"라는 제러미 벤담의 질문을 받아 동물의 이해관계를 따질 것을 제안했다. 동물에게 인간과 유사한 '권리'를 부여해야 한다는 이론은 동물 역시 삶의 주체로서 본래적 가치를 지닌다고 보았다. 자연과 인간의 이분법을 넘어서 동물과 인간의 '관계'에 주목하는 양상은 동물과 인간이 상호작용하며 서로를 형성하는 과정을 강조했다. 그렇다면 와디웰은 이들과 구분되는 새로운 물결이다. 바로 '정치'의 관점에서 인간과 동물이 '전쟁' 상태에 있다고 규정하는 것이다. 그 효과는 크게 세 가지이다.

첫째, 이러한 관점에서 보면 전쟁은 정치의 특수한 형태가 아니라 정치 자체가 전쟁이다. 미셸 푸코는 『감시와 처벌』과 섹슈얼리티 및 통치성에 관한 후기 작업 사이에 이론적 전환을 시도한다. 이 전환을 추동한 것이 바로 전쟁의 관념이다. 이는 『"사회를 보호해야 한다"』에서 등장하는 카를 폰 클라우제비츠의 "전쟁이란 다른 수단에 의해 계속되는 정치이다"를 거꾸로 쓴 "정치란 다른 수단에 의해 계속되는 전쟁이다"라는 명제에서 드러난다.[4] 푸코는 정치제도의 배후에 합리성을 가정하여 폭력이나 전쟁을 정치의 외적인 것으로 간주하는 자유주의 정치와 거리를 둔다. 그 대신 그는 정치를 항상 '내전' 중에 있는 것으로 파악한다. 전쟁이야말로 민주주의 정치제도와 질서의 원동력이라고 보고, 평화의 물밑에서 진행되는 전쟁을 이해할 것을 제안한다. 이러한 관점이 갖는 이점은 전쟁을 꼭 국민국가 간의 전투나 인간 전투원들의 대결로 국한하지 않는다는 것이다. 내전은 자본가와 노동자, 남성과 여성, 정복자와 식민지 주민, 인간과 비인간 동물 사이에서 진행 중이다. 즉, 갈등과 적대는 돌발 변수가 아니라 사회 전체를 연속적으로 가로지르는 것이며, 개인적 차원의 일회적 사례가 아니라 구조적 차원의 문제이다. 와디웰은 평화로 위장되어 있는 전쟁을 해독하기 위해 폭력을 상호주관적, 제도적, 인식론적 차원으로 분류한다.

상호주관적 폭력은 특정한 개인이 직접적으로 행사하는 폭력으로 동물에 대한 학대, 실험, 살해 등이 이에 해당한다. 이 폭력은 명시적 형태로 눈에 드러나서 폭력임이 바로 감지된다. 반면 제도적 폭력은 비가시적인 것으로 구체적인 개인을 넘어 모든 사람이 여기에 직간접적으로 가담한다. 동물의 가해와 살해를 합법화하는 권위 체계를 통해 인간은 쾌락을 지속하고 동물은 삶의 기회와 결과를 제약받는다. 이 두 폭력을 근본에서 형성하는 것이 인식론적 폭력이다. 인식론적 폭력은 동물

---

4 『"사회를 보호해야 한다"』, 35쪽.

을 죽일지 말지 고통을 줄지 말지 결정하는 것이 인간의 권리라고 믿음으로써, 동물을 열등한 존재로 구성하고 동물의 응답 내지 저항의 가능성을 제한한다. 동물에 대한 폭력 사태는 자연스러운 것이거나 아무 일도 아닌 것으로 조작된다. 캐럴 J. 애덤스의 말대로 이름과 신체를 가진 동물은 도축 순간에 부재 지시 대상이 되어 우리의 식탁 위에 '고기'로 올라온다.[5]

이렇게 폭력을 다층적으로 이해하면 드러나는 것이 있다. 개인적으로 비거니즘의 생활 방식을 택하는 것은 이 폭력에서 손을 떼는 것을 의미하지 않는다. 그렇다고 인간의 이익을 위해 동물의 고통을 가하는 구조의 수혜자가 아니게 되는 것은 아니기 때문이다. 충격적인 동물 학대 장면을 폭로함으로써 변화를 유도하는 일부 동물옹호론자의 시도 역시 한계를 갖는다. 문제는 폭력 사실이 알려지지 않았기 때문이 아니라 우리의 지식 체계가 그것을 폭력으로 여기지 않는 데 있기 때문이다. 따라서 심문해야 할 것은 동물의 고통에 대한 지식의 부족이나 인간 의지의 약함이 아니라, 이것이다. 우리는 동물들이 고통받는다는 것을 알면서도 왜 그들을 계속하여 괴롭힐까? 동물에 대한 폭력의 지속은 어떻게 정당화되는가? 우리 주변에 사체가 쌓여 가는 가운데도 이를 전쟁으로 명명하는 것을 거부하게 만드는 것은 무엇인가? 인간을 항상 우월한 존재로 규정하는 현재의 진실 질서는 상징적, 물질적 자원들을 다양하게 배치하여 동물과의 전쟁을 시야에서 가리고 있다. 우리에게 필요한 것은 동물에 대한 폭력이 가능하며 동물이 폭력의 희생자라는 유효한

---

5 『육식의 성정치』, 104쪽.

지식 체계의 맥락에서 폭력 행위, 가해자, 피해자의 인식에 의미를 부여하고 가시화하는 것이다.

둘째, '정치적' 관점에서 인간과 동물의 관계를 '전쟁' 상태로 규정하는 것은 동물 '복지'를 주장하는 '윤리적' 관점과 동물의 '권리'를 제안하는 '법적' 관점의 한계를 지적하는 것이다. 동물복지는 분명 동물을 보호하고 동물의 피해와 고통을 경감시킨다. 하지만 인간의 소비를 위해 동물 생명을 관리하는 관행 그 자체에는 도전하지 않는다. 인간이 동물을 죽일 권리는 그대로 유지된다. 그렇다면 인간 주권이 허용하는 한에서의 동물의 자유는 인간의 동물 지배를 지속하는 데 복무한다고 할수 있다. 동물의 권리 역시 마찬가지다. 전쟁의 관점에서 보면 권리는 항복한 자에게 제공되는 보상책일 수 있다. 승자는 자신의 전리품을 유지하기 위해 권리를 일종의 전술로 활용한다. 따라서 패자의 권리 확대는 승자의 지배를 완화할 수는 있지만 지배 자체를 제거하지 않는다. 여기서 동물복지와 동물권 접근법의 공통된 문제를 발견할 수 있다. 바로 인간의 주권적 권력 아래 인간과 비인간의 권리 및 가치가 차별화되는 것을 문제 삼지 않을 뿐 아니라 오히려 이를 전제로 하고 있다는 점이다.

피터 싱어는 종의 성원 자격을 근거로 생명권을 보호하는 것이 종차별주의라고 비판한다. 생물학적으로 인간 종의 구성원이라는 사실이 비인간 생명 종들보다 더 우선시되는 생명의 권리에 대한 합당한 도덕적 규준이 될 수 없다는 것이다. 톰 레건은 내재적 가치를 근거로 존중받을 권리를 동물에게 확장한다. 동물 역시 삶의 주체라는 기준을 충족하므로 도덕적 가치를 부여받아야 한다는 것이다. 이러한 주장을 하기 위해 싱어와 레건은 종 내 구분을 도입한다. 싱어는 비장애인과 장애인을 구분한다. 중증 지적장애아가 여타의 능력에서 동물 침팬지를 능가하지 않음에도 동물 생명과 구분되는 인간 생명의 신성함만을 가정하는 것은 정당하지 않다고 주장하기 위해서이다. 레건은 도덕 행위자와 도덕 수동자를 구분한다. 정상적인 성인 인간을 전형으로 하는 도덕 행위자뿐 아니라 인간 유아, 지적장애인, 동물 등 도덕 수동자 역시 존중받을 권리를 가질 수 있다고 주장하기 위해서이다. 싱어와 레건은 종 내 위계를 형성하고 장애와 비장애를 자연적이고 안정적인 범주로 전제하는 듯 보인다. 그러나 신체에 정상과 비정상, 생산성과 비생산성 등을 표시하는 것은 사회와 문화의 산물이다. 법적, 정치적, 사회적 영역을 아우르는 권력관계에 의해 정상성의 범주가 도입되고, 그와의 유사성에 따라 차별화가 이루어지는 것이다. 종을 구분하고 권리, 지위, 가치를 서열화할 결정을 내리는 정치적 주권을 문제 삼지 않고 전개된 이론은 이렇듯 한계에 부딪힌다. 주권이 인구 내에 생물학적 또는 종적 구분을 형성하고 배제하는 과정이 바로 전쟁이다. 와디웰은 인간 주권이 인간과 비인간 간의 위계적 구분을 조작한 후에 윤리나 권리를 논할 것이 아니라 처음부터 그 주권적 지배를 간파하고 문제 삼을 것을 제안한다.

셋째, 동물과의 관계를 전쟁 상태로 파악하면, 전체 영역을 지배하는 조직적인 주권 폭력이 개별 행위자에게 위임되어 사유화된 형태로 작동하는 방식을 추적할 수 있다. 이는 인간과 동물의 사적 반려 관계에 집중하는 새로운 동물 담론과 완전히 배치된다. 대표적인 것이 도나 해러웨이의 행위자 네트워크 이론이다. 해러웨이는 관계망 속 인간 행위자와 비인간 행위자의 활발한 상호작용 및 상호의존성을 강조한다. 생산 현장은 행위자와 도구 간의 주체와 대상의 관계가 아니라 여러 행위자들의 결합으로 이루어진다. 그렇다면 비인간 동물은 다양한 도구적 관계로 이루어진 생산과정에 관여하는 능동적 행위자가 된다. 따라서 자유는 단순히 계몽주의적 개인의 자율성의 의미에서 벗어나 도구적 관계의 영역 내에서 맥락적으로 고려해야 할 것이 된다. 예컨대, 실험실 동물은 희생자가 아니라 상당한 정도로 자유가 없는 파트너이다. 따라서 진정한 윤리적 행동은 동물의 이용 자체를 제거하는 것이 아니라 동물을 책임감 있게 도구적으로 이용하는 것이다.

와디웰은 이 관계론을 정면으로 맞서며 다음과 같이 반문한다. 왜 인간 주체와 동물 대상이라는 이분법을 넘어 인간과 동물이 상호 형성하는 협력 과정에 주목해야 하는가? 해러웨이가 예를 든 실험실 동물에 대해 말하자면, 실험시설은 노동하는 행위자들의 공동 생산의 현장이라기보다는 동물이 구속되고 대상화되며 고문을 당하는 장소로 보아야 한다. 동물은 생산성의 관계 네트워크 속의 행위자라기보다는 폭력의 과정에 맞서는 저항의 주체이다. 인간과 동물이 상호작용한다면, 그것은 인간에 맞선 동물의 창조적 저항과 이를 포섭하는 인간의 기술 발전 속에서 이루어질 것이다. 동물의 가치가 실현된다면, 그것은 인간의 이익을 위한 과정에서 연구자가 확인하고 싶어 하는 진실을 동물이 보여줄 때일 것이다. 반려동물의 경우도 다르지 않다. 반려동물은 인간의 감금과 감시, 섹슈얼리티, 생식, 사회성에 대한 통제, 나아가 안락사라는 생사의 위협 속에 놓여 있다. 따라서 오히려 주목해야 할 것은 인간과 동물의 관계 속의 폭력을 폭력이 아닌 것으로 간주하게 만드는 만연한 진실 체계이며, 고문을 고문이 아닌 것으로 명명하는 인간의 권리이다.

최대한 동물 자유의 정도를 높이고 책임감 있게 동물을 이용하는 것이 우리의 대안인가? 이는 폭력을 통한 인간의 지배권 상정을 그대로 두는 것이다. 푸코의 말을 빌리면, 자유란 타인에게서 자유를 박탈할 수 있는 능력으로,[6] 그것은 지배에 의해서만 행사될 수 있다. 인간은 동물의 부자유 및 죽음과 결부하여 자유를 누리는 특권을 갖는다. 그 특권이란 인간이 동물의 고통을 통해 지속적인 쾌락을 누릴 권리로, 그 역은 성립하지 않는다. 동물의 의지를 인간의 의지에 따라 굴복시키고자 하는 지배, 우리는 이를 전쟁이라고 한다. 물론 와디웰은 인간과 동물의 상호관계성을 인정한다. 하지만 이는 반드시 인간과 동물의 비대칭적 권력과 이와 결부된 조직적 폭력 및 도구성이라는 보다 넓은 틀 속에서 논의되어야 한다.

III.

이 책의 가장 큰 강점이라면 저자 와디웰의 초청 아래 벌어지는 다양한 사상가들의 향연을 엿볼 수 있다는 점을 꼽겠다. 서론과 제1장부터 제8장 그리고 결론에 이르기까지 굵직한 정치철학자, 사회학자, 페미니스트, 문학가 등이 다수 등장한다. 이 책을 읽는 한편의 묘미는 이들 각각에 대한 와디웰의 정통한 분석과 독특한 해석을 접하는 것이다. 다른 한편의 묘미는 각기 다른 비평들이 와디웰의 뚜렷한 논제하에 촘촘하게 꿰어지는 바를 추적하는 것이다.

요약하면 이렇다. 와디웰은 인간과 동물의 주된 관계는 생명정치적

---

6 『"사회를 보호해야 한다"』, 197쪽.

이라고 정의한다. 인간과 동물의 갈등을 정치 자체의 속성으로 정립한 **아리스토텔레스**에서 출발하여 산업화된 축산에 처한 동물의 입지를 정확히 포착할 만한 벌거벗은 생명의 통념을 제시한 **조르조 아감벤**을 경유하고, 생명정치는 곧 죽음정치라는 **아실 음벰베**를 다룬다. 이러한 생명정치는 동물에 대한 인간의 통치 합리성으로 드러난다. 이를 위해 **미셸 푸코**의 권력의 계보학을 검토하여 주권, 사목 권력, 통치성을 새롭게 해석한다. 사목 권력은 동물을 가축화하고 도살하는 인간 주권의 한 양태일 뿐이며, 통치성은 비인간 동물을 관리하며 배운 사목 기술을 인간에게 확장한 것이나 다름없다.

그렇다면 인간은 왜 동물을 정복하는 것일까? 와디웰은 인간이 스스로를 개념화하기 위해서라고 본다. 인간 공동체는 자신이 배제한 비인간 동물의 위험으로부터 스스로를 보호하기 위해 동물을 죽이거나 고통을 준다. 이러한 설명을 위해 면역화의 논리로 생명정치를 이해한 **로베르토 에스포지토**를 참고한다. 또한 인간은 자신의 지배권을 유지하기 위해 동물을 재산으로 삼고 상품화한다. 이 설명에는 전유를 통한 재산 획득을 지배의 논리로 본 **존 로크**와 상품화 과정에 숨겨진 등가 교환의 부조리를 분석한 **카를 마르크스**를 활용한다.

문제는 이러한 주권 권력의 폭력이 사적 관계 속에서 일상적인 것으로 나타난다는 것이다. 급진적 페미니스트 **캐서린 매키넌**은 가부장적 질서에서 국가와 남성이 공모하는 방식이 여성의 일상에 미치는 영향을 밝힌다. **수전 브라운밀러**는 일종의 전위부대와 같은 개별 남성의 강간 범죄가 모든 여성을 모든 남성에 대해 공포에 빠뜨리는 효과를 논한다. 이들을 활용하여 와디웰은 인간의 동물 지배 체계 아래 개별 인간이 개별 동물에게 가하는 사유화, 감금, 감시, 통제 양식을 설명한다. 과연 이를 '우정'이라고 명명할 수 있을까? 와디웰은 **도나 해러웨이**가 말하는 인간과 반려종의 공동 형성의 관계론을 비판한다. 해러웨이처럼 의도적으로 '폭력'이라는 단어를 회피하는 것이 아니라 평화라는 외양 아래 벌어지는 상호주관적, 제도적, 인식론적 폭력을 파헤치는 것이 필요하다.

그렇다면 인간과 동물은 어떤 관계를 지향해야 하는가? 와디웰은 이를 둘러싸고 제시된 여러 대안이 가진 한계를 지적한다. 예컨대, **로버트 구딘, 로이 페이트먼, 캐럴 페이트먼**이 제안한 영장류 주권은 인간 역량과의 유사성에 따라 주권의 자격을 한정한다. **마사 누스바움**의 역량 접근법이 동물에게 확장되었을 때 활용되는 종의 규범에는 인간의 결정권이 전제되어 있다. 동물의 종에 따라 시민권, 자치권, 거주권을 부여해야 한다는 **수 도널드슨과 윌 킴리카**의 논의는 여전히 국민과 영토에 기반한 인간중심적인 근대적 주권론에 머물러 있다. 와디웰은 동물에게 주권을 부여할 수 있는 조건을 모색하기보다는 주권 자체가 진리로 구축되는 과정을 심문한다. 이를 위해 **자크 데리다**를 참고하여 주권이 전혀 근거가 없는 어리석음의 주장임을 밝힌다. 단순히 자기보존 욕구 간의 경쟁에서 승리한 인간에 의해 후행적으로 주권이 선언되는 것이라면, 그 어리석음을 동물 역시 행하지 말란 법은 없다. 와디웰은 **허먼 멜빌**이 그린 흰고래 모비 딕과 선장 에이해브의 싸움에서 동물과의 전쟁을 끝낼 수 있음에도 끝내려 하지 않는 인간의 편집광을 본다.

마지막으로 와디웰은 동물과의 전쟁에서 **미셸 푸코**가 말한 대항품행을 실천할 것을 주장한다. 이 전쟁에서 무기를 내려놓고 불복종 탈영하자는 말이다. **안드레아 드워킨**이 제안한 휴전을 통해 인간 주권의 해제가 무엇을 의미하는지, 동물 주권은 어떤 모습일지 상상한다.

와디엘의 말대로, 인간과 동물은 전쟁을 치르고 있으며 그 적대의 정치가 인간과 동물의 권력을 구축해 왔을까? 와디엘의 새로운 관점이 인간과 동물을 다시 구성하고 다른 관계를 맺을 수 있는 데 기여하길 바란다.

2025년 3월

조꽃씨

찾아보기

스타네스쿠, 제임스Stanescu, James 170
스톨텐버그, 존Stoltenburg, John 271
스틸, 칼Steel, Karl 400, 404
스페이드, 딘Spade, Dean 275, 435-436
스피박, 가야트리 차크라보르티Spivak, Gaya-tri Chakravorty 66-67, 69, 70, 425
시민적·정치적 권리에 관한 국제 규약 337
실험experimentation 29, 33, 39, 52, 67, 69, 72, 134, 136-137, 146, 185, 216, 224, 242, 270, 285, 291-292, 299-302, 309, 315, 322, 340, 406, 410, 446, 449
싱어, 피터Singer, Peter 79, 81-86, 89, 92, 96, 99, 138, 231, 291, 342, 451-452
싱클레어, 업튼Sinclair, Upton 37

아감벤, 조르조Agamben, Giorgio 17, 54-56, 58, 102, 112, 119-133, 138-141, 145, 148, 153, 156, 189-190, 199, 203, 207, 215, 223-225, 274, 299, 371, 379-380, 386, 394-395, 410, 455
아렌트, 한나Arendt, Hannah 27, 123, 146, 148, 370, 375
아리스토텔레스 53, 99, 102, 112-119, 127, 202, 346, 395, 455
아미르, 파힘Amir, Fahim 12, 38
『안전, 영토, 인구』(푸코) 168, 173-176, 179-180, 415-416, 418
어리석음[bêtise] 383-384
애니멀스 오스트레일리아(단체)Animals Australia 424, 436
애덤스, 캐럴 J. Adams, Carol J. 38, 68, 283-284, 321, 450
앨런, 시어도어 W. Allen, Theodore W. 261
앵기, 앤터니Anghie, Antony 341

어리석음stupidity 99, 107, 163, 375, 377, 384-385, 413, 423, 441, 447, 456
「영장류 주권」(구딘, 페이트먼, 페이트먼) 106, 336
에스포지토, 로베르토Esposito, Roberto 54, 104, 154, 200-201, 203-205, 207-211, 213-215, 217-218, 222-223, 227-228, 230, 240, 357, 411, 455
엘리스, 존Ellis, John 409
오말리, 팻O'Malley, Pat 169
오설리반, 시오반O'Sullivan, Siobhan 29, 33, 82
와이스버그, 지포라Weisberg, Zipporah 311, 325
울프, 캐리Wolfe, Cary 56, 58, 61, 81, 103, 154, 422
웹스터, 존Webster, John 49, 72, 192, 263, 361
윅스킬, 야콥 폰Uexküll, Jakob von 129
윌리엄스, 애나Williams, Anna 41, 193
유다의 염소Judas goat 193-194
유럽연합EU 197
유엔 식량농업기구FAO 10, 22, 28
유엔 헌장 337, 340, 342
육식남근로고스중심주의carnophallogocentrism 392
음벰베, 아실Mbembe, Achille 55, 86, 103, 105, 112, 143-149, 152-153, 172, 199, 269, 271, 284-289, 294, 412, 455
이리가레, 뤼스Irigaray, Luce 160, , 441
인권 222-223, 279, 280, 323, 337-338, 352, 375, 436
잉골드, 팀Ingold, Tim 34, 35, 184

자기보존self-preservation 24, 78, 104, 107, 205. 229, 233-234, 237-241, 255-256, 368, 397, 411, 442, 456

코제브, 알렉상드르Kojeve, Alexandre 126, 132

코폴라, 프랜시스 포드Coppola, Francis Ford 103

콕스, 리처드 H. Cox, Richard H. 229, 234, 239-240

콜, 매슈Cole, Matthew 176, 184

쿳시 J. M. Coetzee, J. M. 311

크룰로, 매슈Chrulew, Matthew 11, 176

클라우제비츠, 카를 폰Clausewitz, Carl von 9, 42-43, 45, 143, 303-304, 325, 409, 449

클루턴브록, 줄리엣Clutton-Brock, Juliet 182

킨, 존Keane, John 229

킴, 클레어 진Kim, Claire Jean 12, 427

킴리카, 윌Kymlicka, Will 12, 60, 61, 90, 106-107, 336, 343, 350-366, 368-379, 372-374, 413, 456

타일러, 톰Tyler, Tom 11, 69, 339

타키투스 221-222

테드먼슨, 디어드레Tedmanson, Deirdre 11, 365

테일러, 수나우라Taylor, Sunaura 92

테일러, 클로이Taylor, Chloë 11, 96, 419

톨스토이, 레프Tolstoy, Leo 21

『통치론』(로크) 208, 228-230, 232, 235-236, 264, 270, 290

트라시마코스 157, 159-161, 178, 181, 186, 391

트레마인, 셸리Tremain, Shelley, 91, 96

트윈, 리처드Twine, Richard 11, 22, 34, 39, 44, 136

티에츠, 제프Tietz, Jeff 111

티치아노 132

파머, 낸시Farmer, Nancy 315

파머, 클레어Palmer, Clare 30, 33, 36, 306, 330-331, 367

파커, 킴 이안Parker, Kim Ian 228

패키릿, 티머시Pachirat, Timothy 66, 151, 153, 298

패터슨, 찰스Patterson, Charles 134-135

페이트먼, 로이Pateman, Roy 106, 336-340, 342, 356, 358-361, 383, 413, 456

페이트먼, 캐럴Pateman, Carole 106, 228, 336-340, 342, 356, 358-61, 383, 413, 456

포기, 토머스Pogge, Thomas 147

포스트 식민주의/식민지 148, 171, 269, 272, 285, 286

『포스트 식민지에 대하여』(음벰베) 148, 269, 285

포스트 휴머니즘 7, 317

포어, 조너선 사프란Foer, Jonathan Safran 25-26

포츠, 애니Potts, Annie 21-22, 36

폭력violence

　인식론적 33, 57, 60, 66-69, 81, 89, 92, 96, 223, 270, 324, 331, 376, 410, 418, 420, 422-423, 434, 437, 440, 441, 443, 449, 456

　상호주관적 60, 63, 65, 67, 69, 96, 102, 108, 223, 257, 336, 347, 415, 418, 420-421, 437, 440, 449, 456

　제도적 60, 63, 65, 67, 69, 96, 102, 108, 223, 257, 336, 347, 415, 418, 420-421, 423, 434-435, 437, 440, 449, 456

푸글리세, 조셉Pugliese, Joseph 11, 63, 182, 324